JN204568

エリア・スタディーズ
47
現代ブータン
を知るための
60
章
【第2版】
平山修一〔著〕
明石書店

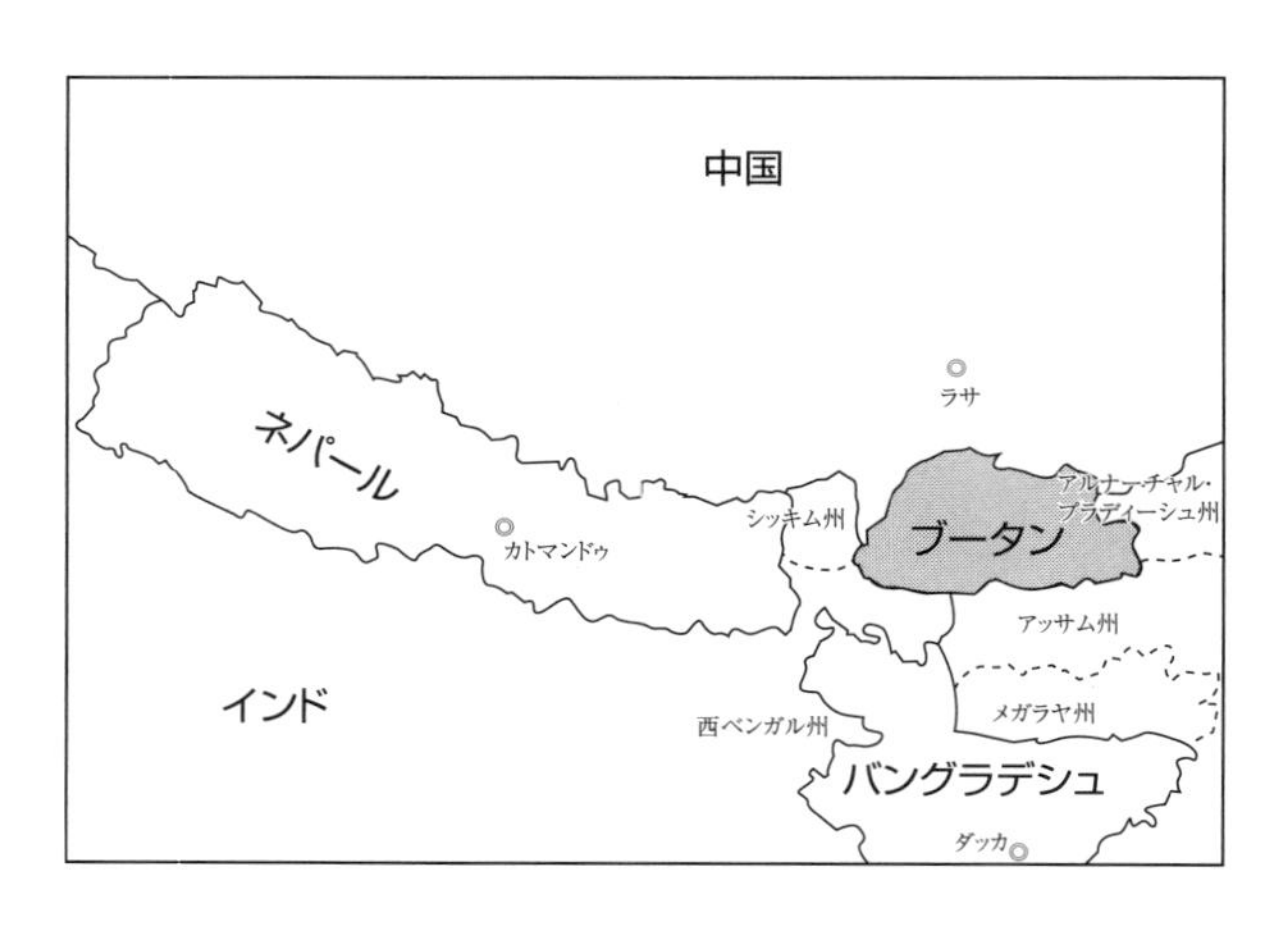
中国
ネパール
ラサ
カトマンドゥ
シッキム州
ブータン
アルナーチャル・
プラディーシュ州
アッサム州
メガラヤ州
インド
西ベンガル州
バングラデシュ
ダッカ

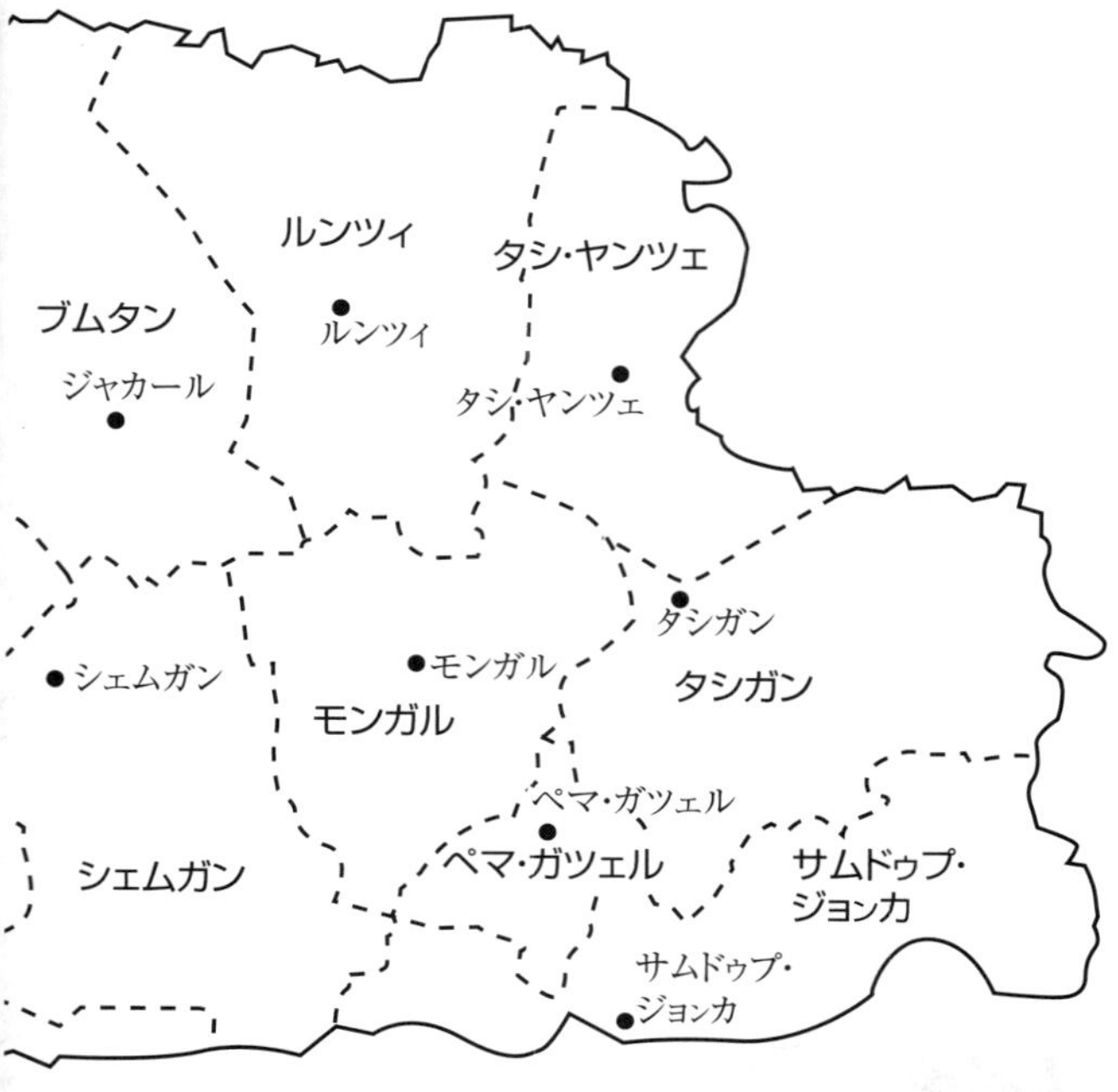
ルンツィ
ルンツィ
タシ・ヤンツェ
タシ・ヤンツェ
ブムタン
ジャカール
タシガン
タシガン
シェムガン
モンガル
モンガル
ペマ・ガツェル
ペマ・ガツェル
サムドゥプ・
ジョンカ
シェムガン
サムドゥプ・
ジョンカ

◎ブータン概略図

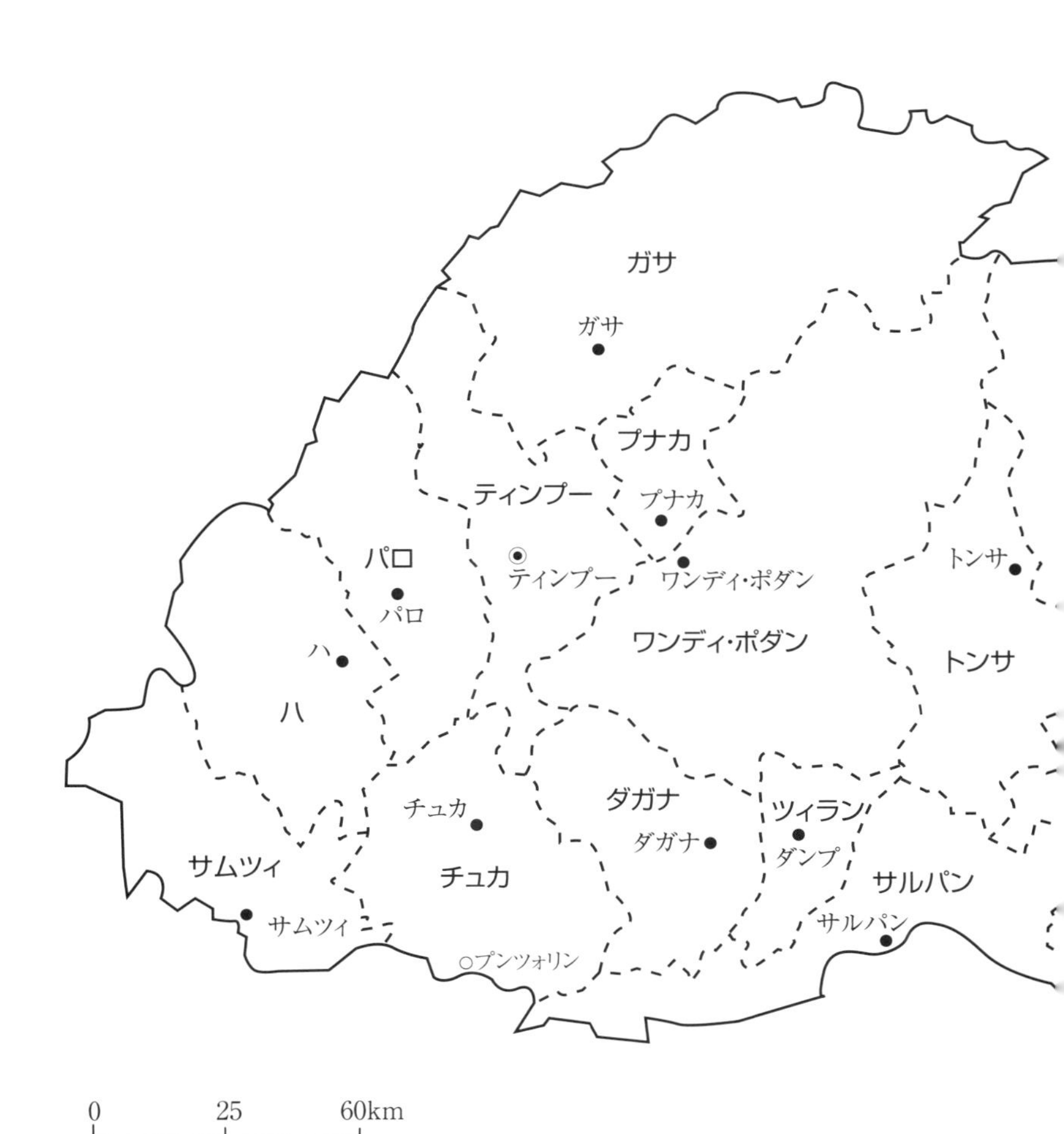

ガサ
ガサ
プナカ
ティンプー
プナカ
パロ
ティンプー
ワンディ・ポダン
トンサ
パロ
ワンディ・ポダン
ハ
トンサ
ハ
ダガナ
ツィラン
チュカ
ダガナ
ダンプ
サムツィ
チュカ
サルパン
サルパン
サムツィ
○プンツォリン
0
25
60km

はじめに

ヒマラヤ山脈に位置するブータンには、農のサイクルと日々繰り返される祈りによって刻まれた時間が積もっている。その長い年月の積み重ねが地域風土に根差した固有の表情を作り出し、ブータンの景観に何層にも重なっている。

日本人の多くは、ブータンの中にノスタルジーを見いだしている。それはブータン人の多くが日本人と顔つきやしぐさが似ているだけでなく、国全体から安心感のようなものが感じられるからであろう。この安心感こそが、ブータン発の思想であるＧＮＨ（第6章参照）の源であり原点であると筆者は考えている。

しかし、ブータンはこうした「古き良き社会の雰囲気」を残しつつも、経済発展と共に変わりゆく社会環境の影響によってその雰囲気は変わりつつある。

現在のブータンでは、時間に追われて一日を過ごす人が多くなった。首都のオフィスではタイムカードで出退勤を管理され、昼休みは、パソコンの稼働履歴でチェックされる人も多い。

こうしてじわじわと時間の余裕がなくなると、人々の振る舞いも余裕がなくなってくる。今では人々は常に携帯電話を気にするようになり、徐々に他人の間に距離を作り、内面に大きなストレスを抱えている。

本書は２００５年に執筆された『現代ブータンを知るための60章』を13年ぶりに大幅改定したもの

である。改訂の理由は、ブータンでは２００８年に憲法が制定され、多くの社会制度が変更・新設されたため、前著に記載されている内容が現実に即さなくなったためである。

よって本書は、具体的には現代社会に顕在化しつつある薬物や自殺などの社会の脆弱性に関する章や、選挙制度など新しい社会の仕組みに関する章、経済政策などに関わる章を追加しつつ、既存の章の内容を現在のブータンの社会情勢に合わせる形で改訂を行った。

また前著同様、いわゆる学術書の内容やレベルを保ちつつ、具体的な数字やデータや図表を多用し、なるべく一般の人が平易に読みこなせる文体である事を重視して改訂を行ったつもりである。もし本書がそのレベルに達していないと感じられたら、それはひとえに筆者の力不足である。

前著の執筆時点と比べて、今では多くの省庁や関係機関によって分野別セクターの現状をまとめた報告書が公開されるようになった。特に現地調査に基づいた報告書や、統計資料が依然と比べて充実してきた。

２００５年頃は「データを公開してそれが我が国にとって何の得になるのだ」とよく言われたが、今となっては隔世の感がある。

近年、日本ではブータン研究を志す人が増えつつある。特に、ブータンの歴史や言語など諸々の分野においては、筆者より知見に優れた若手・中堅研究者が多いため、より詳しく個々の分野を知りたい方は、巻末の「ブータンを知るためのブックガイド」を参照してほしい。また、ここに記載した以外にも多くの良い論文や著作があるが、今回は本の改訂の参考にした文献のみ記載させて頂いていることも併せて留意させていただきたい。

ここで筆者の紹介をすると、筆者は1993年7月から1995年7月までの2年間を青年海外協力隊建築施工隊員としてブータンのプナカで過ごした。プナカではプナカ・ゾンの改築工事事務所の技術部門の長としてそのゾンの修理に関わった。

そして2002年7月から2004年7月までの2年間、青年海外協力隊シニア建築隊員として、学校を設計するために首都ティンプーの教育省教育局学校建築課に配属となり、大小数十箇所の学校の設計業務に従事した。その後は2004年から2005年にかけて、また2009年は2カ月弱、JICAの地方行政に関わる技術プロジェクトに専門家として従事し、主にタシガン県、ブムタン県、ハ県を中心とした協力事業に携わった。

筆者はいわゆる大学の研究者ではなく、国際協力の実務家である。よって本書は、いわゆる論文ではなく、現地に居住し、多くのブータン人と共に働き、そしてここ25年間ブータンに何らかの形で関わり、見守り続けてきた実務家の視点で執筆している。

前著の執筆後、ブータンは大きく変動した。特にこの数年間の移り変わりは目覚しく、その都市圏の拡大とともに、日々複雑化する社会制度は、ブータンの人々の考え方に大きな影響を与えている。伝統的な生活と近代化の波にもまれ、ブータン人はその日々の変化を恐れつつも、私たち日本人と同じく、悩み、苦しみ、そしてたくましく今を生きている。その息遣いを、本書を通じて感じ取っていただければ幸いである。

なお、本書の地名、人名等の固有名詞については、仏教学者であり、ブータン研究の第一人者である今枝由郎氏の著書『ブータン――変貌するヒマラヤの仏教王国』（大東出版社、1994年）に準拠することとし、これに記載されていないものに関しては、筆者の判断で記した。

また今回の執筆のうえで不明な個所の多くは、ＪＩＣＡブータン事務所の全面的な協力を頂き、多くのデータや知見を頂いたことによって改訂作業が順調に進んだと考えている。

本書に収められている筆者撮影以外の多くの写真については、来山輝昌氏、現地在住の青木薫氏、日本環境フォーラムの田儀耕司氏、瀬畑陽介氏、ケザン・ダワ氏、ＪＩＣＡブータン事務所の協力を得たことが大きい。

また本書執筆にあたって、津川智明氏、沖哲郎氏、平山雄大氏、尾山裕美子氏、中島民樹氏、山本けいこ氏には多くの知見をいただいた。

最後に、本書を書くように筆者の重い腰を押し、そして辛抱強くサポートして下さったＪＩＣＡブータン事務所の山田浩司所長にはとても感謝している。

加えて、編集部の佐藤和久氏及び秋耕社の小林一郎氏のご尽力がなければ、本書は完成しなかったと痛感している。改めて御礼申し上げたい。

２０１８年12月

平山　修一

現代ブータンを知るための60章

CONTENTS

VI　国際関係／229

Ⅶ　歴史と文化／267

Ⅷ　生活に根付く宗教／303

I

概　要

I

概要

1

気候と地勢

★ヒマラヤ山脈の奥深くに宿る心★

『There are in the heart of the vast Himalayas some strange marketplaces where one can barter the whirlwind of life for infinite wisdom.』

（広大なヒマラヤ山脈の奥深くには、人生のあわただしさと無限の叡智を交換できる不思議な市場がある）

これは11世紀のチベット仏教指導者ミラレパ（Milarepa）が当時のブータンをイメージして書き記した言葉である。

ブータン王国は大ヒマラヤ山脈の東側の内陸国である。中国と国境を接する北部は7000メートル級の山々が聳え立ち、雪と氷河と岩の極地となっている。国土面積は約3万8400平方キロメートル、東西の幅は約300キロメートル、南北は約160キロメートルである。

国土の大半はモンスーンの降雨が作り上げた急峻な山岳に覆われ、平野は極端に少なく、小さな渓谷平野が国中に散在している。ブータン国内を流れるすべての川は、2本を除いてすべてヒマラヤ山系の万年雪に端を発し、国内を急流となって下り、インド平原ブラマープトラ河に合流して、ベンガル湾へと行きつく。

国土の南部と北部山岳地帯の標高差は実に７０００メートルにも及び、人口の多くが切り立った山々に囲まれた谷や、丘陵地帯に集中している。ブータンは寒冷な印象を受けるが、実際は同じ国内でも季節と場所によって気温や降水量が大きく異なる。

ブータンの自然条件はモンスーン気候と、そのモンスーンを受け止める国土の中南部に聳え立つ屏風のような山々により、その特徴が自ずと決まってくる。

季節によっても異なるが、南部の町プンツォリンでは一定の天気のリズムがある。午前中は雲が南から風とともに流れてくる。よって午前中は比較的穏やかな天気なのだが、その流された雲が山系に行く手を阻まれ、南部山岳地帯のゲドゥあたりで溜まるのである。そしてその雲がもたらした湿気が高温の影響で、霧となり午後には大雨となる。

この大量の雨は中央・南部ブータンを黒々とした森林を発達させた。その森林は多くの動植物を育み、蛭やマラリア蚊の温床となった。マラリアを極度に恐れた英国は、インドを占領統治していた時代にブータン経由でのチベットへの北上を断念した理由もこの森林にある。

この南部山岳地帯でも防ぎきれなかったモンスーン風はグレートヒマラヤまで到達し、大量の雨と雪をもたらす。乾季の間、季節風はヒマラヤで冷却された風がインド洋に向って吹く。そしてこの乾燥した温度の低い山おろしが主な谷を冷却する。雨季には逆にインド洋で温まった湿気の多い風が温度の低いところを目指して北上する。

乾季にはブータンの高度的に中央にあたる高度１２００～２８００メートルの谷はその乾いた風により乾燥する。特に1月はどこの谷も午後からの突風に悩まされる、しかしながらその環境は干し肉造りに最適な環境を与える。肉が腐りにくいのである。

南部ブータンは雨季には定期的に大雨に見舞われる。しかも朝から大雨の所が多い。対して中央の谷はある程度南部山岳地帯で湿気を落とした風が北上してくるので午後から雨が降ることが多い。南部で降り切らなかった湿気が北上するのには時間が掛かるのであろう。

例を挙げるなら、ブラックマウンテンの北にあるワンディ・ポダン谷は多くの湿気が南部山岳地帯によって振るい落とされるため、雨季でも比較的降雨量は少ない。そして日中、日差しに照らされた山の斜面によって谷は徐々に気圧の低い状態となる。

多くの谷は午後になると、低い気圧の場所に向って川沿いに南から季節風が上がって来るため、風が強くなる。この相乗効果によって多くの谷は乾燥する。この条件に加え、高度・地質が変わるため、ブータンの谷はそれぞれ個性が違うのである。

一方、その豊富な雨量や昼間の日射量の多さに支えられて、ブータンの生態系は多岐に渡っており、特に薬草が豊富にあることで知られる。現在でもその原生林の豊富さは世界で十指に数えられるほどのものである。

次に気候帯について説明する。先ずブータン南縁に繁茂するのは亜熱帯性の降雨林である。そして北に向かうにつれて常緑性の樫を中心とする照葉樹林帯に入る。蛇足ではあるが、中尾佐助は、この照葉樹林帯をアジアの特徴的な樹林帯であると定義し、文化的な自我を支え得ると主張した。

南部の照葉樹林帯を過ぎ、徐々に北に向うにつれて針葉樹林帯になり、標高４０００メートル以上の高山帯になる。こうした海抜高度の上昇に伴って変化しながら垂直的に分布するブータンの豊かな植生が、現在の豊かな自然の源となっている。

現在の東ブータンと西ブータンとの分かれ目はペレ・ラ峠（Pele La）である。しかし多くのブータン人はトンサ、ブムタンを中心とした地域を中央ブータンとして区別している。

ブータン政府の資料では南ブータンという記述が見受けられる。南部国境沿いの5県とチラン、ダガナ、ペマ・ガツェルを含めた8県を一般的に南ブータンと呼ぶ。しかし、東西に分けると、ペマ・ガツェルとサンドゥプ・ジョンカは東ブータンと認識されている。

ハ谷（写真提供 ケザンダワ）

東と西の具体的な違いを分析すると、その主な居住民族、植生、地勢、宗教の宗派、習慣等、多少の共通性はあるものの明らかに違う面も見受けられる。

ペレ・ラ峠を挟んでその地勢の特徴を分けるとしたら、単純に以下のように言うことができる。西ブータンの山は切り立っていて、谷に平地が少し広がっているような印象を受ける。その集落は山崩れ跡や旧道沿いに転々と点在している。逆に東ブータンの山はなだらかで西と較べると低く感じる。しかし谷には平地が少なく、なだらかな山全体を棚田利用している。山崩れの跡は少なく、平地に比較的規模の大きな集落を築いている。

概　要

◎ブータン気候図

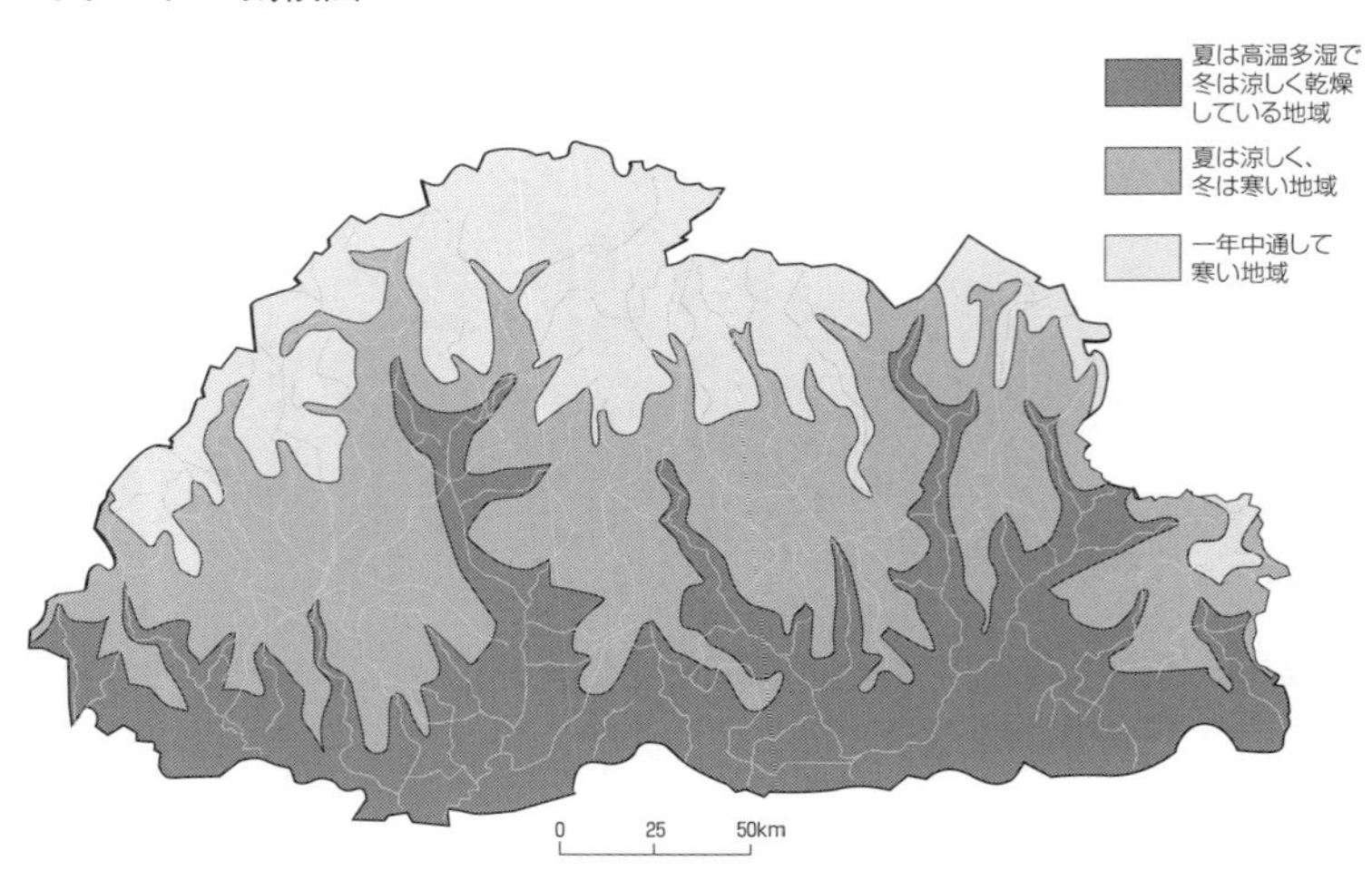

◎ブータン植生図

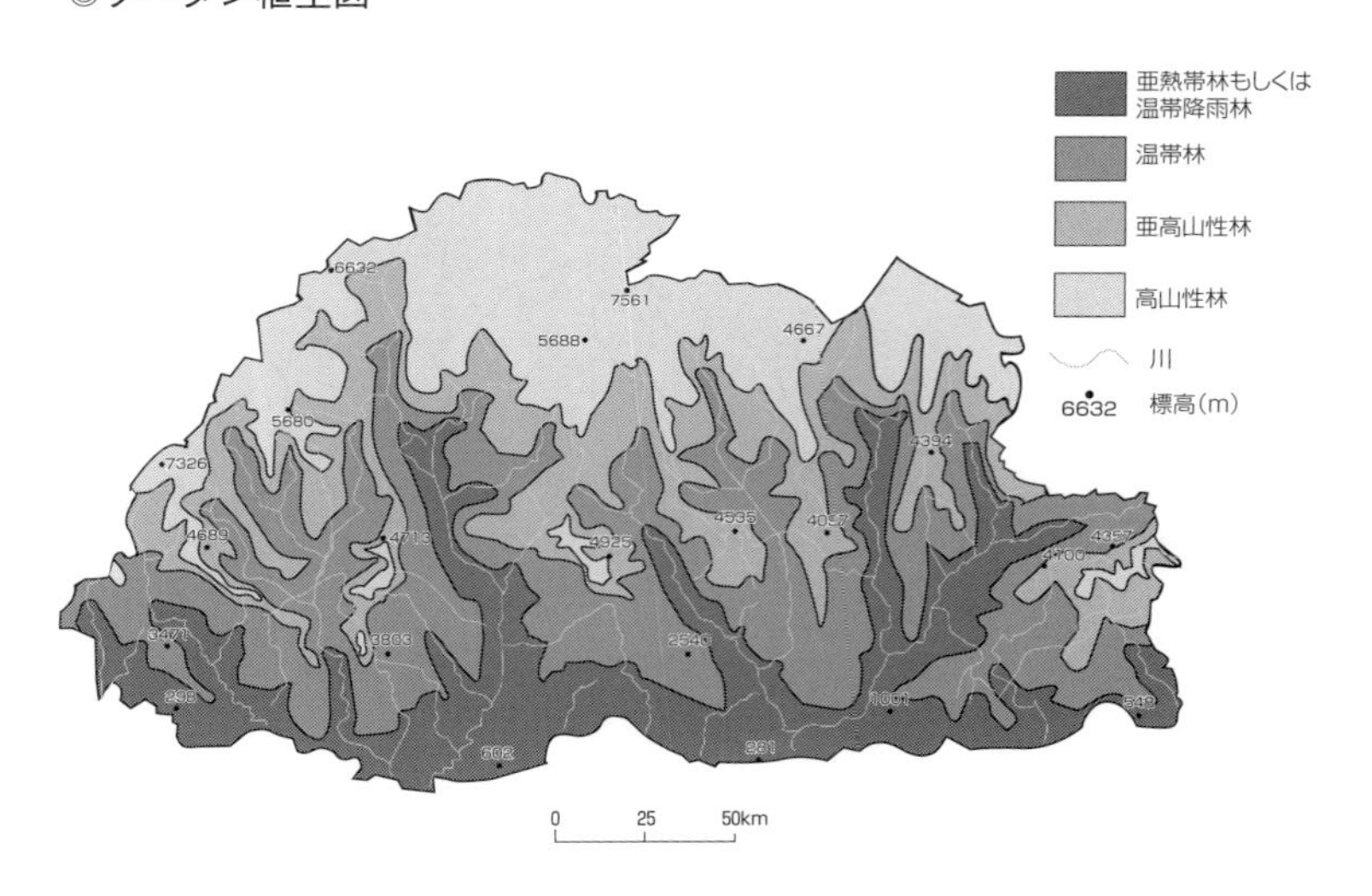

ブータン全土の地図を見ると北部はペレ・ラ峠から北に線を引くと、そこを境に７０００メートル級の山の多くが西にあることが分かる。チベットからブータンに流れ込む唯一の川が東のルンツィに位置することからしても東側の山々は西側と比べると低い。

よって東のほうが日射による気温の変化が少なく、気候が穏やかである。そして適度な降雨量があるため、照葉樹林文化がより発展していたと推測できる。

その地形の違いは交易路にも色濃く残っている。西の交易路は川沿いの南北の動きが中心であった。北のチベットに行くには４０００～５０００メートル級の峠を越える必要があり、南に行くには濁流沿いの旧道か、尾根伝いに山を下りる急な道しかなかったのである。それに較べて、東ブータンはチベットからブータンに川が流れ込んでいるように川沿いの谷の斜面に交易路が位置していたのである。

東は南北の交易路以外に、東のメラ、サクテンを越える交易路があった。東のタシガン地方からは南に下ってインドを目指すより、東に向う方が通行は遥かに楽であった。サクテンから今のインド国境までは日帰りできる距離である。サクテンの東は現在のインド国アルチャナ・プラディシュ州で、その主要都市タワンは、チベットとアッサムの交易の中心地でもあった。特産品を買うことも容易なら、売ることも比較的容易だったのである。

2

ブータンの言語

★多様なる言語事情★

多くのブータン人は言語能力に長けている。一人の人が実に多くの言語を理解し、相手や状況にあわせて巧みに使う言語を変える。

筆者の元同僚を例に挙げると、パロ出身の彼は母語であるゾンカ、英語、ヒンディー語、ネパール語（Lhotsham-Kha）、ツァンラカ（東部地方の言語 Tshangla-Kha もしくは Sharchopkha）、ブムタンカ（中央部ブムタンの言語）に加えてベンガル語を理解し話すことができる。

ブータンの国語はゾンカである。ゾンカとはゾンの言葉（Kha）という意味であり、「ゾンカ語」ではなく、「ゾンカ」という単語で「語」の意味も含まれている。

ゾンカは言語学的にチベット語の南部方言と位置付けられ、チベット語とは基本文法や単語など共通するものが多い。しかし、ツァンラカはチベット語と全く使用する単語が違うため、両者は全く別の言語だと考えるのが自然である。

谷ごとに言語があると表現されるほどブータンの言語は多様である。国語であるゾンカにしても１９５０年代以前はパロ、ティンプー、プナカ、ワンディ・ポダンを中心とした範囲にしか使う人達は居らず、これらの地域から一つ峠を越えた所に位置するトンサやハでは違う言語が使われていた。

英語は今や母語に近いほど身近な言語ではあるが、全国民で考えた場合、まだまだ英語を流暢に読み書きできない人が多い。

また、同じブータン国民である少数民族の言葉を解す人は意外と少ない。特にブロクパと呼ばれる東の少数民族の言葉はほとんどのブータン人が理解できない。

近代における言語はそのメディア戦略に大きく左右される。中年層以上のブータン人がヒンディー語を話せる理由は明らかにヒンディー映画や音楽の影響が大きい。加えて１９７０~90年代の学校教育現場はインド人教師が多く、必然的にブータン人はヒンディー語を学校で使ったと推測できる。

１９６０年代、小学校での教育は英語とヒンディー語で行われていた。その理由は、当時隣国インドの教科書を用いてヒンディー語で授業が行われたことと、中学校以上の教育は成績の良い生徒を国費にてインドへ留学させていたことが挙げられる。

このように一定期間、ブータンにおいてはヒンディー語による教育が浸透して居たため、「外国語による教育」を受ける下地があった。

その後、マスメディアによる情報の中心が英語となり、ブータンにおいて英語による自前の教科書、教員が整備されたこともあり、今では英語での会話が主流になりつつある。

２０００年代、農村部で暮らす全人口の８割強は、その主な情報源をラジオに頼っていた。しかし２０１７年のブータン生活水準レポートによると全家庭の70％以上がＴＶを持ち、多くの国民が家の

ゾンカの教科書

外でもスマートフォン経由で情報にアクセスができるのである。

２０１８年現在、ラジオ放送は英語、ネパール語、ゾンカ、ツァンラカの４種類で行われている。チャンネル１では午前６時から午前10時はツァンラカ、午前10時から午後２時まではネパール語、午後２時から午後６時は英語、午後６時から午後８時は再びツァンラカ、午後８時から午前６時まではネパール語で24時間放送を行っている。

ブータンは国策として「国語」としてのゾンカを整備し、その普及をはかっている。そのための機関としてゾンカ開発委員会センター（Dzongkha Development Commission：ＤＤＣ）や、シムトカにあるブータン王立大学言語文化学院（Institute for Language and Cultural Studies：ＩＬＣＳ）などが機能している。特に一般の学校教育はゾンカ普及のための中心的役割を期待されている。

学校教育のカリキュラムには国語（ゾンカ）があ

るが、その他の教科の教授言語は主に英語である。ブータン教育省はこれをいずれゾンカに移行したいという方針を持っているが、教科書の開発から教師のゾンカ教育など、導入には障害が多い。

１９７０年代はまだ各学校による授業カリキュラムに対する裁量が大幅に認められていたため、ネパール語を正規の授業にしていた学校もあった。ところが１９９０年代初頭の南部問題を期に、その方針は転換され、全国一律のカリキュラムに移行された。

次にゾンカの歴史について見てみる。ゾンカ教育は当初から重視されていたが、近代的な教材がなかったため、昔ながらの方法で古典チベット語（チュー・ケー）が教えられた。このチュー・ケーは現在、ゾンカに多く組み込まれ、丁寧語の多くはこのチュー・ケーを語源としている。

１９７１年にゾンカ教材とゾンカ教育法が開発されて、初めて初等・中等教育の全カリキュラムでゾンカでの授業が可能となった。ここからブータンの本格的なゾンカ教育は始まるのである。

現在では新聞『クエンセル』にゾンカ版があり、ゾンカ版教科書が整備されてきたように、ゾンカの表記はほぼ確立されている。また多くの官公庁では重要文書のレターヘッドにゾンカで官公庁名を記載することが義務付けられている。

このようにゾンカを通じたアイデンティティ政策は、制度上は着実に進みつつある。しかし、現実には英語教育の普及や近隣諸国の言語人口とのからみもあり、筆者の滞在経験からもゾンカは都市住民を中心に使われなくなりつつある。

学校教育の現場において、特に学校内でのゾンカ使用の強制などの強固な言語政策はとられていない。１９９５年の時点では学校朝礼においての校長の挨拶はすべてゾンカで行われていたのが、２０

18年時点では英語でなされていた。

ブータンの英語教育は徹底している。英語ができないものには将来の進学や就職は難しい。また多くのブータン人が「英語ができること」をその高いプライドを支える拠り所にしている。実際、一部の資料ではブータン人の英語力は東南アジアで一番であるとの記載がある。

「最近、子供達や夫は英語で会話をしている。でも私は英語が分からないので疎外感を感じることがある」筆者の同僚の細君の発言である。子供は英語で学校の授業を受け、家では英語の音楽を聴き、自然と思考も英語的になる、しかし母親はそのことを甘受できないのである。

ブータン人はその英語力のおかげで留学を始め、国際会議等で堂々と発言できるようになった。日本人にとっては羨ましい限りである。しかし、その陰で若い世代がゾンカを使う機会が確実に減りつつある。

3

多様な民族

★東西文化の違いと民族の変容★

ブータンは多民族国家である。1980年代の国民統合政策によって各民族の融合が進んだとは言え、未だに多くの生活の場面でその違いを実感できる。

民族は大まかには、ンガロッパ（チベットから移住してきたチベット系住民）、シャショッパ（主に東ブータンに居住する先住民族：特にタシガン、タシ・ヤンツェ、ペマ・ガツェル地方の人は自らをツァンラと称する）、ローツァンパ（ネパール系住民）、その他（チベット避難民、シッキム系等）に分かれる。

ブータンに住んでいると彼ら民族の間の違いが見えてくる。例を挙げると、顔つきからして違うのである。相対的にンガロッパは大陸的な顔立ちをしている。言い方を替えれば「きつい顔」であり、「凛々しい」顔立ちをしている。対してシャショッパはまさに日本人のような顔をしている。悪くいえば「凛々しくない」顔立ちであり、よく言えば「親しみやすい顔」をしている。一般的にはインド・モンゴロイド系の民族だと考えられている。

ローツァンパはアーリア系からモンゴロイド系など顔立ちは様々である。日本人に似た人もいれば、白人のような人、イン

写真左上からハ出身の男性、右上がネパール系の女性、右下が東出身の男性、左下がツェチュのときに見かけた西出身の少女

ド人のような彫の深い顔など様々で、特徴づけにくいが東西ブータンにはない顔立ちである。この様に顔つきを見るだけで大方の民族が特定できる。

民族の違いは、宗教の違いに繋がる。大まかに説明すると、ンガロッパは国教であるカーギュ派の中のドゥック派を信仰する人が多い。対してシャショッパは古派であるニンマ派を信仰する人が多く、ローツァンパはヒンドゥー教徒が多い。

飲み物を例に取ると、西ブータンではほとんど酒を飲む習慣がなく、日常的に飲むのはバター茶（スジャ）であった。今でも客が来るとバター茶かミルクティ（ンガジャ）を出してくれる家が多い。また、祭りや法要の際にどぶろくの様なバンチャンと呼ばれるもろみを湯だしする酒を好んで飲む以外はあまり酒を口にしない。

それに対して東ブータンでは日常的に酒を飲む。男女問わず、挨拶代わりに酒を飲み、また客人に勧める。アラと呼ばれる焼酎のような酒が一般的で、来客には玉子入りの酒、通称ゴンドアラが出てくる。「当時は茶代わりに子供が酒を飲んでいた」と東出身の友人が語るように酒は日常的なものであった。

食事に関しても違いが見受けられる。ンガロッパの食事には比較的肉が多い。多くの家では肉を保存し、加工する。そしてそれを毎食のように食するのである。それに比べてシャショッパは肉食をあまりしない。高度が低く、湿気の多い気候も影響しているのか、干し肉を作る習慣もあまりない。

食事の味付けで特徴的なのはニンニクを使うことである。今でもタシガンはニンニクの産地として有名であるが、西では使うことのない、チーズ煮込み料理にもニンニクを使う。

民族によって新年を祝う時期も違う。これは宗教の違いも影響しているのだが、多くのンガロッパにとっての正月であるロンパはニムロ（Nim Lo）という冬至の日で、２００４年度は1月2日であった。しかしシャショッパにとってはブータンカレンダーの最後の月の最初の日（２００４年度では1月22日）であり、中央ブータン出身の人にとっては通常正月ロサ（Losar）の時である。しかも、ローツァンパはヒンドゥー教徒が多いため、彼らの正月も違うのである。このように、ブータンは複数の民族の文化が複雑に交じり合って今の文化を形成しているのである。

話は変るが、ブータンに少数民族は数多く存在する。ラヤッパ、ドヤッパ、ブロクパ、ダクパなどがよく知られているが、その多くは未だに謎であり、近年は民族間の交流が進み、その民族としての特徴が失われるケースもあるという。

特に南のサムツィ県のドロカ地方を中心に生活していたドヤッパは今ではその伝統的な生活をほとんど見ることができない。彼らはその巻き衣に似た民族衣装を捨て、高床式の住居をブータン式に建て替え、現在では表面的には、その区別は難しい。

ラヤ族の家族（プナカ）

その中でもかろうじて独自の文化を守っているのがラヤッパとブロクパである。ラヤッパはガサ県の北部の町ラヤを中心に住んでいる遊牧民族である。しかし、遊牧民族とは言ってもラヤに夏の間は定住し、麦、大根、カブ、ジャガイモなどの農耕を営んでいる。

ラヤッパの女性はヤクの毛で作った民族衣装に身をまとい、頭には竹で作った避雷針のような帽子（ビュロ）をかぶっている。彼らはヤクの酪農を中心に生活し、独自の風習を守っている。

メラ、サクテン両村を中心に住んでいるブロクパは、その赤色のフエルト地の民族衣装を特徴としている交易民族である。彼らの多くは夏の間、村に定住し、冬の寒さの厳しい頃、多くの住民がラディやランジュンなどの村に下りて来る。あまり農耕はせず、その生活の糧をヤクに頼っている。

ダクパに関して言えば、その民族衣装はブロクパと差異はなく、見分けることが難しい。しかし、大きな違いは、彼らは農耕を生活の糧にしている点である。定住し、ヤクではなく牛を飼育している。

彼ら少数民族にも時代の流れが押し寄せてきている。ブータン北部は中国との国境でもある。この国境近くには多くのインド軍のキャンプが設置され、国境警備の任についており、彼らによって少数民族の行動が制限されている。

教育の機会均等を掲げた政府の方針も、多大な影響を少数民族に与えている。英語教育と「国民教育」の効果なのか、多くの若い世代の少数民族はその民族衣装を捨てて、ゴとキラを着ることを好む。また南の村に下りてきた少数民族の少女のその衣装の着こなしは、親のものとは明らかに違う。中国製のアクセサリーを着け、インド人風の化粧をしているのである。

「少数民族であること」を隠す人も多い。ティンプーでは500人以上のブロクパが定住し、商売や作業員として生計を立てていると聞く。「もう村の生活には戻れない」ブロクパ出身の彼は数箇月に一度親に送金していると言う。しかし、村には帰らない。

最後にチベット避難民について見てみると、多くの避難民は都市部で商店を営んでいる人が多い。インドからチベットに至るチベット人ネットワークを利用して、商売をしている人が多い。しかもブータン人の多くの商店の売り子の愛想がないのに対して、チベット人は商売上手である。いつも笑顔でものを売ってくれる。

2005年の時点ではチベット避難民の女性の多くはそのチベット服を着続けていた。少数民族がその民族衣装を恥じるのとは対照的に、彼女らは常に何処でも着続けていたのだが、2018年現在、その姿を見ることはまれになった。

4

王政の推移

★王朝の成立過程とその現在★

現在の王ジグメ・ケサル・ナムゲル・ワンチュックは、ワンチュック王朝の五代目である。2008年までブータンは君主制に議会を付随している政治形態をとっていた。同年、7月18日、ティンプーのタシチョゾンにおいて、ブータン国の憲法が発効された。この憲法制定を受けて政治体制は『立憲』に移行し現在に至っている。

王政体制は、1907年に初代国王によっていったん確定したものの、旧領主勢力、法曹界の抵抗もあり、実際に体制が安定したのは第三代国王の時代からである。

代々トンサ・ペンロップの家系であった現王朝はトンサを直営地とし他の地域は他の領主によって支配されていた。

1907年12月17日、初代国王となるウゲン・ワンチュックは、多くの官史の圧倒的な支持と当時インドを支配していたイギリスの後押しによって王に選出された。武力によって政権を奪ったのではなく、政治的に選出されたのである。

それ以降、ワンチュック王朝はこの国を代表し、徴税権を持っていたが、まだ支配体制としては脆弱であった。各地方それぞれの勢力が力を持っており、言い換えれば地方主権が残っ

右：第四代国王　左：現在の国王（写真提供 ともにクエンセル社）

ていた。１９５５年の時点では大部分の土地がごく少数の土地所有者のものであり、可耕地の４分の３が２〜３の貴族の手中にあって徴税が思うようにできなかった。そこで１９６３〜68年の間に王は土地所有制限政策を断行し、徐々に政略結婚、政治的役職の任命、第５次五カ年計画による県知ことへの権力集中等の政策により、中央政権を強化していったのである。

ブータンの王政は何度ともなくその存続の危機に襲われている。それは伝統的に王制は「世襲制ではない」ことが大きな要因である。ブータンの宗主はあくまでもシャブドゥン（Zhabdrung）であり、シャブドゥンはその没後、生まれ変る存在である。

伝統的にはシャブドゥンの没後、法王であるジェ・ケンポが摂政を勤め、シャブドゥンの生まれ変わりが成人するまで、その政治的・宗教的権力を一手に握るのである。つまり王であるドゥック・ギャルポはあくまでも現世の世俗の代表であり、ジェ・ケンポより弱い立場だった。

王の世襲は難しい問題を含んでいた。世襲、つまり王位を継ぐ嫡男の定義が曖昧であった。つまり、王の子は誰も平等であり、王本人が「世継ぎは～である」と明言しない限り、決定できない。この懸念は2008年憲法によって明確に規定され、嫡男に関する規定が明文化されたのである。

このことは王政にとっては長年の悲願であった。なぜなら第三代国王がケニアのナイロビで客死した際、第三代国王は生前その世継ぎを明確に示していなかったため、第四代国王は、その正統性を問われたからである。

チベットでは生まれ変りのダライ・ラマが王位に付き、ネパールではラヤ王家がビシュヌ神の現れとして神聖を帯びているが、ブータンでは全く状況が異なるとレオ・ローズは指摘している。まさに誰かが「彼はシャブドゥンの生まれ変りである」と宣言することによって揺らいでしまう程度の脆弱な王制であることの危機を孕んでいる。

次に現ワンチュック王朝以前の国の成立過程とその歴史に移る。1616年にドゥック派の高僧ンガワン・ナムゲル（Ngawang Namgyal）が、チベットからブータンに亡命した。当時のチベットはツォンカパによるゲルグ派の勢力が次第に強まっており、ドゥック派の本山のあったラルン・ガル寺院にまでゲルグ派の勢力が押寄せていたのである。

ンガワン・ナムゲルはドゥック派有力貴族から支援され、西ブータン地方の主要な谷に一連の大きな城（ゾン）を建設し、徐々にブータン地方の宗教界・世俗界権力の中心となっていった。

1639年、ンガワン・ナムゲルはチベットのツアンから南下進入して来たチベット人（ゲルク派）と戦って、大勝利を収め、自らを宗教界・世俗界の双方の最高位を示すシャブドゥンと称し、ブータンを統一した。このように外寇によって国としてまとまりを持って行ったのである。シャブドゥンは自らの役職の下に宗教界を監督するジェ・ケンポと、一般行政を監督するドゥック・デシを置いた。このドゥック・デシはルンゲ・ツォクと呼ばれる各種有力者から成る国家評議会によって選ばれる存在であった。

19世紀初頭には本来ドゥック・デシによって任命されるべきトンサ・ペンロップとパロ・ペンロップは勝手に自治を行い、その役職を世襲化していた中央ブータンではプナカ、ワンディ・ポダン、ティンプーの各ゾンポンが勢力を持ち、その覇権を争っていた。そこに英国の後ろ盾を武器に、パロ・ペンロップとの覇権争いの勝利をおさめたトンサ・ペンロップが王位を取る機会を獲たのである。

王様誕生日式典の準備状況（写真提供 ケザンダワ）

この際に大きな役割を果たしたのがハのドルジ家である。インドのカリンポンに土地と資材をイギリスから提供されたブータンハウスと称する館を所有していたドルジ家は、英国の利益と自らの利益を旨く結びつけた。チベットとイギリス領インド帝国との間に政治的に安定している緩衝国家の存在を望んでいた英国、ブータン国内の権力を望んだドルジ家、この両者はトンサ・ペンロップと手を結ぶことによって、その方向性を共にしたのである。

その後、ドルジ家はワンチュック王朝によってハのゾンポンに任命され、その地位を世襲化し、王族を支える有力な一族としての立場を強めて行った。

現在の皇太后の家系は１９３１年に暗殺されたシャブドゥン六世の血筋である。つまり、第四代国王は宗教界の法王の血筋と結婚したのである。このことにより、宗教的に弱い立場の王家は「宗教的に名家である一族」と血縁になったことで、王朝の足元を固めて行ったのである。

ブータンの王族は近隣諸国と密接に繋がっている。現国王の曾祖母はシッキム王女であり、現国王の祖母の長兄であるジグメ・ドルジ元首相はチベットの貴族ツァロン家の娘と結婚している。このようにドルジ家を介して、チベットの貴族の家系、シッキムの王家の家系と縁戚関係にある。

現在の王族は精力的に活動している。国の政治体制が立憲君主制に移行したにも拘らず、王に対する国民の忠誠心は一見揺るぎないように見える。しかしながらその国民による尊敬を維持するには、王族は今までと違った努力が必要な状況にある。

地勢的にも国際関係的にも非常に微妙な舵取りを要求されるブータンでは、傑出したリーダーの存在が、国を守る上で欠かせなかった。一概に民主的ではないという批判に晒されがちの王政であるが、多くの藩国が姿を消していく中で様々な内憂外患を抱えるブータンという国には、王政は必要不可欠な存在であったと言える。

5

国教

★カーギュ派・ドゥック派の唯一の独立国★

チベット仏教はチベットを中心に、南はネパール、シッキム、ブータン、北はモンゴル国、中国東北地方、東は中国の甘粛、四川、雲南、西はカシミール、ラダック地方と広範な地域に広がっている。そしてブータンは２０１８年現在、チベット系大乗仏教の一派であるカーギュ派の中のドゥック派を国教とする世界で唯一の独立国である。

ブータンでは仏教は人々の考え方や社会的な規範の源となっている。谷間の人口密集地はおろか、深い山の中や、切り立った山の山頂近くにも多岐に渡る宗教的な建物やシンボルを見ることができる。今でも各家庭には、必ず仏間があり、家族は毎日仏壇に拝する。このように仏教は今でも視覚的にも習慣的にも人々の生活の中に息づいている。

ブータンの国教はカーギュ派の中のドゥック派であるが、他に主に東の人には古派であるニンマ派、トンサからティンプーにかけてカルマ派、チベット人を中心にゲルグ派を信仰している人が多い。ブータンの成立史は仏教の伝来やチベットにおける宗派間の勢力争いと密接な関係がある。

例えるならば、キリスト教プロテシタントが自分たちの新天地を求めて大西洋を渡り、アメリカ大陸にプロテシタント国家であるアメリカ合衆国を創ったように、チベットから宗教上の後継者争いに敗れたドゥック派のンガワン・ナムゲルが新天地を求めてヒマラヤを越えたと考えると理解しやすい。

実際にドゥック派がブータンに伝わったのは13世紀、高僧パジョ・ドゥゴン・シクポによってである。ンガワン・ナムゲルはドゥック派を信奉する土地の有力者の協力なくしては、国家統一は成し得なかったのである。

チベット文化圏を構成する前述の地域は元々ボン教を信仰していた。ボン教はアミニズムにも通ずる原始的な宗教で、その本来の姿は未知の部分が多い。よってブータンに仏教が伝来する以前は古いシャーマニズムに基づいたボン教が人々に受け入れられていたと考えられる。

現在のブータンでの宗派の分布には特徴がある。中央ブータンのブムタン、ウラや東ブータンには由緒あるニンマ派の寺が多く、ワンディ・ポダンのフォブジカにはブータンにおけるニンマ派の総本山の寺、ガンティゴンパがある。西ブータンではドゥック派の信奉者が多く、トンサの町にはカルマ派を信仰しているチベット系の人々が多く住んでいる。

ブータンにおける宗教を考える上で、国民すべてが仏教徒ではないことを考慮する必要がある。南にはネパール系住民が多く住んでいることからヒンドゥー教を信仰する人が多い。しかし、ネパール系住民のすべてがヒンドゥー教徒ではなく、部族によって元々仏教徒の部族もあり、その割合を特定するのが困難である。

ブータンはカーギュ派の中のドゥック派を国教としている。それはアメリカ合衆国がその独立時に

「プロテシタントの共存」、大儀では信仰の自由という形でカトリックをも含めたキリスト教信仰者の共存を謳ったように、本来はカーギュ派内での共存を含めた形でチベット仏教信仰者全体の共存を目的としているように見える。つまり基本的にはドゥック派の継続が最重要事項であり、あえて「国教」と明記している由縁であろう。

ガンティゲンバの門前町

では宗派の違いを分かり易くするために、チベット仏教の特徴を考えてみよう。チベット仏教すべてに通じる特徴は源自然崇拝的な要素を抑圧せずに、取り入れようとしている点である。呪術的な要素を好み、自然現象や山、湖などすべてのものに精霊が宿ると考える信仰を多くのブータン人が持っていることはこれに由来する。

次にインドの大乗・小乗仏教の持つタントラ的要素を最も重要視する点である。日本の仏像の柔和な表情に較べてブータンの仏像は醜悪奇怪な形相をしている。時には獣の顔や憤怒の形相も見られる。しかもタントラはヤブユム像に見られるように男女合体の形を伴うものが多い。

さらに化身（生まれ変わり）や活仏の存在がある。この思想自体はインドや日本にも見られるが、チベット仏教ではそれは単なる思想とは言い切れない。ダライ・ラマが観世音菩薩の、パ

表　チベット仏教宗派の流れ（代表的なもののみ）

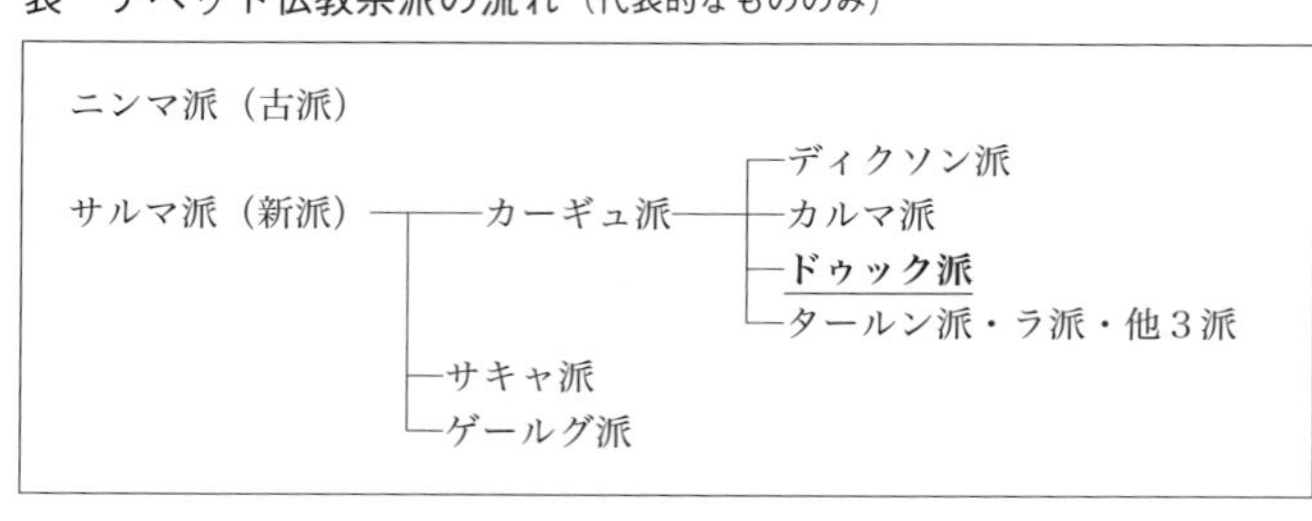

ンチェンラマが阿弥陀仏の化身とされているように不世出の高僧は化身として生まれ変わると信じられている。この思想は特にゲルグ派とカーギュ派に顕著である。そしてチベット仏教では師こそ最高に尊敬されるべき存在であることが挙げられる。このことがラマ教（ラマは師匠の意味）と呼ばれる由縁である。

ではブータンに伝わったとされる各宗派を概説する。まず、カーギュ派（Bkah brgyud pa）は高僧マルパによって創始された密教の一派である。タントラをチベットにもたらし、その極意は秘密裏に師から弟子に受け継がれるという特徴を持つ。

このカーギュ派からは多くの高僧が出現し、多くの分派が生まれた。マルパの弟子のミラレパは吟遊詩人としても有名だが、彼の弟子のガンポパ以降多くの分派が生じた。黒帽派といわれるカルマ派やドゥック派もその流れである。

ニンマ派が古派と呼ばれる由縁は、パドマサンバヴァ以来の最初の学派を信じていた人々が、11世紀の新派がおこるまで、教団的形態をとらなかったのが、新派に反発し、集団化したと考えられる。

この派には多くの経典（テルマ）が残っており、この派独自の9種類のタントラの段階における成就思想、神秘思想、神と一体になる神秘体験等を強調しており、このことが特徴とも言える。

ニンマ派とドゥック派の違いは分かりにくいが、簡単に言えば主要な教法が違う。祈りを捧げる仏壇の飾りつけも違えば、仏像の種類も違うのである。

ブータンで日常生活をおくっているうえで、宗派による違いは見えてこない。しかしながら現在のブータンではドゥック派が国教であり、多くのゾンはそのすべてがドゥック派の僧侶のものであり、中央僧庁の長であるジェ・ケンポ大僧正を頂点としたピラミッド構造になっている。

人の基本的行為である「祈り」。ブータン人の日常は祈りに始まって祈りに終る。祈りと言えば日本の昭和天皇が崩御されたときや１９９５年の神戸の震災後に、この小さな国が国王をはじめ、国を挙げて祈りをささげたことはあまり知られていない。

ブータンではキリスト教の布教行為は認められていないが、居宅の一室を使った形の教会は数は多くないが存在する。以前はプンツォリンにはドン・ボスコ教団の神父が運営していた工業専門学校や東にはプロテシタント系の学校などがあったが、何れも国営化され宗教色は一掃されている。

首都ティンプーではバングラデシュからの労働者のためのモスクも見ることができる。これはチベット仏教の根本であるところの寛容さを示している。その宗教心に支えられた揺るぎない自信は個人レベルにおいてもブータン人のプライドの高さを支えている。我々に宗教を持った国家の強靭さをこの国は教えてくれるのである。

6

GNH
★その起源と歴史★

ブータンにおけるGNHの起源は1979年に遡る。1979年9月9日第四代国王がキューバのハバナにおいて開催された第6回非同盟諸国会議に出席後、帰途のボンベイのサンタ・クルス空港においてインドの新聞社数社に対して90分間の取材に応じた時の発言が、その起源とされている。

この際に「我々はブータンについて何も知りません。例えばブータンのGNPはどの程度でしょうか？」との新聞記者の質問に対して、第四代国王は「我々にとってはGNPよりGNHのほうがより重要であるからだ（Gross National Happiness is more important than Gross National Product）」と答えたのである。

この時のエピソードが2008年8月発行のネパールの月刊誌『Himal Southasian』にブータン、クエンセル社のキンレイ・ドルジ編集長（当時）が寄稿した文章に掲載されており、このことが対外的にGNHを発信した起源であると言えよう。

1997年4月19日付の毎日新聞の記事に、毎日側の質問に対する書面回答で国王の先の発言を補足する考え方が述べられている。

「第8次五カ年計画の目標は、経済の自立である。経済発展なくしては、国家主権も思想の自由も保障されない。しかし環境保全や文化的独自性維持との調和のとれた経済発展であるべきだ」

また、国王はこの書面の中で、国民総生産（ＧＮＰ）と国民総幸福度（ＧＮＨ）は同様に大事であるとの見解を示している。

新聞記事においてＧＮＨが初めて言及されたのは１９８０年４月29日付けの New York Times 誌である。この中でマイケル・カウフマン記者は当時24歳の第四代国王へのインタビューにおいて国王より「ＧＮＰもあるがＧＮＨもある。生活水準を向上させることは望んでいるが、そのための開発によって生活環境を危険にさらす必要はない。もうひとつの充足水準があるのだ」と述べている。

第４回 GNH 国際会議開会式

書籍においては１９８５年にロンドンの出版社から発行された『Let's Visit Bhutan』の中の一節に、「彼（第四代国王）は国の総収入であるＧＮＰではなく、ＧＮＨに関心があると述べている。これはおそらく20世紀の国家の中において彼らがその存在を認められるために立ち向かう実用的な方法を要約している」とある。

初めて政府公式文書にＧＮＨが記載されたのは１９９６年に発表された第８次五カ年計画本文の第２章「経済活動のレビュー」の中の人間開発の項である。ここには以下のような記載がある。

「経済成長は開発の目標ではありません。所得向上と生産拡大は人間能力を高める可能性がある手段にすぎません。それらはこれらが

GNHの枠組みの範囲で役に立ちます。人間開発で重要なことは、平和と彼らが楽しむ安らぎ、人間の人生の豊かです」

最初にGNHが国際的に評価を受けたのは1998年の10月30日から11月1日まで、韓国ソウルで行われた国連開発計画（UNDP）のアジア太平洋地域会議（Millennium meeting for Asia and the Pacific）におけるブータン首相によるスピーチであった。

当時の首相ジグミ・ティンレイ（Jigmi Y.Thinley）は席上、「Gross National Happiness はブータンの開発における最終的な目標である」と述べた。「私達は私達に基本的なことを問う、どうやって物質主義と精神主義とのバランスを維持しつづけるか」と、先進国の示す発展型に対して大きな議題を投げかけた。

その後、西洋の発展モデルへのアンチテーゼとしての位置付けでGNHという概念が育まれてきたのである。

GNHとGNPは対立する概念として、GNHと人間開発指数（Human Development Index：HDI）は類似の概念としてブータンでは考えられている。つまりブータンにおいては経済成長自体が、発展に対しての指標と成り得ているのかという疑念がある。

1989年10月25日付けの読売新聞のインタビューに対して、国王はブータン国民の幸福度を測る物差しについて、以下のように語っている。

「幸福度を測る物差しとして例を挙げるとするならば、例えば5年、10年ごとに自分達の暮しを振り返った時、少しずつ良くなっていると国民の多数が考えるかどうかである」

これは保護政策一辺倒では国民が満足しないことを知り尽くした国王の発言である。国王は以前、

表　4本柱と九つのドメイン（事業領域）、指針の分類一覧

4本の柱	九つの領域	指針
持続可能かつ公正な社会経済的発展	基礎的な生活水準	生活水準、困窮
	肉体の健康	健康、健康に関わる知識、ヘルスバリア
	教育	教育、ゾンカ、地元の伝説や民話の知識
環境の保全と持続的な利用	自然環境・生態系	環境悪化、環境知識、植林
文化の保護と振興	文化多様性	伝統的レクリエーション、方言、価値伝承、伝統工芸職人技能、地域における祭、相互扶助関係、基本的教訓
	時間の使い方	時間
	精神状態	メンタルヘルス、精神性、感情のバランス
	地域コミュニティの活力	相互扶助関係、家族、親類、安全、社会交流、社会支援、コミュニティ信頼感
良い統治（ガバナンス）	良い統治	政府のパフォーマンス、制度に対する信頼、自由

出典：ブータン王立研究所 Gross National Happiness Survey 2010 より筆者作成

「欲望は人間が受取る情報量と比例して増大する」と言っている。1999年までTV放送とインターネットを解禁していなかったことは、この国王の発言に由来する。

次にGNHとは何か、その構成と理論の核心を論じる。

GNHは国民の幸福実感を実現するために「持続可能かつ公正な社会経済的発展」、「環境の保全と持続的な利用」、「文化の保護と振興」、「良い統治（ガバナンス）」の4本の柱（重点課題）の重視を掲げ、これが現在でもGNHの主要な骨子となっている。

経済的にいかに発展しようとも自然が壊され伝統文化が失われてしまったら人は幸福を感じない。その考え方を重視し、政府として国民が「幸せを感じられる社

I 概要

会環境整備」を理念として社会開発を進めるという考え方がGNHである。

ブータンにおいては、このGNHの理念は行政に関わる者のみではなく、一般の国民にまで広く浸透している。誰もが「国民が幸福を感じられる社会」には何が必要か、何が不必要か、いかなる政策に対しても誰でも議論できる環境にある。

GNHの実現のため、ブータンは1970年代の国家計画委員会設立以降、省から局に格下げになるなど、長い紆余曲折を経て2008年1月に以前の財務省計画局からGNH委員会（Gross National Happiness Commission）を正式に独立組織（首相直属）として再編成した。

GNH委員会は現在では、計画に関わる業務のみならず、対外援助の窓口、地方開発資金の金額を算定する機能をも兼ね備え、地方行政府に対する大きな権限を持つ組織となっている。

またGNH委員会内に省庁を超えた機能として各省庁のこと務次官を集めた監査委員会（議長：首相、副議長：財務大臣）を設置し、政策や開発計画の精査を行う責務を持たせている。

さらにGNHの理論面の中核であるブータン総合研究所はGNH事業領域として、1.基礎的な生活水準、2.文化多様性、3.精神状態、4.肉体の健康、5.教育、6.時間の使い方、7.自然環境・生態系、8.地域コミュニティの活力、9.良い統治の9事業領域を提示している。加えて、この九つの事業領域の下、32の指針が設定され、その各指針に具体的な指標（総計72項目）を設定している。

これらの九つの事業領域で得られた数値合計に対して、その幅と深さを考慮し、あらゆる時点での個人、コミュニティ、そして、国レベルの幸福度の定量的評価の基準を設定し、これをGNH指標として定義している。

7

進化するGNH

★実践に向けた葛藤と希望★

幸福度研究を政策に生かす取り組みは、世界各地で行われている。アジア諸国の事例を見てみると、中国では２００３年に「和諧（調和）社会」を目指すために幸福指数を測定し、省エネ、環境重視社会、格差是正、農村問題、教育・医療問題改善で豊かな暮らしを実現するとした。

これは経済発展至上主義を掲げた江沢民政権が地方での過剰投資や土地強制収用による農民問題を起こした反省を踏まえたものである。

インドネシアでは "Bhinneka Tunggal Ika" (Unity in Diversity：多様性の結束）がユドヨノ政権時代に掲げられ、地球上の生きとし生けるものすべての「いのち」や人間の生き方の多様性を重視する政策がとられた。この背景には多様な民族・言語、深刻な環境破壊などがあった。

タイでは１９９７年の通貨危機後に注目されたプーミポーン国王の思想「足るを知る経済：セータギット・ポーピエン(Sufficient Economy)」がある。これは経済危機を招いた急激な経済発展よりも経済社会の安定をより重視した持続的成長路線を目指すことが基本という哲学である。

I

概要

このように多くの理念が経済発展著しい各国で提唱されているが、まだその多くは理念の段階で、具体的なアクションはまだ取り得ていない状況にある。

ブータンではＧＮＨを政策に生かすため、２００８年1月に以前の財務省計画局からＧＮＨ委員会（Gross National Happiness Commission：ＧＮＨＣ）を正式に独立組織（首相直属）として再編成した。

ＧＮＨ委員会は、国の長期開発計画策定に関わる業務に加え、対外援助の窓口、地方開発資金の金額を算定する機能をも兼ね備えるなど、国家全体の政策立案に関して大きな権限を持つ組織である。またＧＮＨ委員会内に省庁を超えた機能として各省庁のこと務次官を集めた監査委員会（議長：首相、副議長：財務大臣）を設置し、政策や開発計画の精査を行う責務を持たせている。

個別の政策や実施予定のプロジェクトのスクリーニング（選別）方法においては先述のブータン総合研究所が個別にＧＮＨ政策選択ツール（GNH policy selection tools）とＧＮＨプロジェクト選択ツール（GNH project selection tools）を提案、現在は両者を統合し、ＧＮＨ政策・プロジェクト選択ツール（GNH policy and project selection tools：ＰＳＴ）としてその運用を行っている。

特にＧＮＨ政策・プロジェクト選択ツールは政策策定指針（Protocol for Policy Formulation）及び、推奨政策書式・テンプレート（Recommended Policy Format/Template）とともに政策立案ツールの一部を成しており、政策の計画化手法として用いられている。

まず政策策定指針は、政策の立案から承認までの手順を規定したもので、1.コンセプトノートの承認、2.詳細プランの承認に進む2段階の手続きを踏む方式となっている。1、2どちらの承認手順も同様に、立案省庁の政策・計画課（Policy and Planning Division：ＰＰＤ）が政策ドラフトを提出し、

GNH委員会の承認後、内閣が承認するというフローをたどる。

推奨政策書式・テンプレートは、政策策定指針手順書に沿って各立案省庁の政策・計画課が提出するるコンセプトノートと詳細プランに含めるべき項目や書き方を定めたものである。

またGNH政策・プロジェクト選択ツールは、政策策定指針と推奨政策書式テンプレートにしたがって立案・提出された政策ドラフトの妥当性を立案省庁及びGNH委員会 の両組織がスクリーニングするために制度化された手法のことである。

GNH委員会が、承認もしくは修正条件付き承認、または関係機関との再検討指示等の最終判断を下し、承認された案件のみが内閣承認へ進むことになる。このため、GNH政策・プロジェクト選択ツールは立案省庁から内閣へ政策が通過し計画化を実現させるための最終決定手段として位置づけられている。

GNH 調査（写真提供 JICA ブータン事務所）

GNH政策・プロジェクト選択ツールは、22項目の判定指標に対して1（否定的）、2（不確実）、3（中立）、4（肯定的）の4段階の点数を項目毎に選択し、個別の点数が3以上に加え、これの合計点数によってその政策の可否が決まる仕組みになっている。つまり一項目でも2（不確実）と判定された場合は、その政策は却下される。

次にGNH国勢調査について述べる。このGNH指標を用いた国勢調査は、これらの指標の数値計測によって国民のニーズの充足を測定しようとする試みである。これに基づき試験的に2007年度国勢調

ティンプー野菜市場での老人と孫

査は950名（男性478名、女性472名）を対象に行われた。

GNH指標の算出方法はオックスフォード大学国際開発学部貧困と人間開発イニシアチブプロジェクトの論文にある貧困度の多面的計測方法を参考に共同開発を行ったものである。

GNH指標を用いた調査の特徴点は、「指標の策定は、人間社会の 機能的な側面と、人の経験の感情に関する側面の両方を等しく重視すべきである」として、「心理的な幸福」（幸福感）という人の主観を設けている点だと言える。

第一回調査は2006年9月から2007年1月まで実施された。調査が行われた地区は、パロ、チュカ、プナカ、トンサ、ブムタン、モンガル、ルンツィ、サルパン、ティンプーである。当初は、一人の回答を得るために面接を含めて7時間から8時間を要した。アンケート内容は188の質問項目から成り、自由回答式や選択回答式、客観的な質問と主観的な質問が混在したものだった。

その後2010年、2015年度に同様の調査が行われ、2010年度の調査においては全国20県の7142名、2015年度の調査においては7153名より回答を得た。2015年度の調査において質問項目は148項目、一人当たりの回答時間は約90分であった。

幸せと答える人の割合は2010年度は89・6％、2015年度は91・2％と増えており、特に

表　GNH政策・プロジェクト選択ツールの審査項目

審査項目（22項目）		GNHの4本柱	領域（9ドメイン）
1	所得分配の公平性に資するか	持続可能で公正な社会経済開発	生活水準
2	経済的安定に資するか		
3	物質的豊かさが増大するか		
4	生産活動に参加する機会が増えるか		
5	公衆衛生上のリスクが減少するか		身体の健康
6	技能や知識を高める機会が増えるか		教育
7	大気や水質汚染が減少するか	環境の保全と持続可能な利用、管理	生態的多様性と活力
8	土壌の劣化が減るか		
9	動植物の多様性が増進するか		
10	文化・伝統への参加機会が増えるか	文化の保護と振興	文化の多様性と活力
11	ブータン人としての価値が増えるか		
12	余暇を過ごす機会が増えるか		時間の使い方
13	精神的活動に費やす機会が増えるか		精神的幸福
14	ストレスが減る状態を作れるのか		
15	社会的援助が増えるのか		コミュニティの活力
16	家族と過ごす機会が増えるのか		
17	政府決定に参加する機会が増えるか	良い統治の振興	良い統治
18	政府の汚職機会が減るか		
19	司法に頼る機会が増えるか		
20	権利に対する保護が拡大するか		
21	男女平等が促進されるか		
22	政策プログラムの透明性が増すか		

出典：山下修平「概要報告：GNH理念の歴史的起源と具現化のためのPSTの効果」GNH研究 No.4, 2017より

「とても幸せ」と答えた人の割合が43・4%となっており、幸福度は向上していると推定できる。

「これらの調査結果は現在のブータンの自画像を見せてくれている。そして、われわれが行こうとしている方向を示し、賢明で的確な方向調整をする機会を与えてくれるものだ」とブータン王立研究所(CBS)のカルマ・ウラ所長が述べている通り、この調査結果がGNHの実現に向けた政策策定に機能的に何らかの影響を与えるものではない。

2017年11月にブータン・ティンプーにて開催された第7回GNH国際学会の中でブータン王立研究所は「Proposed GNH of Business」を提案した。

これはGNHの最大化という国の政策の最上位目標が、企業セクターに浸透していないことから2017年9月に首相より企業のGNH貢献度評価ツールの開発を依頼されたブータン王立研究所が作成したものである。

このようにブータンにおいてはGNHは単なる理念から、実践に向けた様々な試行錯誤が行われている。この試みを批判的に見ることは必要であるが、その取り組み自体を実施し、Try and Error の経験を蓄積しているブータンの取り組みは一定の評価ができるであろう。

風にはためくダルシン(写真提供 ケザンダワ)

Ⅱ

経　済

8

五カ年計画の推移

★国際情勢に大きく左右されるなかでの独自路線★

ブータンの第12次五カ年計画（2018―23）は新政権が確定する2018年後半に再び内容に関しての審議が行われ、その承認になる予定である。

第12次五カ年計画は今までの分野別の達成目標及び分野別のアプローチを辞め、新しく16項目の国家重点結果領域（National Key Result Areas：NKRA）を提示し、その実施を主管牽引する責任省庁を単独、もしくは複数任命する方式に改めた。これにより今まで成果に対してその責任が不明確であった各政策の実施状況に対してのモニタリングが容易になり、その成果に対しての省庁の責任が明確になる仕組みとなっている。

ブータンで最初の五カ年計画であるブータンの第1次五カ年計画（1961―65）は当初インド政府の強い後押しで計画された。当時ネルー首相を信奉していた第三代国王はインド政府の提言によって近代国家の開発に着手した。

当時の国際情勢を考慮すると、インド政府はチベット併合終の中国が南下し、ブータンを手中におさめ、さらにインドに至ることを恐れていた。よってインド政府は対中国政策の一環として緩衝地帯を維持する必要性からブータンの北の国境を閉鎖し、南部よりブータンを支援してインド軍駐留キャンプへの物資の移送を充実させる必要があった。

当時のブータンは自国の国土が中印対立の場となることを恐れ、速やかにインド支持を決め、自発的に中国との通商関係を絶った。それに応える形で主にインドの開発局によって策定されたのが当初の五カ年計画である。

第1次、第2次五カ年計画（1966―71）では、道路建設等への建設投資及び教育の普及等、基礎インフラの整備に重点が置かれた。

ブータン政府にとってもこの計画を受けざるを得ない事情があった。1959年にそれまでの最大貿易相手国であるチベット（中国）との通商関係を絶ったため、一刻も早くインドとの貿易ルートを恒久的にし、国の経済を立て直す必要があったのである。

この第1次五カ年計画の実行のために全国民に一年間で6週間程度の道路工事への賦役を国王は命じ、ティンプー～プンツォリン間の国道一号線を1960年1月の着工以来、約15カ月間の短期の工期で完成させたのである。（小方全弘『続ブータン感傷旅行』）。

道路建設のために大量に流入したインド人労働者が各地で食料を金銭で購入するため、当初はその余剰食糧の販売先としての労働者流入は一挙両得であるかのように思えた。

しかし、徐々に食糧不足になり、インドから大量の食料を輸入する必要性が出てきたのである。それによって農業の先行きに対する不安が国民の間で広がり、「食料を作るより買った方がリスクが少ない」と判断した者は離農していき、さらにブータン国内での農業生産量が落ち込んだのである。

食料を輸入し、道路を建設する建設機械や燃料も購入するなど徐々にではあるが、ブータンはインド経済圏に組み込まれ、ブータンでは農家の離農が自然発生的に起こったのである。

ブータン開国に閉鎖的であった勢力はインドに取り込まれていく現状を非常に嫌った。こうした国内の勢力は「国連第一主義」を掲げ、国連の諸機関が掲げる政策目標に対して異常なまでに従順にふるまった。今後のブータンの国家展望を示した『ブータン2020』などはまさに国連の政策を踏襲した形の国家目標である。この国連に対する態度と、インドに対する複雑な思いが、歴代の五カ年計画に表れている。大別するとインフラ開発や農業開発、発電事業等はインドの政策に習い、人間開発、保健、ジェンダー、環境等は国連の政策に沿っていると言えよう。つまりブータンは、インドの意見を取り入れることによってその国家としての存続を図ったのである。

しかし、1975年のシッキム王国のインドへの併合を受けて、インド政府に対する疑心が募り、第3次五カ年計画（1971―76）以降はインド政府の立案する計画からの脱却を目指したのである。

この第3次及び第4次五カ年計画（1976―81）での重点分野が農林、鉱工業、電力、観光開発等にも広がったが、これらの開発計画はあくまでもインドの開発計画に沿っており、独自性に欠けた面を持っていた。

「発電による国家経済の安定や地方行政力の強化」などインド政府が望む指標に沿って開発を進めてきた五カ年計画が、ブータンらしさを強調する計画へと大きく変わったのは第6次五カ年計画（1987―92）である。

この第6次五カ年計画では国家目標として「国家アイデンティティの強化と促進」、「国家的自立の促進」など、インドとの違いを明確にし、ブータンという国家の特徴を模索していた。伝統文化保護の布告や聖なる場所への立ち入り制限などを始めたのもこの時期である。

第７次五カ年計画からは、政府は国連の方針に沿った政策を数多く打ち出し、国連寄りの姿勢を明確にしている。環境と開発に関する世界委員会（BRUNDLANT COMMISSION）が１９８７年に発表した『我ら共有の未来（*OUR COMMON FUTURE*）』の理念に共感したブータンは持続可能な発展を目指した。

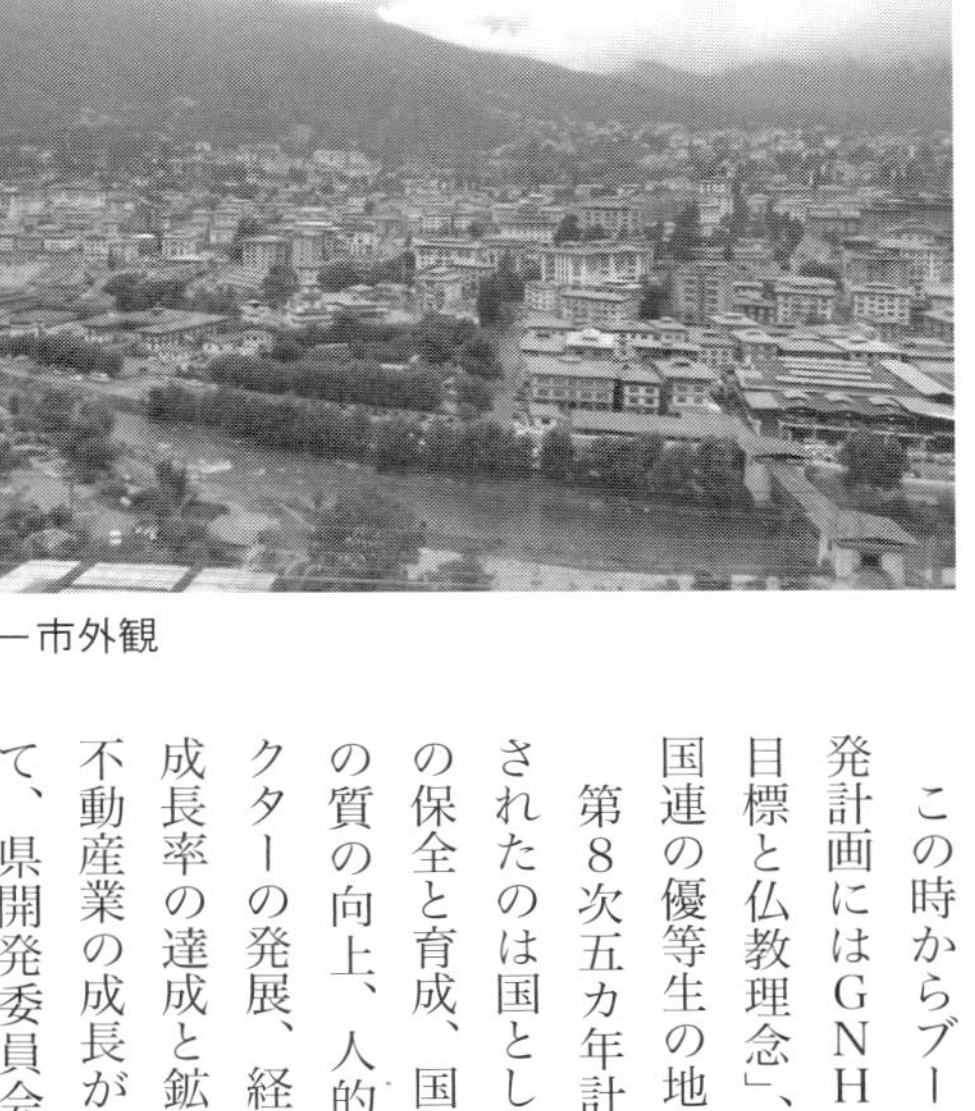
ティンプー市外観

この時からブータンは独自の開発哲学を持ち始めたが、「国連の開発計画にはＧＮＨはまだ登場しない。しかしながら「国連の目標と仏教理念」、一見相反しているような理念を融合させ、国連の優等生の地位を模索した。

第８次五カ年計画（１９９７―２００２）において、目標とされたのは国としての自立、持続可能性、文化と伝統的価値の保全と育成、国家安全保障、バランスのとれた発展、生活の質の向上、人的資源開発の組織的強化、民営化と民間セクターの発展、経済的な目標として年６・７％以上のＧＤＰ成長率の達成と鉱業、電力、建設、運輸・通信、金融、保険、不動産業の成長が計画された。また地方行政組織の強化として、県開発委員会（ＤＹＴ）、地区開発委員会（ＧＹＴ）に係る法整備とその組織の設立を実施すべきとされた。

また開発計画第２章経済活動レビューの人間開発の項に初

めてＧＮＨが記載され、第9章には、その恵まれた自然環境及び伝統的文化との調和のとれた国土の開発・経済的発展を国の方針とすることが明記された。

第９次五カ年計画（２００３―08）は今までの開発計画と違い、ＧＮＨを五カ年計画の開発理念の柱として経済発展・開発より上位に位置付けた。またその第８章「貧困」の目標を計測する際にＧＮＨを重視することと、その数値的なデータ収集の重要性を明記した。

また、車道、通信、エネルギー、空路の整備は経済発展には不可欠としたうえで、文化遺産の保護と振興、自然環境の持続的利用と保全、良いガバナンスを目標とし、特に文化遺産の保護と振興は社会保障ネットとして重要であるとし、良いガバナンスの項目では憲法の策定と政治的システムを導入し、一人ひとりの国民にその神聖な責務を負わせるとしている。

この開発計画の特徴の一つとして、今までの五カ年計画の実施は中央省庁主導であった点を改め、計画実施は地区（Gewog）、県、中央官庁が行うべきとされた。またその実施計画は地区、県、中央官庁、それぞれのレベルで話し合い決められるべきだとしている。

またこの5年間はブータンの経済構造が、第一次産業中心から、電力、建設業を中心とした第二次産業の成長により少しずつ近代化した時期でもある。

第10次五カ年計画（２００８―13）では本文と実施計画一覧に分冊され、各省庁及び関連機関の五カ年計画に沿った政策の概要とその予算が記載された。また五カ年計画途中３年目の２０１１年に中間レビューがＧＮＨ委員会によって行われ、各計画の実施状況がモニタリングされるようになった。このシステムは第11次五カ年計画以降も続けられている。

第五代国王就任後初となった第10次五カ年計画の目標は貧困削減である。そのために産業の活性化、国土形成計画、地方と都市との間の格差是正・貧困緩和、重要インフラの拡充、人的資源への投資などの実施が必要であるとしている。

具体的な達成目標としてＧＤＰ成長率年率９％、農業セクター成長率４％以上、失業率２・５％以下、相対的貧困率15％以下、地方家庭月収３万５０００ニュルタム、安全な飲み水への持続的なアクセス95％以上、乳児死亡率１０００人当たり20人以下など具体的な数字を掲げている。

また、貧困削減を効果的に進めるために、貧困層により対象を絞った取組みが必要であるとし、貧困者比率、人口規模及び地方政府の行政面積により、中央政府から地方政府への交付金の額が算定され、対策に充てられてた。結果的に貧困率は２００３年の32％から２０１２年には12％に削減され、第10次五カ年計画の目標値である15％以下を達成している。

産業活性化は既存の製造業、貿易に係る産業のみならず、文化産業として位置付けられた伝統工芸、旅行業、情報産業の育成及び強化、並びに対外直接投資の呼び込みによる産業開発促進、電力セクターの拡充が計画された。

第11次五カ年計画（２０１３─18）本文と中央政府及び関係機関実施計画一覧並びに県・地区・市による実施計画一覧の３冊に分冊され、県・地区・市による実施計画一覧においては20県２０５地区４市すべての計画が網羅された。

この五カ年計画より結果重視（Results Based Planning：ＲＢＰ）の計画立案が推奨され、２００８年と２０１０年度の実施された調査結果に基づくＧＮＨ指標を考慮し、政策・プロジェクト実施前にはＧ

ＮＨ政策スクリーニングを行うこととしている。

また第11次五カ年計画においては、自立と包括的な社会経済発展（Self-Reliance and Inclusive Green Socio-Economic Development）の目標を掲げ、その中で包括的な社会開発を最重要課題として、貧困率を２０１２年の12％から５％までさらに引き下げ、経済格差を縮小することを目標とした。

農村開発、中でも道路の整備が最優先課題とし、教育や保健、道路へのアクセスも含めた多角的貧困を重視すること、並びに経常赤字の削減、これに関連する農業の生産性向上、環境負荷の少ない産業化の推進を最重要課題に設定している。

２０１８年には若年層の失業率を２・５％まで低下させる目標を掲げ、若年層を中心に雇用機会を創出し、持続可能な経済成長を維持・達成していくためには、民間企業を中心とした産業の振興が必要とし、包括的な社会経済開発を目指すとしている。

自立を謳っているもののその国家歳入の実情は国内資金（自己資金）が約60～65％、インド政府からの支援が20％強、残り約15～20％が二国間援助であり、そのうち日本が一番大きな存在である。欧州からの援助は徐々に縮小または中止に向かっているが、アジア開発銀行（ＡＤＢ）や世界銀行からの借入れもあるのが現状である。

9

援助と国家財政

★米ドルとインドルピー★

ブータンの国家財政は外国からの援助による外貨収入と売電による収益なしでは成り立たない。このことは、国家の財政運営が外国の意向に左右されるように見えるが、実態は複雑である。ブータンは「援助を受け入れるかどうかは私達が決めます」と宣言し、多額の援助を餌に、国の運営にまで関与してくるような国の援助金は受け取っていない。

現在のブータンは未だに基礎インフラの整備も遅れており、自国の五カ年計画も予算の確保が第一の問題となるような状況にある。しかし、無用な他国の開発援助を避け、他国の干渉を極力抑えたいブータンは「武士は食わねど高楊枝」を貫いている。とは言え外国から援助金、特にインド政府からのＯＤＡがないと国の運営もおぼつかないのが現実である。

一例を挙げるなら、国際機関を通じて受け取る分は別にして、アメリカ合衆国からの贈与金をほとんど受け取っていない。アメリカは国連の分担金の割合で上位を占めている国なので一見矛盾しているように見えるが、これにもブータンならではの教訓が生きている。その理由は、大国インドとの二国間交渉に長年国の舵取りに干渉され続けてきたブータンは、アメリカとの二国間交渉を避けたのである。結果的にブータンは基本的には国連やＳＡＡＲＣ重視の政府方針を掲げている。

ブータンの政府歳入を見ると、大別して国内歳入（税収と税外収入）と国際機関や他国からのＯＤＡによる資金調達（贈与と融資）の二つに分けられる。政府歳入の主な源泉は、税外収入の公益事業関連（政府関連機関からの歳入、配当金、利潤移転の合計）と税収である法人所得税、物品税であり、この三財源が政府の収入の５割以上を占めている。

２０１５年７月から２０１６年６月まで（２０１５―16年度）のブータン政府の国家歳入と歳出を見ると、そして政府歳入における外国からの援助金額の割合は約36％、そのうち贈与（Grant）が９割を占めている。つまりブータンの国家財政は海外からの援助なくしては成り立たないのが現実である。その中で特筆すべきはインド政府による支援金額である。インド政府からの無償資金協力の割合は72・01％（１０７億２１７０万ニュルタム）ととても高く、他のドナーとは比べ物にならないほどの割合を保っている。

ちなみにこの数字には直接インド政府がプロジェクトを実施しているプナツァンチュー水力発電所工事（41億２０００万ニュルタム）やプナツァンチュー水力発電所工事フェーズ２（15億３３５０万ニュルタム）、マンデチュー水力発電所工事（90億ニュルタム）及びＤＡＮＴＡＫ（Indian Border Roads Organizations インド陸軍工兵隊）によるタシガン＝ヤディ道路建設工事（44億７３６８万ニュルタム）は算入されていない。

外国からの援助金額の内訳を見ると、国家歳入全体の３％が融資金、つまり借入金である。このうち86・４％を世界銀行グループである国際開発協会（International Development Association：ＩＤＡ）より、長期無利息にて融資を受けている。

日本政府の例を挙げると１９８６年の協力開始以来、ブータンは常に無償資金協力の対象国であった。しかし２００７年に初めて有償資金協力の対象国となり、２０１５―16年の実績ではＪＩＣＡの有償資金援助金額は、ブータン政府の有償資金借入金額の７・１％を占めている。

また、政府債務及び借入金は２０１６年６月30日時点で約１６０５億６２００万ニュルタム（当時のレートで23億７０７９万米ドル）であり、これは同時期のＧＤＰ総額の１１３％に当たる。

国家歳入における援助金額の割合が変わらないということには二つの要因が考えられる。ひとつはＧＤＰの上昇に対して適正な税収が得られていないこと。年々外国の援助金額、特に返す必要がある金額（ドル債務）が増え続けていることである。しかし、返す必要のある有償援助金額の内、毎年の返済は米ドル払いであるのに対し、後述のように主な国家収入は売電によるルピー収入であり、これも大きな問題となっている。

ＳＡＡＲＣ諸国においてはインドルピーが使用できる国がほとんどであり、通常ＳＡＡＲＣ諸国内での貿易はインドルピーを使用している。つまりブータンの主要貿易輸出相手国はインド、バングラデシュなので、物品の輸出入においてはインドルピーでしか外貨が稼げない状況にある。

現在の主な米ドル収入源は観光業からの税収である。これ以外の収入の規模は小さく、大きな米ドル収入を見込める収入源はない。よって借入金の年度ごとの支払い金額はこの税収を越えない程度にする必要がある。

「今の一日２００米ドルの観光税を含んだパック旅行の金額を３００米ドルにする」と観光局が発

表　2012年度及び2016年度のGDPに占める各産業の経済活動の割合

	2012年度	2016年度
1. 農林・牧畜業	15.96	16.52
2. 鉱業及び採石業	2.01	4.34
3. 製造業	8.85	7.46
4. 電力・上水道事業	12.62	13.38
5. 建設業	18.13	16.28
6. 卸売・小売業	6.07	7.82
7. ホテル・飲食業	1.33	1.90
8. 運送・倉庫・通信業	9.50	9.00
9. 金融・保険・不動産業	7.61	7.33
10. 公共事業	6.95	6.61
11. 教育・保健	4.59	4.39
12. 民間企業の社会サービス及び娯楽産業	0.40	0.36
13. その他	5.96	4.62

出典：Bhutan Trade Statistics 2017より

表したが、2018年度現在その金額は一日250米ドルに落ち着いている。政府は切に米ドルが欲しいのである。

ちなみに2016年度の経済成長率は7・99％であり、2017年度のインフレ率は4・96％に留まっている。

ここでブータンの産業構造を見てみると、ブータンのGDP（2016）の1兆4867億8930万ニュルタムのうち、第一次産業（農業、畜産、林業、漁業、鉱業）の占める割合は20・86％、第二次産業（工業（建設、発電を含む））は37・12％、第三次産業（サービス業（政府を含む））は42・2％を占める。

2001年のGDPは、2393億3100万ニュルタムのうち、それぞれ、第一次産業35・4％、第二次産業36・2％、第三次産業28・4％であることより、ブータンにおける主要な産業は、第二、三次産業へと移行しつつあることが伺える。

多くの途上国は国の発展の段階で、一次産品頼りの産業構造となりがちだが、ブータン2012年度と2016年度を比べると鉱業及び採石業の伸びが大きいものの、一次産品を中心とした貿易構造になっていないことが特徴として挙げられる。

2016年度の統計資料によるとブータンの全輸出金額の90・9%（320億5200万インドルピー）、全輸入金額の82・1%（552億8500万インドルピー）がインドであり、その取引通貨の大半はインドルピーで行われている。ちなみに主要な輸出相手国は1位インド、2位バングラデシュ、3位米国、4位ネパール、5位ドイツである。

ブータンの主な輸出品は、1位フェロシリコン（55%以上の純度：全体の44・4%）、2位ポルトランドセメント（同10・4%）、3位カルダモン（同8・7%）、以下鉄鋼石、鉄製品、炭化カルシウム（カーバイド）、ドロマイトなどの産品が続く。

これは2013年以降ブータン政府が、鉱業分野をブータン経済の柱の一つと位置付け、その加工に係る分野について外国直接投資を積極的に受け入れたことに由来する。具体的な政策として最大74%までの外国資本の出資率が可能であり、またプラントや機械に対しての売り上げ税と関税の免除などの多くの特権があり、特にドロマイト、石灰石、珪石、石膏においてその投資を奨励した成果が大きく反映されていると考えられる。

逆に輸入品は、1位軽油（全体の26・9%）、2位発電に関わる機械部品等（同18・7%）、3位モーター・発電機等（同11・0%）、以下ガソリン、米、自動車部品と続く。このように輸入を金額ベースで見ると、大規模な水力発電プロジェクトの建設に係る資機材が大半を占める状況が伺える。

10

物価の変動

★経済成長と格差の拡大★

1993年、当時のブータンでの生活で出費がかさんだものは家賃、電話代ぐらいであった。比較的公共サービスの料金は安く、「お金はあるものの使う場所がない」状態であった。公共サービスが提供されている地域も限られていたので、地方に住む者にとっては現金を持っていることよりも畑を持っている方が生きるためには重要な要素であった。

当時の地方ではほとんどのブータン人が同じように自給自足に近い環境で暮らしていた。水は近くの沢から引き、電気も電話もないことは当たり前であった。公共インフラはお金で買う物ではなく、自分達で切り開き、維持していくものであった。

現在のブータンは1993年当時と比べてお金の掛かる社会になった。公共サービス料金は値上がり、近年生活に必要になったインターネット代金、保育園代金、各種保険の掛け金など日常生活に多くのお金が掛かる。

2017年度の統計資料によると消費者物価指数（CPI）は前年度より3・3％の上昇、その内、食糧に関わる消費者物価指数は6・97％、食料以外の消費者物価指数は0・93％の上昇、国内サービス物品価格は2・72％の上昇、輸入品価格は

3・84％の上昇となっている。また2016年度（2016年7月〜2017年6月）の実質GDP成長率は7・99％であり、2017年度のインフレ率は4・96％に留まっている。

給与所得者であるブータン人の所得は年々上昇している。1995年の賃金労働者の最低補償賃金が一日35ニュルタム、2005年は100ニュルタムであったが、2015年9月の改定では、カテゴリー1（大工、自動車工などの免許保持者）が324ニュルタム、カテゴリー2（監督者、溶接工など）が286ニュルタム、カテゴリー3（電気工、配管工他）が254ニュルタム、カテゴリー4（配線工、木挽き、清掃員）が234ニュルタム、その他非熟練工は215ニュルタムに改正され現在に至る。

ブータンの国家公務員の初任給は1995年は2500ニュルタム、2005年は4800ニュルタム、2018年は1万2000ニュルタムに上昇している。ブータンでは高給取りと言われていた公務員だが、ティンプー住民の平均月収の半額以下の給与しかもらえていないのが現実である。

次に農民の所得を見てみると、給与所得者のように年々増え続けているようには思えない。確かに農産物の小売価格は2004年と比べて現在の販売価格は3〜8倍になったが、多くの農民は自給自足を基本とし、余剰品を販売しているに過ぎないため、現金収入が

表　インフレレートの推移

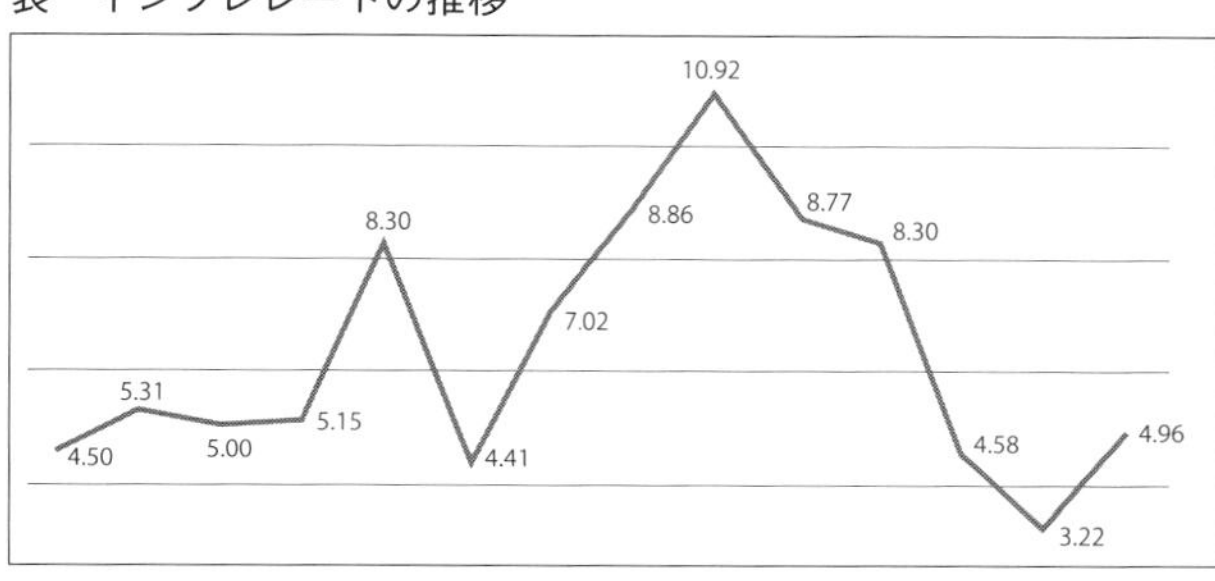

出典：ブータン統計局 National Statistical Report より

直接的に生活向上に大きくは結びつかない。

ちなみに世帯別支出ベースで都市部住民と農村部住民の世帯別月額支出を比べると、都市部住民世帯は4万5508ニュルタム（内41％は食費）、農村部住民世帯は2万6937ニュルタム（内47％は食費）となっている。つまり都市生活は農村生活の約1・7倍お金を支出しているのである。

給与所得者の給料が値上がりしたとは言え、生活は決して楽にはなっていないのが現実である。その一番の理由が家賃の値上がりである。特に都市部の家賃の値上がりが激しく、住宅難の傾向が顕著であり、近年の建設ラッシュにも繋がっている。

資料によると2011年度より2014年度はおおむね都市部の土地の値段は30〜40％上昇している。これは首都圏ないし、地方都市（パロ、プンツォリン、ゲレフ）の中心部のみで、それ以外の周辺、農村部では大きな値段の上昇は見られない。例えば同じパロでもドゥゲゾン近くでは土地の買い手がなく、土地の値段は現状維持である。

また2014年度の価格と2018年度の土地の価格を比べるとティンプーのモチタン地区では約1・4倍、ロベサ地区では1・67倍、ティンプー中心街では約2・9倍になっている。

次にティンプーにおける家賃の変遷を見てみると、3LDKのファミリー用のアパートは1995年当時は月額賃料1500ニュルタム、2018年の相場では同じ広さのアパートの月額賃料は1万〜1万5000ニュルタムとほぼ7〜10倍の値段である。

ちなみに2018年の相場では2LDKのアパートの月額賃料は8000〜1万ニュルタム、単身者用の1LDK（台所、風呂場兼用のトイレ付）で6000〜8000ニュルタムとなっている。

こうした事態の改善のため、ブータン政府はティンプー市チャンジジ地区などに低所得者用住宅の建設を行ったが、結果として首都人口の増加を煽り、直接的な住宅難対策には繋がっていない。またアパートの賃料は公務員賃金及び労働者最低賃金改定の際には挙って値上げされるため、世帯収入におけるアパート賃料支出の割合はなかなか引き下がらない。

１９９５年以来増え続けてきた地方住民の都市部への移動は、１９９９年以降、深刻な事態になり、首都圏は１９９５年時点での人口が約5万人であったのに対して２０１８年は10万人に上ると言われている。

その理由として、一例を挙げると、都市部の教育設備が充実しており、多くの親が子供の教育を首都で行うことを考えて、子供を都市部に送る。そしてその子供は都市部での快適な生活を体験し、農村に戻りたくないため、都市部に定住するようになるケースが多い。

また、首都生活者となった人が自分の老親を呼び寄せ、一緒に生活するなどの理由もある。このように様々な理由で家族の人数が膨れ上がると、より広い家を探して引越しをしようと考えるのだが、空き家を見つけるのは困難であり、家賃も一人の収入では払える金額ではない。そこで夫婦共働きもしくは公務員が副業をする必要性が出てくる。

ティンプー市中心部に建設中の立体駐車場ビル

表　ティンプーの物価の推移

品目	単位	1993 年	2004 年	2018 年	上昇率（25 年で）
からし菜	1 束	1Nu	5Nu	50Nu	50.0 倍
米（日本米）	1Kg あたり	9Nu	25Nu	90Nu	10.0 倍
大根	小 1 本	2Nu	5Nu	30Nu	15.0 倍
唐辛子（生ブータン産）	1Kg あたり	8Nu	20Nu	150Nu	18.75 倍
塩	1Kg あたり	4Nu	7Nu	15Nu	3.75 倍
ビール	1 本	19Nu	28Nu	70Nu	3.7 倍
牛肉	1Kg あたり	20Nu	70Nu	220Nu	11.0 倍
喫茶店の Tea	1 杯	2Nu	5Nu	50Nu	25.0 倍
ガソリン	1 リットル	12Nu	30Nu	70Nu	5.8 倍
タバコ（高級）	1 箱	12Nu	30Nu	350Nu	29.2 倍

出所：ブータン青年海外協力隊機関誌「Druk」Vol.7、1993 年及び筆者現地調査より作成

一般的に発展途上国と呼ばれる国の物価は安いと思われがちだが、生活必需品をブータンで購入すると日本より割高なことが多く、ブータンの物価は近隣諸国と較べると決して安くはない。

「インドにはすべてのものがある。しかし、インドには何もないとも言える」その言葉は一般的なインド製品の品質が良くないことを暗に揶揄している。しかしブータン国内で生産できる工業製品は少なくブータンではほとんどの工業製品は輸入に頼っている。

多くの輸入製品は輸送コストが掛かるため輸入する国の国内販売価格より割高になる。しかしブータンではインドの工業製品がインド国内とほぼ同じ値段で購入できる。しかも支払いがニュルタムでできるため、インド製品はブータンにとって購入しやすい。

ブータンでインド製品以外の輸入品の値段が高い理由は二つある。一つは輸入関税の問題、もう一つは輸送費の問題である。現在、物によって関税は撤廃の動きが見られるが、輸送費が下がる徴候はない。

しかしながら、タイからの輸入品は10年前には高嶺の花であったが、今では多くの都市部で一般的な商品になりつつある。その理由は、バンコク～カルカッタ間の航路が整備されたため、多くのタイ製品はコンテナでカルカッタに移送されるからである。

都市生活を営むということは二つの面を持っている。一つは基礎的な社会インフラは他人の管理によって賄われており、その維持のために金銭を払う必要があること。もう一つは以前の農村での生活にとって不必要なものが都市生活では必要になることである。

１９９９年のメディア開放政策は多くの人々の欲望の解放を促した。メディアの流す情報によって物欲を刺激された人々は、先進国と同じように「より珍しいものやより美味しいもの、より新しいもの」に価値を見出すようになってきた。

物欲は購買欲に繋がり、その消費のために多くの輸入品がブータンに持ち込まれ、物価は徐々にではあるが押し上げられつつある。まだまだ食生活必需品は安価なものの、嗜好品や家具、食器等々はとても高価である。

「子供が都会の子供に学力や知識差を付けられないために」購入したテレビは、多くの商品を紹介し、その購買意欲をそそる。購買意欲は労働意識を高め、生産意欲を向上させる効果はあるのだが、現実の生活における現金収入は思うように伸びず、そのジレンマだけが心に残されるのであろう。

ブータンにはＧＮＨ思想がある。今こそ、多くの世代がその本質・価値に気付き、ブータンらしさに基づいた新しい価値観を創造することが必須であろう。

11

雇用情勢

★若者はどこに行くのか★

２０１７年11月、クエンセル広告欄に一つの案内が掲載された。それは労働・人的資源省名でＴＩＪ東京日本語研修所が同省雇用・人的資源局と協働にて日本で勉強し働きたいと考えて、かつ仕事を探している若者に対して日本語研修の機会を与えるというものである。

対象者はＩＴ技術もしくは電子通信分野の大卒学位保持者で定員は20名。５～９カ月間ブータンにて日本語研修を無償で受講後、１年間日本で語学研修を行う。費用は81万円、応募者負担で、銀行から教育ローンを受けることも可。日本では通学しながらアルバイトを探して返済も可能とのことである。

ブータンでは国内の就職難を受け、個人レベルで海外への就職口を探し、アメリカやカナダ、オーストラリア、中東、東南アジアなどへ行く若者が増えている。しかしいざ現地では事務職などに就く例はまれで、その多くはベビーシッター、建設労働者などブルーカラーの職に就くものも多い。

２０１３年10月に労働・人的資源省は内閣事務局の方針を受けて５年間で毎年５０００人～７０００人単位で総勢３万人の若者を海外で働くために送り出すとの方針を発表した。当初は会計、経理、教員、販売員、介護職、ＩＴ技術者として英語を利用して豪州、カナダ、シンガポール、タイ、日本にて働くことを想定したものであった。

政府はこの政策を受けて海外雇用保証プログラム（Guaranteed Overseas Employment Programme）を計画、その推進を民間の団体に委託し、自国内での教育及び受け入れ国先のＶＩＳＡ及び受け入れ機関等のアレンジを行っている。

この民間団体は現在７団体が登録されており、それぞれの受け入れ国が違うため、海外での就労を希望する者はその希望国（地域）に応じた団体の人材募集を待つ構図となる。派遣地域はインド、英国、豪州、中東地域、日本となっており、２０１４年４月末現在、すでにサウジアラビアへ２００人の派遣実績があるとの情報もある。近年ではM.H Alshaya社のクウェート、ＵＡＥ、バーレーン支店に勤務できる20～29歳の若者の募集や、クウェートのSultan Center（商業施設）の募集などが見受けられる。

２０１７年11月現在、日本への渡航はBhutanese Overseas Employment Agent（ＢＯＥＡ）と株式会社ブータン・ヒューマン・リソース（Bhutanese Overseas Jinzai Private Limited）の２団体が登録されている。

日本で就労を希望する場合は当初の方針と異なり、事前講習センターとしてティンプーにあるThe Bhutan Center for Japanese Studiesという日本語学校にて日本語教育を受講することとなる。このセンターの校長は日本人、また日本語教師として日本人３名が常駐、日本語検定３～４級以上の取得を目指して、語学及びマナー研修が行われる。

その後、日本における技能実習生として受け入れられる場合と日本語学校の生徒として滞在許可が下りる場合の２パターンが見受けられる。

外国人技能実習生は、産業版留学生とも呼ばれ、技能実習制度は、国際貢献のため、開発途上国等の外国人を日本で一定期間（最長5年間）に限り受け入れ、ＯＪＴを通じて技能を移転する制度のことである。

ブータン人技能実習生は、入国直後の講習（座学）に関しては実習実施者（企業単独型のみ）または監理団体で原則２カ月間実施（雇用関係なし）を行い、講習期間以外は、雇用関係の下、労働関係法令等が適用される在留資格「技能実習１号ロ」の認定を受け、その後実習実施者による実習が実施される仕組みを利用している。この際は雇用関係がある状態となる。その後在留を延長する場合は、在留資格「技能実習２号イもしくはロ」に変更申請を行い２年間の滞在延長が可能である。

２０１５年10月２日付けの河北新報によれば、２０１５年10月１日に仙台に派遣された技能実習生男性９名がその後１カ月の研修を受け、震災復興事業に携わる仙台市内に事業所を持つ建設会社や自動車整備会社で最長３年間働き、技術を習得するとある。

また、２０１７年10月10日付けのクエンセル誌によればインドのアルフレスコ・ソリューションＬＬＰを通じて実施された海外雇用保証プログラムでは現地研修も雇用先手配も適切に行わず、問題になっているとあった。この事業についてはなかなか政府の思惑とは違い、問題を起こす事例が散見しているのが現状である。

話は戻るが、ブータン政府は２０１４年にＵＮＤＰと共同で発表したUnemployed Youth Perception Survey において率先して向き合うべき課題として若者の失業対策を挙げている。同調査報告書では第11次五カ年計画２０１３—18年に沿う形で以下の失業対策提案をしている。

その提案では、1．官民連携によって経済成長をけん引し、新しい仕事を創出、2．中期戦略的視点に立った教育と研修の統合によるイノベーションと起業家精神の育成、3．政府機関と若年層及び、潜在的労働者と企業を繋ぐために既存のシステムとアプローチを改善する、4．都市部のみならず農村部においても若者の失業が深刻な問題であるという認識、5．官民共同で技術・職業訓練のためのカリキュラムを作成し標準化する、6．成長産業に必要なスキルを認識する、7．女性と技術力のない青年に焦点を当てる、8．将来を見通した方針解決を実行することができる証拠とデータが必要との認識を示した。

２０１５年度の労働・人的資源省の統計によればブータン全体の労働人口（15～64歳）は約35万３０００人、失業者は約８６００人、失業率は２・３％である。失業率は２０１０年３・３％、２０１３年２・９％よりは改善しており、数字上年々改善の傾向にある。

ブータンでは15歳～24歳を若年層と定義付けているが、この年代に絞った失業率は10・７％であり、男性に限れば８・２％となる。働き盛りの25歳～29歳の年代で見ると失業率は５・５％になる。失業者の79・４％が20歳～29歳の年代の若者であり、その71・６％は都市部に居住している。また、その最終学歴は高卒が31・９％、大卒が34・７％である。高卒以上で換算すると失業者の69・１％が該当する。つまり高学歴で将来の国つくりを本来ならになうべき人材が仕事をしていない現状が浮かび上がってくる。

特に深刻なのが若い女性（20～24歳）で、同世代の失業率は男性の約2倍である。全失業者の約３割を占めるこの年代の失業者の74・１％が高卒以上の最終学歴を持ち、その63・９％が都市部に居住している。このことからも都会で学歴を積んだ女性はその能力を活かせる場所や機会が極端に少ないことがこの数字から推定できる。

2017年11月20日付けのクエンセル誌は「失業問題という難問（The unemployment conundrum）」という社説を掲載し、政府は現状の失業者のデータ分析のみを行っていては正解にたどり着かない、失業率の改善という短期的な数字を追うのではなく、もっと起業や熟練労働に係る研修を率先すべきではないか、自らが設けた目標にプレッシャーを感じ間違った方向に行こうとしているとの趣旨を述べ、その政府の方針に異議を唱えている。

政策としては理解できるものの、そのポジティブ、ネガティブの両面の効果を長いスパンで見ているのか、また国家によって予算と時間をかけて育成された人材がなぜ自国の経済発展のために尽くさないのか、または尽くせないのか。このクエンセルの社説の問いは重い。

次に失業者ではなく、就業者に関する数字を見てみよう。まず始めに正社員として雇用状態にある人の割合は労働人口の23・1％である。自営農林業（土地持ち農家）の割合は25・1％、自宅の農作業を手伝っている人及び小作農の割合は32・4％、全体で見ると雇用状態にある人の57・5％と圧倒的に農業従事者が多い。

この数字に都市と農村の分類の視点を加味してみる。農林業従事者の98％が農村部に居住しており、都市部における農林業従事者の数は少ない。また就業者数全体の73・2％は農村部に居住している。つまり都市化が進むブータンとはいえ、まだまだブータンは地方の農林業によって支えられているのである。

ちなみにブータンの業種別就労者率を見てみると、農林業が58%、次いで多いのが公務員（国家及び地方）と軍関係者が９・２%、卸売・小売業が７・８%、製造業が６・５%、医療関係者が４・０%、教員が３・３%と続き、建設業に至っては１・８%である。

これを地方に限って見てみると、農林業が77・８%、卸売・小売業が５%、次いで製造業が３・５%、公務員（国家及び地方）と軍関係者が３%、医療関係者が２・６%と続く。つまり都市部と比べて第二次及び第三次産業に従事する人の割合が低いのである。このことからも地方における中小企業の起業による雇用機会の拡大が望まれていることが見えてくる。

先のＵＮＤＰのレポートの提言にもあるように、ブータンの雇用機会はまだまだ十分な選択肢があるとは言いにくい。しかしイノベーションと起業家精神の育成による新たな雇用機会の創出に加えて、建設労働者など現在外国人労働者に頼っている労働を自国民が担いうるための制度改革が早急に必要とされている。

12

食料自給率

★農業国ブータンのジレンマ★

ブータンは農業国である。輸出入事情の項目でも述べるが、総輸出金額の多くを果実の輸出で占めている。バングラデシュではDrukマークのフルーツ缶詰は高級品とされており、農業製品の輸出で外貨を稼いでいる農業国である。

しかし果実の輸出をしている一方で、ブータンはコメの輸入国である。２０１７年度の統計資料によるとブータン人の一日に必要な消費エネルギー量の53％はコメによって構成されているにもかかわらず、コメの自給率は47％である。

また同資料によると、ブータン国内の耕作可能な農地のおよそ28％しか稲作に利用しておらず、また米自給率が低い理由の一つは、生産基盤の弱さであり、森林面積が大きいことと、野生動物による作物被害が近年増えていること、自国でコメを生産するより近隣国より購入する方が安いことが理由として挙げられている。

ブータン政府は２０１８年6月に行われた南アジア地域協力連合開発基金（ＳＤＦ）のプロジェクト提案書最終化ワークショップにて、南アジア地域協力連合開発基金が今後進めようとしている農業セクター域内協力によって２０１９年1月からの3年間で、米の自給率を現行の47%から60%に引き上げることを目指すと表明した。

具体的にはプロジェクトでは特に作付パターンの改善による生産性の向上のためコメ増産システム（System of Rice Intensification：ＳＲＩ）の普及を図ることで米収穫高を15%増加させ、休耕田の50%を耕作地に転換し、既存の圃場の10%において春期作を含めた二期作化を図ることなどをその実施政策として掲げている。

棚田（プナカ県）

この試算は稲の作付面積は5万３０５５エーカー（約２１４・7平方キロメートル）で、米生産高は8万５０９０トン、1エーカーあたりの土地生産性は1・68トンで計算されている。またこのプロジェクトは1万２０００世帯の農家が対象になるという。

東ブータンで10年近く活躍していた国際協力機構の日本人農業専門家は「ブータンでは田植えの直前に田起こしをしている。それでは泥が攪拌されて田植えが深くなってしまい、稲の発育を20%程度阻害する。この点、気をつけるだけでこの国は米の自給率を90%以上にできる」と語っている。

彼は重ねて「ブータンは日本の十分の一でも農薬を使えば食糧自給率が１００% 近くになる。しかし、それには宗教上の教えがネックになる。農民が虫を殺すのを嫌がるのです」とも言う。肥料にしても肥料が水源を汚すのを嫌い、土地を酷使することを嫌がる農民が多い。

ブータンはコメの文化である。首都の野菜マーケットでは艶のあるラディ米、赤いパロ米、プナカのタンツエリン米などのブータン各地の米を購入することができる。しかしながら首都のレストランではブータンは多品種のコメを食する機会は限られており、インドのバスマティ米がブランド米のごとくメニューに載っている。

統計局の調査レポートによると一般的なブータン人は家庭で消費する27％の米を自給しており、14％の米を地域の市場で購入している。残りの59％は親戚や友人からの頂き物かもしくは商店にて輸入米を購入しているとある。米が自給できないことを東出身の人は冗談交じりにこう言っている。「米はいつも足りないよ。もし米が豊作でも、全部酒にして飲んでしまうから」。先のレポートでも農村部で消費されるアルコール飲料の41・9％が自給されていることからもその一端が窺える。

パロの野菜直売場

ブータンの西の地域では米が良く取れるという印象は最近のものである。一般的に米の収穫には一定の総温度量が必要なため、ブータンで米の栽培に適している場所は少ないが、特にパロは１９７０年代からＪＩＣＡ専門家の西岡京治が米の品種を改良したり、田の区画整理や農業機械の導入をしなければ今のような米の生産高は確保できない寒冷地であった。

つまり、昔は比較的温暖なプナカ、ワンディ・ポダン、東のタシガン、ラディ、モンガル等が主要な米の産地であり、パロはどちらかというと、あまり裕福な土地柄ではなかった。今でもハやブムタンなどは米の収穫は難しく、多くの農業収入をジャガイモや酪農製品に頼っている。一般的に米の収穫には一定の総温度量が必要なため、ブータンで米の栽培に適している場所は少ない。

シェムガンやウォムロン等の中間地帯は従来、焼畑陸稲が中心であったため、今でも水田を見ることはなく、米の収量は耕作地の広さのわりには比較的に少ない。米が取れないこの地方出身の人たちは芋を主食にしていたのである。

温暖なこの地域を農業開発して一大生産拠点にする計画があった。実際、この地方は大規模消費地であるインドに近く、インフラが整えば、ブータンにとって大きな外貨収入への道が開けるものであった。このことにいち早く気が付いた故西岡専門家は、シェムガンのパンバンという場所に拠点を築いて開発を進めたのである。

ブータンの農業は灌漑なしでは成り立たない。数少ない温暖で平坦な農業に適した場所、南のサムツィやゲレフなどの多くは、雨季には水が豊富になるが、雨量が多すぎて、水の勢いを制御できないという問題があって陸稲やジャガイモ畑になっている。

東の温暖な地域は、米は取れるが人口の割には収穫量が少なく、また灌漑に適した場所も少ない。西の地域が比較的収量は少ないが低温に強く日照時間が少なくても育つ赤米を栽培する率が高いのに対して、東の地域では一定の温度があれば収量の安定する白米を多く栽培している。また、米以外に

表　2016年度主要農畜産物の生産量

単位：トン

穀物・油・香辛料		野菜		果物	
品目	生産量	品目	生産量	品目	生産量
米	85,090	ジャガイモ	58,820	リンゴ	6,587
トウモロコシ	82,035	トウガラシ	9,907	オレンジ	42,003
小麦	2,521	ダイコン	6,490	ビンロウ	9,467
大麦	1,702	カブ	10,499	クルミ	181
蕎麦	3,705	ショウガ	10,871	プラム	376
雑穀	1,714	豆類	4,409	セイヨウナシ	963
カルダモン	2,736	キャベツ	6,685	ピーチ	972
油種	1,314	カボチャ	3,671	バナナ	3,076
タピオカ	415	カリフラワー	2,082		

出典：Agriculture Statistics 2016より筆者作成

トウモロコシやヒエ、粟の栽培が盛んで、今でも米を炊く時にはカランというトウモロコシを小さく潰したものを一緒に炊き込む。このようにして貴重な米の消費を調整しているのである。

ブータンの農業を包括的に見てみると、ブータンの国土に占める耕作地面積は2016年度の統計では2・75％である。これは里山として農業に利用される森（6・02％）を含んでいない数字であるため一概に2005年度の7・8％と比べることはできないが、農業国としては高い水準ではない。

とは言え統計上全GDPの16・52％、就労人口の58％がこの地形や気候を利用して農業に従事している。またおおむね一戸あたりの耕地面積は0・7ヘクタールと小規模な集約農業で、多くは畜産業、林業を兼業している。

ブータンは果物やジャガイモは国内消費より輸出量が多いため国内自給率が100％を超えている。酪農製品では、牛乳、卵、マトンの自給率は70％以上と高いが、牛肉、豚肉は20％前後である。また、コメ、メイズ、ジャガイモ、オレンジがブータンにおける四大農産物であり、これら農産物の生産量を合計すると、全農作物生産量の約7割を占める。ちなみにこれらはインド（全体の約55％）以外にもバングラデシュなどに輸出されている。

２０１７年度ブータン生活調査レポートによれば、ブータンの家庭ではその消費支出の８割を食品に充てており、その購入する多くの食材を輸入品に頼っている。輸入品率が高い商品として、１．魚（91・６％）、２．お茶やコーヒー（90・１％）、３．食用油（89・９％）が挙げられている。

ブータンの農村部では、家庭消費食材の３分の1を自給している。ちなみに農村部において自給率が高い品目は、１．野菜（51・３％）、２．アルコール飲料（41・９％）、３．日用消耗品（菓子や嗜好品）（40・７％）、４．米（36・２％）、５．香辛料・調味料（35・５％）、６．穀物類（35・１％）、７．果物（33・４％）である。よって農村部の市場や商店で売れるものは、魚、肉、お茶、コーヒー、食用油、ジュース等飲料が中心となっており、その他の品目は自給中心である。ちなみに都市部では食料品の94％を購入しているものの、食肉の10％、米の17・５％は自給している。

ブータンの食糧自給率を挙げるには、その食料の増産が欠かせない。しかしながら、１．集約的な農業しにくい、２．農村の多くが流通や保管の問題を抱えている、３．二毛作をしている地域が限られている、４．インド経済の影響を受けやすい、などの多くの克服すべき問題があり、なかなか一筋縄ではいかないのである。

13

輸出入事情

★ブータンの貿易構造★

ブータンの最大の貿易相手国はインドである。インドは対ブータン輸出シェアが84・8%、輸入シェアは80・4%の最重要国である。ブータンは中国と公式には貿易関係がなく、またインド以外の国と直接貿易をするには空路しか方法がない。

２０１７年度の統計によれば、空路による輸出（パロ国際空港経由）は輸出量全体の10・1%、金額にして約13億２８００万ニュルタム（約21億４０００万円）余りであり、全輸出量の約87・1%が南部国境の町プンツォリンを通して陸路で行われている。また国内にある3カ所の地方空港（ゲレフ、ブムタン、ユンフラ）からインドに向けての輸出は行われていない。

ちなみに二番目の主要貿易国は、輸出先はバングラデシュで、輸入元は韓国である。日本は輸入元の三番目で、その主な品目は車（乗用車、トラック等）、車部品、橋梁などの建設資材、建設機械、農業機械、発電機などで、中には野菜や果実の種子も含まれている（２０１６年度実績）。

ブータンの全般的な輸出入の傾向を分析すると、ブータンの主な輸出品は、１位フェロシリコン（55%以上の純度：全体の44・4%）、２位ポルトランドセメント（同10・4%）、３位カルダモ

表　ブータンの対外輸出入先　上位10カ国リスト

順位	輸出	金額(百万Nu)	シェア
1	インド	31,618	84.8%
2	バングラデシュ	3.486	9.3%
3	イタリア	428	1.1%
4	オランダ	350	0.9%
5	ネパール	321	0.9%
6	ドイツ	186	0.5%
7	香港	138	0.4%
8	日本	1.3	0.3%
9	トルコ	96	0.3%
10	スペイン	81	0.2%
合計		37.297	

順位	輸入	金額(百万Nu)	シェア
1	インド	53,897	80.4%
2	韓国	2,593	3.9%
3	日本	1,656	2.5%
4	中国	1,609	2.4%
5	タイ	1,262	1.9%
6	シンガポール	1,066	1.6%
7	ドイツ	577	0.9%
8	スウェーデン	496	0.7%
9	アラブ首長国連邦	372	0.6%
10	バングラデシュ	329	0.5%
合計		66,996	

出典：国家統計局 National Statistical Report 2017 より

ン（同8・7％）、以下鉄鋼石、鉄製品、炭化カルシウム、ドロマイトなどが続く。

逆に輸入品は、1位軽油（全体の26・9％）、2位発電に関わる機械部品等（同18・7％）、3位モーター・発電機等（同11・0％）、以下ガソリン、米、自動車部品と続く。このように輸入を金額ベースで見ると、大規模な水力発電プロジェクトの建設に係る資機材が大半を占める状況が伺える。

次にその輸出入をインドとの二国間に限定して分析を試みる。

ブータンからインドへの輸出品は、約32・1％のシェアを占める電力（119億8300万ニュルタム）を筆頭に、卑金属《銅・鉄・鉛など》（対インド輸出総額の29・9％）、鉱業製品（同14・8％）が続く。これらはブータンの分野別輸出額のうちの対インド輸出割合は、電力においては100％、卑金属は82・2％、鉱業製品は67・9％を対インド輸出が占めている。この対インド輸出三分野の輸出総額を合わせるとシェアは76・8%となる。

続く輸出品目としては農産物がある。電力を除く総輸出額の約11%を占める同分野はフルーツ類、カルダモン、ジャガイモ、トウモロコシ、唐辛子、オレンジなどを中心にインド、バングラデシュとの取引が多い。逆に言えば野菜及びその加工物の分野別輸出額のうちの対インド輸出割合は55・4%と他の分野に比べてそのシェアは圧倒的に低い。

逆にインドからの主な輸入品は、鉱業製品、卑金属、電気製品、ディーゼルオイル、ガソリン、アスファルトなどの石油製品、輸送設備（乗用車やトラック、モーターバイクなど）その他の工業製品、野菜等農産物、食肉等が多い。

ちなみにブータン農業省の2017年度上半期対インド輸出入動向レポートによれば、ブータンの輸入量は2016年度上半期の総量と比べて2017年度上半期は20%ほど少なく、その輸入量減少の内訳を見ると野菜（16%）、フルーツ（12%）、肉（8%）、魚（19%）、日用品（30%）となっており、食用油は11%の増加となっている。この原因は一概に特定はできないが、筆者がこれは2017年度の雨季が早めに始まり、長雨が続いた影響が大きかったのではと推測する。

ブータンでは雨期に入ると、あちらこちらで道路が長雨による土砂崩れによって封鎖されるが、この道路封鎖によって、南北幹線道路が寸断され、インドからの供給に頼っている生活物資が突然なくなったりする。例えば工業製品、野菜全般、豚肉、ガソリン、プロパンガス、建築資材など「ブータンでは何を生産しているのだ」と言わんばかりに多くのものが姿を消す。

また、国内の消費マーケットが小さいので、多くの商店はストックをしない。在庫が少ない分、短時間でその脆弱性を肌身に感じることとなる。一流レストランでも平気で「肉がないからその料理はできない」と言ってくる始末である。

輸入は生活物資の大半をインド一国に頼り、その他の高付加価値商品は他国から輸入している。インド以外の国との関係を強化し、インドの影響を少なくしようと考えているブータン政府ではあるが、こと物資に関してはインド頼りの状態は変えようがないのである。

ちなみにインド以外の国への主な輸出品目はオレンジ、リンゴ等の農産物、ジュースやジャム等の農産物加工品、石灰石、瀝青炭、ドロマイト等の鉱業製品や建設資材などが挙げられる。

品目別に見るとカリフラワー、ブロッコリー、リンゴ、ナツメグ、カルダモンの主な輸出先としてバングラデシュが挙げられる。また、小規模ながら、はちみつや粉状のチーズ、フルーツ加工品の主な輸出国はタイ、固形チーズは日本、レモングラスオイルは英国など産品別に輸出が行われている。

ティンプー市内の衣料販売店

では対インド輸出を伸ばすにはいかなる戦略が必要であろうか。現在農業分野では、インドは広大な平野部で

輸入品目別リスト2016

単位（百万 Nu）

品目名	対インド輸入金額	他国より輸入	合計金額	全体における品目割合	対インド輸出量	他国へ輸出	合計金額	全体における品目割合
家畜・動物由来製品	2,690	109	2,799	4.18%	21	0	21	0.08%
野菜及びその加工品	3,738	86	3,824	5.71%	1,563	1,259	2,822	11,15%
油脂（動植物由来）	1,129	3	1,132	1.69%	9	0	9	0.04%
アルコールを含む飲料、たばこ、酢	2,376	618	2,994	4.47%	1,011	5	1,016	4.01%
鉱業製品	13,963	99	14,062	21.01%	4,683	2,219	6,902	27.27%
化学製品及びその類似品	2,098	457	2,555	3.82%	1,722	134	1,856	7.33%
プラスティク及びゴム製品（類似品を含む）	17	11	27	0.04%	2	0	2	0.01%
木製品、薬、エスパルと加工品	1,585	27	1,612	2.41%	237	0	237	0.94%
パルプ及び紙製品	745	123	1,612	2.41%	19	0	19	0.08%
繊維及びその加工品	694	241	935	1.40%	2	0	2	0.02%
靴、傘、造花、カツラ等	180	64	244	0.36%	0	0	0	0.00%
セラミック製品、ガラス、石、セメント加工品	1,111	77	1,188	1.77%	113	1	114	0.45%
真珠、宝石及びその模倣品を含む	1	41	42	0.06%	0	0	0	0.00%
卑金属《銅・鉄・鉛など》（類似品を含む）	6,876	839	7,715	11.53%	9,459	2,054	11,513	45.48%
電気製品、電子機器、工作機械及びその周辺部品	9,302	7,887	17,189	25.69%	5	0	5	0.02%
車、飛行機等の運輸機器	4,269	996	5,265	7.87%	0	0	0	0.00%
医療機器、音楽機材、検査機器等	450	357	807	1.21%	0	0	0	0.00%
軍事用品	0	1	1	0.00%	0	0	0	0.00%
その他工業製品	583	236	819	1.22%	7	0	7	0.03%
絵画、骨とう品、収集品	0	1	1	0.00%	0	3	3	0.01%
合　計	53,898	13,023	66,921		19,635	5,679	25,313	

出典：Bhutan Trade Statistics 2017 より

穀類を生産しブータンに輸出し、ブータンは果物や、4月以降インド市場で不足する野菜作物の収穫時期が違うことを上手に利用してインドに輸出し、外貨を得ている。主要農産物をインドでの旬の時期を外して供給することと、インド人消費者が好む換金作物の生産はブータン農業の生きる道であるとも言える。

200メートルから7000メートルの多様な標高を持ち、高い生物多様性と複雑な気候を有するブータンでは、穀物、野菜、果物、畜産で各種様々な品目の換金作物の生産が行われている。特にJICAの支援による近代的稲作や野菜栽培、ジャガイモやリンゴなどの輸出換金作物の栽培促進等が行われ、一定の成果を挙げていることより、その可能性は高いと推測できる。

インドに次ぐ輸入先であるバングラデシュの国境からブータンのプンツォリンまではトラックにて5時間弱で到着する。多くの個人運送会社はプンツォリンに本拠地を持つ。しかし、これもアッサム州という危険地帯を通行するため、危険を伴い検問の数も多くなる。多くの輸入品はこれらのリスクを抱えながらもそのコストや供給先の要因によって陸路経由である。

そのための中継基地としてインドとブータンの国境沿いには、多くの都市が存在する。ブータン人の感覚では都市であるがインドからすれば田舎町に過ぎない規模がほとんどである。これらの町が主要な南北に通っている3本の幹線道路への供給一大基地となっている。

14

貿易協定

★二国間貿易とFTA★

２０１５年12月にＡＳＥＡＮ共同体が発足し、東南アジア10カ国の経済協力は加速的に進み、域内の関税は２０１８年末までにおおむねゼロになることを目指している。日中韓、ＥＵ、ロシア、米国などの先進国はこのアジアの経済成長エンジンというべきＡＳＥＡＮと自由貿易協定（ＦＴＡ）を結ぶことによって自国の経済発展を促すことを画策している。

ＦＴＡは2カ国以上の国や地域が相互に関税や輸入割当などその他の貿易制限的な措置を一定の期間内に撤廃あるいは削減することを定めた協定のことである。近年、関税やサービス貿易の自由化に加え、投資、知的財産権、貿易の技術的障害などＦＴＡで交渉される分野は多岐にわたっている。

日本貿易促進機構（ジェトロ）によれば、現在世界には３００近くのＦＴＡが存在しており、１９９０年代の10年間に56件増加、２０００年代に入ると貿易自由化の手段としてＦＴＡ締結が加速し、近年２００件を超えるＦＴＡが新たに発効したという。

アジア開発銀行（Asian Development Bank：ＡＤＢ）の下部組織であるアジア地域統合センター（Asia Regional Integration Center）の統

計によれば、ブータンは既に南アジア自由貿易圏協定（Agreement on South ASIAN Free Trade Area：ＳＡＦＴＡ）とインド・ブータン貿易協定（India-Bhutan Trade Agreement）の二つのＦＴＡに署名している。

また交渉中のＦＴＡとしてベンガル湾多分野技術経済協力イニシアチブ自由貿易圏協定（Bay of Bengal Initiative for Multi-Sectoral Technical and Economic Cooperation（ＢＩＭＳＴＥＣ）Free Trade Area）がある。まず、署名済の二つの協定について見てみよう。

南アジア自由貿易圏協定（ＳＡＦＴＡ）は基本的に南アジア地域協力連合（ＳＡＡＲＣ）の枠組みの貿易自由化を目指し１９９３年４月11日に署名された南アジア地域協力連合特恵的貿易取極協定（Agreement on SAARC Preferential Trade Arrangement：ＳＡＰＴＡ）を発展的に解消合意したものである。

合意当初より、将来的なＥＰＡ（経済連携協定）である南アジア経済連合（South Asian Economic Union：ＳＡＥＵ）の設立に向けての布石との位置づけであり、南アジア地域協力連合特恵的貿易取極協定を柱にして、人、物、金の移動の自由化や円滑化を段階的に進めることで経済関係の強化を図ろうとしていた経緯がある。

２００６年1月1日に南アジア自由貿易圏協定は施工期日を迎えその効力が発生した。構成国は、インド、パキスタン、バングラデシュ、スリランカ、ネパール、ブータン、モルディブの南アジア地域の7カ国であり、２０１５年末までに相互の貿易に係る関税を0～5％以内の幅で引き下げ経済的な統合を目指した。

２００7年にアフガニスタンが南アジア地域協力連合（ＳＡＡＲＣ）の8カ国目加盟国となり、２０１１年に南アジア自由貿易地域（ＳＡＦＴＡ）加盟国となった。加盟国のうち、国連が指定する発展途上国のカテゴリー（Least Developed Country：ＬＤＣ）にあたるバングラデシュ、ブータン、モルディブ（２０11年まで）、ネパール、アフガニスタンの5カ国を（Least Developed contracting state）として、関税引き下げを緩やかに設定している。

インド、パキスタンは、関税率を２００６年1月1日～２００７年末までに20％以下に引き下げ、２０１２年末までに5％以下に引き下げた。スリランカは、関税率を２００６年1月1日～２００７年末までに20％以下に引き下げ、２０１３年末までに５％以下に引き下げた。

バングラデシュ、ネパール、ブータン、モルディブの４カ国は、関税率を２００６年1月1日～２００７年末までに30％以下に引き下げ、２０１６年末までに５％以下に引き下げる予定であったが、２０１７年現在未達成であり、その期限は２０１８年末に延長されている。

一国の貿易戦略において重要な品目であるセンシティブリストについては、貿易自由化交渉で関税が撤廃され輸入が増えると国内の産業従事者に大きな影響を及ぼすため、国内産業の育成・保護が急務な国では慎重に取り扱われる。

ブータンにおけるセンシティブリストは２００６年に48項目１５７品目であり、基本的には5年ごとにその品目数を見直すルールとなっている。２０１４年1月の南アジア地域協力連合特恵的貿易取極協定改正交渉時点ではＳＡＡＲＣの多くの国が「品目数を１００以下にする」と目標を立てたが、ブータンは２０１７年時点においても現状維持を保っている。

その品目の内訳は農産物（チーズ、乳製品、バター、鶏卵、アスパラガス、茸、リンゴなど）、食用油、酢、ジャム、ジュース飲料、ミネラルウォーター、鉱石（水晶、スレート、大理石、工事用の砕石、石灰石など）、セメント、木製品（材木を含む）などである。

次にインド・ブータン貿易協定を見てみることにする。インドにおける二国間貿易協定は先ず1991年ネパールとの間に自由貿易協定を締結した。2カ国間の貿易協定はブータンが2カ国目となる。

1995年ブータンとの貿易協定を締結したが、2006年7月28日付けで新たな貿易、商取引及び途中寄港（Transit）に係る協定が締結され、翌日施行された。協定では第2項にブータン国内の産業保護のためにインド製品に対する非関税制限（第三国製品よりは緩い規制）をかけること、第4項では両国内における第三国の生産物についての自由な移動については毎年協議を行うこと、また第5項ではインド以外の国からのブータンへの輸出入に際してインドは関税や貿易制限を設けないことが明記された。

上記取り決めが適応される輸出入ポイントとしてインド国内の16カ所が規定され、そこを通過する第三国製品はコンテナ輸送の場合は公的機関による封を、コンテナではない輸送の場合は一定の割合で抜き取り検査を行うこととしている。

ただしコルカタ、デリー、ムンバイ、チェンナイ空港から第三国製品を陸路でブータンに運ぶ場合はインド国内への輸入扱いとすること、並びにブータン税関によって封をされた途中寄港扱いの荷物についてインド税関は抜き取り検査をできないと規定されている。

次に現在交渉中のベンガル湾多分野技術経済協力イニシアチブ（ＢＩＭＳＴＥＣ）について見てみる。ＢＩＭＳＴＥＣは当初1997年にベンガル湾周辺のタイ、インド、バングラデシュ、スリランカの4カ国で発足したが、2004年2月にミャンマー、ネパールとブータンの3カ国を加えてＢＩＭＳ

TEC自由貿易協定の枠組みが合意された。

この枠組みはタイの「ルックウエスト政策」、インドの「ルックイースト政策」の思惑が合致しASEANと南アジアをつなぐ経済圏の構築を目指したものである。同枠組みにおいて貿易交渉委員会（TNC）が発足し、第1回委員会を2004年9月にバンコクで開催した。

同委員会に置いて7カ国は、物品貿易、サービス貿易、投資、経済協力、BIMSTEC内の後発開発途上国への技術支援に関して域内の自由貿易協定を早期に成立させ、経済発展を促す宣言を採択した。

宣言を実行に移す段階として、最初に物品貿易に関する交渉を開始し、その後サービス貿易や投資に関する合意への交渉を行うことが決定。物品貿易の合意に基づき、原産地国規制及び紛争解決メカニズムの二つの技術的分野について、作業部会が設けられた。

自由貿易協定については、タイ、インドなど先行グループから関税を順次撤廃し、2017年までに全域に広げる考え。参加国を発展途上国とブータンを含む後発途上国の2グループに分けることで各国の発展段階に配慮をし、また関税引き下げスケジュールをファースト・トラックとノーマル・トラックに分け、2017年までのセンシティブ品目を除き関税の撤廃を目指している。

他の事例を挙げると、ブータン、バングラデシュ、インド、ネパール（BBIN）4カ国による車両の相互乗り入れを認める協定が、2016年6月21日、ブータン国会を通過した。これは既に2014年11月にカトマンズで合意され、他の3カ国は既に国内批准手続きを了しており、ブータンのみが批准未了となっていたものである。

ブータンのトプゲイ首相（当時）は、この協定はブータン国内へ外国車両の自由な流れを許すものではなく、４カ国域において車両の越境移動を管理するものであるとの趣旨の見解を述べ「この協定は逆にインドとブータンとの間の車両移動に係る管理・規制の機会を与えるものになる」と付け加えた。

政府側は、他国のトラックに対しては、国境近くにて積荷検査を行う権利がブータンには認められている点、ブータン車両は他国の国境にて積み荷検査を受けない点に加えて、他国から入国する車両は入国審査時に認められたルートのみ通行可である点を以てブータンの国益は守られると強調している。

協定によるすべての通行車両は、他の国を通過する許可証を必要とすることと、契約当事国は、個人所有もしくは借り上げによる第三国貨物と乗用車を含む「協定内容の合意条件に準ずる」貨物車両による他の締約国の領域内貨物移動を認められている。

また協定によると不定期に入国する乗用車はケースバイケースで最大30日間の滞在・通行を認められており、国内運送会社の一部にはこの協定が自分たちのビジネスに不利益を及ぼすと感じているようだとの意見をクエンセル紙は報じている。

自由貿易協定は人や物の移動を活発にする反面、国内産業へ不利益をもたらす側面が否めない。ブータンは自国の産業育成と国民への裨益のバランスを取るという難題に直面しているのである。

III

政治・行政組織

15

国王主導の民主化

★その経緯とその民主化の意味★

ブータンにおける立憲主義はまだ始まって10年も経たない。ブータンは、２００８年の民主的な選挙による議会制民主主義への移行と成文憲法の導入により、立憲君主議会制民主主義体制とも言われる今の体制に成った。

議会制民主主義への移行を軸とする民主化は、歴史を紐解けば民衆蜂起などを契機に「下からの」要求に応じて改革が行われ流血を伴うケースが多い。しかし、このブータンにおける民主化は「上からの」改革である。

この「上からの」改革と同じく、代議制、政党制、選挙制、政教分離など、近代民主主義の標準的制度を取り入れつつも、自由主義には歯止めを掛ける仕組みが加味されており、これらを総合して「ブータンらしい民主化」として称揚される。

その歯止めとは、制度的にブータンの民主化のプロセスにおいて王権が国家の政治領域から完全に退出することは当初から想定されていない点にある。また政策的には近代化を急いだブータンが、その施策に反面的な政策「国民総幸福」を掲げ、一定のストッパーの役割を与えたことに帰する。こうした一見正反対のベクトルを持つ制度設計や政策を混在させるところにブータンに一貫する陰陽精神の影が伺える。

ブータンにおける民主化プロセスを時系列で追うと、時代は1950年代に遡ることができる。1951年隣国チベットが中国に事実上併合されたとき、ブータンは近代化を急ぎ、国定を固めることが先決であると考えた。当時の第三代国王は土地改革を始め、農奴解放、立法と司法の分離を行った。また1953年に国民議会（Tshogdu）が設立され、1965年には国王諮問委員会が設置された。1968年には国立銀行と高等裁判所が設置するなど国家統治に必要な建設物を建設し国家の体を整えた。また行政施設を整備しつつ国立博物館、国立図書館、チャンリミタン競技場も整備した。

1969年には地方制度の整備に着手した。内務省の管轄下に地方長官と収税官を配置し、1981年開始の第4次計画から地方分権化が推進された。1981年に全国20県に県行政を担う県開発委員会を設け、県レベルの行政課題に対して一定の権限を与えた。次に1991年には県の下部行政機関である地区（Gewog）に地区開発委員会を設置し、地区レベルでの行政課題を地区住民が選択できるシステムを導入した。

政治と宗教が一体化したゾンを中心とする地方単位の独自な結合力はブータンの国家運営の大きな特色となっている。また、日本の県は自治体であり、その県知事は住民選挙によって選出されるが、ブータンの県知事は官僚が王により県知事に任命される官製知事制度を採用している。

民主化プロセスは1998年から2008年にかけても着実に実施され、まず1998年に当時の閣僚会議の解散を実施し、閣僚会議のメンバーが既存の国会において選挙で選ばれることに変更され、2003年には閣僚会議メンバーの中の一人を輪番制にて首相に任命する制度を施行した。この時点で国王は政府の意思最高決定機関より身を引いたことになる。

２００１年には憲法起草委員会が活動を開始した。この委員会の事務局は最高裁判所に設置され、王政を維持しながらも民主的な政治体制である日本や英国、タイを含めた多くの国の憲法が検討され参考にされたと聞く。

２００６年は王政１００周年の節目の年でもあった。この年の12月に第四代国王の退位と第五代国王の即位が行われ、２００７年2月には今までの不平等な状態であったインドとの条約を改訂し、新たにブータン・インド友好条約を締結するに至った。

こうした一連の民主化プロセスの最終化として２００７年12月より選挙制度の導入とその国会の運営、成文憲法の承認が行われた。国民選挙ないし国家評議会議員選挙に関しては次章を参照して欲しい。

では、ここでなぜ「ブータンらしい民主化」と称されるのか、その理由として筆者は以下の3点を挙げたい。一つ目は王権の政治への関与、二つ目はワンチュック王家の正当性の確保、そして最後に政教分離による宗教者に対する規定である。

まず、王権に関する憲法の規定を見てみると、第2条第16節にて「爵位・褒章授与、大臣任命、国籍、及び封土その他恩賞、恩赦の下賜及び憲法その他の法律に定められていない権限の行使」が認められている。つまり国民としての権利と土地に係る権利に関して王が関与できることとなっている。

第2条第19節には「最高裁判所長官、最高裁判所判事、選挙管理委員会委員長及び委員、人事委員会及び腐敗防止委員会の委員長及び委員、軍の長官、ブータン中央銀行総裁」などの任命権も有する。

つまり国の主要なポストに就任するためには王による詔勅が必要となる。

また、国民評議会における議員の任命権が王に帰することが挙げられる。上院にあたる国民評議会議員は議員定数が25名、20名の議員は各県より選挙で選出されるものの、5名は国王が任命することにより議員資格を得るのである。

加えて第28条第1節には「ブータン国王は軍隊及び平和義勇部隊の最高司令官である」とされ、王の持つ権利は確実に政治のみならず統治に係る部分にも及ぶのである。

反面、第6節には「国王の定年が満65歳であること」及び第20節〜25節には国王の退位に関する規定も盛り込まれている。しかしこの退位はあくまで個人の退位であり、王族を否定するものではなく、「速やかに後進に道を譲る」とされている。

次にワンチュック王朝の正当性の確保についてだが、この2008年憲法によってブータンは国王が治める国であることが明文化されたことが旧来の統治制度との大きな違いである。憲法第2条第3節には「ブータンの王座の権利は〜中略〜ブータン王ウゲン・ワンチュックの政党の末裔にして純潔の方に有らせられる」とあり、現王族が正統な王位継承者であると定義されたのである。

1700年代、ブータンは統一の祖である高僧シャプトゥン・ンガワン・ナムギャルが治め、その下に聖俗二頭体制（チョシ体制）が敷かれていた。つまり高僧の元、同等な立場で宗教界は仏教界の長であるジェ・ケンポが治め、世俗界は合議制により地方豪族が治めるとされた。このシャプトゥンは転生制度により引き継がれたが、転生仏とされたものが実質的に権力を行使することはなかったという。

今回の成文憲法の制定を統治制度の観点から考えると、憲法第2条第2節において「ブータン国王陛下は政教二元の宣示を司る」と規定し、第3条第4節において「ブータン国王陛下により〜中略〜グル（僧侶）の一人が大官長（ジェ・ケンポ）の位を下賜される」とあり、明らかに同等ではない。聖俗二頭体制においては同等であった王が宗教界の長を任命できるように制度が改定されているのである。

また第3条第6節において、政府機関の一部としての僧院委員会の委員に係る規定が明記され、その「委員長」に大官長（ジェ・ケンポ）が算入されるとある。このようにして宗教界は行政組織の一部と化したのである。

政教分離による宗教者に対する規定を見てみると、第3条第3節において「ブータンの宗教は政治から二分されなければならない。寺院組織及び出家者は政治から越境しなければならない」とされ、宗教界は選挙権及び被選挙権をも失った。

また2008年の国民議会選挙においては選挙権の登録の際、選挙管理委員会はこの宗教者に係る規定を厳守し、出家僧のみならず在家僧、宗教者名簿に登録されているものに対して選挙権を与えない措置を取った。加えて選挙期間中は、被選挙人の戸別訪問による選挙活動は認められていたものの、宗教行事である法要は厳しく制限を受けていた。

その結果、多くの在家僧は選挙直前に宗教人登録名簿からの除籍を試みたのである。在家僧は農村において数少ないゾンカを使える知識人である。その彼らが政治に関われないのである。こうした規定は第2回目国民議会選挙を迎えるころには定着し、東ブータンを中心に地域社会の核として機能していた出家僧の数、及び役割をじわじわとかつ、大きく変えていった。

加えて第3条第7節には「公僧院及び地方僧院に対する十分にして一定の資金及び施設その他は国により継続して供給される」とあり、僧侶はみなし公務員のような安定した立場になるものの、大幅に公民権を阻害されることとなったのである。

1907年以降、ブータン歴代国王は中国とインドの超大国に挟まれた中での独立維持に心血を注いできた。今回の民主化もあくまでもこの独立の安定、国体の安定が目的であると考えられる。

転生僧によって治められるチョシ体制は大きな危うさを秘めている。それは誰もが転生僧と名乗ることができる点と、その転生僧は国を選ばず生まれ変わること、またその転生僧を選ぶプロセスが不明確であり（合議制）、意図的に権力を握ることも不可能ではない点に尽きる。つまり隣国が転生僧を擁立し、ブータンに圧力をかけることができるのである。

その観点から見れば、今回の成文憲法によって従来の統治制度が見直され、現国王の地位やその権力、選定手順等が明確に成文化されたことは、民主的かどうかの議論は別にして国の安定には一定の効果があるであろう。

ブータンにおける民主化は「上から」与えられたものである。今まで国王に依存してきた国の運営を一般国民が政権与党を選択することによって、そのかじ取りを担うこととなった。村社会の意識で暮らしてきた多くの国民が国の政策に関わることにより、よりブータン国民としての意識を強く持つことに繋がるのであろう。

16

議会選挙制の導入

★ブータン初の国民議会選挙とその課題★

２００８年3月24日、ブータン全国で下院にあたる国民議会（National Assembly）選挙が実施された。この２００７年12月31日と２００８年1月29日の二度にわたって行われた上院にあたる国民評議会（National Council）選挙と併せてブータンで初めて行われた国民議会総選挙であった。

第一回目国家評議会議員選挙は２００７年12月31日に実施された。ただし、5県（ハ、ガサ、ルンツィ、タシ・ヤンツェ、ティンプー）では２００８年1月29日に延期して実施された。

１９５３年に第三代国王ジグミ・ドルジ・ワンチュックの勅令により一院制国民議会が創設されたが、その議会は官僚代表、僧院組織代表、国民代表の三者のみからなる議会であった。のちに総員１５０名の議会となったが、その議員は国王の任命制で選出され、民主的な選挙で選ばれてはいなかったのである。

今回初の国民の直接選挙で選ばれる国民議会選挙の議員定数は、選挙管理委員会の決定で20県47地区から各1名の47名。各選挙区に居住もしくは登記所での登記を行っている18歳以上の国民が、直接候補者を選び投票する小選挙区制度である。

選挙運動は候補者本人による個別訪問が認められ、村人を集めての小規模な集会が各地で頻繁に開催された。「あなた方は責任ある有権者です。別の党の集会にも行って下さい。そして自ら考えてだれに投票するのかを決めるのが民主主義です」ブータン調和党のジグミ・ティンレイ党首は各地でこう説いて回ったという。

選挙投票率は79・4％であった。投票は被選挙人資格を持つ有権者のこれには投票日を政府が休日にしたことに加え、国全体で投票への関心が高まり、投票のために必要な移動日を休むことも推奨され、多くの有権者は自身の登録している地区への戻り、投票を行った。

【民主化へ…期待と不安】と題された毎日新聞の記事によると約600キロの道のりを歩いて投票所を訪れた65歳の女性の言葉として「歴史的な出来事に参加したかった」とあるように、国民は国王主導の民主化の一環として行われた国民議会選挙を歴史的な出来事として受け止めた。

選挙の結果はブータン調和党（DPT）が総投票数の67％近くを獲得し、議員定数47議席中45席を獲得、ブータン国民民主党（PDP）は総得票数の33％を獲得しながらも2議席しか獲得できず、自らも落選した第五代国王の叔父であった党首はその責任を取り辞任した。

「あなたは鶴に入れるのか、それとも馬か？」、狭い社会で微妙な人間関係のバランスを取ってきたブータン人にとって二者択一は分断を招く。議論好きなゆえに、職場で、地域社会で、時には家族の中でも、どちらに投票するのかは大きな話題となり、のちに禍根の種となった。

鶴のマークを掲げたブータン調和党は数名の首相経験者が現王政への忠誠を誓い、その政策を踏襲することを掲げていた。白い馬のマークを掲げたブータン国民民主党は調和党との政策の明確な違い等はなかったものの選挙では惨敗であった。

このような調和党の地滑り的な勝利の原因として、諸橋邦彦は①ジグミ・ティンレイ党首のカリスマ性、②首相経験者3名を含む政治経験豊富な候補者が揃っていたため有権者に安心感を与えたこと、③公務員・軍人の支持者が強かったこと、④南部ネパール系ブータン人からの支持獲得の成功であると分析している。

ブータンでは1988年以降の政府の国家アイデンティティ強化政策に反発したネパール系住民と政府が対立し5万人とも10万人とも言われる規模の住民が難民となった。一部のネパール系住民は国内にとどまりながらも国籍が付与されないという問題もあった。

これを国民民主党は国籍付与推進に係る要望受け入れを拒否し、調和党はこれを受け入れた。ブータンにとって南部問題は敏感かつ微妙な問題であるが、調和党のこの姿勢が南部ネパール系住民の投票行動に影響を与えたと考えられている。

話は戻るが、2008年度の国民議会選挙には選挙監視団として国内選挙監視員は51名、海外からの選挙監視員はEU、カナダ、米国、インド、デンマーク、日本、オーストラリアなどから総勢30名が派遣された。日本政府からは外務省在インド大使館員を含む3名がその任に当たった。

日本政府は、ブータンにおける総選挙の公正かつ円滑な実施を支援するため、2007年11月、国連開発計画（UNDP）を通じ、約107万ドル（約1億2400万円）の緊急無償資金協力を実施した。

投票はインド政府から供与された電子投票機による電子投票が使用された。この電子投票機は単純な仕組みではあるが、事前に模擬選挙投票が実施されるなど機器の扱いについての指導が徹底されたため、今回の選挙では投票に関して大きな混乱は生じなかった。

ブータンでは今回の投票以前に投票カウンターに同調されており、即時に投票数が分かる仕組みであった。これに海外在住者や軍関係者、公務員に認められている郵送による不在者投票数を加えた選挙開票は即日行われた。

仮設投票所は全国864カ所に設置された。既存の施設を利用する以外に、竹で組まれたテントにシートを張り、床には伝統的な松葉が敷き詰められた投票所もあった。投票を終えた有権者が一様に親指に青いインクをつけていた光景は一見ほのぼのと見えた。

しかしながら今回の選挙にあたってはEUの監視団より多くの問題提起がなされた。その一つは宗教者の参政権の剥奪の問題である。憲法の第3章「精神的遺産」では政教分離を謳っており、国政選挙における仏教のみならず他の宗教の聖職者には選挙権ならびに被選挙権が与えられていない。つまり仏教僧約1万5000人の言論や表現の自由の一部は侵害されているのである。

加えて被選挙権は、立候補申請時点で年齢25歳以上65歳以下の有権者、大学学位所持者、王室関係者でないことが求められている。この学歴条件に合致するブータン人は約1万5000人と推定されているが、これは憲法にて制定されている条項ではないため、今後改訂される可能性がある。

また、被選挙権の欠格要件として、①重大な刑事犯罪により収監された者、②選挙に係る腐敗行為で有罪となった者、③公共サービスを停止されている者、④選挙支出の明細を正当な理由なく適法に報告できなかった者、⑤選挙運動資金の募集につき私人に対して勧誘・懇願をなした者、⑥ブータン国籍を持たない者と婚姻している者などがあげられ、中でもこれら6項目の違反者については被選挙権を永久に剥奪とされた。

政党の登録資格に関する規定として「政党により、政府若しくは非政府若しくは私的な機関または私的団体及び単独の個人のいずれの場合においても、外部を起源とする献金及び寄贈等が受け取られていないもの」という一文がある。これは前述の被選挙権の欠格要件と併せて、国外からの干渉を最小限にとどめたいというブータンの意向が見える。

2013年5月31日と7月13日の二回に渡って前回の選挙の任期5年の満了に伴う選挙が行われた。二度目の国民議会選挙はまさに前回圧勝した調和党に対する「信任投票」の意味合いが強く、その結果はソナム・トプケ党首を掲げる国民民主党が勝利した。

選挙の結果は一回目の投票で44・52％の得票を得たブータン調和党（DPT）が二回目の投票で総投票数の45・12％を獲得したものの議席を大幅に減らし15議席のみ、一回目の投票で32・53％の得票であったブータン人民民主党（PDP）は、一回目投票で敗れ去ったブータン協同党及びブータン大衆党の支持者の支持を得る形で二回目の得票では総得票数の54・88％を獲得し、議席を前回の2議席から32議席への大幅に伸ばし、政権を勝ち取った。

ちなみに二回目の国家評議会議員選挙は2013年4月23日に実施された。また5名の国王より任命された議員は全員留任となった。

来る2018年には三度目の国民議会選挙及び国家評議会議員選挙が実施された。様々な問題を内包しながらも、ブータンは確実に民主的な選挙を自ら実施できる強靭な国へと成長しつつあると言っても過言ではないであろう。

17

環境政策

★周回遅れの環境先進国のしたたかさ★

ブータンの自然保護政策の特徴は、２０１６年度統計でその国土の51・４％を森林保全区にしている点である。アジア平均の４・26％、世界平均の５・17％をもはるかに凌ぐ割合である。

ブータンの環境関連法制の整備が急速に進んだのは２０００年代に入ってからである。ブータン政府は、２０００年に環境アセスメント法（Environmental Assessment Act, 2000）を制定、２００２年には環境アセスメント戦略に関する規則（Regulation for Strategic Environmental Assessment 2002）を発表し（２０１６年に改正）、開発に伴う環境アセスメント制度を確立している。

また、２０１６年にはプロジェクト環境クリアランス規則（Regulation for Environmental Clearance of Projects 2016）が環境アセスメント法を根拠法として制定され、現在施行されている。同規則には、申請に係る必要書類や手続きの方法、環境アセスメント手順、環境クリアランスの執行や再取得に関する事項、パブリックコンサルテーション、モニタリング、報告の方法などが細かく規定されている。

ブータンの環境保護政策の先駆けとなる法律は農業省森林局が中心となって策定した１９９５年森林及び自然環境保全法

(Forest and Nature Conservation Act, 1995) である。同法の概要は、1．薪・建築資材入手のための森林伐採、樹脂・薬用植物の採取などの目的での森林への立入制限、2．水源として重要な流域や保護地域における放牧の規制、急斜面における森林の土地利用変更の制限、3．保護地域におけるすべての野生生物の狩猟禁止と罰則の制定、この3点を遵守することを基幹としている。

同法を踏まえて、森林のみならず、土地、水、空気、鉱物を含むありとあらゆる自然資源にその保護の対象に広げて、２００７年に国家環境保護法 (National Environment Protection Act, 2007) が施行された。同法はいわばブータンの環境基本法の位置づけであり、同法を根拠法として国家環境委員会はその存在基盤を強固にした。これにより農業省、公共事業省など他省庁に分散されていた環境に関する政策が一本化される転機となったのである。

同法では、中道理念に基づく政府方針を強調し、経済発展と環境保全は同じように重要であるとしている。また、３R、汚染者負担の原則、司法アクセス、情報請求権、世代間における公平性、基本的な権利と義務などについて明確に定義された。

また水に関しては、２０１１年水に関する法律 (Water Act of Bhutan 2011)、及び２０１４年水に関する規則 (The Water Regulation of Bhutan 2014) が、廃棄物に関しては２００９年廃棄物保全管理法 (Waste Prevention and Management Act)、及び２０１２年廃棄物保全管理規則 (Waste Prevention and Management Regulation, 2012：2016年に改正)、２０１４年国家統合廃棄物管理戦略 (National Integrated Solid Waste Management Strategy, 2014) が制定されている。

持続可能な発展のもっとも大切な主題は、人間による開発行為と環境保全との両立可能性である。

まさにブータンはその道を確実に進んでいる。

ブータンにおける持続可能な発展の定義は、ブータン国家環境戦略の中で、「独自の文化的統合と歴史的遺産、即ち生活の質を将来の世代が失わないように今日の発展と環境を維持する政策的意思と国家的能力」と定義されている。

リミタン遠景（モンガル県）（写真提供 来山輝昌）

その背景には1972年にスウェーデンのストックホルムで開催された国際連合人間環境会議において、「資源の浪費と公害にさいなまれている北の先進国は、欲望をおさえ、環境とあい容れるレベルに経済活動の規模をとどめ、経済学と生態学との共存をはかる。一方、南の開発途上国は爆発する人口をくいとめ、資源を合理的に利用し、環境と調和がとれて将来に持続できる経済開発を目指そう」と宣言されたことが前提となっている。
この宣言を受けて、途上国ともいえども、開発に伴う環境問題は避けては通れぬ課題となった。そのためには南の環境政策を北の国々が経済的に援助し、経済の格差を縮めることが必要である。よって環境保全という概念が、南北対立の妥協点として浮上し、この点を理解したブータンは、環境保全を国策の主眼に置いたのである。

こうした時代潮流の中、ブータン王国では、1992年のリオデジャネイロの会議に先立つこと2年、1990年に国連開発委員会（UNDP）、ブータン政府、デンマーク政府が共催し、パロにおいて「環境と持続可能な発展に関するワークショップ」が開催された。そしてこのワークショップの決議内容の一部が第7次開発五カ年計画中に盛り込まれることとなり、子供達の将来に良質の環境を残す必要との一文が計画に盛り込まれた。

この決議文の根底に流れるGNHの思想では、人間の幸せは必ずしも物質的な豊かさだけがすべてでなく、物質文化と精神文化の両立が大切であると説いており、ブータンの環境政策は、この考え方が基本となっている。

第7次開発五カ年計画（1992～97）の重点政策の第2項には、自然環境保全に基づく社会持続性を明記し、国民の所得向上は安定した長期の成長によってもたらされ、自然の持続的利用によってこれが実現されると、記載されている。

また、この開発計画には、「開発の道への鍵は、国の保有の経済資源を侵食しないで、特に食料、健康と教育に関して、人々の必要を満たすであろう開発の道を見いだすことである。それらのより広い環境の配慮に関しての新産業、新しい農産物市場、新しい林業事業の必要性、とともに慎重に発展させられる……持続可能な発展は、ブータンの文化的、宗教的伝統との調和による構成概念である、と我々は信じる。我々の国はすでに強い保全倫理を持っている、そして本当に、自然界への敬意は仏教の主要な主義である。そのことは我々の持続可能な発展への道に行くことができるように、伝統的な文化が強く守られることは必要不可欠である」とのパロ会議の成果を、本文に列記している。

第7次五カ年計画以降の五カ年計画では、環境保護と持続可能な開発の両立を目指すとされている一方、近年の人口増加にともなう農業生産物増産が焼畑農業や過放牧による植生の減少と土壌流失という事態を引き起こし、また、住宅建設や道路建設が森林伐採を加速させている。

第8次五カ年計画（1997〜2002）においては、その恵まれた自然環境及び伝統的文化との調和のとれた国土の開発・経済的発展を国の方針とすることが明記されている。

また、同五カ年計画の第9章の中に、「1995年、第73回国会において、国土の森林面積は最低60％を下回ってはならないと裁決した。1995年の時点では国土の72％以上が森林である。よって今後の国土利用は森林面積12％分を上回って開発してはいけない。また、最近の統計では、土地面積の合計の26％は国立公園等、保護管理の下にある。環境保全への挑戦はブータンのために必要である」とある。

この方針が2008年に制定された憲法の第5条第3節の「ブータンの国土全体の最小60％において随時随所に森林が地表を覆うように管理が堅持されなければならない」に繋がっているのである。

第11次五カ年計画（2013〜18）では「自立的・包括的なグリーン経済社会開発」を目標にし、その中の運輸セクターにおいては、環境問題に対応し化石燃料への依存を軽減するため、交通モードの代替として電気自動車の推進を挙げ、既に電気自動車タクシーの導入を模索すると明記している。

同計画を受けて、2014年、ブータンは環境に配慮したゼロ・エミッション国家になるという目標を掲げて、その実現にあたり電気自動車（EV）を重要な戦略として位置づけた。この方針を受けて首都ティンプー市民10万人以上の交通手段をクリーンエネルギーで賄う「クリーン・エレクトリック」シティとなるために、2014年2月に日産自動車と覚書を交わし、2014年7月には三菱自動車とも覚書を交わした。

輸入関税を含めてEV購入者には環境税、消費税など一切の税金を免除、また、充電ステーションを100キロメートル間隔で設置、2020年を目処に首都ティンプーを走るクルマの8割をEVにする目標を掲げた。

2016年3月末時点で道路安全交通局（Road Safety and Transport Authority：RSTA）によると52台の日産リーフが導入されており、政府関係者車両が13台、一般ユーザー車両が39台である。この他に、ティンプー市等へインド製電気自動車（マヒンドラ社製計19台）が導入されている。

電気自動車輸入時に免税措置は整備されているものの、未だ一般車両に比して購入価格が高額である。電気自動車を広く普及させるためには、一般国民の購買力がまだ低い現状では、補助金制度等の導入も選択肢の一つであろう。

情報通信省によると、同省は地球環境ファシリティ（GEF）の支援を受けて、「持続可能な低炭素排出都市交通システムプロジェクト」を2018年より3年の期間実施する。地球環境ファシリティの支援は、電気自動車（EV）購入者に対する20％の補助金供与に充てられ、その対象EVは300台の予定である。

このように新たな施策の実現は課題も多く、その進捗も遅いが、ブータン政府は少なくとも多くの教訓を得ており、今後の動向を注目したい。

18

統治機構

★公務員制度と行政制度の変容★

ブータンの公務員制度は、「公務員グレード」で階級が決まる。その階級は全省庁共通であり、それは自ずとブータンの公式の場での階級に直結している。

ブータンの特徴として一般社会における公務員階級の立場は絶対である。公務員になり権力を志向するのか、私企業に入って良い給料を貰うか、その選択をできる人は一部のブータン人、つまり勉強ができるか、家柄の良い人のみであり、多くの人は現状の立場や職業に甘んじている。

ブータンの学生は公務員になることが夢だという。一般的に学生から見れば公務員は、毎月決まった額の給料をもらえる楽な商売であると考えがちである。しかし、ブータンの公務員は、実際の業務に多くの忍耐が必要で、しかも何時異動があって地方に移り住むか分からない不安定な生活でもある。

２０１０年以降ブータンの公務員試験の受験資格として大学卒業が明記され、一次試験 Preliminary Examination（基礎的学力及び素養試験：ＰＥ）、及び二次試験 Main Examination（専門能力試験：行政事務、経理、教育、技術の４種類のうち二つまで選択可：ＭＥ）を経て晴れて公務員となる。

しかし公務員試験の二次試験ではClass10とClass12の成績表による加点との記載があり、実質公務員試験は学生のうちから始まっていると言える。また二次試験の筆記試験には技術職以外の受験者にはゾンカによる筆記問題があり、ゾンカを母語としない受験者には大きなハンディになる。

公務員制の歴史を辿ると、公務員制度を権力に結びつける制度は現王朝になってから始まった。つまり現王朝はあくまでも多くの地方勢力から選ばれた代表であった。その代表を支える地方勢力は、その権力の肩書きとして政府内の地位を貰ったのである。この「王朝から官位を与えられた」か「任命制」がのちのち地方勢力を弱体化させる切り札となる。

この「任命制」が時間とともに王朝としての団結力に繋がり、多くの地方勢力は一度この制度に取り込まれたが最後、徐々に王朝が登用した若手の公務員に立場を追われていく。そして立場を追われる頃にはその力は立場同様に縮小されているのである。

第一代国王の時代から第二代国王の時代に至るまでこのような方法で国としての体制つくりを徐々に行う過程で、同時に僧院勢力の取り込みをも図っていったのである。

1968年5月28日、第三代国王ジグメ・ドルジ・ワンチュック国王は、近代化の一環として、ブータン史上初めて大臣会議（レンゲ・ツォク）を設置した。この大臣会議は、国王が国会議員の中から任命する大臣5人、無任所大臣1名の計6名で構成されており、いわゆる内閣に当たる組織である。これによって今まで王室に集中していた多くの権限が各大臣に委譲されていったのである。

これに引き続いて行政機構の整備が進められ、それまで、開発庁の下で統轄していた教育、農業、園芸、家畜、医療、郵政、建設・水力発電の7局に代わり、内務、大蔵、通信、開発、通商・産業の

5省を置き、開発省の下に農業、家畜、郵政、教育、厚生、外務、広報、水力発電建設の8局を置いた。

1970年にこれに外務省を新たに独立して設置し、2001年には内務、大蔵、外務、農業、教育・保健、通信情報、通産の7省体制とした。そして2003年には以前独立省庁であった計画委員会は財務省に吸収され、環境省や建設省の設置も見送られ、2018年現在、内務文化、財務、外務、農林業、教育、保健、公共事業、労働人材資源、通信情報、経済（通産）の10省体制となっている。

行政の中心、タシチョゾン（写真提供 ケザンダワ）

また憲法上の外局として選挙監視委員会、汚職撲滅委員会、王立会計検査院が、独立機関として王室事務局、国民議会事務局、国民評議会事務局、王立人事院、GNH委員会、内閣事務局、国家環境委員会、王立ブータン大学、国家統計局など多くが存在する。

省庁改変は頻繁に、前触れもなく急に行われることが多く、国会での手続きを要しないレベルの改変（省庁の名称変更やその組織の改変）は未だに日常茶飯事である。流石に省庁自体を設置や改変するのには国会の承認等の手続きが必要となるが、省庁内の改変は国会での手続きを要しない。

特に省庁組織図を探すのが困難である。国の統計資料も正確に組織図を表しているものはなく、しかも各省庁が出す各種レポートも、組織図を添付しているものは少ない。各部課の担当者で自分の省庁の部課名を覚えていない人も多い。

2008年以前のブータンの行政制度の大きな特徴として王立諮問委員会（Royal Advisory Council）があった。王立諮問委員会は1950年代後半には非公式に、1965年に公式に設立された独立機関であった。委員は8名で構成されており、6名は国民代表、2名は仏教界代表で、その任期は5年である。委員長1名は国王が指名する人物が就任し、その任期は決まっていない。

その役割は国会と並ぶ行政組織として国家の重要な事項すべてについて国王と大臣会議に必要な助言を行うものである。加えて法律や議決が政府と国民によって忠実に実行されているかを確認するなどの役割を持っていた。

法律を作る機能はないが、行政指導をする権利を有し、また外務省が行うべき公式業務や王族による記念行事への参加の侍従など多岐に渡ってその役目をする。

この機関は17世紀以降、ブータンで根付いていたシャブドゥン体制（摂政王が統治し、政治と宗教の長を自らの下に置いた政治体制）で機能していた国家評議会が元になっている。シャブドゥン体制時には宗教界や地方の有力豪族が一堂に会する場であった。1907年にワンチュック王朝の擁立を決めたのもこの評議会であった。

しかし、初代国王と第二代国王はこの評議会を非公式にし、大臣会議（事実上の国会）と自分の腹心数名を任命してその制度を継続させていた。このようにこの委員会は歴史上重要な位置を占めてきた。当初、王立諮問委員会の委員長職は大臣であったが、現在では単なるダショーの地位が与えられるのみとなっている。その歴史的機能の衰退と近代行政組織化の波に飲まれ、2008年の民主憲法制定とともにその役割を終えたのである。

ブータンの地方行政は、強固に成りつつある中央集権体制とは別に近年まで地方県知事がその地方において絶大な権力を握っていた。すべて地方に関することはその県知事の範疇にあった。逆に言えばその地方での失政はすべて県知事の責任であった。

しかし、歴史を見ると県知事の権力が絶大であった期間はそう長くはなく、王朝設立当時は地方豪族がまだまだ実質的な権力を持っており、県知事は便宜上、その地方に中央から派遣されてきた単なる役人であった。

その転機となったのは第三代国王の時代である。初代、第二代国王の頃はまだ旧態のゾンポン（地域を治める領主）やペンロップ（パロ、トンサ、ダガナの各地域の支配者の称号）が勢力を持っていたが、王室が僧院や地方豪族の勢力を徐々に縮小させ、その県の代表（領主）であるゾンポンは１９６９年にゾンダと名称を変え、今まで国王に対して直接責任を負っていたのが、内務省管轄になっていった。

ゾンポン時代には警察権、徴税権、司法権などすべての県行政区における権限は一人の人間に集まり、国王の代理人として行政上の責任がすべて掛っていたのである。しかし、ゾンダになってからはその権限は縮小され、さらに近年の行政権限の地方分権化政策によってその多くの権限は郡長や村長、市長に委譲されていった。

ブータンの行政組織はまだまだ流動的であるが、10省体制になってその形は整い、国としての機能が複雑になるにつれ、各種手続きも複雑になりつつある。しかし、その一方で親族や友人のコネで多少の融通が利くことも事実である。

19

地方行政制度

★構築と変遷を繰り返す地方自治のかたち★

ブータンの地方行政は基本的に県―地区及び市の二部構成である。具体的には県（Dzongkhag）が20カ所、地区（Geog）が205カ所、市（Thromde）が4カ所設置されている。また9県に郡（Dungkhag）が計16カ所存在してはいるものの、主にその機能は地方裁判所の運営が主であり、行政区分とは言いにくい現実がある。また行政区分ではないものの地方自治単位の組織として村（Chiwog）が全国に計1044カ所設置されている。

過去の地方行政区分として1988年〜89年にZone制度の導入が計画され、当時18県（ガサとタシ・ヤンツェ県は1992年に新設）を四つの広域に分割し、広域の行政課題に取り組んだ時期があった。しかし東部5県を管轄するZone Ⅳのみがその地域開発作成及び実施等において機能したが、1991年にその制度は全面的に廃止されている。

2008年の憲法制定以降、ブータン王国の地方行政制度は常に変動している。2009年6月の通常国会において、地方行政法の改正案が審議され、大幅に地方行政制度並びに地方行政官の職務が変更になった地方行政法が承認され、現在に至っている。

地方行政制度

次にこの2009年地方行政法に沿って各行政区分の概略説明を試みたい。

まずは広域行政を行う県（Dzongkhag）から説明すると、県は中央の出先機関の集合体であり、2018年憲法発布前は中央の意向を地方にて実現するための統治・徴税機関としての位置付けであった。現在では、県域における広域行政業務を管轄する行政府、下部組織である地区を統括・指導・サポートする立場の役割である。

1956年までは国土を9県（ジャカール〔Byakar…現在のブムタン〕、デュゲ〔Dukye、現在のパロの一部〕、ハ、パロ、プナカ、ダガナ、ティンプー、ワンディ・ポダン、トンサ）に区分し、それぞれに県知事（君主）としてペンロップを置いた。

その後1981年に第四代国王の元、現在の地方行政改革が進められ、18県の行政区分に再編され、県知事（Dzongda）が国から派遣される制度となった。県知事は基本的に内務文化省より推薦され、国王に任命される行政官、つまり官制知事である。

1992年にプナカ県よりガサ県が、タシガン県よりタシ・ヤンツェ県が分離、新設されたため、県の総数は20県となり、そのまま現在に至っている。ちなみに20県中19県は他県よりその県庁まで国内道路によるアクセスが整備されており、現在唯一国内道路によるアクセスが整備されていないサムツィ県は2018年度中にはアクセス道路が完成予定である。

話は行政制度に戻るが、基本的に県庁は県知事を筆頭に副知事（Dzongrab）、地方判事、中央政府の各省庁から県に出向した行政官ないし技官で構成されている。各分野別（計画、財務、会計、調達、環境、農業、森林、技術、保健、教育、畜産など）課に配置された中央政府行政官は基本的に県知事の指揮監督下に入り、県行政官としてその業務を行う。

県には県開発委員会（ＤＹＴ）が置かれ、県における経済社会開発、民間企業活動の促進、消費者保護、県ないし地区開発計画に係るすべての活動を決定する権利を有し、県財政の承認、管理監督に係る権利も有している。

県開発委員会は基本的に各地区の地区長（Gup）、副地区長（Mangmi）及び県選出の国会議員（Chimi）、県に位置する市の市長（Thrompon）により構成され、委員会の議長はこれら構成メンバーより選ばれる。また、県知事、副知事、郡が設置されている場合は郡長（Dungpa）、県庁各課を代表する職員が参政権のない委員会メンバーとして県開発委員会への出席ができる仕組みとなっている。

次に地区（Gewog）の説明をすると、地区はもっとも住民に近い行政組織で、住民の生活に近い様々なことが話し合われる。地区の多くは5～6の村（Chiwog）により構成され、

地区には地区長、副地区長、地区会計担当職員、地区事務職員、地区職員（Gewog Administration Officer：ＧＡＯ）が配属されており、そのうち地区の会計担当者は平均して2地区に1名配属されており、彼らは県会計課にて執務を行っている。

地区長と副地区長は住民による直接選挙で選出され、任期は3年。南部では地区長をMangalという通称で呼ぶ場合もあるが、２００９年以降は正式にGupの呼称を使っている。また地区事務職員は地区長が任命する仕組みとなっている。

地区には地区開発委員会（ＧＹＴ）が置かれ、地区における経済社会開発、民間企業活動の促進、消費者保護、県ないし地区開発計画に係るすべての活動を決定する権利を有し、県財政の承認、管理

監督に係る権利も有している。

地区開発委員会は基本的に各地区の地区長（Gup）、副地区長（Mangmi）及び村選出の5名以上8名以下の村長（Tshogpa）により構成され、委員会の議長はこれら構成メンバーより選ばれる。また、県知事、副知事、郡が設置されている場合は郡長（Dungpa）、県庁各課を代表する職員が参政権のない委員会メンバーとして県開発委員会への出席ができる仕組みとなっている。

地区職員は地区レベルの行政事務に関わる作業や地区開発計画策定に関わる業務全般を行っている。GAOは内務文化省地方行政局より派遣されており、県知事の指揮・監督の下、地区長に協力し業務を行っている。

地区（Gewog）職員間のミーティング

現状、県の職員が地区の開発計画における技術的なアドヴァイス・監督・業務遂行に関するモニタリングなどの地区の業務を全般的にサポートしている。しかしながら実際のモニタリング業務は会計監査時、もしくは工事竣工時に限られており、県は地区に対して十分なサポート体制を取れているとは言い難い。

次に市（Thromde）の説明をすると、市は２００９年の地方行政法により地区と同格の位置づけでその設置が規定されたもので、各県における市街地の適正な都市計画を行うことを目的として設置され、その行政事務の範囲は公衆衛生、安全規則、土地や所有物への課税、物品販売税の徴税及び都市生活環境の改善に係る業務全般とされている。

同法において市はその財政基盤に応じて三つのクラス（A, B, Yenlang）に分けられ、クラスBのThromde とYenlag Thromde に関しては、その行政事務は県ないし地区の元で機能することと規定されており、まだ施行例がなく、制度自体が発展段階にある感が否めない。

２０１５年の通常国会において三つのクラスの市における合計37カ所の設置リストが承認された。しかし２０１８年11月の段階でAクラスの4カ所（ティンプー、プンツォリン、ゲレフ、サムドゥプ・ジョンカ）が機能するに留まっている。

市には市開発委員会（Thromde Tshogde）が置かれ、市長（Thrompon）を含めた市選出の7名以上10名以下のメンバーにより構成される。

市はその地理学上、行政事務上、経済区域上の特性により区画され、その市域の設定は国家土地委員会事務局及び市が属する県の承認が必要となる。市行政は総務、都市計画、建築審査を含む技術部門、及び各市のニーズに合わせた形でその組織が構成されており、空き地や開発地に対して特別税を課税する権利を有している。

最後に村（Chiwog）について説明すると、ブータンの村は一般的に人口１００名から３００名強の大きさであり、日本の行政制度と比べると、市町村の下部組織である地区もしくは自治会のサイズに近い。現在、1村ないし数村から1名の代表が村長（Tshogpa）として任期一年で選出され、地区の開発会議のメンバーとして村の意向を代表する。

村長の選出方法は基本的には投票もしくは合議制での選出となっているが、多くの村では村長のな

第19章

地方行政制度

表　ブータンの県別面積、人口、各行政区数

No.	県名	県面積 km²	人口 2017	郡数	市数	地区数	村数
1.	ブムタン	2,490	17,820	—		4	20
2.	チュカ	1,991	68,966	3	1	11	58
3.	ダガナ	1,276	24,965	—		14	70
4.	ガサ	4,089	3,952	—		4	20
5.	ハ	1,319	13,655	—		6	30
6.	ルンツィ	2,881	14,437	—		8	40
7.	モルガル	1,638	37,150	—		17	88
8.	パロ	1,693	46,316	—		10	50
9.	ペマ・ガツェル	593	23,632	4		11	56
10.	プナカ	845	28,740	—		11	55
11.	サムドゥプ・ジョンカ	2,207	35,079	—	1	11	58
12.	サムツィ	1,725	62,590	3		15	77
13.	サルパン	2,048	46,004	1	1	12	61
14.	ティンプー	1,617	138,736	—	1	8	40
15.	タシガン	2,171	45,518	4		15	78
16.	タシ・ヤンツェ	1,459	17,300	—		8	41
17.	トンサ	1,815	19,960	—		5	25
18.	ツィラン	632	22,376	—		12	60
19.	ワンディ・ポダン	4,181	42,186	—		15	77
20.	シェムガン	2,146	17,763	1		8	40
	合計	38,816	727,145	16	4	205	1,044

出典：2017 Population and Housing Census of Bhutan（PHCB）National Report

り手がおらず、村で選ばれた家の世帯主が持ち回りでこの役目を引き受けるケースが多い。

村長は基本的に任期が1年、月給は国が定める一日の最低賃金の約10日分。村長の主な役割は年4回の地区開発会議に出席することと、加えて地区開発会議に提出する村の要望書の作成、村における集会の開催、地区開発会議の報告会の開催、村で行われる事業の管理、モニタリング、県への説明、県からの要望事項に対する説明義務など様々である。

「多いときには月に3回もゾンに呼ばれた。片道2日間の交通費は自腹、手当ては出ないし、町での宿泊費も自腹。これでは生活が成り立たない」とある村長は語る。自分が農作業をできない分、家族に負担がかかる。農作業の手伝いを近所の農民に頼むと、日払い賃金に加えて昼食の提供の要求をされる。このように村長になると経済的負担が大きいため、なり手が少ないとのことである。

村長以外の役職としてメッセンジャー（Chunpen）がある。これは村の実情に応じてその人数が決められるが、基本的には無給のボランティアである。彼らの役目は村長の意向や地区開発会議での決定事項、地区長の通達事項などを、集落の各世帯に伝える役割を持つ。携帯電話などの発達により、多くの村では役割を失ったメッセンジャーも見受けられるが、彼らの一部は村長を補佐する役割として機能している。

ブータンでは近年、地方行政制度の整備と地方行政府職員の開発計画策定能力向上が急速に行われていく中、確実に地方行政府に対して、権限と財源、そして責任が付与されつつある。紆余曲折はあるものの地方行政制度の整備は議会制度の継続とともに国の命運を握っているのである。

20

文化保護政策

★文化保護を国策とした理由★

文化の形成には、単に特定の集団における習俗のみならず、その集団がテリトリーとする地勢や気候条件によって左右されるものである。ブータンの文化形成は常にチベットに影響されつつもその地勢条件の差異によってその独自性を見出している。

ブータンにとってチベットはあまりにも強大な隣国であり、歴史上、数度の戦争が両国の間に行われ、ブータンはかろうじてその独立を保ち続けてきた。チベットにとってブータンはミャンマーや中国の雲南省、北タイの少数民族同様に、チベット系住民が移り住んだ土地という意味合いを持つ自身の文化圏の一つと位置付けていたのである。

ではチベットとブータンの文化の一番の違いは何であろうか。それはブータンにおけるインド・モンゴル系の住民の存在と、その植生（木材資源や薬草）の豊かさ、地勢・気候条件の違いによる生活条件の違いを挙げることができる。しかしながらその文化は外からの圧力には非常にもろい面があり、また崩壊の速度も速い。

ブータンは１９８７年から始まった第６次五カ年計画で、「One people, One nation」を創設すべく国家アイデンティティの維持と促進を国家目標としてハッキリ打ち出した。

具体的な方針として、1987年のゾンカ開発委員会の設立、1989年の学校でのネパール語授業の廃止、1989年の「民族衣装の着用、国語ゾンカの習得、伝統的礼儀作法の順守」の布告といった一連の伝統文化復興政策が示された。

2005年には持ち出し可能な文化遺産に関する法律（The Movable Cultural Property Act of Bhutan, 2005）が制定され、同遺産に関する管理者の責務や、同遺産の販売に係る禁止項目等が定められ、脆弱な文化遺産の保護に乗り出した。

また、2008年憲法の第4条第2節には「国は、文化を進歩的動力（evolving dynamic force）として認め、伝統的な価値及び制度の継続的発展の強化と促進に努力する」との記述があるように、ブータンは文化政策を国の安定のために不可欠なものとして位置付けた。

また、2016年にはブータン文化遺産法（Cultural Heritage Bill of Bhutan）が起草され、文化的景観保護や文化遺産の登録と指定の手続き、持ち出し可能な文化財の保護、文化遺産所有者及び管理者の責務、文化遺産の有効利用とその所有者のインセンティブなどに関して国としての方向性が示された。

ブータンがブータンらしさを保ち、他国との明確な違いを明言しているのも小国ならではの知恵である。国の内外に常に他国との違いを分かりやすい形で示し続ける必要性はいつの時代にもあった。例を挙げると、1951年5月に北京で中国とチベット政府との間で17条協定が締結され、チベットが独立を失い、中国に併合された時、チベット側はブータンは独立国であることを認識し、中国はその点を曖昧にして、ブータンをも併合するかの勢いであった。

この時、ブータン政府は、いち早く中国（チベットを含む）との通商関係を断ち切り、インド寄りの政策をとった。チベットとの違いを証明し、明確な立場をとることによって独立を維持したのである。

一連の伝統文化復興政策がとられた背景となる歴史的出来事を考察すると、第一に考えられる要素は1975年9月4日のシッキム王国の滅亡であった。シッキム政府に対するネパール系住民の民主化要求運動をインド政府が後押ししたのである。

これらのネパール系住民は、元々英国がシッキム開発のために多くのネパール人労働者をシッキムに移住させたことに由来している。この急激な人口構成の変化は、チベット系王制から、「インド国民と同等の待遇を」をスローガンに唱える反王制派の勢いを加速させるのには十分であった。

タロゾン（プナカ県）

このことがブータンの対インド政策に大きな影響を与えた。この事件以降、ブータンはインドの要求に対して慎重にならざるを得なかった。友好を保つも信用はしない。これがブータンの対インド外交の基本姿勢となった。

次に影響を与えたと目されることは、1988年4月のブータン政府による国勢調査であった。山本けいこは、「1980年代にはネパール系住民の急増により人口の3割を超えると噂されるようになり、ブータンの人々に1975年の隣国シッキム王国のインド併合を思い起こさせた」と述べている。

加えて1985年に市民権法の改訂により、条件付でネパール移民に対してもブータン市民として登録できる道が広くなったため、ネパール系市民の急増がブータン政府に国勢調査を踏み切らせたと分析できる。

元々ヒンドゥー教徒が大半のネパール系住民は、チベット系とは異なる文化や習慣を持っている。チベット系住民が支配する側にある政教一致の王国に、大国が関与して、異文化の背景を持つネパール系の住民が大挙して移住してくる。そして、世代が変われば人権を楯に、自分達の権利を主張する。地勢条件や歴史が違うことは抜きにしても、ブータンにとっては隣国の悲劇は他人事ではなかった。

この時代背景がブータンに「自国の独自性をアピールしないと国が滅亡する」との認識を植えつけ、伝統文化復興に関する政策へと方向付けたのである。

危機感の現れであろうか、ブータン政府は徐々にその伝統文化復興政策の前段階として諸々の制限政策をとり始める。ブータン国籍を持たないものに対して1987年には登山の禁止、1988年には聖なる場所（寺院、聖地、聖山など）への立入禁止などである。そしてその流れで1989年1月16日の国王布告に繋がったのである。

現在、国家政策として、従来伝統文化とさえ意識されていなかったブータンの固有の文化を対象にして、その収集や整理、分類、伝承、教育などの文化事業を進められている。それはいわばブータン文化の独自化の作業である。それは実際には、ブータンに伝わる多様な文化的諸相を、学問の対象として視野に組み入れたということを意味している。

初代の摂政王（シャブドゥン）となったテンジン・ドゥルギャル（Umze Tenzin Drugyal：在位1651―56）は、ブータン人の宗教及び生活にまつわる儀礼規範の体系を導入した。この規範は家庭内での宗教儀礼と日常衣食住及び祭礼法をまとめたもので、今日でもディグラムナムジャ（Driglam Namzhag）として学校教育科目の一部を構成しているのみならず、公務員のＯＪＴ研修の一環として習得が義務付けられている。

かつてはインドの地理・歴史の教科書を使用していたが、今ではブータン人の手によって地理と歴史の教科書が書かれている。なお首都に壮麗な国立図書館が建設され、チベット仏教（特に仏典）関係のものを中心に収集と整理が行われている。

このようにして国にとしてブータン自身のアイデンティティを強化する行動を着実に履行している。チベット文化圏ではあるが、チベットとは違う。この違いを明確にしていくことこそが、一番の目的となっている。

１９９１年5月にネパールにて32年ぶりに民主政権が樹立された。このことは近隣国であるブータンのネパール系住民に飛び火し、ワンチュック政権に対して民主化要求の運動が激化した。そしてブータン国内でも流血の事態となり、多くのネパール系住民がネパールに難民として流失した。このことが一連の政策をより一層厳しい解釈へと変容させていった重大な原因の一つである。

文化保護に極端に神経質で、特には排他的で攻撃的な面をも見せるブータンのその政策は、大国の間にあって歴史に翻弄されたヒマラヤの民の、その経験によって形作られているのである。

21

爵位制度

★「ダショー」その知られざる生活★

ブータンはイギリスのサー制度を踏襲して、爵位制度をその政治体系に導入した。この爵位はダショー（Dasho）と呼ばれ、一代限りの名誉職である。名誉職とは言いながらもダショーは多くの権利を持ち、この国を実質的に動かしている。

推測するに、王政の基盤が安定していなかったブータンでは、国王が選んだ一部のエリートに階級と権力を与え、国王の考え方や姿勢の代弁者として民衆をリードすることが必要であったと考えられる。

つまり民主主義的な政治体制をとろうにも、民衆は自身の利益の追求を訴えるだけで、大局的に物事を見ることができず、民衆の意識が時代に追いついていないため対外的な国としての体面を整えるのに一部のエリート層が必要であったのである。

この基本姿勢は今でも多くの場面で見られ、爵位を持つ人がリーダーシップを発揮するとその下に付く者はその命令通りに仕事をしなければ成らなくなるが、ダショーは責任を持って社会や国のために仕事をするのである。

基本的に爵位は国王から直接与えられ、受与者は国に対する忠誠を誓うのである。爵位を持つとその階級を示すカムニ（礼装用の大判スカーフ状の布）は、庶民用の白から赤に替わり、パタンと呼ばれる刀を帯びることを許されるのである。この帯刀というあたりにもイギリスの影響を見ることができる。

ダショーが役職を離れると帯刀はできなくなるが、カムニは終身赤いものを着用できる。死ぬまで変わらないのである。しかし国政議会の議員や大臣はその任期が終了すると白のカムニに戻る。近年では県知事も同様に役職を離れると白のカムニに戻り、帯刀もできない。

２００８年まではその公務員階級に関わらず、国に対して功績があったものにその爵位は任命された。しかし、現在ではある程度の役職、例えば省庁の事務次官もしくは県知事などの職につき功績を挙げた人などがその授与の対象となる。

元労働大臣（写真左）Lompo Ugyen Tsering

また、２０００年以前は爵位を持たない県知事はまれであったが、今では一般的である。

第９次五カ年計画に謳われた「ディセントラリゼーション（地方分権の推進）」によって県知事の政治的権力は大きく縮小された。分権化によって県知事の持つ権力は大きくなると考えられがちであるが、内務省の直轄の役人である県知事が多くの権力を持つことの弊害を考慮し、民主的な選挙で選ばれた郡長や村長に多くの権利を与えたのである。そして以前は何事も県知事の許可がなければ動かなかった地方政治が、県知事の権力の分散化とともに人々にとって身近に成りつつあるのである。

しかし先述のように国王の任命権は絶大であり、その事務次官以上の人事には大きく介入できる。爵位を持っている人々は概して2種類に類別できる。一つは学生時代からエリート街道を突き進み、公務員になって功績を上げ、王様に早くから認められ、英才教育を受けてきた人たち。他のグループはその家柄の良い人たち（元領主階級や王族関連）である。

旧支配階級や地方の有力者は、その支配地域の剥奪と引き換えに現政権での地位を王より授かった。強い中央集権国家にするためにもこの爵位制度は利用されたのである。

現在、爵位を持っている人の多くはティンプー市内に居住している。人口11万人の狭い町に多くのダショーがいるため、町の主要なホテルや店で、ダショーに会うも少なくない。しかし大臣経験者級になると表舞台からはきっぱりと足を洗い、地方で静かに余生を過ごすなど身の引き際が奇麗な人も多い。

筆者が2004年にブータンのティンプーに滞在したときの大家はダショーであった。彼はタシガンの県知事を務め、その功績により爵位を国王より授かり、当時の王立諮問委員会の議長を務めている大物であった。

多くのダショーは伝統的な生活を重んじており、筆者の大家も例外ではなかった。彼らの息子や娘はさておき、彼ら自身は食事や習慣においては伝統的な生活を実行している。彼らは他の見本となっているのである。

ダショーになるとその任務は大変である。王族のティンプーからの見送りやお迎えは日祭日問わず頻繁に出向かなければならない。そして王族が海外に出入国する際は、必ず多くのダショーが見送り、もしくはお出迎えをするのである。

各種の晩餐会や公的行事、法要やパーティなどは必ず出席しなければならず、多くの外国人要人と英語で気の利いた話の一つもしなければならない。まさにダショーは対外的な顔でもある。毎回違う柄の手織のゴーを着て晩餐会等に出席するので経済的にも大きな負担であろう。

実際、筆者の大家曰く、「ダショーになる前はそんなに経済的に困ることはなかった。ダショーになってからは何かとお金が掛かる。親戚と過ごす時間も減ったし、自分の農園に行く機会も減った」とのことである。ダショーになるのも大変なことであるがなってからも大変な重責と経済的負担がかかってくる。

一方ダショーの奥さんの負担も少なくはない。筆者の大家の奥さんにとっては英語が話せないことが大きなストレスになっており、「私は、英語を話せないから晩餐会にも呼ばれないし、私のせいで夫の海外転勤もない」とこぼしていた。

一般的にダショーはブータン人には非常に厳しい面を持って接するが、直接利害関係がない外国人には非常に友好的な態度を示してくれる。

ブータンにはまだ専業職としての芸能人が多く存在しないため、テレビや新聞報道の大部分を占めるのは政治ネタ、王族やダショー達の動向である。これは大手新聞社であるクエンセル社は設立時に官報の役割を担っていたこともあり、政府関連の報道が多く、自ずとダショーの登場回数が多くなる。

そのためブータン人は子供までもがこのダショー達の顔を識別し、その名前を覚えている。

ブータン人がダショー達の詳細を覚えているのは、ダショー達の権力に対する一種の自己防衛なのかも知れない。「触らぬ神にたたりなし」とでも言わんばかりにダショーと距離を置きたがる。それほどダショーは権力者なのである。

今でも多くのダショーが一番活発に動き、自らの身体を使い、仕事をこなしている。しかし、社会が複雑になるに連れて、ダショー達のトップダウンやリーダーシップといった旧来の手法にも限界が見えている。

従って「自分が理解できる分野のことに関しては主張する」と言うような態度を取る人も多い。

22

政治体制

★民主化後の政治体制と王制の役割★

川喜田二郎によればブータンの政治体制は、チベット同様に聖俗双分型社会であった。政府は現実の「目に見える世界」を統治し、宗教界は「住民の精神世界」を制御する。政府の最高権限者は王であり、また同等な権限を持つ存在としての法王(Je・Kempo)職がある。そして法王は時として、王に対し助言できる政治システムを採用していた。

政教並立型社会は、社会の中に僧院制の世界と俗人の世界がある。俗人の世界はある意味の階級性である。しかし、僧院制には地位のランクはあるものの元々の社会階級はない。つまり機会均等なのである。この両者の間のバランスで社会を永い間、維持してきた。

月原敏博は、「ブータンに伝統的であった政治体制は、チベットに良く似ている。しかし大きく異なる点は、チベットでは貴族階級の発達が著しく、聖俗双方の有力な官職を実質上彼らが占有していたのに対し、ブータンではそれほど明確な貴族階級がなく、俗人ないし僧侶の役人の多くが、一般的な自作農の世帯出身の男達からなっていた」と述べている。

ブータンの政治体制は、現在では立憲君主議会制民主主義体制といえる複雑なものである。1907年12月17日に始まったワンチュック王朝は2008年までは世襲君主による王制国家であった。このワンチュック王朝の治世はブータンの歴史が始まって以来、はじめて現国境としての統一国家が完成し、内乱にも終止符がうたれ、民主的な機構も次々と制定されて、独立国の体裁を整えるようになった時代でもある。

前国王のジグミ・シンゲ・ワンチュック（1972年7月24日即位、1974年6月2日戴冠）は四代目、現国王のジグミ・ケサル・ナムゲル・ワンチュック（2006年12月14日即位、2008年11月6日戴冠）は五代目にあたり、今尚国家元首の地位にある。

初期のブータンは、活仏の支配下にあった。1616年、チベットからブータンに亡命したチベット仏教カギュ派の一支派であるドゥック派の高僧ンガワン・ナムゲルは自らを「ダルマ・ラージャ」と名乗り、各地に割拠する群雄たちを次々と征服し、ゾンを建て、1650年に最初の成文法『シャプドゥン律（Tsa Yig : Code of Shabdrung Ngawang Namgyal in 1650）』を定めたのである。

この時の政治制度は、活仏シャブドゥン・リンポチェの下に、宗教界を支配するものジェ・ケンポと、世俗の権力を支配するものドゥルク・デシ（インド名：デブ・ラージャ）を置き、祭政を分ける支配構造をとった。そしてドゥルク・デシの下には地方を治めるペンロップを置いた。

シャブドゥン・リンポチェは仏陀の化身といわれ、代々先代のシャブドゥン・リンポチェの死後に1～2年すると、次の活仏が支配階級の一族の家に生まれ変わるとされた。こうした宗教政治上の地位の継承が霊魂再来の儀式を通じて決定されるシステムはゲルグ派のダライ・ラマと同じである。そして2代目のシャブドゥン・リンポチェは、政権をドゥルク・デシに委託したため、形の上では宗教と政治は分離された。

最高権力者であるシャブドゥン・リンポチェは、2003年にカリンポンで亡くなった「意」の化身を最後にその生まれ変わりはいないとしているが、生まれ変わりがもし現れるとしたら、憲法は制定され現王朝の地位は安泰とは言え、これはこの国の将来の統治者に関わる重大な問題となる。

次に立法について考察するが、立法府である国会は1953年の勅令によって、現在の国会にあたるツォンドウ（Tshogdu：国民議会）が設立されたのを最初とする。

1957年には最高位の法という意味のティムシュン・チュンモ（Thrimzhung Chenmo）が制定されたが、2008年までは憲法は制定されず、基本的に法律案は国会にて行われ、各種法令及び王の勅令(Kasho)、口頭の王令（Ka）も国会の議決に抵触しない限り、法律に準じた効力を持っていたのである。つまり事実上は勅令や王令が出た時点で、国会にて反対するものはいなかった、反対することが王命に背くことと同義であると忖度したのが現実であった。

法王ジェ・ケンポ（Je・Kempo）

当時の国民議会は一院制で、初期の頃の議員数は130〜200名と一定せず、2008年の憲法制定前は150名で構成されていた。その内訳は国民代表105人、僧侶10人、政府代表35人である。そして国民代表議員（チミ：Chimmi）は一般国民から選出される。

当時、ブータンには職業政治家はおらず、政党活動は自由化されていなかったが、議員には言論の自由が認められており、国会での投票はすべて無記名で行われ、単純多数決で議決されていた。

1907年以来、ブータンは世襲君主制の体制にあり、中東を除くアジアで唯一成文憲法典を有したことがない国であった。しかし第四代国王ジグメ・シンゲ・ワンチュック王治世の2001年から成文憲法典編纂を開始、2005年3月に最終的な憲法草案を公表し、2008年成文憲法の導入を行い、立憲君主議会制民主主義体制とも言われる今の体制に成った。

ブータンの議会は小選挙制で議員を国民が選出する国民議会（National Assembly）と同じく小選挙区制ではあるものの、政治色を排除した形の地域代表者を選ぶ国民評議会（National Council）の二院制を引いている。

国民議会、国家評議会ともに、少なくとも年二回召集されると定められており、その会期は通常、3週間程度開催される。両院ともに立法権を持つが、国民議会に財政法案の中でも歳入・歳出のみに関する金銭法案（Money Bill）と財政法案の作成について専権が与えられていることを除き一方の院に特別の優位は与えられていない。

一方の院において、その総議員の単純過半数の賛成で可決された法案は、可決の日から30日以内に他方の院に提出され、次期会期中にこれを可決することができる。他方の院でも可決された法案は、可決の日から15日以内にその院により国王に提出され、国王の承認を得た後、有効な法律になる。

他方の院で可決されなかった場合は国王に当該法案を提出して、両院合同会議の開催を求め、その両院合同会議では、両院総議員の3分の2以上の出席及び賛成票があれば、法案を可決することができる仕組みとなっている。

またその選挙資格は18歳以上の国民、被選挙資格は25歳以上65歳以下の国民とされている。国家評議会の被選挙人の規定として、立候補する県内の郡の推薦を受けることが条件となっている。

まず国民議会について説明を行う。総理大臣及び大臣の職位の候補者は、選挙された国民議会議員より選ばれる制度となっており、ちなみに総理大臣の職位には2期を超えて就いてはならない。国民議会は定員47名、任期5年、基本的に解散はなく、その選挙方法は小選挙区二回投票制である。この制度はフランス大統領選をはじめ、日本においても国会における内閣総理大臣指名選挙や、自由民主党総裁選挙などで採用されている方式である。

ブータンの場合はまず国民議会選挙に参加する全政党に対して政党を選ぶ選挙（予備選）を行う。その結果、その投票数上位2党を選び、二回目の投票を実施する。二回目の投票では各選挙区に候補者を擁立し決選投票のような形で投票が行われる制度を採用している。

ちなみに２００８年度の国民議会選挙では立候補した政党が2党のみであったため、予備選は行われなかったが、２０１３年度の国民議会選挙では立候補した政党が4党（国民民主党、調和党、協同党、大衆党）であったため、予備選が行われた。

現在47名の定数も２００８年の規定では「議員数は10年ごとの国政調査をもとにその都度決定する」とあり、憲法上では各県から最大で2〜7名の選出で最大75名とあるため、今後変更される可能性は高い。有権者人口1万人あたりに一人の議員を目安に定数を決めてはいるが、今後も登録地での選挙が義務付けられる限り、都市化する首都ティンプーやその他の地方都市の抱える問題がどれだけ国政に反映され解決されるのかが不透明であった。

次に、ブータンの上院にあたる国家評議会の説明を行う。国家評議会は定員25名、任期5年、基本的に解散はないと規定されている。議員定員のうち20名の選出は、選挙人資格を持つ有権者による普通選挙により各県（総数20県）一人ずつ選出。残りの5名は国王の任命制となっている。国家評議会の候補または議員は、いかなる政治的党派にも加入してはならないとされている。

その権限については、①立法機能を果たすこと、②「再審の院」（House of review）としての活動、③国家の安全及び主権、国家及び国民の利益に影響する事項について、国王、大臣評議会議長及び国民議会に注意を促すこと、とされている。

この他、国家評議会独自の権限ないしは役割としては、市民権、各種恩典の付与に関して国王が発する勅令について、諮問と記録のためにその写しの提出を受けることがあげられる。

ブータンの政治の舵取りは容易ではない。三度目の国政選挙を大きな混乱もなく実施したブータン、近年では民主化の弊害も危惧されるなど、民選リーダーにとっては正念場である。

23

司法制度

★ディベート文化と村社会★

ブータンは訴訟社会である。一見訴訟など無縁な世界に思われるが、自己主張の強い国民性に加え、面子の社会なので、争いは多い。ちょっとした交通事故、離婚、土地をめぐる争い、刑事事件などその訴訟の内容は様々である。

地方では、水利権や土地境界に関わる訴訟が多い。特に西ブータンのある地方では些細なこともおおごとにする傾向があり、その地方の地方判事はその対応で忙しいそうである。本来なら地方裁判所レベルではなく、村長に相談すれば済む話でも、とことん時間をかけて法廷で争うことを好む。

チベット仏教ニンマ派は、手をパンパン叩きながら一対一で問答を繰り返し、真理を追究していく問答形式をその修行に取り入れている。その影響もあるのか、ブータン人は議論好きであり、特にたとえ話を挙げて持論の正当性を主張することには長けている。

同僚とのたわいない話でもいつの間にか大きな議論になるときがある。「相手の遅刻を咎める」はずだったのに、いつの間にか「日本人の習慣と仏教」の話に摩り替えられている。このようにディベートをさせたらブータン人は強い。

２０００年代の裁判は農閑期にその件数が多いと聞く。特に西ブータン人は農閑期は副業を行うことも少なく、比較的時間に余裕があるので、とことん納得するまで議論を楽しむ。また地方判事もそれほど裁判の事例が多いわけではないので、一件一件の裁判に丁寧に時間を割いていた。このことはブータンはいかに平和であるかを象徴していたのである。

２０１７年の統計によれば、裁判事例は1年間で７７００件、そのうち判決が確定したのが６９５７件、高等裁判所へ上告された件数が３４３件、最高裁判所へ上告された件数は73件である。地方裁判所を見ると、一番裁判件数の多い県レベルの地方裁判所はティンプーで年間１７７０件、次いでパロ（年間５４２件）、ワンディ・ポダン（年間４０９件）と続き、一番裁判件数の少ない地方裁判所はガサで年間28件であった。

ちなみに２０１６年頃までは地方裁判所もゾンの中に位置するケースが一般的であったが、２０１７年度にプナカ県、ワンディ・ポダン県では外部に裁判所を移転した。またサルパン県、ハ県、タシ・ヤンツェ県では現在地方裁判所を建設中である。

訴訟の63・6％が民事訴訟（４８９７件）で、残りの36・４％が刑事訴訟である。訴訟全般で件数が多いのが金銭トラブル（２９３６件）、次は離婚訴訟、殴打暴行事件、土地問題、窃盗・空き巣等の犯罪で、都市部に限っては薬物に関連する訴訟が目立つ。

離婚訴訟については、法廷の外にまで激論が交わされる場合がある。日本などは弁護士が極力互いの接触する際は同席し、冷静に話し合いが行われるように様々な取り計らいがあるのだが、ブータンでは法廷内でも言い争い、裁判が終っても、廊下や駐車場、延々と続く。

第23章 司法制度

　ブータンでは司法が公平性を保つのは極めて難しい。各判事は、王族や爵位を授かった人たちの一族、地方有力者、自分の縁戚関係など様々な圧力を受けて、その判断をしなければならない。しかもどこの地方都市でも町の規模が小さいため、係争人と法廷外で会う可能性が極めて高い。よってその職務の履行にはリスクが伴うのである。

　インドのようにカーストの高い人が仲裁に入れば場が収まるような習慣をブータンは持ち合わせていない。個人主義のブータンでは、その揉め事の本人が、その判決や指示が、納得がいかない場合は、いつまでも反論し続ける。

　第三代国王は司法の近代化に大いに貢献した。逆を言えばそれ以前には司法は行政から分離独立しておらず、近代的な法典もなかった。そこで国王は①裁判所の設立、②法典の編纂を行った。

　それ以前、司法は確立していなかったとも考えられる。少なくともシャブドゥン体制の中には司法はシステムとして存在しなかった。軽犯罪や近所のもめごとに関しては、村長（ガップやマンダル）がその仲裁やその犯罪の程度を判断した。

　そして村長でも判断しかねるものに関しては、高僧や県知事（当時はゾンポン）がその事件の調停や判決を行ったのである。つまり、地方裁判所はなく、公務員である県知事が自らの権限とその責任において裁いていたのである。

　現在は、司法機関は最高裁判所と高等裁判所、地方裁判所（県裁判所、準県裁判所）、国王によって適宜設置される審判所によって構成されており、最高裁判の最終判決者は最高裁判官とされている。

　現在、最高裁判所は記録裁判所であり、憲法の守護者にして、憲法解釈の終審機関と定められている。また最高裁判所は最高裁判所長官及び判事4人で構成されており、高等裁判所の判決、命令または決定に係るあらゆる案件についての最高上訴機関としての機能を備えている。つまり最高裁判所は、高等裁判所の判決及び命令を再審する権限を有し、また、最高裁判所自らの判断で、あるいは司法長官または政党の申立てに基づいて、高等裁判所以下で未決となっているあらゆる事案（憲法解釈問題を含む）について、決定または棄却を行う権限を有している。

最高裁判所長官の任期は、基本5年間であり、任期中に満65歳を迎えた場合は、その時点で任期終了となる。最高裁判所判事の任期は基本10年間であり、定年に関しては長官に準じている。

また上級審である高等裁判所は、高等裁判所長官及び判事8人で構成されている。唯一首都ティンプーに設置されている高等裁判所はすべての事案に関して、県裁判所及び裁判委員会の上訴裁判所であり、また、県裁判所及び裁判委員会の司法権に含まれない事案についても、独自の司法権を行使することができる。

また高等裁判所は1968年に設立され、かつて裁判官は国民代表によって選ばれた後に国王の承認を得る裁判官と、国王によって選ばれる裁判官の2種類があったが、現在は県裁判所裁判官または優秀な法律専門家の中から、国家司法委員会の推薦に基づいて、国王によって任命されている。また、高等裁判所長官及び裁判官の任期は、基本10年間であり、任期中に満60歳を迎えた場合は、その時点で任期終了となる。

また各ゾンカック（県）には下級審である地方裁判所が置かれている。地方裁判所での裁判は、中央政府から任命された裁判官（ティンポン、ティンペン）によって行われる。地方裁判所は裁判官とその補佐官（ラムジャム）によって構成される。

２００８年の憲法制定以前は高等裁判所での判決に納得できない場合は、ギャルポ・ジンペン事務所（Office of the Gyalpoi Zimpon : Office for People's Welfare and Wellbeing）へ行き、所定の手続きをして国王の裁断を仰ぐという方法があった。

この訴えがあり、ギャルポ・ジンペン事務所が「国王の裁断を仰ぐ必要がある」と判断した場合は訴えが国王に取り次がれる。それを国王の命により王立諮問会議の委員（カウンセラー）たちが審理する。つまり、機構制度上の判決が国王の個人の意思にて覆されるケースもあり得たのである。ちなみに現在ではその役目を、国家司法委員会が負っている。

例を挙げると、筆者が勤務していたプナカ城修復事務所で汚職の疑いをかけられたことがあった。筆者の管理していた技術部門が最終的には問題なく、全員が無罪であったが、経理部門と事務所のマネージャーが最後まで罪に問われた。

経理部門の罪に問われた職員は「裁判の期間中は公職停止状態で、給料も支払われない」ので、裁判の長期化は耐えられずに上級裁判所に上訴することなく、公金横領の罪を認めた。しかし、マネージャーは最後まで自己の無罪を主張したため、国王の命による王立諮問会議の委員（カウンセラー）たちが審理し、有罪となったのである。

ブータンにはまれな方法として、キドゥ（Kidu）と呼ばれる直訴がある。

しかし、これは、ブータンの人々の言によれば「生涯一度きり」というほど特別な方法である。決してこちらから王宮に訪ねて行ってはならず、国王が通りかかるのを待って、その前に身を投げ出しチャワン（Chawang）という五体投地礼を行って訴えるというルールである。ただし、訴えが聞きいれられる、という保証はない。

法律が明確に文章されたのは最近のことで、それまでブータンはチベット仏教の精神に基づく理念やその規範を罪であるかどうかの判断材料としてきた。この制度では裁判官個人の裁量による所が多く、万人に公平とは言いがたいものであった。

そのことはブータンにおける訴訟にも大きな影響をもたらした。ブータンの裁判は儀式的なことも少なく、その審議は極めて丁寧なものであった。審議は裁判官の責任の下、その被告人告発や起訴などが行われる。よって実に裁判期間は短く、手数料も掛らなく、気軽に行えるものであった。

２００７年には各裁判所のサーバーがネットワーク化され、ブータン全国で行われた裁判の判例がどの地方からでもアクセスできるようになった。これにより裁判官の職人芸的なファシリテーションがなくとも、一定のルールに基づいた裁判の運営が可能になりつつある。

Ⅳ

生活を取り巻く社会の変容

24

道路事情

★国内各地に広がるモータリゼーション★

国の社会的・経済的な発展には道路網は欠かせない。しかし未だ、主要な地方との車道も整備されていないのが現状である。主要道路ネットワークは国土の東西に走る国道1号線とインド国境まで南下する2号線から5号線までの5本の国道のみであり、2005年時点では車道まで徒歩で半日以上かかる世帯が全体の2割を超え、6時間以上を要する世帯が約1割存在し、2012年時点では205郡のうち31の郡には車輌で通行可能な道路が通っていなかった。

車社会になって約40数年のブータンの道路を考察してみる。国道1号線パロ～タシガン間は直線距離で190キロメートルほどだが、道のりは590キロメートルにもなる。ブータン国内で、100メートル以上の直線道路は数えるほどしかない。その理由は地形状直線道路を作るのが困難な状況であることが上げられる。

道路の歴史をたどると、ブータンの道路整備は第1次五カ年計画に基づいて、1950年代にインドの援助で開始された。そして1959年に国道2号線であるティンプー～プンツォリン間（175キロメートル）の道路が開通し、事実上、ブータンはインドと道路で結ばれたのである。

この道路のうち二車線舗装道路の区間174キロメートルは国連アジア太平洋経済社会委員会（ESCAP）の管轄するアジアハイウェイ構想の路線番号AH48（クラスⅢ、2車線）として登録されている。ちなみにアジアハイウェイ構想は日本も含め、アジア地域のほとんどの国である32カ国が参加し、総延長約14万2000キロメートルの国際道路網を形成しているものである。

2018年時点では第一級国道は総延長1818・5キロメートルで第二級国道は871・5キロメートルであり、合計2690・0キロメートルであり舗装率が100％である。加えて地方道以下を加えた総延長は1万2204・0キロメートルであり、ここ20年余りで第二級国道以下、県道等の整備が進み、約28倍の長さの道路が増えた計算になる。

南部の道路状況

国道の多くは山の等高線に沿って建設されている。ブータンの地形の特徴上、南北を縦断するには、3000メール級の峠を超える必要はなく、比較的川沿いに道を作りやすい。しかし、東西を縦断するのには3000メートル級の峠をいくつも越える必要がある。

首都ティンプーから東部の町タシガンまで行くのに標高3100メートルのドチュ・ラ峠、3350メートルのペレ・ラ峠、3546メートルのヨトン・ラ峠、3400メートルのシェラン・ラ峠、3779メートルのトゥムシム・ラ峠の3000メートル級の峠を五つ越えなければならない。

また、日本の道路の最高地点は約2000メートル強なのに較べて、ブータンでは最高地点が3822メートル（チェレ峠）で、日本の富士山の標高より高い。しかも激しい標高差と急カーブの連続では、車酔いしやすいのは当然である。

1999年時点では、寸法・機能的な観点から道路を見ると、ブータンの国道の一般的な幅員は7メートルである。そのうちアスファルト舗装が施されている部分は約5メートル、実際は舗装の端部が壊れていることが多いため、実際の通行可能幅員は4メートルぐらいと推定された。

道路には外灯やガードレールはほとんどなく、一歩運転を間違えれば谷底にまっ逆さまに転落という危険をはらんでいる。石積みの白く着色されたガードレールもどきはあるのだが、これは基礎を打っていないため、ガードレールの役目を果たしていなかった。これを解消し第一級国道の仕様（アスファルト舗装幅員7・5メートル、路肩1メートル）にするためにブータンは大幅な道路拡幅工事を行い、現在ではその都市間の移動に係る所要時間は画期的に改善された。

例を挙げるとティンプー〜ワンディ・ポダン間は2005年では車での移動時間は約3時間を見込んでいたが、現在では2時間強で到着する。またプンツォリン〜ティンプー間も2018年完成した

表　ブータン道路　概要

	Km	%	
第一級国道（アジアハイウェイ 174 km を含む）	1818.53	14.9	幅員 7.5m、路肩 1m
第二級国道	871.53	7.1	幅員 5.5 m、路肩 1m
県道	618.87	5.0	幅員 3.5m、路肩 1m
地区道	2002.42	16.4	幅員 3.5m、路肩 1m
市街地道路	436.82	3.6	
農道	5049.65	41.4	幅員 3.5m、路肩 0.5m
その他（私道を含む）	1406.24	11.6	
総　計	12204.05		

出典：ブータン王国公共事業省道路局資料

◎ブータン主要道路

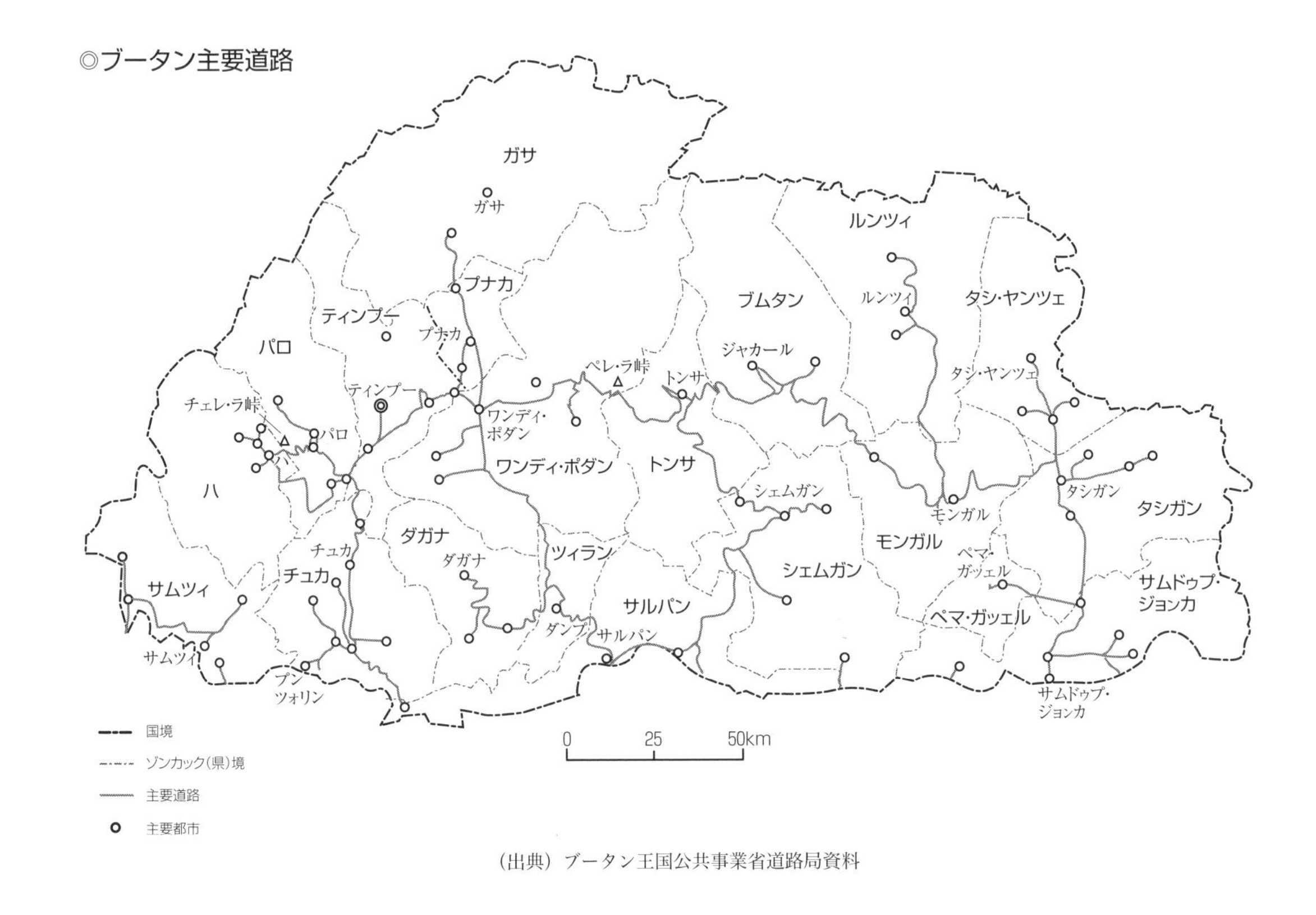

(出典) ブータン王国公共事業省道路局資料

新しいバイパスにより移動時間は２００５年の6時間半から4時間強になった。

また、道路拡幅によって交通量の大幅な増加や通行車両の大型化にも対応できるようになり、大幅に正面衝突等の事故が減った。ブータン特有のカーブの直前でクラクションを鳴らすというローカルマナーの現在ではその必要が少なくなり、道路でクラクションの音を聞くことも少なくなった。

第９次五カ年計画の道路部門の予算配分の特徴として、新規道路建設の予算は全体予算の約42・5％であるのに対して、道路改良等の既存道路の整備に関わる予算は全体予算の57・５％を占めていた。その成果がこの移動時間の短縮につながっているのである。

また道路改良等の既存道路の維持に予算が多く必要な理由として、アスファルトの再舗装費に振り分ける予算が多いことと、雨季の道路維持が難しいことが挙げられる。

アスファルトの再舗装に関しては、元々のアスファルトの品質の悪さもあるが、路盤の締め固めが悪いことも大きな要因である。再舗装費にかける工事費は道路新設工事費の20％も掛かるため、実に非効率的である。

また、既存道路の排水設備（路肩の排水溝）の設計上の問題もさることながら大雨による道路脇の山肌の土砂崩れや道路路盤の流失による道路表面の穴などが大きな問題となっており、既存道路の維持に予算が掛かるのである。

ブータンの道路は、本来道路は人々の交流の場であったことを教えてくれる。未だに国道ですら道端では人々の交流や笑い声があちらこちらで聞える。車のためだけの道路ではない、人のための道路がブータンには残っているのである。

車窓から見える牛の群れ、山のような荷物を担いで歩く人々、道端に自分の農地で取れた野菜や果物を並べて売っている人々、酔っ払って道端に寝ている老人、道の真ん中で対向車の運転手と話を始める運転手等々、道路では様々な生活のにおいを感じることができるのである。

〝峠の山道を下るとヤクの隊列が見える。初めて会ったはずの馬方が「まあお茶でも飲んでいけ」と勧めてくれる。ふと立ち止まったところ、それが自然の休憩所になる。〟

ティンプー市内の道路

集落と集落を結んでいた生活道路が、国の発展とともに車道になっていく。確かにインフラ整備は重要である。山々に点在している村にとって、自給自足の生活ができなくなった現在では、最低限車が走行できる道路は必要である。

しかし道ができることによる多くの影響を考えると一概に良いこととは思えないのである。道があるからこそ人々は外部と接触する機会が増え、外部市場に飲み込まれ、社会的格差を実感するのであろう。しかし、道路がないと社会的、経済的格差はますます広がる一方である。

途上国にノスタルジーを感じ、発展を阻害することを強要するのか、との賛否両論はあるが、筆者は「立ち止まることを許される道」これがブータンの豊かさでもあり、良さだと感じているのである。

25

医療事情

★基礎医療と伝統医療の提供★

ブータンでの医療費は、基本的に無料である。これはブータン人のみならず外国人も同様である。レントゲン写真の撮影や歯科治療、リハビリ指導、入院、すべて無料である。受診する科によっては最新の設備を揃えており、医師の判断次第では高度医療も受けることができるが、これも無料なのである。

ブータンでは1972年に最初の西洋医学の病院がティンプーに開設され、現在その病院には内科、外科を始め、耳鼻咽喉科、眼科、麻酔科、ICU、透析など様々な科が設置されている。この病院で手に負えない病気や怪我の場合は、インドのカルカッタやシリグリの提携先の病院に入院できる。

ブータン国民に対しては、その際の飛行機やバスなどの移送費は基本的に国が負担することとなっており、入院先としてキドゥ財団がカルカッタにて宿泊施設を整備し医療体制を支えている。

ちなみに2015年11月にはブータン王立ヘリコプターサービス社（Royal Bhutan Helicopter Services Limited：RBHSL）が2機のエアバス社H―130ヘリコプターを購入し、救急移送を含む業務を開始した。同社の2017年度の救急移送実績は出動回数１５９回、救護人数３３４名と活躍している。

加えて、２０１８年８月よりティンプーのジグメ・ドルジ・ワンチュック国立委託病院（Jigme Dorji Wangchuck National Referral Hospital：ＪＤＷＮＲＨ）ではマンモグラフィーによる乳がん診断の装置を導入した。マンモグラフィーは、スクリーニングと診断の両方の目的に使用され、症状に関係なく40歳以上から50歳までの女性を対象に無料で受診できる体制を整えている。

ジグメ・ドルジ・ワンチュック国立委託病院外観

しかし、医療に関わるすべてが無料ではない。例えば歯科治療の高価な素材、子供用の水薬や座薬、抗生物質の軟膏、通常より強い薬などは自費で薬局で購入する必要がある。

基本的に病院は土曜日の午後と日祝日は休診である。そのため、月曜日には大勢の人が病院に押しかけ、どこの科も診察の順番を待つ人で溢れる。受付を終らせた患者は各担当医の部屋の前に列を作って診察を待つのだが、列を作って待っている間に、容態が悪化して近くの椅子に座り込む人をしばしば見かける。よって近年では有料だが、待たずに受診できる医療を提供してくれる個人が開業する診療所が人気である。

ブータンには現在西洋医学に基づく病院、もう一つは伝統医学に基づく病院がある。その他、軍が運営する病院があるが、基本的には誰でも受診できる。

２０１８年度実績で、西洋医学の病院は、ブータン政府が運営する総合病院（ティンプー、シェムガン、モンガル、ゲレフに各一カ所）、県病院（全国に25カ所）インド軍が運営する病院、そして各地にＢＨＵ（Bhutan Health Unit）と呼ばれる診療所（全国に２１１カ所）が点在している。

ＢＨＵはその対象人口によって三つのグレードに分かれている。医師や保健員、准看護助産士の常駐や施設規模までグレードによって差がある。しかしながら人口２０００人以下の集落でさえ、常設のＢＨＵが設置されており、適切な医療を受けることができる。

そして20～１００世帯を対象としてＯＲＣ（Out Reach Clinic）と呼ばれる出張診療所が全国に５５１カ所（その内71カ所は青空診療）設置されており、管轄する病院やＢＨＵの職員による月に一回の循環検診がなされる。ちなみにＯＲＣは常駐スタッフを有しない。

また２０１８年ブータン保健統計資料によれば、２０１７年度の医師数は３４５名、これは２０１２年度の医師数１９４名より大幅に増えている。看護師数も同様に７３６名（２０１２年）から１２６４名（２０１７年）、伝統医療医師数も35名（２０１２年）から55名（２０１７年）に増加している。

表　ブータン医療に関する基礎データ

平均寿命	男性 60.93 歳	女性 70.46 歳
人口に占める 15 歳以下の割合	29.5%	
乳児死亡率 （正常出産 1,000 件あたり）	30.0 人 （102.8 人 1984 年度）	
5 歳児以下の幼児死亡率 （1,000 人あたり）	37.3 人 （162.4 人 1984 年度）	
人口 1 万人あたりの医師数	3.9 人	
人口 1 万人あたりの看護師数	15.4 人	
人口一万人あたりのベット数	17 床	

数の上では医療が充実しているように思えるが、受益者はまだまだ限られている。貧困層の58・9

%は都市部にある病院には通えず、村落にある診療所及び出張診療所病院、もしくは地方病院が設置したサテライトクリニックに通っている。これは貧困層以外の人の73%が都市部の病院に通うのと比べると医療機関へのアクセス格差が見て取れる。

次にその疾病の種類を分析してみると、ブータンの人々が多くかかる疾病は、風邪、消化器系疾患、皮膚及び皮下組織の疾患、筋肉痛、皮膚感染症、急性咽頭炎及び扁桃炎、末梢神経障害及び神経痛、呼吸器及び鼻疾患、消化性潰瘍、眼科疾患の順になっている。

また2000年代に問題になっていた呼吸器疾患の割合が減っている原因は、薪ストーブ及び薪を利用するかまどを使う家庭が減少していることが挙げられる。また利用していてもその排煙が適切に行われている結果であろう。

ブータンにおける死亡原因の第一位はアルコールに起因する肝硬変である。2016年度の190名から2017年度は166名と減少はしたもの、他の死因に比べて多い。ちなみに他の死因は多い順に、敗血症、循環器疾患、呼吸器及び鼻疾患、肺炎となっている。

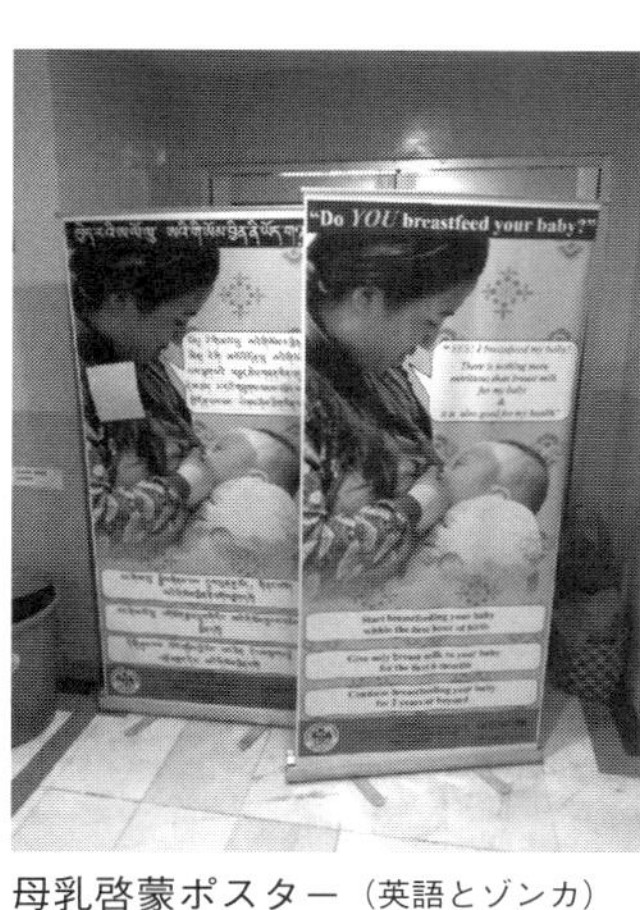

母乳啓蒙ポスター（英語とゾンカ）

また余談だが、マラリアはブータンでは皆無であり、年間11名ほどの罹患者があり、全員完治している。

ちなみに安全な水へのアクセス率では2017年度実績で95%に向上しており、水による疾患は減りつつある。

次に伝統医療院について説明する。

伝統医療院は1967年にティンプーのタシチョゾン近くに診療所を開設したことから始まり、チベット医学の伝統的な生薬の知識に基づき、脈診・問診・視診・検尿にて診察する。当初チベットで医学を学んだ2名の医師によって始められたが、2002年には全県に県立病院と並んで伝統薬局(indigenous dispensaries)が設置され、2017年度実績では62カ所設けられている。

その治療は、施術例の多い順番に、局所的な蒸気浴(全体の39・8%)、金の針を用いた鍼灸(同33・9%)、温薬油塗布(同12・2%)、蒸気浴、鼻孔洗浄、銀の針を用いた鍼灸、薬湯浴、吸玉放血法と多岐に渡る。具体的な例を挙げると、鍼灸に関して言えば日本の鍼灸と違う点は針を火で温めて、その針を治療点にあてるだけである。

伝統薬は丸薬を始め、錠剤、液剤、軟膏など様々な形態があり、ブータン国内でもその原料の多くは採取できるが、15%はインドからの輸入品である。原料となるのは植物だけではなく、鉱物、動物の一部、貝など様々である。

以前、筆者の職場の同僚が原因不明の頭痛に襲われたことがあった。その際、筆者は携行していた頭痛薬を数日分渡し、その回復を願った。その日の夕方、同僚の家から大きな太鼓の音とともに読経が聞え、次の日にはケロッとした顔の同僚が事務所にいるのである。

「昨日、シャーマンに祈禱をしてもらって良くなった。悪霊が立ち去ったんだ」どうやら僧侶に祈禱をしてもらったようである。「一応、薬も飲んだけど」。このように外国に留学していた同僚でも祈祷を信じているのが現状である。

26

教育事情

★高学歴化とやめていく教師たち★

ブータンの学校教育は基本的に英語で行われている。これは1980年代中旬から「英語が話せれば、世界と対等に付き合える」との政府の意向で始められたことが主な理由である。国語であるゾンカの授業はゾンカのみで行われているが、他の教科は英語で教えられている。

ブータンにおける初等・中等教育は義務教育ではない。あくまでも教育を受ける権利があり、就学をするかどうかは個人の自由である。また公立校における教育に関しては中期中等教育（クラス10）まで学費は無料である。

しかし、学校の制服購入費、個人の文具、寮費及び量の布団代金等は自己負担となる。また教科書は貸与方式で生徒は新学期に教科書一式を学校から借り受け、1年経ったら返却する。ちなみに寮生活における食事及び学校における昼食は政府が世界食糧計画（WFP）の支援を受け、無償で提供されている。

次に教育システムを簡単に説明する。ブータンの初等教育は7年間、前期中等教育は2年間、中期中等教育は2年間、後期中等教育は2年間の「7-2-2-2制」を採用しており、初等教育は6歳以上の学童が1年間のプレプライマリー期間（PP）

モンガルLSSの朝礼（写真提供 来山輝昌）

クラスに入学できる。

ちなみに初等・中等教育においては、その教育を開始する年齢は個人により異なり、また落第者も多いことから、その学齢はまちまちである。またブータンの教育は義務ではないので学校に通わない子供もいる。

学校は小学校（Primary school：初等教育PP～クラス6）、前期中学校（Lower Secondary school：～クラス8）、中期中学校（Middle Secondary school：～クラス10）を基礎教育レベルとして考えられている。その後の進路は後期中学校（Higher Secondary school：クラス11～クラス12）もしくは職業訓練校（Vocational Training school）に進学するか、就職・就農する生徒が大半である。

後期中学校クラス12修了時には全国統一試験があり、その結果は大学進学及び海外留学に関する奨学金の取得に大きく影響する。クラス12終了は日本の高等学校卒となり、その後勉強を続けるものは、大学、職業学校などの進路を目指すものも多い。

また何らかの理由で学業をクラス10までしか続けられなかったものに対して7校に教育継続プログラム（Continuing Education programme：CE）が設置され、740人がクラス12終了資格の習得に向けて通学している。この背景にはブータン社会の中では民間企業への就労に関して、クラス12以上の学歴が

表　ブータンの学校数（専門学校、大学を除く）

普通校		
学校数　（合計）	公立校　486校	私立校　36校
小学校（Primary school）	公立校　307校	私立校　14校
前期中学校（Lower Secondary school）	公立校　68校	私立校　1校
中期中学校（Middle Secondary school）	公立校　71校	私立校　2校
後期中学校（Higher Secondary school）	公立校　40校	私立校　19校
総生徒数	男　78,407名	女　79,710名
総教師数	男　4,929名	女　3,368名
ノンフォーマル教育センター（Non-formal education Centres）		全国674カ所
遠隔地分校（Extended classroom）		全国96校

一般的に求められていることが伺える。

２０１５年より教育改革計画の一環として学校統合を目的とした中央学校（Central school）制度を設立し、既存の大規模学校の改修・増築工事を行ってきた。現在では51校が中央学校として名称変更され、近隣の学校を統合・吸収し、クラスＰＰからクラス12までの教育を提供している。

ブータンには国立大学は2校、２００３年に設立され、10のカレッジから構成されるブータン王立大学（Royal University of Bhutan：ＲＵＢ）と、２０１３年に設立されたブータン王立医科大学（Khesar Gyalpo University of Medical Sciences of Bhutan：ＵＭＳＢ）がある。ちなみにブータン王立医科大学では現在開講されているのは看護・公衆衛生学部と伝統医薬学部、の2学部と助産師用コースのみで、医学部はない。

また私立大学は多数存在する。ちなみに、ロイヤル・ティンプー・カレッジ（Royal Thimphu College：ＲＴＣ）、ノブリン・リタ－・カレッジ（Norbuling Rigter College：ＮＲＣ）の両大学は王立ブータン大学の傘下にあり、卒業証書は王立ブータン大学から発行される形態をとっている。

では学校ではどのような教科を教えているのであろう。先ず、ＰＰからクラス10までの基礎教育のすべての学年における必修科目は英語とゾンカ、そして数学の３教科、選択科目は体育、価値教育、仏教教育の３教科である。

必修科目を見てみると、クラス４からクラス６までは理科の教科があり、クラス７〜10では理科に代わって、物理、化学、生物の教科がある。また、クラス７からクラス10までは社会・歴史、地理の教科がある。

そして学校裁量による選択科目を見てみると、クラス４〜10まで共通する科目は、ＩＣＴ教育、音楽、美術、メディア教育、職業訓練などで、これらの教科は教育省では各学校に対して教科として授業の時間割に組み込むことを推奨しているものの強制していない。

また、クラス７〜クラス10までには仏教研究、クラス９〜クラス10までには経済、農業と食の安全保障の科目が選択科目として追加されている。

次にブータンの幼稚園事情を考察する。３歳から５歳児を対象に幼稚園（Early Childhood Care and Development Centre：ＥＣＣＤＣ）が運営されており、その数は２９０カ所、計７４０９名の幼児が利用している。

この幼稚園では主に生活習慣のしつけや運動場での遊びの時間等があり、園によっては絵をかき、歌を歌うなどの情操教育も行われている。しかし一般的にブータンでは詰め込み教育が４、５歳から始まり、英語のアルファベットや現地語のゾンカ、足し算引き算が当たり前のように行われる。イメージで描いていた大自然の中での身体機能をフルに使った自由な教育ではないのである。

教育はすべて英語で行われる。教師もなるべくゾンカ、ネパール語を使わずに英語で子供に話しかけている。ただし、どうしてもその子供が理解していないようだったら、その子供の理解できる言語を使って説明するのである。

次にブータンの寄宿舎事情を述べる。ブータンでは多くの生徒の実家が山の奥深くの交通の不便なところにあり実家から学校に通うことができないため、早い子供ではクラスＩから寄宿舎で親と離れて集団生活をするのである。

寄宿舎生活は男女別の生活である。男女別の宿舎が少しお互いに離れた場所に建てられている。一部屋に２段ベッドが８個、２階建ての32人用もしくは64人用が標準サイズである。トイレやシャワーは別棟である。

しかし、東の貧しい地域になると、寄宿舎は古いデザインの築数十年の宿舎だったりする。大部屋を数十人単位で使用し、一人当たりの単位面積は非常に少ない。施設のメンテナンスも行き届いておらず、開かない窓や閉まらない窓も多く見かける。

寄宿舎がある学校は男女それぞれ一人の先生が寮母、寮父になり、寄宿舎の管理を担当する。これがまだ幼い子供なら幼いなりに、中学生以上なら中学生以上で手が掛かり、多くの先生が寮母、寮父になりたがらない。

「普段は英語で考えている」こう答えるブータン人が年々多くなっている。テレビ放送も英語、読む新聞も英語、職場での使用言語も英語中心、聞く音楽も英語では頭の中も英語になるであろう。

近年、教師の離職が大きな社会問題となっている。２０１７年度の統計によると２０１７年度に辞

小学校に通う女学生たち（写真提供 来山輝昌）

めた教師の数は345名、そのうちの260名が自発的に辞めている。教師全体の数はおおよそ1万人なので、約3・5％の離職率である。ちなみに日本の場合は約1％である。

退職した教師の大半はオーストラリアや米国、カナダに進学している。また一部の教師は転勤先に自分の望む県に転勤できないことを退職の理由としている。また、退職する教師は農村部勤務の教師より都市部に勤務する教師の方が割合が高いと言う。

教育大臣によると、2018年7月から始まる第12次五カ年計画において、教員に対する公平かつより良い業務環境の整備と専門的能力開発の機会の提供、目標80％の総教員に対する教員住宅の整備、また新たに教員になる者は、教員養成大学において修士課程を修了していることが求められている。

また既に学士資格で教員になっている者は、修士課程に進むために、学期途中でも離職することが多く、これが教員不足の原因になっているとして、年間350名を国内教員養成大学修士課程への進学機会の提供をその方針として打ち出している。

教育を担う人員の確保と教育の質の向上を目指すブータン。GNHの教育への導入も含めて現在、大きな岐路に立っている。

27

IT・マスコミ事情

★高度情報化と噂社会★

ブータンのマスコミは1967年政府の官報を広く国民に知らしめる役割を担うため、クエンセル社が設立されたことに始まる。その後クエンセル社は1986年に資本金出資比率政府51%、民間49%の公社として企業化され、英語・ゾンカ語、ネパール語の3言語の新聞を週刊ベースで発行した。

クエンセル紙は2009年より日刊となり、ゾンカ語と英語の2言語で発刊されている。またクエンセル社は2001年4月より同紙のオンライン化を行い、インターネット上で主なニュースを配信する取り組みも行っている。

ちなみに2018年現在のブータンの新聞社はクエンセル紙を含む8社でBhutan Times（週刊・日曜日発行）、Bhutan Today（週刊・日曜日発行）、Business Bhutan（週刊・土曜日発行）、The Journalist（週刊・日曜日発行）、Druk Nyetshuel（週刊・月曜日発行）、Gyalchi Sharshog（週刊・日曜日発行）、The Bhutanease（週刊・土曜日発行）が紙ベースでの新聞を発行しており、Bhutan Observer, Druk Melong, Bhutan Youth, Druk Yoedzer の各紙は新聞社としての営業免許を取り消されている。

最近の新聞の特徴は各社が運営するインターネット上に寄せ

られた一般市民の意見を新聞に反映している点である。今まで読むことができなかった痛切な政府批判や、国際機関批判などの記事を紙面で読むことができる。

次に電話の歴史を振り返ると、ブータンにおける電話・通信網は第2次五カ年計画（1966―71）実施期間にあたる1963年にティンプー～プンツォリン～シリグリ（インド）を結ぶ電話網が開設されたことに始まった。この時はこの電話網はインド政府の管理下にあった。

携帯電話をかけるブータン人

それが国内の道路網の整備に伴い、有線の電話網も同時に整備されて1972年にはティンプーの電話局が開設され、第5次五カ年計画（1981―87）では西部、中部、南部ブータンでそれぞれ電話網ネットワークが開設されたが、このネットワーク間の通話はインド経由で行う必要があった。

1991年より日本政府による無償資金協力にて4年間、国内統一通信網整備計画が実施されインドの経由なしで全県が電話網で繋がり、1995年より4年間、西武地域国内通信網整備計画が実施され、西部地域の通信網がデジタル化された。その後1970年に国内の電話通信業務を行ってきた電話局（Department of Telecommunications）は公社化され、2000年7月にブータン電話公社（Bhutan Telecom）として設立された。ちなみに現在でも固定電話サービスを行う会社は同社1社のみである。

1993年当時、インドの電話網のほとんどが有線ケーブルであったのに対してブータンはデジタル化を急速に進めた。今でも多くの峠や山頂にはパラボラアンテナを見かけることができるが、これらの大半は日本の援助でできたものである。

1991年には4620台しか加入台数がなかったが、2017年度には固定電話契約数が2万1364回線、これは100人あたりの人口に対して2・74本の固定電話、電話線がある計算で、2007年度の4・6本より携帯電話の普及に伴い、年々減りつつある。

ブータンの携帯電話は2001年9月に衛星携帯電話サービスが開始されたことから始まった。これはアラブ首長国連邦の電話会社のサービスを利用していたためコストが高く、加入台数も約100台とふるわなかった。

2003年11月にはブータン電話公社傘下の B-Mobile による携帯電話通信サービスが始まった。当時は利用可能範囲はティンプー～プンツォリン間の一部の地域に限られていたが、2005年度にはブータン全域にサービスを拡充し、現在は国内205地区すべてのエリアをカバーしている。

ブータンで加入可能な携帯電話会社は2社で、ブータン電話公社傘下の B-Mobile 以外にタシ・インフォコム社（TICL）傘下の Tashi-Cell がある。Tashi-Cell は2006年の民間参入解禁時に設立された会社である。

2017年度現在、B-Mobile の契約数が47万5394台（市場シェア65・1％）で Tashi-Cell の契約数は25万5229台（同34・9％）、合計契約数は73万623台である。この数字は、ほぼ国民一人当たり1台携帯電話を契約している計算（93・71％）となっている。

次にインターネットの歴史を振り返る。1999年6月2日、国王在位25年を記念してブータンではインターネットとテレビ放送が全面的に解禁となり、2006年度までに国内20県すべての行政機関と教育機関のＬＡＮ化の実施、ティンプーにおける広域ネットワークの準備が進められた。

その後一般向けに２０１１年４月にブータン電話公社傘下のDruknetによるインターネット通信サービスが本格的に開始された。現在、ブータンで加入可能なインターネットプロバイダー会社は８社で、ブータン電話公社傘下のDruknet（固定回線によるインターネット契約者のシェア49・７％）以外にタシ・インフォコム社（ＴＩＣＬ）傘下のTashi-Cell（同41・７％）、Supernet InfoComm社（同１・９％）、Bitcom Systems社（同０・２％）、Datanet Wifi社（有線ブロードバンドサービスのみ）、Nano社（同４・４％）、Drangdhen Tshonglay社（同０・７％）、Drukcom社（同０・２％）がある。

ちなみにDruknetとTashi-Cellは20県全域でサービスを展開しており、３Ｇに関しては全域、４Ｇ／ＬＴＥに関してはティンプー県、パロ県、チュカ県、プナカ県、ワンディ・ポダン県のみサービスを提供している。他社に関してはサービスエリアはティンプー県に限定されている。

２０１７年度現在、有線ブロードバンドサービスの加入者数は１万５５０４名、モービル・ブロードバンド接続利用者は70万５６５４名で、合計すると全人口の92・５％がブロードバンド接続環境にある計算となる。

インターネット解禁に当たっては国連開発計画の果たした役割が大きい。導入には伝統文化保護や一般人の社会的な生活に与える予想不可能な影響が危惧された。しかし、積極的に情報格差の解消に努めた国連の動きに対して国王が最終的に決断したのである。

「テレビとインターネットという新しい情報の道具を活用し、そのマイナス面に流されることのない、国民の知恵と良識を信じている」これは記念式典の演説で、国王が述べた言葉である。この国王の決断によってブータンに多くの情報が一度に流れてくるようになった。

次にラジオ及びテレビ放送の歴史を振り返る。ブータンでは1973年11月にNYMBという民間有志によるラジオ放送が短波回線を通じて開始された。そして1979年にNYMBは通信省の管轄下に入り、国営放送事業として週3日の放送を行うようになった。

1986年には通信省傘下の公社として再編され、名称もブータン放送局（Bhutan Broadcasting Service：BBS）になり、ラジオ放送は毎日、ゾンカ、英語、ツァンラカ、ネパール語の4種類の言語を交代で放送するようになった。1992年にはブータン放送局は民営化され、1999年6月2日よりテレビ放送が開始され、2006年2月には衛星放送が開始された。

ブータンにおけるラジオ放送局は10社に対して免許が交付されている。ブータン放送局以外にはKuzoo FMのようにゾンカと英語の2チャンネルによる全国放送を行っている局もあれば、Sherubtse Community Radioなど東ブータンにあるシェラブツェ・カレッジの学内専用放送などのコミュニティ・ラジオ放送局などもある。

ブータン放送局によるラジオ放送は2009年に24時間体制となり現在2チャンネル体制で放送されている。チャンネル1の内訳は、ゾンカ8時間、英語3時間、ツァンラカ3時間、ネパール語2時間、他の8時間は再放送に充てられている。チャンネル2の放送はすべてゾンカで行われている。

ラジオ台数は2006年度推定の8万8000台をピークに減少傾向にある。しかし多くのリスナーは携帯電話のラジオ機能を使い、ラジオ放送を聴いているため、台数の推移はリスナーの数とは関係があまりないと聞く。

テレビ放送はブータン放送局にのみ放送免許が交付されている。ブータン放送局は2チャンネル体制で、チャンネル1は24時間放送されており、主に教育番組や娯楽番組を中心に番組が構成されている。また、チャンネル2は一日10時間の限定放送で、主にニュースや政府広報、国会中継、地方のお祭りの生放送、選挙関連報道などを行っている。

ケーブルテレビに関しては、全国に58ほどのオペレーター会社があり、50を超えるチャンネルを随時加入者に提供している。ある論文によれば都市部でのケーブルテレビ加入率は88％であり、農村部では25％程度である。

ケーブルテレビが提供する番組は、英国放送、ＣＮＮを始めとするニュース番組、アメリカのプロレス番組やファッション専門チャンネル、各種映画チャンネルなど多種多様である。その3割強は英語による放送で、残りはヒンディー語、ドイツ語、ハングルなど、様々な言語である。日本のＮＨＫも海外向け放送だが見ることができる。

このテレビ放送の煽りを受けて、１９９９年には首都に76軒あったレンタルビデオ店も２０１８年現在ではそのほとんどが廃業に追い込まれている。

このようにマスコミが発達しつつある現在でも、多くのブータン人の情報の拠り所は主に噂話である。この噂話は貴重な情報源であり、隣町の事故や首都の出来事、町の些細なことでも格好の噂話のネタとなる。

多くの噂話は正確な情報を含んでいる。しかも今でも新聞やラジオよりも耳に入るのが早いケースがある。この噂話の多くは挨拶代わりに旅の者から伝播される。日本の昔、富山の薬売りが噂話を切り口に商売を広げていったようなもので、噂話は今でも人々の会話の潤滑油である。

２０００年代のブータンでは日本での薬売りの役目をブータンでは各種の運転手がしていたが、今では一般市民のＳＮＳがその役割を果たしている。道路状況（ロードブロックや路面の状態）や事故速報、地方の気象状況などブータン人にとってＳＮＳの情報は欠かせないのである。

１９９９年のインターネット解禁前は外国の情報と接する機会は非常に限られていた。個人の違法な衛星テレビ放送傍受や、自ずと越境してくる短波ラジオ放送にその多くの外国の情報を委ねていた。当時の知識層はＶＯＡ（アメリカの声）やＢＢＣ（英国放送）の始まる時間帯になると必死にラジオの周波数を合わせて流れてくるニュースを聞いたものである。

今やテレビやインターネットによって日々大量にもたらされる情報は、ブータンの人々の知識欲を満たす反面、人々の欲望や購買心を掻き立て、生活の満足感を疎外する要因となっている。情報というパンドラの箱を開けてしまった人々の現世欲を求める行動には当分歯止めが効かないであろう。

28

スポーツ事情

★サッカーから体育教育まで★

「ワールドカップの決勝戦の当日に、世界最下位決定戦がブータンで行われる」。

２００２年６月30日、ブータンの首都ティンプーにある国立チャンリミタン競技場は満員の観客で埋まった。試合当日時点で、２０００年にＦＩＦＡに加盟したブータンはＦＩＦＡランキング２０３チーム中２０２位、対するカリブ海の島国、英国領モントセラトは１９９６年加盟の２０３位であり、親善試合の意味合いも強かったが、事実上の最下位決定戦であった。

地の利を生かし、この試合にブータンは４―０で勝った。負けた英国領モントセラトの選手は「食あたりで力が入らなかった」、「高地なので空気が薄くて息が苦しかった」などの言い訳をしていたが、試合前日にブータンのプナカ高校のサッカーチームに負けるなど力の差は歴然としていた。

ブータンはその後、２００３年４月、ブータンで行われたアジア大会予選で６―０でグアムに勝ち、モンゴルと０―０で引き分けた。２０１５年３月の国際試合ではスリランカに１―０、２―１で２試合連続で勝利、ＦＩＦＡランクを当時の２０９位から１６３位までその順位を上げた。

第28章

スポーツ事情

２０１８年６月現在のブータンのＦＩＦＡランキングは１８３位、アジア46カ国中38位である。２０１７年末現在、ブータン代表男子サッカーチームは通算８勝65敗８分け、女子サッカーチームは12敗１分け、男子Ｕ―23代表チームは10敗２分け、男子Ｕ―19代表チームは２敗、男子Ｕ―17は代表チーム18敗１分け、男子Ｕ―14代表チームは１勝23敗２分けの成績である。

またブータン代表チームのメンバーの数名はインドやタイのチームに所属しており、その他の選手は国内のクラブチームに所属している。

現在、ブータンにはブータン銀行がスポンサーのブータン・ナショナルリーグ（ＢＮＬ）とその下部リーグであるペプシ社がスポンサーであるティンプー・プレミア・リーグ（ＴＰＬ）の二つの国内リーグがある。

ブータン・ナショナルリーグは、ティンプー・プレミアリーグの上位３チームとティンプー県以外の地域から選ばれた３チームの６チームによる総当たり方式で、同じチームとホームとアウェイの２試合を戦う。このリーグの優勝チームはＡＦＣクラブチーム選手権への出場権を手にする。

ブータン人はサッカー好きである。特にテレビ放送のなかった時代には、衛星放送を見ることができる家には大勢の人が集まり、仕事そっちのけでテレビに夢中になっている。町の至る所にある空き地では子供達が１個のサッカーボールを目掛けて走り回っている姿を良く目にする。

ワールドカップ見たさに僧侶たちが騒動を巻き起こすストーリーの映画「ザ・カップ」はブータンをモデルにした実話に近い話である。しかもこの映画監督ケンツェー・ノルブはブータン人の高僧の生まれ変わり（リンポチェ）である。彼もブータン国王もサッカーが大好きだそうである。

一般的にブータン人の基本的な身体能力は高い。しかし、スポーツに慣れ親しんでおらず、その身体能力の使い方を知らないのである。しかも体力はあるのだが、基礎的な筋力がない人が多い。これは体育教育がなかったことの影響も考えられる。

例を挙げると「視力は良いのだが動体視力は悪い」ことを挙げられる。ブータン人は驚くほど遠くのものを見たりできる人が数多い。その反面、車の運転などでは周りが見えず、車の台数の割には人身事故が多い。

筆者は1993年に当時の日本人が作っていた野球チームでブータン人チームと試合をしたことがある。そのときのブータン人投手のボールの投げ方が特徴的だったことを覚えている。クルと呼ばれる伝統的なダーツの投げ方のように野球の球を投げていたのである。

遠くに飛んでいくボールを良く見ているのだが、それとボールを追いかけることとは別問題で、ライトに挙げるフライをただ呆然と見ているのである。視覚と行動とのリンクがうまく行っていないのであろう。

1994年にブータンの首都ティンプーで初めてマラソン大会が開催されたときの話である。日本人のボランティアで体育教師をしていた女性が生徒の伴走者として走っていたのだが、いつの間にか優勝してしまったことがあった。ちなみに男子の方は完走者が数名という悲惨な結果であった。

現在は教育省がスポーツを道徳教育の一環と考えており、「各学校にサッカーグラウンドを」との事務次官の強い要望もあり、多くの学校にはサッカーグラウンドとバスケットボールコートが整備されている。平地の少ないブータンでは異例のことである。

日本人体育教師によればスポーツの指導をする前に「躾」に多くの時間を費やしたと聞く。時間に遅れないこと、挨拶をすること、ものを勝手に持ち出さないこと、不正をしないことなどひとつひとつ丁寧に指導したそうである。

学校の陸上競技大会やり投げの部（写真提供 来山輝昌）

ブータンの国技はアーチェリーである。このブータン式アーチェリーは国際競技と違い、的までの距離が150メートル以上あるため、どこに的があるのかと思うくらい遠くを目掛けて矢を放つ。しかも。その放たれた矢は直線ではなく、放物線を描いて的に当たるのである。

伝統的な弓の試合では各チームが総合得点を争って競技をするため、味方の射手が競技する際、チームメイトが的の近くで「ここに当てるんだ」と言わんばかりに身体全体でアピールをする。かなり的の近くにて待機するため、外国人は彼らに矢が当たらないか心配になる。

「弓の競技は神聖なものだから矢が当たるはずはない」と言う人もいるが、1990年代には年間数名が競技中に矢が身体に当たり病院に担ぎ込まれていた。近年では2003年には一人が死に、2004年には一人が、矢が刺さり重症となったのである。

通常の国際アーチェリー競技（ブータンではモダン・スタイル

と呼んでいる）では約70メートル離れた場所から矢を放つ。そのせいもあるのか、1988年のソウルオリンピックに出場したブータン人選手は良い結果が残せずに「的が近すぎて当たらなかった」と名言を残した。日頃放物線を描いて矢を放つ癖が付いているのも理由の一つであろう。

ブータンは1984年ロスアンジェルス夏季オリンピック大会以来、夏季オリンピック大会には毎回アーチェリー種目で参加している。またアーチェリー以外の種目での参加は2012年のロンドン大会に女子10メートル・エアライフル種目に1名出場している。ちなみに夏季オリンピック大会で獲得したメダルはなく、冬季オリンピック大会には出場すらできていない。

柔道練習風景（写真提供 JICA ブータン事務所）

ブータンにもオリンピック委員会がある。この委員会が各種スポーツの指導や、選手の育成をしている。とは言っても人口自体が少ない国なので、各競技人口は少なく、運動神経の良い選手は取り合いもしくは他競技と掛け持ちに成るそうである。

ある意味、日本人には羨ましい話ではあるが、競技人口が少ない分、スポーツの出場機会は多い。しかも国内大会の次は即アジア大会やＳＡＡＲＣ諸国との国際試合なので、即海外に行くことができるのである。

ブータンオリンピック協会の下部組織として15の連盟があり、現在、アマチュア陸上競技、バトミントン、テニス、アーチェリー、ボディビル・重量挙げ、バスケットボール、ボクシング、クリケット、サッカー、ゴルフ、射撃、卓球、テコンドー、バレーボール、伝統ゲーム・スポーツの各団体が活動を行っている。

また柔道は2016年8月5日、リオオリンピックに先立ち行われた国際柔道連盟（IJF）理事会において、ブータン柔道協会の国際柔道連盟とアジア柔道連盟（JUA）への加盟が正式に承認された。2010年より人間教育としての柔道普及を目標としてティンプー市内ペルキルスクールの理事長が同校内に柔道場を開き、2011年のブータン国王夫妻の講道館ご訪問時のリクエストを受ける形で全柔連が学生ボランティアを柔道講師として派遣したことがブータンにおける柔道振興の発端である。

その後2013年にブータン柔道協会が設立され、翌2014年には青年海外協力隊の柔道隊員が派遣され、2016年2月の南アジア大会への出場や2016年3月の講道館ユース柔道教育キャンプ参加などが実施された。柔道場が国内に1カ所しかなく、一般的なスポーツとは言えない状況ではあるが、日本人としては今後が楽しみである。

ちなみに2018年8月の第18回アジア大会にブータンはアーチェリー、ボクシング、ゴルフ、テコンドーの競技に選手を送り出している。アーチェリーには5人の選手を送り出した。

ブータンのスポーツも徐々にではあるが「強く」なっているのである。

29

電気

★地方電化と大規模水力発電プロジェクト★

ブータン政府は２０１３年までに電化率１００％を達成するという政策目標を掲げ、送電線の建設だけでなく、小規模水力発電や太陽光発電などの独立分散型電源の活用を進めた。

それにより総人口の約７割を占める地方農村部の世帯電化率は２００８年時点で約54％と低い水準であり、２０１３年時点で電力供給を受けていた世帯数は４万２５７世帯、94％の電化率であった。２０１７年にティンプー県リンシ地区並びにソエ地区、サルパン県のジグメチョリン地区における４００キロボルト規模の変電所工事が完了し、その時点で世帯電化率は99・97％に達した。

隣国インドでは様々な分野におけるインフラ整備の遅れが目立つ中で、ひときわ深刻さを増しているのが電力不足である。そこでインド政府は水力発電所の建設適地を国内に限定せずブータン、ネパールなどの隣国に求め、水力発電所を建設し電力を輸入する計画を進め、インド国内の電力不足を解消し電力需要を満たそうとしている。

ブータンにおける発電の歴史を遡るとブータンでの発電の第一号は、１９６６年に南部国境の町チュカ県プンツォリンに25

第29章
電　気

キロワット容量のディーゼル発電所を設置したことに始まる。

水力発電に関して言えば、１９６７年に３６０キロワット容量の発電所を首都ティンプーに設置したのが最初である。その後１９８６～88年にインド政府の資金贈与と借款により始まった大規模なチュカ水力発電所（３３６メガワット）は１９８７年に操業を開始した。

チュカ水力発電所に続き２００１年に中規模プロジェクトであるクリチュー水力発電所（45メガワット）が稼動を開始し、２００７年にさらに発電容量がブータン最大規模のタラ発電所（１０２０メガワット）が稼働し、合計発電容量１４０１メガワットが電力輸出を開始した。

ちなみに中小規模の発電所の電力は主にブータンの国内向け消費に当て、規模が大きい水力発電所はインドへの輸出向けとされている。３カ所の電力発電所の余剰電力のインドへの輸出は２０１７年度ブータンの対外輸出総額の約32・1％（１１９億８３００万ニュルタム）のシェアを占めている。

このプロジェクトの成功を受け、ブータンにおける電力産業熱が一気に高まり、インド政府の支援を受けてプナツァンチューフェーズ１（１２００メガワット）やプナツァンチューフェーズ２（１０２０メガワット）、マンデチュー（７２０メガワット）、合計発電容量２９４０キロワットの水力発電所工事が２０１８年度中稼働を目指して行われている。

この水力発電所におけるブータン政府とインド政府との契約では有効期限99年もの間、余剰電力の総量がインドに売電される契約となっており、ブータン政府はこれを根拠として政府の財政基盤の正常化とともに、国として財政的な自立を目指している。

２００８年にブータン政府とインド政府は少なくとも２０２０年までに1万メガワットの水力発電

容量の開発に関する覚書に署名し、既存の3カ所、工事中の3カ所に加え新たに7カ所の発電所工事の建設予定地を確定した。

この覚書を受けた形でインド政府は2014年6月にモディ首相が来ブし、クロンチュー（600メガワット）、ブナカ（180メガワット）、ワンチュー（570メガワット）、チャンカルチュー（770メガワット）を含む総合計発電量2120メガワットの新たな4カ所の水力発電所の計画に合意した。

ブータンは水量が大きく、川幅が狭い峡谷、硬い岩盤を持ち、流れ込み式の大規模水力発電所の開発適地が多数あり、インド国内での建設に比べ工期が短く、電源開発が容易である。

日本の ODA による農村電化協力（写真提供 JICA ブータン事務所）

インドはブータンの大貿易国であるとともに、大の投資国である。参考資料によれば、ブータンでの水力発電の建設費用はインド政府がODAを利用し無償資金協力（総額の40％）、有償資金協力（同60％）として提供している。

完成後水力発電所はブータン政府の所有となり、発電した電力をインドに輸出することで借款を返済する仕組みであり、発電収入の約半額が返済に当てられる計画である。こうした二国間協力の発電所建設に要する費用（約１００億ドル以上）が財政的に負担可能なのか未だに実現への懸念がある。

このように電力を輸出している国でありながら、ブータンでは頻繁に停電がおこる。近年、回数こそ少なくなったが、まだまだ停電は日常的である。例えば、会社に行く前に電気炊飯器のタイマーをセットしておいたにも関わらず、夜になってもご飯が焚けていなかったりする。そんな時は日中に停電があったと思って諦めるしかない。

発電の現状を季節の観点から分析すると、雨期は大量の雪解け水とともに、大量の雨水が川に溢れ、安定した水量を供給し、安定した発電を支えている。しかし、乾季ともなると降水量はほとんどなく、雪解け水も多くない。よって河の水量が低くなり、発電を維持することが困難なダムが出てくる。これが電力の供給が安定しない一番の原因である。

大規模なダムなら、ある程度の貯水量があるため、発電に必要な水量の調整が利く。しかしブータンには貯水量が少ない、小中規模の水力発電装置が多い。小規模水力発電は電力の安定供給に関してはまだ次の段階なのであろう。

売電による外貨収入がこの国の生命線である以上、ブータン政府の政策は、山のダムと言われる森林に対して厳重な保護路線をとっているのも当然と思える。単に環境保護を売り物にして自国をアピールしているのではないのである。

ここ20年の地方都市の電化は目を見張るものがある。例を挙げると、東部の町モンガルでは、１９９３年当時、町には一つの電灯の明かりもなかった。文字通り夜は真っ暗であった。まさに筆者が深い闇を楽しむことや、星空の明るさ、満月の月光の明るさを知ったのはこの町であった。

現在、一般家庭への電力の供給方法はチュカなど大規模な水力発電プロジェクトからの送電、送電網外の中・小規模水力発電設備（例を挙げるとチュメ発電所）による発電、太陽発電及び風力発電の三つの方法に大別される。

ブータンの電力供給会社であるブータン電力公社（Bhutan Power cooperation：ＢＰＣ）によれば、現在の電力供給世帯数は18万５１３０世帯で、２０１７年度1年間で農村を中心に７９２９世帯に対して新規に電力供給を行った。

２０１７年度の国内電力消費の合計は21億８５７５万ユニットであり、２０１６年度の同20億８９０万ユニットと較べると８・８％の増加となっている。また最大負荷は２０１７年11月の３６２・09メガワットである。

またブータン電力公社は、発電会社であるドゥルック・グリーン電力公社（Druk Green Power Corporation Limited：ＤＧＰＣ）より２０１７年度は23億２６３８万ユニット、小規模水力発電設備からは１２２１万ユニット、少量ながらアッサム州電力委員会（Assam State Electricity Board：ＡＳＥＢ）西ベンガル州電力委員会（West Bengal State Electricity Board：ＷＢＳＥＢ）より電力を購入している。その理由としてインドとの国境近くの南部の町では、電力供給はインドの送電網を拡張して送電されており、輸入という形をとっているためであると考えられる。

またインドへの電力輸出は２０１７年度は53億６５６万ユニットで、２０１６年度の57億７９３２万ユニットと較べると８・２％の減産である。また２０１７年度ベースで計算するとインドへの総電力輸出量は国内消費量の２・43倍になる。

第29章
電　気

ワンディ・ポダン県にある風力発電機

現在、電気は私たちの生活に不可欠なものになっている。それは途上国の人にとっても同じことである。環境先進国として注目を集めつつあるブータンにおいても同じことである。住民は自然保護と開発のバランスを取ることを選択しているが、それは電気がないことに甘んじるという意味ではない。

ブータンにおける水力発電所の環境への影響は、近年の途上国における水力発電開発に対する批判的な意見に反し、概して肯定的である。一般的に「持続可能かつクリーンな」財源と認識されている。ダムは自然破壊であるという近年広がりつつある論に対してブータンは私たちに一種のアンチテーゼを示している。

ブータン政府は、発電所からの遠隔地では、太陽発電や風力発電、バイオマスエネルギーといった電気供給方法を推進している。中でも太陽発電は、ブータンの山岳地形と人口分布に適する電気普及方法として注目され、1980年代から様々な政府機関や国際機関がそれぞれの用途に合わせて導入を進めてきた。ヒマラヤの強い日差しがまさにエネルギーとなるのである。

また2016年1月ワンディ・ポダン県ルベサ地区にてブータン初の風力発電機2機が完成し、2016年10月からその稼働を開始した。この設備はアジア開発銀行を通じてノルウェーから支援を受けたブータン電力公社の再生可能エネルギー局が設置したもので、建設コストは2機で1億6300万ニュルタム、工期は2014年9月〜2016年1月（約16カ月：日本の駒井ハルテックが受注）、最大発電量は600キロワット（KWT300-2機）、約150世帯が利用する電力が賄える計算となっている。ルベサ地区は6村305世帯3001名が居住しているため、その半数の住民が風力発電の恩恵を受けている。

同機は2018年5月の新聞によると設置以来200万ユニットの電力を生み出し、500万ニュルタムの利益をもたらしたとある。またルベサ地区住民によれば、今後新たに風力発電機2機を同地区に追加で建設する方向で国と折衝をしているとのことである。

政府は最終的に24機の風力発電機の導入を検討しているが、その設置予定場所の多くが私有地のため、土地所有者との折衝に時間を費やしている。

プナサンチュをつたって吹く強い南風を受ける風力発電2機。今ではワンディ・ポダンの町の日常の風景としてなじんでいる。ゆっくりとそしてゆったりと回転するそのプロペラはどことなくブータンの雰囲気に溶け込むから不思議である。

30

観光事情

★複雑な観光料金体系とエコツーリズム★

旅行を趣味とする人の多くは、ブータンに旅行をすることを一瞬ためらう。その理由はブータン旅行には一日あたり一律の料金がかかるパック旅行でないと認められないからである。

しかし、その豊富な自然資源と美しい景観、文化・習俗は非常に貴重で一見の価値はある。

集落景観の美しさはその様式美のみならず、人々が居住する空間から雪を山頂に頂くグレートヒマラヤを一望することができるというスケールの大きさがブータンの景観の特徴である。

照葉樹林文化の影響を色濃く残し、またチベット文化の影響も受けながら、西洋化の波に飲み込まれず、独自の文化を残しているブータンは観光地として非常に価値が高いと言えよう。

ブータンの観光客受け入れは1974年に始まった。1980年代には10年間で約3000人もの観光客を迎え入れている。9・11のアメリカ合衆国へのテロの影響もあって2001年度の観光客数は前年度に較べて15％減少したものの1998年～2001年の実績数の推移を見ると年間6000～7500名の観光客が訪れている。

2017年度の統計資料はブータンＶＩＳＡの取得が必要な

いインド、モルディブ、バングラデシュ国籍の訪問者を「地域内訪問者」とし、ＶＩＳＡ料金を支払う国からの訪問者を「インターナショナル」と区別している。

統計によれば、２０１７年度にブータンを訪問した外国人は25万４７０４名、これは２０１６年度より21・５％の数字である。その内訳は地域内訪問者が18万３２８７名、インターナショナル訪問者のうち、純粋な観光目的の訪問者は６万２２７２名である。

２０１７年度の国際訪問者の国別観光客数を見てみるとトップはアメリカ合衆国（９２２０人：全体の16・６％）で二番目は中国（６４２１人：全体の11・６％）、三番目は韓国（６０４８人：全体の10・９％）であり、以下シンガポール、タイと続いている。ちなみに日本かは全体の九番目（２７４４人、全体の４・９％）である。また地域別で見ると、アジア大洋州からの観光客が45・３％を占め、２０００年代は観光客の大勢を占めていた北米とヨーロッパからの観光客は32・９％とそのシェアを落としている。

これを外国からの訪問者数で見るとトップはインド（17万２７５１人：全体の72・７％）で二番目はバングラデシュ（1万０５３６人：全体の４・４％）、三番目は米国（９２２０人：全体の３・９％）となる。これには商用目的や就労目的の訪問者も含まれるが、地域内訪問者の85・３％が観光目的であり、そのうち67％が陸路で入国することからも、一般の観光業に関わる人にとっては無視できない数字である。ちなみに訪問者数から見ると日本からの訪問者は全体の１・２％にしか過ぎない。

月別のインターナショナル観光客数は、パロでお祭りがある３月（全体の12・９％）や各地でお祭りがある10月（全体の14・７％）に航空機利用の観光客が多く、雨季の７月（全体の６・１％）、一番寒い時

表　2017年度 外国人訪問者数

訪問目的	外国人（印、バングラデシュ、モルジブを除く）		地域内（印、バングラデシュ、モルディブ）			
	空路経由	陸路経由	空路経由	陸路経由	小計	%
観光	57,704	4,568	51,499	104,776	218,547	85.8
公的用務	5,415	110	3,281	1,484	10,290	4.0
商用目的	1,143	77	2,481	2,919	6620	2.6
その他	2,276	124	3,097	13,750	19,247	7.6
小計	66,538	4,879	60,358	122,929	254,704	100.0
%	26.1	1.9	23.7	48.3	100.0	

出典： Bhutan Tourism Monitor Report 2017 より

期の1月（全体の3・7％）や2月（全体の4・9％）は観光客が少ない。

しかし地域内観光客数全体の40・2％が4月〜6月の時期に集中している。これは北インドがこの時期酷暑であることから、ブータンに避暑旅行に来ていることが推測できる。ブータンの観光業の視点から見れば、お祭り時期以外にもピークシーズンができていることが統計より読み取れる。

入国方法は空路パロからが一般的（全体の49・8％：以上すべて2017年度統計資料を参照）であるが、お祭りの時期などなかなか飛行機の予約が取れないため、南部国境の町プンツォリン経由の陸路で入国する観光客も増えている。この方法だとインド国境から所要時間約5時間で首都ティンプーに到着するが、ブータンの道に慣れていない観光客には厳しい道のりである。また近年ではサムドゥプ・ジョンカ経由で入国する観光客も増加している。

またインターナショナルの観光客の平均宿泊数は6・6泊、国別ではフランス、ドイツ、オランダからの観光客の平均宿泊数は9泊、最長はスイスの10・5泊となっている。ちなみに中国は5・5泊、韓国は5泊、日本は4・4泊となっている。

ちなみに出入国管理規則及び規約によれば観光客としての滞在期間は90日以内とされており、その範囲内で事前申請によって観光VISAによって滞在できる期間が決まる。

観光料金体系は複雑であり、かつ時々変更される。2005年度時点では一人一日200米ドルの料金体系であったが、実際にはピークシーズン（3～5月と9～11月）以外は165米ドルの料金しかかからなかった。ちなみに、この料金は3名以上の団体旅行を基本としており、2名で旅行する場合には各人1泊30米ドル、個人旅行する場合には1泊40米ドルの追加料金が加算されていた。

2018年4月現在ではピークシーズン（3～5月と9～11月）は一人一日250米ドル、それ以外は一人一日200米ドルである。この支払金額には一日65米ドルの持続可能フィー（Sustainable Development Fee）が含まれている。

この旅行代金には専属ガイド料金、車の借り上げ料金、朝・昼・晩の食事料金、ホテル宿泊料金がすべて含まれる。個人で購入するお土産代やホテル等での飲み物代、予定になかった博物館等への入場料、及び入国の際に支払う40米ドルのVISA料金は含まれていない。

近年、車を借り上げるだけでも多額の料金が係る。食事の料金も定食の値段は10年間で約2・5倍に値上がりしているのに、旅行客が旅行会社に支払う金額は10年前も今も変わりがない。これでは旅行会社も運営が大変である。

ブータンでは観光による外国人の立ち入りを制限している地域が存在する。県単位ではサムドゥプ・ジョンカ県、ペマ・ガツェル県、サルパン県は立ち入り禁止、シェムガン県（ティンティビ以南）、チラン県、ダガナ県、サムツィ県（ドロカ村など）の一部も立入禁止である。その他にもプナカ県のノブガン村やタロ村、タシガン県のメラ村やサクテン村などその立入制限地域がある。その他にも制限地域が存在するが地名は明らかではない。

観光をするにあたって、国内移動には通行許可証が必要となる。また、寺院や城の観光は場所によっては拝観料金が必要となるが、パッケージ旅行の観光客は拝観料金の支払いが免除となっている。また寺院によっては外国人の拝観は許可されていない。

食事は外国人向けの料理が味わえる。旅行会社によっては旅行客の好みに応じて現地の料理を交えた形にアレンジしてくれる。唐辛子控えめの料理が物足りないと思う旅行者もいるとは思うが、これも快適に健康に旅行を楽しむための旅行会社の配慮・気遣いの現われである。

近年では、従来のトレッキングの他に、自転車で各地を回るコースやカヤックもしくはラフティングを行うコースも整備されている。

自転車のコースは主に舗装された車道をＭＴＢなどの自転車で走るコースで、一日約7時間のサイクリングが主流である。またカヤックコースは主に6カ所の主要な川（ワン・チュー、スンコシ、プナツァン・チュー、マンデ・チュー、クリ・チュー、ダンメ・チュー）でパドリングが楽しめる。

またチベットから9月～10月にかけて来る渡り鳥を見るバードウォッチングツアーや、寺院に隣接する瞑想所での瞑想やヨガ体験、温泉ツアーなど様々な旅行メニューを取り揃えている。

31

食文化の変容

★近代化による食生活の二極化★

多くのブータンに関するガイドブックには「ブータン人は大量の飯を日に3度食べる」と書いてある。まさしく1990年代前半にプナカで田舎暮らしをしていた筆者はブータン人の食欲に驚いたものである。彼らはごく少量のおかずで皿一杯のご飯を平らげる。もちろん男女問わずにである。

1990年代のブータン人は、朝食はエゼと呼ばれる唐辛子とチーズと少量のトマトら野菜を中心としたサラダとご飯これにスジャ（バター茶）が一般的である。昼はモモ（チベット風餃子）で軽く済ませるか、または野菜のチーズ煮込みとご飯、夜はエマダチ（唐辛子のチーズ煮込み）か肉の唐辛子煮込みをおかずにご飯を食する。このようなパターンの人が大半であった。

その伝統的な食事のスタイルをとる人が年々減りつつある。朝食をとらない人、昼をインスタントラーメンで済ませる人などが多く目に付く。

この理由を考えると、まずは近年の生活時間の変化により朝食を食べないことが考えられる。ブータン人の就寝時間が遅くなり、その分朝起きる時間が遅いのである。

次に運動不足による食欲の減退が考えられる。今の都市での生活は、車の普及や市バスの運行、タクシー台数の増加に伴い歩くことが少なくなった。農村でも、農業の機械化や道路の整備が進み、物価の上昇にあわせて個人所得も伸びており、一般の農家でもタクシーは気軽に使える移動手段になりつつある。

最後には家族構成人数の減少の影響が上げられる。共働きが多い都市部では、多くの夫婦が別々に食事を摂る。昼食は近くの食堂であったり、弁当であったりする。食堂の食事代は一月分溜まると相当な額になり、家計にとって大きな負担となる。

次は飲み物を中心にその変化について見てみる。20年前は「冷たいビールは置いてないよ。ぬるいビールならあるよ」と言っていた店にも、今では冷蔵庫が鎮座している。そして飲み物を注文すると、何も言わなくても冷えたビールやコーラが出てくるのである。

元々冷たいものをあまり飲む習慣はブータンではなく、飲み物と言ったらバター茶か、お湯、お酒を多く飲んでいた。「冷たすぎて飲めない」と筆者の家に遊びに来た友人が冷えたコーラを飲まなかったことがあった。今ではラヤ村でもインド製のビールを買うことができる。交通網の発展が着実に生活を変えつつある。

ミルクティーも元々ブータンになかった飲み物である。茶といえばスジャしかなかった時代もあったが、今では外国人だと見るとミルクティーを入れてくれる。これがインドから伝わったせいかとても甘いのである。

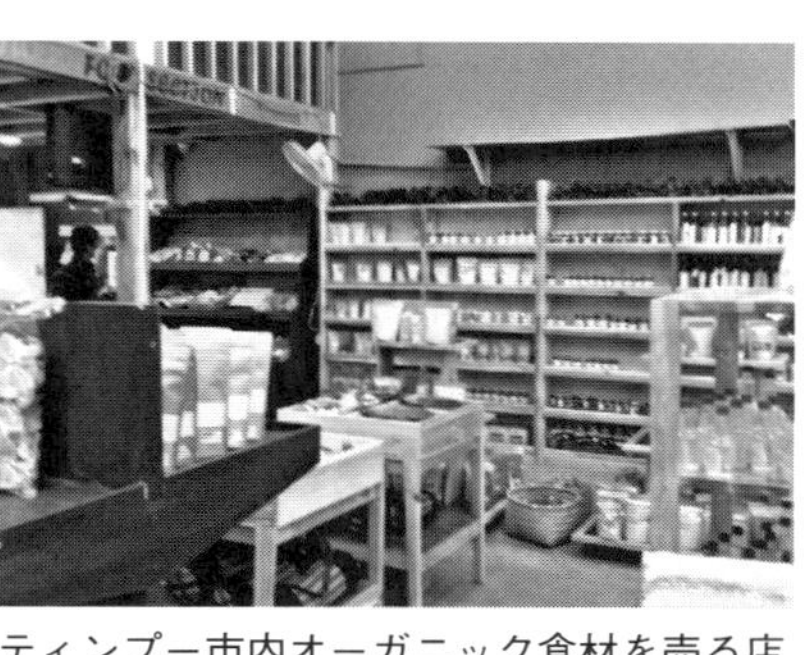
ティンプー市内オーガニック食材を売る店

次に伝統的な食生活について説明すると、先ず、ブータン料理の味の基本は塩である。それと唐辛子と油、バター、山椒を組み合わせて味を作る。塩味が濃ければブータン人の多くはそれを旨いと感じるため、必ず料理の皿とは別に塩と唐辛子が入った皿がおいてある。

代表的な伝統料理はパーと呼ばれる肉の唐辛子煮込みに野菜を一緒に煮込むものと、ツェムと呼ばれる野菜と唐辛子を煮込んだものにチーズを加えたものである。これらの野菜の種類により、料理の呼び方は変わる。

レストランの定番であるモモ（餃子）やトゥクパ（牛骨の煮込みうどん）などはチベットから伝わった。焼き飯や焼きそば等のメニューも外来である。ダルと呼ばれる豆スープもインドやネパールから伝わったものである。

一見単調に見える料理にも地域によって違いが見受けられる。東ブータンでは米を炊く際に、カランと呼ぶトウモロコシの粒を乾燥させて砕いたものを一緒に炊き込む。今では学校の給食のご飯の多くはこのカラン入りである。

中央ブータンやハでは米が取れないところが多く、蕎麦を使った料理が多い。プタと呼ばれる蕎麦掻やクレと呼ばれる蕎麦クレープはブムタンでは良く食べられている。本来辛いものと一緒に食べられてきたクレは、今では観光客用のホテルの朝食に蜂蜜と一緒に出てくるのである。ハではヒュンテと呼ばれる蕎麦生地で作った餃子が有名である。

ブータンには通称「肉なし月」と呼ばれる期間があり、ブータン暦の最初の月と4番目の月、8番目の月は町中から肉類が消える。肉屋は長期休業を余儀なくされ、レストランでも冷凍庫の小さい店から順番に肉を使ったメニューが消えていく。肉だけではなく卵も姿を消す。この肉なし月が始まる前の数日は肉の価格が高騰し、また肉屋は人だかりができる。これらの月には、外国から魚をやっとの思いで空輸しても、空港で没収される羽目となる。

国王の提案で始まったとされるこの習慣は、殺生を戒める意味合いがあると聞くが、多くのブータン人は肉がない期間に備えて、干し肉つくりに精を出す。

ティンプー市内ラーメン店でラーメンを食べる人

話は変わるが、西出身のブータン人は概して豚の脂身が好きである。中にはあまり好きではないという人も居るが、大半の西の家庭では豚の脂身を使ったパクシャパーは祝いごとの際の定番料理である。食べ慣れてくると脂身はほんのりと甘みがあることが分かる。

最近、この豚の脂身を食べる人が激変している。特に30代以下の年齢層にその傾向が謙虚である。レストランのパーティや、家庭の食事でも豚の脂身を使った料理を食べなくなった。以前は肉屋で豚の赤身を買うと感謝されたのだが、今では赤身が人気で中々買うことができない。

その原因は、病院で太りすぎや血中の中性脂肪の値が高い人には脂身を食べないように指導していることが挙げられる。またテレビの影響も無視できない。「痩せている人は美しい」との価値観が段々一般にも浸透してきており、太らないように脂

伝統食シッカムパー（乾燥した豚の白身の唐辛子煮込み）

身を食べないという人が増えている。

ブータン人と肥満の関係はその食生活にある。元々甘いものを摂らない習慣だったのがインドの影響で甘いお茶や甘いデザートを摂るようになった。伝統食は大量の油と塩を使っているが、甘いものを摂らなかったおかげで今までは大きな問題にならなかった。しかし、伝統食に甘いものを摂る習慣が加わったため、肥満になりやすい。

最近のホームパーティに呼ばれると必ず食事の最後にケーキが出てくる。唐辛子を大量に食べた後に、老若男女好んでケーキを食べている。しかし、田舎に行くと一転して伝統的な食生活があり、未だにミルクティーすらない家が多い。

同僚の一人が言った「辛い料理を好むのは田舎ものなのだよ」。このように食生活の観点からも都市部とそれ以外の地域の二極分化が進みつつあることが伺えるのである。

V

社会の脆弱性への取り組み

32

女性をとりまく生活環境

★現代主婦のかかえる様々な問題★

一般的なブータン女性は良く働く。田舎では農業の担い手や土日の野菜市場の売り子の大半は女性である。ブータンの公務員社会では女性の進出は目覚しく、全教員数の41％は女性であり、多くの学校の校長が女性である。

Global Gender Gap Index ２０１６によれば、ブータンは調査対象国１４４カ国中１２１位で２０１３年の同調査では調査対象国１３６カ国中93位であった。２０１６年度レポートによれば健康、教育、経済と政治の分野においてブータン人女性は男性より明らかに不平等な状態にあり、特に地域労働、勤労報酬、賃金平等において大きな格差があるものの、専門職及び技術職に就く女性の数が多いこと、ないし識字率においては他国よりも性差がないとしている。

「西洋の婦人の高い地位は男が尊重するから保たれている地位だが、チベット系の婦人の地位は実力で平等か、或いはそれ以上の地位をかちとっているような気がする」（中尾佐助『秘境ブータン』）

とあるように、従来のブータン社会では女性は男性と同等であった。しかし近代化をしたブータン社会では、日本社会と同様に社会で働く女性は多くのハンディを抱えている。現在のブータン社会は決して男女平等とは言えない。

２０１６年12月の時点で女性の大臣は1名（10名中）、関係機関の長1名（汚職撲滅委員会の議長のみ）、県知事２名（ダガナ県、チラン県）、多くの地区長（Gup：ダガナ県内のみ）、国民議会議員４名（47名中）、国民評議会議員３名（25名中）と政治の世界ではまだまだ女性の占める割合は少ない。

次に雇用情勢を見てみると詳しくは第11章雇用情勢にあるが、労働人材資源省の統計資料によれば、２０１５年度ブータン全体の労働人口（15～64歳）は約35万３０００人、失業者は約８６００人、失業率は２・３％である。特に都会に住む女性の失業率は28％である。

子供をおんぶする女性

また、労働人口全体で見ると就労している女性の70・7％は自営業（農業を含む：営農者は59・３％）に従事しており、７・０％が農業以外の家事手伝い（主婦を含む）、３・２％が非正規雇用、17・８％（２０１７ＰＨＣＢでは25・０％）が定期的に収入を得ることのできる職業に就いている。

２０１７年ＰＨＣＢレポートによれば、都市部に居住する女性労働人口の59・６％が定期的に収入を得ることのできる職業に就いており、農村部では11・８％しかいない。また自営業（農業を含む）の割合は都市部では22・８％に対して農村部では68・３

%とある。このように農村部の女性の現金収入への道が開けていないことが問題として推測できる。

２０１４年にＳＮＶがサムツィ県、ワンディ・ポダン県、サムドゥプ・ジョンカ県の３県にて行ったジェンダー調査レポートによれば、水汲み、家族のケア、便所掃除、子供を風呂に入れる補助、洗濯は女性の仕事とされ、家族の祖母、母、娘の日常の家事労働と位置付けられているとある。

また家庭内の意見に関して意思決定は男性（家長）が行い、地方政治の県レベル、地区レベル、村レベル、集落レベルの何れにおいても男性がリーダーシップを取地域の集会への参加率は高いものの意見はなかなか言えない状況にあるとの記述がある。

プナカの友人宅の主婦の一日を見てみよう。一日はお祈りから始まる。朝5時に起床して、食事の支度（米を焚く）事から始まる。そして仏間に行き、数十個もある聖水の交換をする。そして朝ご飯の支度とともに昼食分の弁当を作る。

食事が終れば、田んぼに出る。日中、農作業をして、夕方5〜6時ごろ家に着くと、夕食の支度を始める。そして8時ごろには夕食を食べ、片付けをする。ブータンでの家事の多くは手作業のため息つく暇もないくらい忙しい。

米を炊くのも米の中にあるゴミや石、虫等を丁寧に取り除き、炊飯や洗米に使う水を外の水場から汲み、火をおこし、ようやく米を炊く。家事は一つひとつ手間が掛かるのである。

また、ブータンの女性が世帯主の割合を見てみると、多くの文献は「ブータンは婿入り婚」であると明記しているが、西と東では多少事情が違うようである。下表のように、世帯主はおおむね南部や東部に行くほど男性になっている。南はネパール系が多いことが理由として考えられるが、東に関しては、元々婿入り婚ではなかったと考えるほうが自然である。

しかしこの5年ごとに調査される統計資料においては、世帯主に関わる記載が２０１２年は女性が世帯主の割合が農村部では34％に対し都市部では19％、ルンツィ県、プナカ県、トンサ県での割合が非常に高いと記述するのみで、２０１７年にはこの調査結果は公表されなくなった。

近年問題になっていることに既婚女性に対する配偶者からのＤＶ（家庭内暴力）がある。筆者の職場の運転手は離婚を経験しており、一緒に出張に行っても一切お酒を口にしない。その理由を聞くと「以前よく酒におぼれて妻を殴っていた。もうこんなことは繰り返さない」と言った。保健省が妊娠

表　女性が家の権利書の筆頭になっている割合（県別）

県名	女性が世帯主になっている割合	
	都市部	農村部
チュカ	13.4%	19.3%
ハ	19.5%	31.7%
パロ	21.8%	35.2%
サムツィ	11.0%	16.3%
ティンプー	17.4%	35.5%
ダガナ	37.7%	34.8%
ガサ	26.2%	43.0%
プナカ	27.9%	53.6%
チラン	26.5%	21.5%
ワンディ・ポダン	21.8%	50.8%
ブムタン	36.1%	56.3%
サルパン	28.5%	25.4%
トンサ	27.2%	55.9%
シェムガン	33.9%	39.9%
ルンチ	38.9%	50.9%
モンガル	21.4%	43.8%
ペマ・ガツェル	7.1%	29.0%
サムドゥプ・ジョンカ	26.0%	20.7%
タシガン	28.0%	27.6%
タシ・ヤンツェ	30.7%	39.2%

出典：Population and Housing Census in Bhutan 2005

から出産、子育てに至るハンドブックを作成したが、その中にも酒におぼれて家族を殴る父親の姿が描かれている。

ブータンのNGOであるRENEWの調査によれば、2016年に報告されたDVケースは312件、この内の94％が女性からの相談であった。

以前、同じ職場で働いている女性が顔を真っ赤に晴らして出勤してきたことがあり、彼女にその理由を聞くと「夫に殴られた」らしい。暴力の原因はストレスだという。閉鎖的、なおかつ階層が厳しい社会、しかも面積が狭いため（多くの町は狭い谷にある）、逃げ場がない。そのため弱者がより弱者に対してストレスの発散をしてしまいがちである。

ブータン社会は離婚に寛容で、離婚をしても社会から白い目で見られることもなく、多くの場合比較的短い期間で再婚する。ステップファミリーの比率も日本より遥かに高いのであろう。

離婚をしても家族が子供の面倒を見るので、「子供がいるから自分のやりたいことができない」ということはなく、結構自由気ままに振舞える。

ブータンの主婦は幸せなのであろうか。西洋の文明社会の視点で見ると、決して幸せとは言えない。しかし、過酷な状況の中で、彼女たちは自分で自分を励まし、笑顔で日々の労働に勤しんでいる。またその彼女たちを支える大家族があることもあって、主婦は家族の一人一人に安心感を与えることができる。

33

水事情

★深刻化する水不足★

ブータンは地理上起伏が激しい山岳国である。森林伐採、農業、工業、都市開発が進行すると雨季の大量雨による土砂災害・洪水災害を引き起し、土壌破壊・汚水浸透を受けやすく水の管理が難しい場所である。

谷を流れる河、一面に広がる水田、湿気を含んだ山、豊かな植生など、一見、水が豊富にあるように見えるが、一般的に中部・東部を中心にブータンは乾いた場所であり、水は豊富ではない。現状は豊富な植生と、適度に遅れた工業化が幸いし水の需要は充足されているが、工業・生活用水を含めた「使える水」が非常に少ない。

ブータンでは食事の前に米を手で丸めて、手の汚れを取る。また、使用した食器は布で拭くだけで洗わない。この習慣はチベットと共通しているが、ブータンの日常生活において水へのアクセスが悪かったことに起因しているのかも知れない。

先ず、家庭で使用する水について考察してみよう。２０１７年度の調査レポートによると、ブータンの全世帯のおおよそ99・５％は水へのアクセスがあり、50・４％の世帯の家屋内に水道が供給され（都市部は76・３％、農村部は28・５％）、45・５％

の世帯にはその敷地内に水道がある（都市部は20・5%、農村部は67・0%）。残りの3・6%の世帯の内、1・5%は隣近所に水道があり、1・8%は公共の場所の水道を使っている。また1%未満の世帯は水道設備がなく、何らかの表層水（近所の小川など）か私設の井戸、雨水に頼っている。またこの3・6%の世帯の内、1・6%の世帯は近くの水源まで徒歩30分もしくはそれ以上離れている。

ブータンにおける水道の普及率（人口比率）が2000年度は78%であったのが2003年度には68%と急落した。2017年度には95%に改善されたが、なぜ2003年度に普及率は低下したのであろう。

ブータンでは統計資料の数字を鵜呑みにはできないことは心に留めて置く必要があるが、これは急速な都市化に由来している。1999〜2003年の4年間で都市人口率が17%から21%に増え、首都ティンプーでは空前絶後の建設ラッシュ、住居の増加に対しての公共インフラの整備が遅れており、水源を確保しないで造成された新規開拓住宅地への給水は未だに安定的な給水ができている状況にはない。

現在、統計上99・5%の世帯が水へのアクセスがあるが、実際24時間いつでも安定的に水へのアクセスがある世帯の割合はわずか63%しかない。つまり水の供給量が不足しており、断水が多い。

2003年以降、ティンプー市チャンジジ地区やワンディ・ポダン県バジョ地区、プナカ県クルタン地区などの新興都市への入居が実施されたが、2018年現在、未だ水供給の問題は解決されておらず、多くの新興都市では、河の水を揚水して使っている。

チャンジジ地区は元々畑作を行う農地であり、一部灌漑によって稲作を行っていた。恒久的な水源までは十数キロメートル離れており、雨季はまだ表面水が確保できるのだが、乾季には表面水も減少する土地柄である。このような背景もあり住民の間では水利権の争いも多く、住宅が建設には不向きの土地であった。しかしティンプー市街地の急速な拡大により、今まで住宅地に使われなかった土地さえも住宅地にせざるを得ない状況がある。

ティンプー市内貯水タンク

２０１８年6月のティンプー市議会の報告によれば、ティンプー市内では、需要予測の数量（1万９２８7立方メートル）を上回る一日約2万立方メートルの飲用水を供給しているとある。加えて、都市の水不足の原因は配管の漏水に加え、違法に一つ以上の配管から水道を引いている世帯が多く、市内には28カ所の洗車場が河の水ではなく水道水を利用していることを挙げている。

また同議会には、２０１８年6月にティンプー市内中心部より約7キロメートル北のタバ地区に一日1万立方メートルの水道水を供給できる浄水場及び4基の補助貯水タンク（容量２３０立方メートル）が完成し、また水源であるドデナ～タバの4キロメートルにわたる主な３５０ミリメートル口径のパイプライン敷設工事が完了したとの報告があった。このプロジェクトは世界銀行の融資を受けており、２０１７年２月に工事が開始され、２０１８年10月にすべて完了する予定である。

ティンプー市内に水道水を供給する浄水所は現在４カ所あり、デチェンチョリン浄水場（１４００立方メートル／日）が同地区内を、ジュンシナ浄水場（６５００立方メートル／日）がランチョパカ地区やカワジャンサ地区を、モチタン浄水場（６５００立方メートル／日）が同地区及び市中心街を、チャンガン浄水場（５０００〜６５００立方メートル／日）がオラカ地区、ババサ地区、シムトカ地区等をカバーしている。

またチャンザムト地区とチャンジジ地区にはそれぞれ一カ所ずつ深井戸があり、合わせて一日あたり７０００立方メートルの水道水を供給している。

水場に集まる人々（タシガン県）（写真提供 ケザンダワ）

次に供給される水の安全性について考察してみる。筆者の経験上、既存の給水でさえ、上水道の質は一定しているとは言い難く、住宅地では大雨が降った翌日の水道水は必ずコーヒーのような色になっている。雨季になると多くの職場では体調を崩して休む人が増えるとも聞く。

ブータンにおける一般的な給水方法は、山岳地形を利用し水源から下流へ山水を給水する方法である。ブータンの多くの水道水源は山中の湧き水に頼っている。「山の上なら水も奇麗だろう」と考えるが、そこは動植物の豊かなブータンのこと、標高4000メートルなどの高地でもヤクなどの動物が多いため、水の質は悪い。

上水設備が徐々に整備されていくにもかかわらず、下痢、赤痢患者は1995〜99年度の全患者数の11〜13％ものシェア、国内病気別累計で第2番目の位置にあったが、近年では水が原因と特定できる感染症例は2017年度実績で5637件報告されているものの、全体の症例数（139万件）から見るとその割合は0・5％にも満たない。

都市部の人々の多くは水道水を直に飲まず、湯冷ましもしくはミネラルウォーターが一般的である。2005年当時はミネラルウォーター愛用者の多くは何らかの形で海外生活（留学・研修・仕事）を営んできた人たちがほとんどであったが今では一般的に飲まれている。

2005年の時点では、地方の学校の多くでは学校に水道設備がなく、仮に水道があったとしてもその水源の管理が不徹底の場所が多く、子供たちは安全ではない水を飲んでいた。2016年の統計によれば、88％の学校が安全な飲料水の水道が設置されており、7・3％の学校は未だに水源の管理が不徹底で水道水に安全かどうかの担保ができていない。

それの理由として、多くの学校の敷地は水源に恵まれていないことが挙げられる。地域で学校を建てる敷地は元々共同管理地、つまり入会地か高台の街道沿いの開けた土地などが多い。まれに個人の土地を接収して建てることもあるが、一般的ではない。

入会地はもともと家畜の放牧などに使っていた土地である。放牧地に豊富な水はなく、水がないからこその地域はその場所を入会地にしていたのだろう。よって多くの学校にとって水の確保は難しい課題である。

２０１７年度に至っても、寄宿舎のある学校の44％は生徒が使うシャワー用の水が十分に供給できず、全学校数の20％の学校は生徒の手洗い用の水の確保が難しく、35％の学校はトイレ清掃用の水の確保が難しい。

ブータンでは積雪量が年々減りつつある。また、気候温暖化に伴う氷河湖の決壊は、一番危惧されている環境問題である。１９９０年代にはクリスマスというとティンプーでは一面の雪模様が見られた。特に12月から2月までのドチュ峠は雪で道路閉鎖することもしばしばであって、この時期の東への移動は雪によるリスクが高かったのである。しかし、今ではティンプーでも雪を見ることは年に数度となった。

人々の生活には水が欠かせない。しかも西洋的な生活を営むには、伝統的な生活より数倍の生活用水が必要となる。減りつつある降水量はいずれ想定される湧き水の枯渇を意味するかも知れない。

34

障がい者事情

★障がい児教育事情を中心に★

世界保健機構（WHO）『障害に関する世界報告書』によれば世界の人口のおよそ15%が障害者である。また障害者の約80%は途上国で暮らしているとある。

ブータンの隣国インドでは障害者（均等機会、権利保護、完全参加）法（1995）が施行され、法的な観点からは障害者に対する社会配慮の枠組みは整いつつある。また、シンガポールを除くアジアのほとんどの国では何らかの障害者に対する社会的配慮を謳った法律が施行されている。

日本は障害者基本法や障害者総合支援法などの障がい者の基本的権利を保障する法律が制定されているが、ブータンでは障がい者に関連する法律は未整備である。

国連アジア太平洋経済社会委員会（UNESCAP）の報告書「Disability at a Glance 2015」によれば、調査時点でのブータンの障がい者の人口は2万1894人、これは人口の3・4%にあたり、障がいの種類は聴覚障害が33・7%、言語障害が17・8%、視覚障害が23・5%、続いて精神的な障害が5・5%とある。

その年齢別分布は19歳以下が14・8%、20歳〜64歳が59・

4％、65歳以上が25・8％であった。また、年代別の障がい者の割合を見ると年齢層が高くなるほど障がい者の比率が高くなっており、15〜29歳では対象人口の1・8％となっているが、50〜59歳では対象人口の13・8％が何らかの障がいがあるとしている。

レポートの数字を見る限りはブータンで障がいのある人を見かける機会があるはずだが、実際は街中の風景の中にあまり障がい者を見かけない。その理由として外出することを許されない、もしくは外出が困難な人、何らかの理由で外出したくない人が大勢いるのである。

2015年UNICEFが18歳以下の障がいを持つ両親に対して調査を行った【Knowledge, Attitude and Practices（KAP）on children with disabilities（障がいを持つ子供たちへの認識、心構え及び態度、その実践）】報告書によれば、障がいを持つ子供の両親のうち、正式な教育を受けていない人の85％が、子供の障がいは過去の行いの結果である（悪いカルマである）と信じているとある。

しかし障がい者本人は、自分の身に起きた障がいの原因として、不十分な新生児期ケアもしくは妊娠期間中の粗食（栄養不足）、たばこ・アルコール・薬物の使用及び不衛生等の影響、伝染病の影響などを挙げている。

教育省早期幼年時ケア・特別支援教育課のツェリン・ラモ職員に依れば、先の調査では半数の両親が、障がいを持つ自分の子供は普通の子供と同じ学校で学ばせたいとの意見であるが、もし特別支援学級があるのならば、そちらで学ばせたいと考える親の比率は88％であった。

では、受け入れ先である学校の状況を見てみると、2003年ブータン王国教育省統計資料によると、ブータンで障害者が学べる学校数はタシガン県カリンにある盲学校とパロ県パロにある聾学校の

2カ所のみであった。

両校とも公立で6歳から18歳までの生徒の基礎教育を実施。視覚障害と聴覚障害以外の障害者を対象とする学校はなく、多くの身体障害者は健常者と同じ通常教育を受けることを余儀なくされていた。

２０１６年の教育省の統計資料によると、ブータンにおいて障がい児に対して特別教育を行うことができる施設は公的機関として15校。これらの学校はインクルーシブ教育システムを導入している。しかし東ブータン・カリンにある Muenselling Institute Khaling が２０１６年2月に Jigme Sherubling Central School へ統合されたため、２０１７年現在は14校である。

ナムセリン盲学校外観

インクルーシブ教育は数名の視覚障害生徒が約35名の晴眼生徒とともにクラスに在籍、各教科の指導形態は教員1名による一斉指導の体制である。しかも担当教職員の多くが、点字や視覚障害教育のノウハウを知らないため、視覚障害生徒の学習理解度を把握していないケースもあると聞く。

また、教育省により特別支援学校（Special Education Needs School）に指定された学校の一部では、学習困難者に対して「取り出し指導」や、「入り込み指導」をしている。ちなみに取り出し指導とは通常の教室から特別支援が必要な生徒を取り出して、別途教室で少人数にて障がいに配慮した形の集中授業を行う制度のことである。

取り出し指導とは、通常の教室から特別な配慮が必要な生徒を取り出して、別途教室で少人数にて障がいに配慮した形の集中授業を行う制度のことである。入り込み指導とは、特別な配慮が必要な生徒が支援教員とともに通常学級に入り、学習を進める制度である。

次に障がい児教育の先駆けとなったダクツォについて説明をしたい。現在の名称は、特別な青少年のためのダクツォ障害者職業訓練センター（Draktsho Vocational Training Centre for Special Children and Youth）であり、ティンプーと２０１０年にタシガン県カンルンに開校されたDraktsho East Centreの２校体制となっている。

同校の前身である「ダクツォ障害者職業訓練センター」は２００１年は現在校長を務めるジグミ・ウオンモ（Zigme wangmo）女史の息子が障がいを持っていたことから、障がい児教育の現状を危惧して設立に至ったＮＧＯが前身である。

当時の学校の規模は、職員は校長を含めて４名（外国人1名を含む）、生徒数約20名である。生徒の障害の程度は様々であるが、その多くは聴覚障害もしくは視覚障害である。

現在ではティンプー校では教員数11名、生徒数は男性36名、女性26名の合計63名、カンルン校では教員数９名、生徒数は男性37名、女性33名の合計70名、寄宿舎が２０１５年女児用の寄宿舎をドイツ政府の支援により整備されている。

その活動内容もしくは職業訓練内容は、織物、刺繍、コラージュアート、木工細工などの技術指導が中心である。これらの技術指導科目毎に指導教官及び非常勤講師がおり、週の中の曜日を指定してこれらの技術指導を行っている。

次に東ブータン・カリンにあるMuenselling Institute Khaling、正式名称「Jigme Sherubling Central School（Campus C）」について見てみたい。

同校の現在の教職員数は26名、その内訳は校長1名、教頭1名、教員10名、事務員や用務・運転手、点字印刷員などを含めたサポートスタッフが14名、生徒数36名（男子18名、女子18名）。障がいの種類は全盲4名、弱視32名である。またそのうち4名の生徒は視覚障害と他障害（肢体不自由、難聴、知的障害など）のある重複障害者である。

盲学校に受ける歩行訓練の様子

生徒の年齢は最年少6歳、最年長28歳となっており、基本的には15歳以上は入学できない規定になっているが医師の診断書を判断基準として入学できる制度となっている。また、中途退学者を再び迎え入れる制度もあり、既に小学校や大学を卒業した生徒も何名か在籍している。

彼らには通常の授業ではなく「点字クラス」が開設され点字とパソコン操作のみ学習しており、点字学習修了後、上のレベルの教育機関（高校・大学）への進学、もしくは就職先を探すなどの選択肢が提供される予定である。

ではブータンの障がい当事者は何をどう考えているのでろうか。ＵＮＩＣＥＦとブータン教育省が２０１５年に行った調査報

告【障がい者の登録に関する報告書２０１５】では４４５１人の障害を持つ人に県経由でアンケート調査を行っている。

この調査レポートの中で気になった数字を挙げてみたい。

1．障がい者多くは家事（35・1％）や農作業（23・8％）などの単純労働かつ現金収入に結び付かない仕事に従事しており、賃金労働へのアクセスが限られている。

2．多くの人は家庭を持つこともなく、独身（62・9％）である。

3．教育機会に限りがあること。障がい者の84・5％が教育を受けていない。

4．障がい者の84・5％が、障がいがあることで自分は不利益を被っていると考えている。

以前ダクツォ障害者職業訓練センターにてＪＩＣＡ関係者の随伴家族が押し花を使ったカードつくりの指導を行っていたことがある。「障害者には健常者並の能力はない」と考えるブータン人が多い中、ボランティアグループは、障害者は能力を示す機会が少ない、もしくは能力はあれど教育機会がないだけと考えていた。

「障がい者がやっている事業ということでカードを売りたくない。ブータンの固有種ということだけでも価値があり、商品として成り立つ。あとはその品質をいかに先進国の人間が納得するレベルにまであげるかにかかっている」。

健常者とあえて品質のみで勝負する。このことが障がい者であることに甘んじている多くの生徒の意識を変えた。教育は生徒を変え、その生徒に関わる周りの人も変える力を持っていることを実感したエピソードであった。

35

社会の脆弱性

★顕在化しつつある薬物問題★

２０１７年10月31日、ティンプーにおいて、「ブータン脆弱性評価レポート２０１６」がリリースされた。国連開発計画（ＵＮＤＰ）の支援により実施されたこの調査では、脆弱なグループとして以下の14のグループを特定し、その原因、脆弱性、現行の政策制度枠組み、政策提言をまとめている。

その中には、物乞い、支援が必要な高齢者、障がい者、非就学児童などに加えて薬物やアルコールを摂取する人々が挙げられている。ブータンは薬草の国と称されるほど豊かな植生に恵まれており、一般的に薬草へのアクセスは非常に容易である。

１９９０年代のことである。当時は道端に大麻草は自生しており、役に立たない草として、農家が刈り取り、豚の餌にしていた。

ブータンに自生していた大麻草はカンナビス・インディカ種で、背丈は低く90～１２０センチメートルほどである。茎から取れる樹脂は加工して医療用や嗜好品として使用される。戦前、日本で嗜好品や喘息薬として使用されていた「印度大麻」である。このカンナビナス種の薬効は鎮静及びリラックス効果があると言われている。

アルコール中毒者専用の医療相談施設「Drop in Center (DICs)」

いったん大麻を使うと他のドラッグをも使用するようになり、他の薬物への入り口となる（ゲートウェイ・ドラッグ理論）と言われている。ブータンの多くの薬物中毒者に共通する問題はこの他のドラッグ使用への抵抗感のなさと、他のドラッグによる習慣性にあると考えられる。

クエンセルは「多孔質な（どこからでも出入りできる）国境は、規制薬物への接近を抑制することへの最大の挑戦である」と題してプンツォリンにおける薬局の薬の違法販売を取り上げ、薬物依存症に苦しむ人へインタビューを行っている。

記事によるとここ数年はインド側の薬局にて処方箋なしに（違法に）ＳＰ＋などの薬が販売されており、購入が簡単である。また、プンツォリン—ジャイガオン間は通行車両が多く、薬物の違法な輸送を管理することは難しいと報じている。

本来ＳＰ＋（Spasmo Proxyvon Plus）は胃腸機能改善のための薬である。胃と腸の筋肉を弛緩させ、突然の筋収縮（痙攣）、痛み、膨満感と不快感を軽減する作用がある。インドの製薬会社ウォックハルトが製造している安価な（8錠で約160円程度）ゼネリック薬品である。

先の記事によると、常習者はこのＳＰ＋を毎朝16錠飲むと言う。「もうやめられない。これは生活の一部です」、別の常習者は「2日も薬を抜くとひどい関節痛や精神的苦痛に襲われる」と述べている。

ブータン警察プンツォリン署によれば２０１６年度に違法な薬物輸入のケースは86県の検挙数、計１２６名が逮捕されたという。中には逮捕歴42回の28歳女性や、65歳のマリワナ常習者も居たという。The Bhutanese の記事によればティンプー市内において２０１７年６月一カ月間で禁止薬物の使用及び販売に関わり85名が逮捕された。また７月は17日間で41名の男性と２名の女性が逮捕され、その多くが11歳から32歳であったとある。

また別の記事によればティンプー市チャムガンにある中央刑務所に収監されている３６３名の受刑者のうち約半数の１７８名（23名の女性を含む）が薬物に係る違法行為で服役しており、刑期は１年～９年とのことである。

２０１２年の国民健康調査によれば15歳～19歳のブータン人の４・２％が禁止薬物を使用しているとあり、その多くはインドから違法に輸入されるものであるとしている。また、先のブータン脆弱性評価レポートによれば、ヘロイン、コカイン、アンフェタミン等はブータンではあまり見られず、アルコールの過剰摂取、若者世代には広く使われておらず、先述のＳＰ＋やネチルマイシン錠（Ｎ10）などの処方が必要な薬の乱用が主であるとされている。

２０１３年度の警察の統計によれば、２０１３年12月のブータン薬物規制庁発足以来、２０１７年７月までに３６５名の学生を含む２５９４名が逮捕（女性は１４５名）、そのうち１７４４名が有罪、４２９名の中毒者は警察によりブータン薬物規制庁に送検され、３６１名が保釈になった。

加えて同警察統計では12歳～24歳の若年層による犯罪は全犯罪件数の40％であり、そのうち40％の犯罪がアルコールに由来し、12％が規制薬物の乱用に由来するとある。この若年犯罪者の半数が無職であり、12・3%が学生であった。

犯罪に手を染めた理由として同若年犯罪者の56・8%が「仲間や家族によるストレス（Under peer pressure）」と答えており、初犯年数は10～15歳の間であり、思春期の若者の脆弱性が見て取れる。

１９９０年代、ブータンの若者の一番の娯楽は「散歩」であった。それもただ気の向くまま、一人で、もしくは気の合う友人とぶらぶらする。そして人の気配のない高台から風景を見下ろすというものであった。当時はこんなブータン人の若者をよく見かけたものである。

思えば、家庭においても地域社会においても濃密な人間関係のブータンでは個人のプライバシーがない生活を強いられる。散歩はそんな日常のしがらみから解放される貴重な時間であったであったのかもしれない。

首都圏のみならず地方都市の周辺部の都市化が進み、何処にいても人の目から逃れるのは難しい。ちょっと散歩に行く場所もなくなり、住宅地へと変容しつつある。車社会の発達した現代では、道の端を歩かないと危険でリラックスして道を歩くこともままならないであろう。

ましてや通信網の発展のネガティブな側面として、携帯電話等で常に連絡を取り合える生活は、一人になる時間がとりにくいのであろう。現在の若者はその濃密な人間関係から逃れるすべがない。またインターネットやＴＶ等により外国の情報がリアルタイムで閲覧できるようになったこともストレスの一因であろう。「外国でできることがなぜブータンでできないのか」このような意識や生活環境が若者たちを追い詰めるのかもしれない。

ブータンは２０１４年にタバコの販売が全面禁止され、ドラッグ所持も禁止である。また、違法薬物使用に対する罰則は重く、使用・所持が発覚すれば3カ月の懲役、販売すれば6年から9年の懲役が課せられる。

２０１７年9月23日付けのクエンセル誌によれば過去３カ月の間でタシ航空の2名の客室乗務員から使用禁止薬物の陽性反応が出たとある。ちなみに２０１６年ブータン航空法に依れば2度目の薬物反応テストにおいて再度陽性反応が出た場合はその免許がはく奪される。また3人のバス運転手も禁止薬物使用の疑いで道路交通法の規定により6カ月の運転免許の停止になったとある。

２０１７年4月14日に開かれた主要閣僚とメディアとの定期懇談会の席上、当時のトブゲイ首相は、薬物中毒問題には国をあげて取り組むことが必要だとし「これは皆一人一人の問題である」と明言した。

また２０１５年ブータン薬物禁止法第6章「処置とリハビリテーション」にも明記されているように、ブータン薬物規制庁（ＢＮＣＡ）が薬物中毒者の更生施設の増設が急務であるとの認識を示し、もう一カ所の施設を早急に整備する意向を示している。

現在は更生施設として青少年開発基金（ＹＤＦ）が支援するティンプー県のサルビタンリハビリテーションセンター（The Serbithang rehabilitation）とＮＧＯ「Chithuen Phendhey Association; ＣＰＡ（助け合いの会）」が支援するパロ県のサムザンリトリートセンター（Samzang retreat）がある。

現在の施設は収容定員が各施設40名、３カ月間の治療プログラムであるリハビリテーションコースのみ整備されている。また施設利用者は、警察より薬物規制庁処置評価委員会（ＴＡＰ）の助言を受けて送り込まれるケースと、自ら施設に入りリハビリを受けるケースの二通りの利用者が存在する。

また他の施設としてブータン国内には全国に7カ所（パロ、ティンプー、プンツォリン、ゲレフ、モンガル、ブムタン、サンドロップ・ジョンカール）設置しているドラッグやアルコール中毒者専用の救急医療施設「Drop in Center（ＤＩＣｓ）」があり、薬物中毒への初期対応措置や薬物依存に関するカウンセリング等を行っている。

ドラッグ中毒から立ち直り、社会復帰を目指すためのＣＰＡ（助け合いの会）のツェワン代表は、「経済発展で競争社会となり、若者のストレスが増えている。また外国文化が入ってきたことで、農村の若者たちはブータンの伝統的な生活を退屈に感じ、刺激を求めて都会へ出ていくようになった。問題は大勢の人が希望する仕事につけないことです。その憂さ晴らしで、ドラッグに手を出すケースが多い」と述べている。

ＣＰＡでは16人のスタッフが、ドラッグの危険性を教える再発防止教育やグループカウンセリングを中心に活動している。重度の中毒者の宿泊施設も設けており、スタッフの管理の下で規則正しい生活を送り、心身の健康を取り戻す。社会復帰のめどが立てば、仕事も紹介する活動も行っている。

ブータン薬物規制庁によれば、既にティンプー市内の４８５名の教員（２０１7年7月現在）に対して、薬物に手を出している生徒とのかかわり方、初期対応方法などの研修を行ったとしている。また国際協力機構（ＪＩＣＡ）も依存防止や更生活動を行うシニア・ボランティア派遣を行うなど薬物対策に乗り出している。

36

過疎化する農村

★コミュニティの再活性化を図る取り組み★

ルンツィ県コマ村は、美しい織物「キシュ」の産地として有名である。白地に様々な色の絹糸で幾何学模様を織り込んでいく「キシュタラ」は高級なキラとしてブータン女性の憧れの的である。

この村の家の軒先で機を織る光景はまさに東ブータンの原風景ともいうべきものである。多くの観光客にとってはその織手の手さばきは、その独特なリズムで聞こえる織機の音とともに強い印象に残る。そんなコマ村に異変が起きている。

ＢＢＳは２０１７年11月のニュースにて、コマ村の全世帯数は80世帯、その３分の１にあたる26世帯が転居、その多くが空き家となっている現状を伝えている。移転理由の多くが既に都市生活を営んでいる息子世帯がコマ村に戻らず、両親を自分の元に呼び寄せるというものである。

クルテ地区事務所の職員によれば、住民移転により住民登録者の納税義務である土地税などの直接徴税の回収が不可能であり、将来的な自分の農地の食害被害が心配であるとのことである。

近年、ブータンの農村は過疎化に直面しつつある。依然として自給自足の農業国家ではあるものの、農業従事人口の減少、コミュニティの繋がりの希薄化、貧富の差の拡大、地域間格差の拡大……等、他国と同様の状況が懸念されている。

ちなみにコマ村のあるルンチ県の人口は２００５年は1万３９１９人、２０１６年は1万７６１８人と統計上増加している。県ベースでは過疎化の兆候を見つけることができない。また参考にできる地区ごとの人口統計は２０１７年の国勢調査レポート以降公開されていない。

次に国内の人口移動について見てみよう。ここでいうところの都市部とはThromdeと言われる日本でいう「市」にあたる自治体に住民登録をしている人（世帯）という意味である。現在Thromdeがない県では、将来的なThromdeの候補地であり県の市街地という意味で、必ずしもティンプーなどの大都市圏のみを指しているわけではない。

ブータンの都市部人口が全人口の68％であることにも驚くが、都市部より農村部に移住する人の数の多さに目が留まる。移住した理由は、家族の引っ越しによるが37・4％、教育のためが19・1％、次いで業務上の異動が12・7％であり、雇用の確保を理由に移住した人は21・5％とあり、都市生活者の農村部への移住の理由も同様であろう。

ちなみに性別における違いは、男性が業務上の異動を理由にする人が20・5％であるのに対して女性は5・2％であった。逆に結婚のためを理由で挙げる人は男性ではほぼ居なかったのに対して女性では8・7％が理由に挙げていた。

このデータを見る限り一過性の流れとして都市部に人口が集中しているわけではないと言える。しかしながらティンプーに限っても都市部周辺の宅地化（ベットタウン化）が進む中、一概に農村部＝農地利用とは言えないであろう。

また住民登録をしている人が居住しているとは限らないことが統計と現実とのギャップを招いている可能性がある。２０１３年の国政選挙の際、投票を行うために多くの都市住民が大挙して地方に移動し、投票を行ったことは記憶に新しい。

その理由は、投票行為は住民登録をしている場所でした投票の登録ができないためである。ブータンは住民登録を行う場所に戸籍を置き、居住地には一切登録を行わない。土地税などの税金は住民登録地で支払う直接税とされているため、先述の地区事務所の事務官が徴税に苦労するような時代が発生する。

逆に言えば、現在住んでいるところの公共サービスに対して税金を支払っていないのである。ごみ収集や排水処理など都市化に係る行政コストは居住人数に応じて上昇する。これでは都市部の自治体は居住人数の割には財政難になるのは自明の理である。

ちなみに２０１５年度統計で人口約12万人のティンプー市で発生するごみの量はパロ県及びシェムガン県で発生するごみの総量とほぼ同量で、ルンツィ県のごみの総量の約13倍である。また一日一人当たりに直すと約１７４グラムで２０１６年度の札幌市の廃棄ごみの一日一人当たり３８６グラムよりはまだ少ない。

話は変わるが、１９９０年代は多くの公務員は年齢を問わず「公務員が

表　居住地における出身地別人口割合

現在の居住地	出身地		合計（%）
	都市部	農村部	
都市部	44.8%	23.8%	68.6%
農村部	23.1%	6.3%	31.4%
合計	69.9%	30.1%	100%

出典：2017 Population and Housing Census of Bhutan（PHCB）National Report

嫌になったら地元の村に戻って農家を継ぐ」という。また実際に農業へと転職した公務員の知り合いも少なくない。

彼らの多くは、幼少期に両親の農作業を手伝った経験を有しており、また季節の節目節目には地元のコミュニティに顔を出し、離れて住んではいても気持ちは地元農村にあるような人が多かったことを思い出す。

近年、子供が農業に触れる機会が減っている。遠隔地より学校に通う子供の多くは学寮で暮らし、その自由時間は仲間と交流、もしくは勉強に費やしている。通いの子供たちも宿題に追われ、農作業を手伝う姿も見かけなくなった。

政府は農業の重要性を若者に訴えようと様々な啓発事業を実施しているが月給制、ホワイトカラー、できれば公務員を目指す若者が圧倒的になり、その就労の機会は自ずと都市部にあるため、若者は農村を後にする。

２０１６年のクエンセル誌によると「ツィラン県におけるツェチュを行うのにあたって10人のマスクダンサーが足りない」との記事があった。彼らは踊りの練習時間が農繁期と重なるため、働き手が足りなくなるため、子供たちを踊り手として提供できないとのことであった。このように祭りの時期にツェチュの踊り手が足らないケースが東ブータンの農村を中心に散見している。

ちなみにツィラン県のケースは踊り子に支払われる1時間１５０ニュルタムの給与を倍の３００ニュルタムにしたところ踊り手が集まったとのことであった。

ちなみにＢＢＳの記事によれば、１９９１年には一家族当たり６人以上いた子供数が２０３０年には二人未満になるとのNSBの予測を取り上げている。これによると２０３０年のブータンの人口は88万６０００人、人口構成は65歳以上の高齢者の人口より15歳以下の子供の人口が少なくなる予測である。

トプケイ首相（当時）はこの予想を受けて「少子化は世界的傾向であり、予測より早く進むであろう。子供を産むことを恐れてはいけない、子供を育てるのにかかる社会的費用の多くは無料である」と語った。人口減少が深刻な問題として多くの先進国で受け止められていることを受けての発言であろう。子供の数が減りつつあり、しかもその子供が農村に定着せず、農業に従事しない。とはいえブータンの就労者の6割以上が農業にその生計を支えられている。今後は一定数の労働人口が農業に新たに従事しないと、その生活基盤を含めた維持は難しいであろう。

農村に人がいなくなることは、単に農業従事者が少なくなるだけではなく、耕作放棄地の増加、これに伴う灌漑設備の未補修による水源の枯渇、森林火災被害（特に東ブータン）の増大、先述の野生動物による食害など、農村の生活基盤をじわじわと侵食しつつある。

かかる事態を受けて、ブータン政府は雇用促進に向け、地方での起業を促し、農村の活性化、並びに農村における就労機会の開発、それに伴う若者の就労対策を意図した政策を考えている。具体的には２０１８年1月より零細・家内産業（Small & Cottage Industries：ＳＣＩ）向けの農業及び非農業小規模零細産業分野において、王立通貨庁（ＲＭＡ）は市中銀行経由で無担保優遇レートでの融資を促そうという制度を始めた。

これはＰＳＬ（Priority Sector Lending：優先貸付セクター）と言われる制度で、借入希望者は、投資のタイプに応じて最大1000万ニュルタムまで借入れが可能である。農業セクターは無担保ながら作物保険、非農業セクターはキャッシュフローに基づき、火災保険や盗難保険に入ることが融資条件となる。

農業セクターは農業一次産品の生産に加え、加工、包装、販路調査、販売等の付加価値活動も含み、非農業セクターには製造業やサービス業を含む。それぞれ金利は農業セクターが8%、非農業セクターが8・5%、その申請上限金額は1000万ニュルタム（約1900万円）で申請は携帯電話でできるとのことである。

金融アクセスの多様化は今まで資金不足により事業拡大や新規投資ができなかった事業者にとっては朗報であろう。しかし、事業の計画や実施方法、金融リテラシーの改善も同時に行わない限り、投資効果は低いのではないか。

近年では島根県海士町（あまちょう）とブータンとの交流が活発になっている。お互い学び合うことでブータンの農村が持つ価値がブータン人に再発見され、農村発ビジネスが盛んになることが期待されている。

海士町といえば「何にもないが何でもある」をスローガンに町おこしを行っている日本の好事例である。海士町の第四次総合振興計画では価値の視点を金銭だけではなく、生活基盤全般に広げ、都市部と農村部の違いを明確にし、人の嗜好に合わせた選択肢を提供することを提案している。この生活環境の違いを貨幣価値に結び付ける手法をブータンの研修生たちは学んでいるのである。

Ⅵ

国際関係

37

消失していった近隣王国

――★シッキム、チベットの消滅からブータンが学んだこと★――

ブータンは西・東・南をインド、北を中華人民共和国（以下中国）と、二つの国と国境を接している。まさに相敵対している大国に挟まれた小国といった感がある。

しかし、1950年代の状況は現在とは違い、北はチベット王国、西はシッキム王国、南はイギリス領インド、東に至っては国境が定まっていなかった。

「天然の要塞」、「ヒマラヤ山脈」、「ヒマラヤの桃源郷」という言葉が示すように、ブータンは一見時代の流れとは無関係に、紛争とは無縁の地域に見える。しかし、時代とともに突然否応なく、国際舞台の表舞台に立たされる、そのような運命を持つ地域である。そういった地勢条件を持つヒマラヤ3王国（ネパール、シッキム、ブータン）は数奇な運命を辿って来た。

カシミールからネパール西部に至る西部ヒマラヤ地方には、かつて多くの王国が存在した。クーチ・ビハール藩国、ラダック王国等である。この地域は歴史的に南アジアと中央アジアとの中継点の役割を果たし、かつ両文化の緩衝地帯として、双方の政治や文化の影響を受けてきた。

それとは対照的にブータン、シッキムを中心とする東部ヒマ

第37章

消失していった近隣王国

ラヤ地方は、南北の交易路はあるものの、基本的に南からの政治文化の影響はほとんど受けず、主に塩、米、唐辛子等農産物の交易を通じてチベットとの交易を行っていた。また政治的にはチベット仏教の影響もありチベットの動向は東部ヒマラヤ地方に大きな影響を与えた。

ブータンの位置する東部ヒマラヤ地方においてインドからの影響が少なかった理由を、「ブータンとインドの間に横たわるタライの樹海と呼ばれる熱帯雨林が横たわっているからではないか」と栗田靖之は述べている。タライの樹海はアッサム一帯とあわせてマラリアをはじめとする伝染病の蔓延する地域であったことも影響しているのであろう。

１９５９年まではブータンにおいての伝統的な結びつきはチベット中心であった。しかし、１９５９年３月17日のダライ・ラマのラサ脱出をきっかけに、チベットを併合した中国を恐れたブータンは大きくインド重視政策へと変更したのである。

次にブータンと関わりの深かったシッキム王国とチベットについてその歴史的背景と、両国の消滅がブータンに与えた影響を分析する。イギリスもインド統治時代と合わせて関わりは深いがその言及は他の文献に委ねることとし、インドに関しては第40章に記述する。

ブータンに最も関わりの深かった国はシッキム王国である。今でも多くのブータン人は現インド領であるシッキム、アッサム州のドゥアール地方、アルチャナプラディシュ州、クーチ・ビハール州を含めて自国の一部のような言い方をするときがある。

地形的に見ると、シッキム地域はティスタ川の流域と一致するとドゥピス（Dupis）は述べている。「その南端（ダージリン、カリンポン）はベンガルと結びついている。シッキムとブータンの間にはチベットが突起のよう（チュンビ谷のこと）に一部出ている」とその地勢を説明している。

ネパールとブータンにはさまれた位置にあるシッキムは、かつてはヒマラヤ三王国の内の一つであった。１９７５年当時の人口約21万人、面積２８００平方キロメートルの小さな国であった。この国は現在、我々が見る地図には国としては記載されていない。その理由はシッキムは１９７５年９月４日にインドの一つの州になってしまったからである。

「平和と幸福の国」という意味の名前のシッキム王国は、その名前とは裏腹に、中国とインドの国境紛争の大きな拠点の一つであった（沖允人「シッキム冬の旅」、『ヒマラヤの桃源郷』日本ヒマラヤ山岳協会）。もともとチベットとの政治的・文化的に関係が深かったシッキム王国は１６４１年から12代に渡って王族が国を支配してきた。

１９５３～56年の間、シッキムのカリンポンに在住していた中根千枝によると、「シッキムはチベットの貴族階級出身の僧侶が来て、その仏教心を背景に王となった」のである。つまり宗教上権力がある人間が政治を行いシッキムを統治していた。

シッキムは古くからチベットのラサとインドのカルカッタを結ぶ交易路の中心的な場所として存在していた。シッキムの国土はヒマラヤ山脈にありながら、ブータンと比べて比較的高度が低く、地勢的にヒマラヤ山脈に突き刺さったサイの角のような形状をしている。

ブータンを通行してチベットへ向かうルートはマラリア蚊が多く、またその道も濁流に沿っており崩れやすく、標高が高い道しかない。しかし、シッキムとチベットとの間には容易に超えられる峠が幾つもある。このことが両国の運命を分けた。つまり英国は対ロシア戦略の駐屯地としてブータンではなく、比較的通行しやすいシッキムを選んだのである。

1975年4月14日にシッキム王国では「王制の廃止ならびにインドとの併合」を問う国民投票が行われ、5万9631票の賛成票に対して1496票の反対票という圧倒的な大差で、インドの22番目の州になることが決まった。

これを受けて4月17日には当時のガンジー首相が、シッキムを正式にインドの州にするための憲法改正案を出す話し合いを野党とした。その5日後の4月23日に、インド議会はこの改正案を圧倒的多数で決定した。こうしてシッキムは1975年9月4日にインドの一つの州になってしまった。

シッキム併合にはそれなりの前段階があった。先ず、1815年に英国の軍隊が援助を口実に、当時ネパールと国境争いをしていたシッキムに介入し、グルカ兵を駆逐した。そして1817年にはネパールとシッキムとの間に国境条約が締結された。

この条約締結によって英国はシッキムに対して確固たる基盤を築き、その軍隊を駐留し続けたのである。1861年に英国はシッキムをインドの保護領とし、インドの政治体制下に置くとともに、シッキム王はインド国内の多くの王侯と同じようにシッキムマハラジャと呼ばれるようになった。

ブータン人にとってシッキム王国は、ネパール王国とは違ってとても身近な存在であった。シッキム王朝はチベットの格の高い貴族であるツァロン家と並んでブータンのドルジ家とは縁戚関係にあった。ブータン現王朝とドルジ家とは深い縁戚関係にあり、今でも現国王の曾祖母はシッキムの民族衣装を常に身にまとわれるなど、ブータン王室から見れば遠い親戚であった。

チベット系住民が支配する側にある王国に、大国の関与の下、異文化の背景を持つネパール系の住民が大挙して移住してくる。そして、世代が変われば人権を楯に、自分達の権利を主張する。チベット系住民の総人口に対する人口比が少なくなればなるほど、自身の独立主権が危なくなる。地勢条件や歴史が違うことは抜きにしても、ブータンにとっては隣国の悲劇は他人事ではなかったのである。

次にチベット王国との関係を簡単に述べる。チベット王国はブータンと宗教や公易ともに深いつながりがある。チベットの一部の貴族階級、ブータン、シッキムの王家は実に複雑に縁戚関係を築いている。ブータンとチベットとの歴史的経緯を考察する上で三つの大きな事件が挙げられる。

一つはインドの高僧、パドマサンバヴァのブータン訪問と、一つはンガワン・ナムゲルの移住、そして最後は、ダライ・ラマのインド亡命に伴う多数のチベット人の流入である。

宗教的な観点から見ると、チベットとブータンは切り離して考えられない。古くからチベットの宗派の覇権争いにブータンは巻き込まれてきた。747年、ボン教が中心であったブータンにパドマサンバヴァがチベット仏教の古派であるニンマ派を伝えたのである。

他には12世紀になってカーギュ派の一派、ラ派のラマ僧達がゲルグ派の迫害から逃れるためにブータンへやってきた。これ以降5世紀にわたってブータン国内では両派は権力争いを繰り返した。

次の転機は1616年に、チベット仏教カーギュ派の一支派であるドゥック派（Drukpa）の高僧ンガワン・ナムゲルが、チベットからブータンに亡命したことが挙げられる。

当時のチベットはツォンカパによるゲルグ派の勢力が次第に強まっており、ドゥルック派の本山のあったラルン・ガル寺院にまでゲルグ派の勢力が押寄せていたのである。その上ドゥルック派は二人の転生仏の間で権力争いが起き、その内の一派が高僧ンガワン・ナムゲルだったのである。

第37章
消失していった近隣王国

最後の大きな事件は、ブータン人に中国人に対する憎しみと恐怖を抱かせたチベット併合である。公式には「チベット国」は中国がその存在すら認めていないため、消滅や併合という言葉を使うことには問題があるが、事実上中国のチベット実効支配である。

１９４９年10月1日、中華人民共和国の成立以来、中国はチベットの領土をいかに自分のものにするか策を練り、あらゆる手を使った。１９５９年3月、ダライ・ラマ達は中国に抵抗した。しかし、チベット国民、政府の抵抗は武器の質量はもとより、軍隊としての力においてとうてい中国にかなうものではなく、１９５９年3月17日、ダライ・ラマはラサを去りヒマラヤを越えてインドへ亡命した。こうして事実上、チベットは中国の占領下に置かれたのである。

文化的にもチベットと近いブータンは、このことを他人事とは思えず、宗派の違いはあったものの、ゲルク派のチベット人の国内通行を認め、一時的な定住を容認した。

そうして居住権を与えられたチベット人はあるものはインドへ亡命し、あるものはブータンに残った。現在、街で商売をしているものの多くはこの時にチベットから来たのであり、現在では難民二世、三世がブータン人として生活をしている。

またヒマラヤ三王国のひとつであったネパール王国は２００1年6月のネパール王族殺害事件に端を発した国内の混乱によって結果的に２００８年5月28日、王政を廃止し新たな政体を連邦民主共和制とした。ここにネパール王国（ゴルカ朝）は終焉を迎えたのである。

このようにチベット、シッキムの二王国は他国に併合され、ネパールは王制が終焉したのである。

38

西岡京治のまいた種

★親日国の歴史に刻まれる一人の日本人★

ブータン人は日本人に好意と親しみを持っている。それは、日本人がブータン人と同じような容貌、習慣を持っていることも一因ではあるが、日本政府がＪＩＣＡを通じて実施している経済協力事業がブータンの国民に高く評価されていることが大きく関係している。

２０１５年度の対ブータン主要援助国統計（支援金額ベース）では日本がオーストラリアやスイスを抑えて1位である。（ＯＥＣＤ ＤＡＣに加盟していないインドを除く）加えて、国連、世界銀行、アジア開発銀行などを通じての協力も増える傾向にあり、ブータン国のわが国への期待は高まる一方である。経済協力面での日本とブータンの関係は、現状、極めて良好である。

ここで、ブータン人にダショー西岡と認知されている西岡京治について説明する。氏は1９６４年にコロンボプランによってブータンに派遣されたＪＩＣＡの農業専門家（故人）で、１９８０年に現国王によりダショーの称号を授与された人物である。現在でも外国人でダショーの称号を正式に授与された者は、西岡以外いない（注：ダショーとは英国のサーの称号にあたる尊称）。

西岡専門家がダショーを授与された理由は、パロ谷やシェムガンを中心とした献身的で精力的な活動が評価されたことにある。西岡の活動は、遅れていたブータンの農業に革命をもたらした。具体的には、主食である米の品種改良及び収量の増産、野菜を中心とした換金作物の育成、水田の区画整備、農業の機械化など、今でもその多方面にわたる活躍は伝説となっている。

次に、両国の交流の歴史に話題を変える。政府同士が交流を始めた最初は1971年9月、ブータンが198番目の国連加盟国になるのに際して、わが国が共同提案国となったことに始まる。その流れを受けて、1986年3月28日にブータン国とわが国は外交関係を樹立した。

しかしながら、現在、両国間には大使館はなく、日本政府のブータンに係る大使館業務は、在インド日本大使館が兼轄し、他方、ブータン政府の日本に係る大使館業務は在インド・ブータン大使館が兼務している。

またブータン要人の訪日の際の便宜供与の一部は2010年4月に設置された東京、大阪、鹿児島の3カ所に所在するブータン王国名誉領事館が行っている。

ブータン王室とわが国皇室との関係に触れると、その関係は極めて良好で、1987年3月には、徳仁親王殿下（現皇太子殿下）がブータンを訪問され、ブータン国民の大歓迎を受けた。特に、皇太子殿下がブータンの国技で

故西岡専門家が作った農業機械化センター

ある弓に挑戦されたことは多くのブータン人に好感をもって受け入れられた。

また、1989年2月の大喪礼及び1990年11月の即位の礼に際しては、元首たるワンチュック国王が訪日したことは多くの日本人にブータンという国を強烈に印象づけた。伝統の民族衣装を身にまとい、若くてハンサムな国王の存在は参列者の中で多くの日本人の注目を集めた。

国王は日本に滞在中、多くの途上国関係者が大喪の礼への参列の機会に、日本政府に対して一切その手の話をせず、国交樹立以前にブータンに対して深い思い入れを示した元カルカッタ総領事の故東郷文彦の自宅を訪問したことは、恩義を重んじる国王の一面を語るエピソードである。

1997年3月には、ブータン国王の招待により文仁親王（秋篠宮）同妃両殿下が、ブータン国交樹立10周年を記念してブータンを公式訪問し、ブータン国民の大歓迎を受けた。また、2017年6月にはブータン政府の招待により、秋篠宮家眞子内親王殿下がブータンを訪問され、「ブータン花の博覧会」開会式に主賓として参列された他、ティンプー及びパロにおいて様々な行事に出席された。このようにブータン王室と日本の皇室の関係は、両国外交の大きな柱となっている。

話を開発協力に戻すと、ダショー西岡の派遣に始まった経済協力も、以後多くの分野で実施されてきた。2016年度の日本の支援実績（支出純額ベース）として「国道一号線橋梁架け替え計画」や「第二次救急車配備計画」などの無償資金協力13・79億円、技術協力14・98億円の実績があり、有償資金協力としては2007年4月にはブータンへの初の円借款となる「地方電化計画」（約35・76億円）を供与、2011年6月には「地方電化計画第2フェーズ」（約21・87億円）に関する交換公文に署名を行い実施された。

防災分野では、ブータンヒマラヤにおける氷河湖決壊洪水に関する研究プロジェクト、社会保障分野では、職業訓練校の質的強化プロジェクト、情報通信技術分野では、国営放送能力強化プロジェクトが実施された。

農業分野では、東ブータンにおいて２０００年より個別専門家の派遣、２００2年より「地域農業・農道開発計画調査」における開発調査団の派遣を実施し２００4年6月より5年間、東部2県農業生産技術開発・普及支援計画プロジェクトが開始した。このプロジェクトではルンツィ、モンガルの2県においてパイロット的に活動を行い、地域に合った稲、野菜、果樹の品種及び栽培法の試験・普及に関して、様々な活動が行われた。

この後継案件として２０1０年より5年間、園芸作物研究開発・普及支援プロジェクトが東部6県（モンガル、ルンツィ、タシ・ヤンツェ、ペマ・ガツェル、タシガン、サムドゥプ・ジョンカ）にて行われ、東ブータンの農家の生計向上に大きく寄与したのである。現在は活動の舞台を東ブータンから中央・西ブータンに移し、２０1６年より5年間の予定で中西部地域園芸農業振興プロジェクトを実施している。

またガバナンス分野への協力としてＪＩＣＡは、地方行政における住民の行政参画を促進するために２０1５年から住

第一次橋梁架け替え計画ビジー橋（トンサ県）（写真提供 JICA ブータン事務所）

民関与を目指した地方行政支援プロジェクトを実施してきた。これらの取組みを礎に、ブータン政府は2018年7月から始まる第12次五カ年計画において、地方分権化の強化を打ち出している。

また草の根協力型の民間協力事業では、古くは、1986年から30年以上にわたる島根県三隅町(現在の浜田市)による手すき紙の技術指導と友好交流の関係がある。最近では社会福祉法人佛子園によるタラヤナ財団に対するソーシャルインクルージョンによる障がい者支援プロジェクトの実施や、甲南大学によるシンカル村における住民共助による生活基盤の継承・発展事業が実施されている。

また公益社団法人日本環境教育フォーラムによる観光開発協力や、一般財団法人日本環境衛生センターによるティンプー市に対する廃棄物処理の技術協力が挙げられる。このように多様な主体がブータンの直面する課題と向き合っているのである。

ブータン政府は、自国の開発に手を貸したいと要望する国があっても、開発パートナーとして真に同国民とともにという基本姿勢がない限り必ずしも協力を要請しない。協力を求める側にも国を選ぶ権利があるという考えがあるからである。欧米系のボランティアや専門家の数が減少する傾向の中で、日本人の開発協力関係者の数が減らないのは、ブータン政府が、日本人の相手の立場尊重しながら地道に仕事をこなす姿勢や気質を高く評価していることにある。

もちろん、こうした日本人の中に、正式に国交が結ばれる以前から学術調査等で入国し、その後の両国の関係に尽力をつくした人々、例えば、植物学者で大阪府立大学教授であった中尾佐助、国立民俗学博物館で長らく教授を務めた栗田靖之、ブータンの国立図書館に顧問として10年間滞在したチベット学者の今枝由郎などブータンの名前を日本に広めた功労者の存在も忘れてはならない。

また、ブータンとの友好の架け橋である日本ブータン友好協会の存在も大きい。国交樹立以前から友好協会は日本側の窓口として機能しており、現在でもブータン人の受け入れや諸々の公式行事等で大きな役割を担っている。

日本ブータン友好協会は、1981年に初代会長として桑原武夫京都大学教授が就任、その後は、代々、ブータン国を兼轄していた在インド日本大使など元大使級の人物がその役職を引き継いでいる。このように西岡専門家がまいた友好の種は大きく育っているのである。

中西部地域園芸農業振興プロジェクト農家研修（写真提供 JICA ブータン事務所）

のちに西岡専門家夫人は毎日新聞にて「ブータンでは、夫の後継者たちが活躍する。一緒にジャングルを切り開き、農場を作った夫の背中を見てきた当時の若者が、農業をもっと詳しく知ろうと懸命に学び、一人前になった。ブータンは開発が進み、ティンプー市街地には道路網も整備されて昔の面影はない。もう子供たちの世代は「ダショー・ニシオカ」の名前も知らない。だが、夫の情熱がブータンの人たちの心の中に生き続ける」と語っている。

こうした西岡専門家の姿勢、ブータン人への関わり方は、今もブータンに関わる日本人関係者の姿勢に大きな影響を与えている。ダショー西岡のまいた種はブータン人のみならず日本人の心の中にも生き続けているのである。

39

日本のODAが果たした役割

★日ブの懸け橋となったJICAボランティアたち★

ブータンとJICAボランティア、特に青年海外協力隊との縁は深い。例を挙げれば、ブータンの主なゾン、バスターミナル、地方の都市計画、寺、公共施設の設計もしくは工事管理、電話・通信網の整備などに多くの協力隊員がかかわってきた。

現在も、各官公庁、国内の大学、小中高学校、病院、農業試験場など国のあらゆる公的機関やNGOにJICAボランティアが派遣され、その技術指導を含む人材育成や制度設計、業務支援などを行っている。

東日本大震災を見舞に2012年11月に日本を訪れた五代国王は天皇主催の晩さん会前の過密スケジュールを縫い、かつてブータンに派遣されていた多くのJICAボランティアと会い、その中の一人の女性に頭を下げ話しかけた。

「先生、お久しぶりです。本当に先生にはお会いしたかったです」

現国王が皇太子であった1993年頃、通学するヤンチェンプー高校に青年海外協力隊員が体育教員として派遣されていた。その際の彼女の呼称はGame Teacher（ゲームの先生）、体育はレクレーションとの位置付けであり、通常のカリキュラムにはない選択科目であった。

詰込み授業中心の教室型授業と違った体育は子供達に好評で、青空の元、子供たちは授業の一環として汗を流した。半面、生徒の中には学業成績がつかない体育教育は意味がないと考える生徒も存在するなど、体育指導には難しさがあったと聞く。

こうした状況にも関わらず皇太子と普通の子を区別なく、平等に指導したその体育教師は、1995年の国王誕生日（第四代）の式典で披露されたマスゲームの振り付け指導を行うなど、教育関係者のみならず、多くの皇族よりもその手腕が評価された。

2000年に保健体育は選択可能な教科としてカリキュラムに加わり、体育隊員の派遣は増えていったが、まだその認知度は高いと言えなかった。その状況を大きく変える転換点となったのは2010年12月28日～30日、ティンプーの時計台前広場やチャンリミタン競技場等で開催されたJICAボランティアによる「体育祭り」であった。

この体育祭りは当時ブータン全土に10人強派遣されていた体育隊員の発案で、体操、サッカー、陸上競技、縄跳びなどの模範体育授業の実演が行われ、その模様の一部はBBS（ブータン国営放送）のTV中継によって全国に放映された。

特にブータン人をあっと驚かせた出来事は体育祭りの最終日に時計台前広場で行われた「隊員が軽自動車を跳び箱代わりに飛び超える」パフォーマンスであった。「人が車を飛び越えることができるのか……」教育大臣を含む多くの集まった聴衆は、その大胆なパフォーマンスに驚いた。

「あの時飛び越えた軽自動車は、みんなで自動車修理工場から坂道を押して運んだんですよ。協力

体育隊員の活動風景（写真提供 JICA ブータン事務所）

隊員は運転禁止ですから」体育祭りに関わった隊員の一人は当時を振り返って言った。

このできごとの後、いったん下火になりかけた体育教育はその重要性を広くブータン国内に認知されることとなった。2016年には、シニア海外ボランティアと学校派遣の協力隊員の協働により、幼稚園年長から6年生までをカバーする体育指導要領がブータンで初めて整備され、2018年1月、ブータン教育省は2018年4月から初等教育における体育教育の義務化をその方針に掲げた。

ブータンへの青年海外協力隊員の派遣は、1986年3月28日の国交樹立を受けて1987年4月に青年海外協力隊員の派遣に関する取り決めが両国間で署名され、1988年7月に初代隊員が派遣された。またシニア海外ボランティアの派遣は2001年4月より開始された。

2018年1月の時点でブータンに派遣されたJICAボランティアの累計数は、青年海外協力隊員（JOCV）が445名（男性268名、女性177名）、シニア海外ボランティア（SV）が146名（男性134名、女性12名）の総累計591名である。

青年海外協力隊員の派遣実績分野は2018年2月時点で派遣中の隊員も含めて、人的資源分野

（教員）が一番多く151名（全体の33・3％）、次が公共インフラ分野で82名（同、18・0％）、以下に計画・行政支援分野が71名（15・6％）、保険医療分野が61名（同、13・3％）と続く。

派遣初期は上記の分野に加えて農業分野への派遣が多く、これは故西岡京治氏（コロンボ計画／海外技術協力事業団（現・国際協力機構（JICA）派遣専門家））の農業振興指導を通じ、ブータン農業省と友好な関係を構築してきたことも大きくかかわっている。

また、体育に加え、建築、コンピューター技術などの分野への派遣実績数が多い。建築は1990年代初頭から協力している職種で、職業訓練学校を含む学校建築設計、施工監理、伝統建築物の調査、設計、施工など多岐にわたりJICAボランティアが派遣されている。

ブータンならではともいえる派遣職種は「きのこ」、「地質調査」、「伝統工芸」、「秘書」、「卓球」などが挙げられる。近年は「小学校教育」「農業機械」「看護師」「防災・災害対策」「マーケティング」「柔道」などの要請があるなど、その派遣分野は多岐に渡りつつある。

JICAボランティアはその本来の業務に加え、課外活動においてもその才能を発揮するものも多かった。筆者の先輩建築隊員の一人はブータン全国卓球大会で優勝、別の隊員はティンプーのマラソン大会の女子の部で優勝するなど身体能力の高さを発揮した。また隊員の一人はブータンで作った曲が大ヒットし、その歌は今でもブータン国内で広く歌われている。

2013年9月、国際オリンピック委員会（IOC）総会でのプレゼンテーションにおいて、安倍晋三総理は、スポーツ分野における我が国政府の国際貢献策として、Sport for Tomorrow（SFT）プログラムの具体的な内容を発表した。

中型パワーティラーの講習を行うシニアボランティア（写真提供 JICA ブータン事務所）

ＳＦＴは、２０１４年から２０２０年までの7年間で、開発途上国をはじめとする１００カ国以上の国にスポーツの価値とオリンピック・パラリンピック・ムーブメントを広げていく取組である。このプログラムの一環としてタシガン県、モンガル県で、青年海外協力隊の体育・小学校教育隊員5名を中心に、ブータン王国におけるサッカー普及、及び体育科教育普及を目的としたサッカークリニック（第一回）がブータン東部で２０１７年12月に開催された。その後サッカークリニックは、ブータン西部のハ県・パロ県においては２０１８年4月、ブータン中部のブムタン県を対象に２０１８年5月にも開催された。

また、同プログラムの別の事業として２０１８年3月、先述の「体育祭り」に加わった隊員ＯＢがブータン国内の様々な小学校を訪れて、『体育の楽しさ』を伝えることを目的に日本の運動会を現地で開催する取り組みが行われた。

１９９３年に初めてのＪＩＣＡボランティアが体育分野に派遣されて、２０１８年3月の時点で累計80名がブータンの体育教育に関わってきた。体育教育がブータンに根付き始めている背景にはそれを支えた多くのＪＩＣＡボランティアがいたのである。

体育教育にとどまらず、ブータンのあらゆる分野に日本のＯＤＡは関わり、そして彼らの立場に寄り添い、彼らの考えを尊重し、制度を造り、物を作り、人を育ててきたのである。

40

隣国インドとの関係

★インドに翻弄される社会構造★

ブータンにとってインドは切っても切れない繋がりのある国である。また関係を切られてはブータンという国は経済的に成り立たない。国の行政的な運営にいたってもインド人抜きでは成り立たない。

2016年11月8日午後8時ごろ、インドのモディ首相が最大紙幣1000ルピー（約1550円）と2番目に高い500ルピー札の廃止をテレビ演説で公表した。その4時間後の9日未明には2種の紙幣が法的通貨ではなくなった。

廃止された紙幣は2016年12月30日まで口座への預入及び旧紙幣の新紙幣への交換が可能であるとのことであったが、交換に関しては一日当たりの交換上限金額が設定されたが、新紙幣が不足していることもあり、インド国内は2カ月ほど大混乱に陥った。

国家外貨準備高の30%（約270億ニュルタム）をインドルピーで保有していたブータンも大きな衝撃を受けた。また、国家同様、輸入業者や一般市民もが大きな影響を受けた。

のちほどインド政府はブータン、ネパール両政府に対して、両国において流通しているインドルピー札の交換に関しては特例措置を講じたが、多くの国民が何らかの不利益を被った。このようにインドの政策はブータンに直結することが多い。

2017年6月から約2カ月半にわたり、中国とブータンの国境でインド軍が中国軍と対峙し、一触即発となった。インド、中国、ブータンの国境付近のドクラム地区に関しては中国側が「ドクラム地区は固有の領土」と主張し、軍隊駐留を示唆したため、インドは中国に対抗し、500人以上の部隊を国境に送り、その後方にも1万数千人の兵力を集結させた。

1890年シッキム条約によって中印両国はこの区域の国境を正式に確定しているが、1962年に戦火を交えた中印両国にはなお国境が定まらない係争地があり、ブータンにとっては難しい外交的な舵取りが必要となった。このように両国に挟まれたブータンは地勢的にインドに頼らざるを得ない状況下にある。

ブータンとインドの関わりを簡単に述べると、1949年、ブータンは、独立インドとの間でそれまでブータンが英国との間で結んでいたプナカ条約を踏襲するインド・ブータン友好条約を締結した。このインド・ブータン友好条約の第2条は、「インド政府はブータンへの内政不干渉を約する。ブータン政府は対外関係に関しインド政府の助言に基づき実施することに合意する」旨規定しており、これによりブータン政府の外交政策はインド政府の意向に従うことになっていた。

この条約は2007年3月2日に改正され新しい条約が締結された。新しいインド・ブータン友好条約においては、この外交に関する一節は削除された。これによりブータンは形のうえでは外交上の制約がなくなり、晴れて独自外交への道が開けたのである。

第三代国王の統治時代当初は、インドとの条約関係もあり二国間関係はインドのみに限定し、その他の対外関係も専らインドを介して処理してきた。しかし、１９６０年代に入るとこうした対外姿勢にも変化が生まれ、コロンボ・プラン（１９６２年）及び万国郵便連合（69年）に加盟し、１９７１年には国連加盟を果たした。

しかし、現在でもインドとの関係は密接である。特にインドの支援で建設されたチュカ水力発電所で生産された電力のインドへの売電が総輸出の3分の1、政府予算の7分の1を占めている。

歴史的観点から、両国の関係を見てみると、ブータン外交政策のインドに対する位置付けは、中国のチベット占領の前後でその性格を大きく変える。加えてブータンとインドとの歴史は英国との歴史でもあることを記しておきたい。

チベット動乱前、インド・ブータン両国は戦争を繰り返していた。18世紀頃のブータンの南側国境線は現在の国境線より遥かに南であった。その範囲は現在のインド・アッサム州の一部であるドゥアール地方にまで及んでいた。

両国の間には第1次ブータン・イギリス戦争、ドゥアール戦争の2回の戦争があった。

レオ・ローズによれば、英国はブータン経由のインド・チベット交易にブータンが参加するのを嫌がったため、ブータンとの争いとなり、１７７４年4月25日、チ

ブータン前国王とインド首相バジパイ（2004年、写真提供 クエンセル社）

ベットのパンチェン・ラマ仲裁のもと、条約を締結し講和に至ったのである。しかしこの条約も1780年のパンチェン・ラマの死去に伴い失効した。

1837年にイギリスのペンパートン大尉の大型使節団がブータンを訪問し、英国側から一方的に年貢を要求した。これが引き金となってインド・アッサム地方での断続的な衝突が起こり、1864年11月〜1865年11月の第2次ブータン・英国戦争が勃発した。この際チベットは一切この戦争に関与しなかったとベル・チャールズは述べている。

この戦争の結果、1865年11月11日、両国はシンチュラ講和条約を締結した。その内容は、①ブータンはドゥアール地方のすべての権利を放棄する、②インドとブータンの二国間貿易の無関税化、③犯罪人相互引渡し、④領土割譲の補償金として、インド政府から毎年5万ルピーが与えられる、などである。

この際権利放棄させられた領土の多くは今のインド・アッサム州及び西ベンガル州に位置し、アッサム茶のプランテーションになった。またこの補償金に関しては後にインドの独立に伴って締結されたインド・ブータン友好条約によってインド政府に引き継がれた。

次の大きな転機は20世紀の初頭である。ブータンはこの時、英国の脅威に対して、英国側につくしかないと判断し、当時のトンサのペンロップであったウゲン・ワンチュックは積極的に英国に協力し、ラサへ同行するとともに、英国とチベット間のラサ協定締結交渉に大きな役割を果たした。この功により「ナイト・オブ・コマンダー」の勲章を得たのである。

1907年、英国はウゲン・ワンチュックに対して「ブータン国王になるべき」と後押しをし、ウゲン・ウォンチュクは1907年12月17日、宗教界、世俗界の双方から推挙されブータン王国の世襲君主となった。この時点でブータンは現王朝として独立したと言える。

当時英国が緩衝地帯に望んでいたことは、自治国家群の存在であり、英国が内政には関与せずに外交に関して実質的に影響力を行使できる国であった。このことがブータンと英国との間に締結されたシンチュラ条約を修正した形の1910年1月8日のプナカ条約（Treaty of Punakha）の理念となっている。この時、世界情勢は、1910年ダライ・ラマ13世の亡命、1911年中国革命、1912年ダライ・ラマ13世ラサ帰還、1945年第二次世界大戦終戦、1947年8月インド独立と大きな変動を繰り返した。

1949年8月8日、ブータンは英国と結んだ条約と本質的には同じ条約を独立間もないインドと結んだ。これがインド・ブータン友好条約である。

内容は第2条に、「インド政府は、ブータンの内部行政に干渉しない旨約束するとともに、ブータン政府は、その外部関係についてはインド政府の勧告に従うこととした」との記載がある。この条項に関してのブータン側、インド側の解釈の違いが以後の微妙な立場に対して影響してくるのである。

チベット動乱後の話に移るが、1959年、チベットで動乱が起き、中国軍がチベットに介入・占拠、ダライ・ラマ法王がインドに逃れるという一連の事態がおきた。この事態をブータンは国家の存立に関わる大事件と認識した。ブータンが国家として存立していくには国際社会から承認された存在でなければならなかった。

栗田靖之は「このことはインドにとって安全に関わる問題であった。そのために、インドはブータ

表　ブータンの五カ年計画におけるインド政府供出金の割合

五カ年計画年度	予算総額（億 Nu）	印政府供出金額（億 Nu）	割合（%）
第 1 次五カ年計画（1961-1966）	1.07	1.07	100.0
第 2 次五カ年計画（1966-1971）	2.02	2.02	100.0
第 3 次五カ年計画（1971-1976）	4.75	4.26	90.0
第 4 次五カ年計画（1976-1981）	11.06	8.53	77.0
第 5 次五カ年計画（1981-1987）	44.40	13.40	30.2
第 6 次五カ年計画（1987-1992）	95.00	40.00	42.1
第 7 次五カ年計画（1992-1997）	235.00	75.00	31.9
第 8 次五カ年計画（1997-2002）	400.00	105.00	26.0
第 9 次五カ年計画（2002-2008）	890.00	261.01	29.3
第 10 次五カ年計画（2008-2013）	1490.00	340.00	23.0
第 11 次五カ年計画（2013-2018）	2130.00	500.00	23.0
第 12 次五カ年計画（2018-2023）	3350.00	450.00	13.4

出典：新聞 “The Bhutanese” の報道資料他、第 12 次五カ年計画に関しては未確定

ンの開発に積極的に手を貸すこととなった」と分析している。

1959年インドのネルー首相は「ネパール・ブータンに対する攻撃はインド領内に対する攻撃とみなす」と宣言し、インドの安全保障体制はヒマラヤの麓の全地域に拡大されたのである。こうした安全保障上の背景の下に、1959～60年に中央ブータンとインドを結ぶ主要な道路建設を含んだいくつかの経済援助協定が締結された。

1960年ブータンはインドに先駆けて、対中国政策としてチベットとの交易を全面禁止した。1963年にインドとの道路が開通するまで、この政策はブータンに高い代償を与えた。

そして1961年にブータンの第1次開発五カ年計画（1961―66）が、インド政府の計画委員会によって策定され、実施された。これらの主要な目標はインフラ整備であった。つまりインドにしてみれば中国との国境紛争に対する予防線を張ったことになる。

1962年、ブータン政府の要望に応じた形で、インド政府はブータンをコロンボ・プランの一国

として推薦し、加盟に漕ぎ着けた。インドがブータンを国際社会に登場させることによって自国と中国との間に残る暫定国境マクマホンライン（実効支配はインド）を巡る国境線争いに一石を投じた。

中国との国境問題を抱えているインドにとって政治的に安定している親インド国であるブータンは貴重な存在である。ブータンという国家が存在する限り、インドは暫定国境マクマホンラインを事実上の国境として主張できるのである。

インドの目論見に乗じて、ブータンはこれを機に、１９６９年の万国郵便連合加盟、１９７１年の国連加盟、同年ＥＣＡＦＥ（アジア極東経済委員会、現在のＥＳＣＡＰ）に加盟、１９７３年には非同盟諸国のメンバーになるなど、着実に対外的な独立国としての基盤を築いてきたのである。

２００７年のインド・ブータン友好条約の改正を受けて外交政策におけるインドの関与を薄めることに成功したブータンだが、その政策選択を一歩間違えると、隣国インドからの嫌がらせのようなしっぺ返しが来る。近年もインドに１００％依存しているプロパンガスの共有を突然数週間にわたって止められることもある。

自立したいが、自立させてもらえない、こうしたジレンマを抱えるブータンは、これからもインドに翻弄され続けるのである。

41

SAARC諸国とのつながり

★インドの脅威に足並みの揃わない南アジア諸国★

ブータン国民にとってＳＡＡＲＣ（南アジア地域協力連合（South Asian Association for Regional Cooperation））はなじみが深い。

ここでＳＡＡＲＣにおけるブータンの立場を理解する上での重要なポイントを挙げると、ブータンにとっては経済的にインドを含むＳＡＡＲＣ諸国は重要であったとしても、相手にとってブータンが重要な国とは限らないのである。

わずか７カ国の南アジアであるのに、「南アジア主要5カ国」という呼称を見かけることがある。つまりモルジブとブータンの両小国は常にその国力、経済力、人口などにおいて他国より規模が小さいため「主要」ではないとされることがある。

しかし、ブータンは２０１７年12月においてＧＤＰの成長率は１番であり、２０１８年度のＩＭＦ予測によれば、インド、ネパール、バングラデシュより「一人当たりのＧＤＰが高い」のである。よって、これらの国からの生活物資の輸入は多く、都市部住民のみならず、農村住民も、特にインド、バングラデシュ製の製品に対して「安い」という感覚を持っている。

また、ブータンでは国が定めた一日の最低賃金レートがインド人労働者にも適用されるため、多くのインド人労働者は同じ仕事でインドの日給の約2倍もらえるブータンで働くことを希望している。

南アジアはその人種や自然環境の多様さ、文化、民族、宗教の多様さでは他に類を見ない。SAARCは総面積513万平方キロメートル、人口は約16億4500万人に及ぶ巨大な地域協力連合である。ちなみにこのうちインドは一国で総面積の約64%、人口の約75・2%を占める。

SAARCは1980年にバングラデシュのジアウル・ラーマン大統領が行った提案に基づき、南アジアにおける比較的緩やかな地域協力の枠組みとして1985年12月8日にバングラデシュにおいて正式に発足した地域協力連合である。

その加盟国はインド、バングラデシュ、パキスタン、ネパール、モルジブ、スリランカ、アフガニスタンにブータンを加えた8カ国である。このうち発足時の加盟国はアフガニスタンを除く7カ国、アフガニスタンは2007年4月に加盟した。

SAARC憲章によればSAARCの主目的は、「南アジアの諸国民の福祉の増進、経済成長、社会的文化的発展の促進、経済・社会・文化・科学技術の分野における協調の促進、国際フォーラム等での共通利益の推進」などである。

SAARCの意思決定は、隔年開催される首脳会議(Summit)を頂点に、年一回開催される閣僚理事会(外相会

表　SAARC諸国の面積と人口

	国土面積（Km²）	人口（千人）
アフガニスタン	652,225	29,160
バングラデシュ	147,000	161,750
ブータン	38,394	797
インド	3,287,469	1,324,171
モルディブ	298	407
ネパール	147,000	26,490
パキスタン	796,000	195,400
スリランカ	65,607	21,030
合計	5,133,993	1,759,205

出典：日本政府外務省HPより参照、筆者作成

首都ティンプーにある SAARC ビルディング

合）（Council of Ministers）、大臣特別会合（Specialized Ministerial Meetings）があり、その会合の準備会合として年に一度、常任委員会（外務次官級）（Standing Committee）、年に二回ほど外務省局長級プログラム委員会（Programming Committee）が開催され、その方針及び重要議決事項が話し合われる。ちなみにプログラム委員会は２０１７年２月現在に第53回目の会合が開催されている。

また、ＳＡＡＲＣではすべての決定は多数決ではなく全会一致により行われる。この点はＡＳＥＡＮの意思決定と同じであり、どの参加国も公平に政策への拒否権を持ちうる。

ちなみに分野別の話し合いを行う会議体として、プログラム委員会の下に専門委員会（Technical Committee）と作業部会（Working Group）が設けられ、より詳細な、技術的な話し合いが行われる仕組みとなっている。

２０１８年現在、専門委員会は農業・農村開発、科学技術、運輸、環境、女性と青少年、保険・人口活動（Health and Population Activities）の６分野に対して設けられている。また作業部会はバイオテクノロジー、エネルギー、情報通信技術（ＩＣＴ）、観光の４部会が設置されている。

これらの会議を運営するためにＳＡＡＲＣ常設事務局（secretariat）は、１９８７年1月17日にネパ

表　SAARC事務局　局長出身国リスト

局名	局長の国籍
人的資源開発と観光局（Human Resources Development and Tourism）	アフガニスタン
農業・農村開発局（Agriculture and Rural Development）	バングラデシュ
環境・自然災害・バイオテクノロジー局（Environment, Natural Disaster and Biotechnology）	ブータン
貿易・金融局（Economic Trade Finance）	インド
社会局（Social Affairs）	モルディブ
情報・貧困削減局（Information and Poverty Alleviation）	ネパール
エネルギー・運輸・科学技術局（ Energy, Transport, Science and Technology）	パキスタン
教育・安全・文化局（Education Security and Culture）	スリランカ

出典：SAARC事務局ホームページより

ール・カトマンズに設置されている。事務総長（Secretary General）1名、その直属として8局があり、局ごとに局長（Director）1名、スタッフ数名の構成をとっており、2018年5月現在では総職員数は61名である。

またSAARCの関連機関としてSAARC仲裁評議会（SAARC Arbitration Council：SARCO）、南アジア大学（South Asian University：SAU）、SAARC開発基金事務局（SAARC Development Fund Secretariat）、SAARC地域標準機関（SAARC Regional Standards Organization：SARSO）がある。ちなみにSAARC開発基金事務局は2010年4月にティンプーに設立されている。

このSAARCは、インドにとっては地域のリーダーシップを発揮する場所として、他国にとってはインドの二国間外交中心政策以外にインドの暴走を抑制する効果が期待されている。本来はインドのスタンドプレイを他のアフガニスタンを除く6カ国で押さえ込もうという意味合いがあったのだが、その6カ国中でお互いの国家間で問題を抱えているため、足並みが揃わないのが現状である。

またアフガニスタンを除く6カ国は、それぞれが直接陸上の国境を接していない。必ずお互いの国に陸路で行くにはインドを経由する必要がある。こうした地勢的な要因もあり、なかなか6カ国が経済的にも政治的にも交流を活発にすることは難しい。

では個別にSAARC各国（インドを除く）との関係を見てみよう。ブータンとモルジブ、スリランカ、パキスタンは歴史的な接点も少なく、貿易や人的交流も少ない。よって、ネパールとバングラデシュに的を絞って考察する。

表　国民一人当たりのGDP
2018年度予測（米ドル換算）

アフガニスタン	601.252
バングラデシュ	1,733.513
ブータン	3,117.847
インド	2,134.752
モルディブ	13,196.665
ネパール	918.986
パキスタン	N/A
スリランカ	4,309.090

出典：IMF データベースによる

ブータンとネパールとの外交関係は1983年に始まった。しかし、1991年以来のブータン国内からネパールへと逃れたブータン難民の問題もあり、両国の関係は良好であるとは言いがたい。

難民問題に関しては、1992年に難民問題についての二国間協議に合意し、1993年から1996年の間に七回もの閣僚級合同会議を行ったが、両国にとって納得がいく結果を得ることができなかった。この会議は1999年に再開され、2004年2月に第一次難民帰還（約6000人）の合意に至ったが、その帰還に関するプロセスは進まなかった。

2007年UNHCRとネパール政府はネパール国内7カ所のキャンプに住む10万7000人のブータン難民の本国帰還への圧力を強めるとともに第三国定住の道も開く、折衷案をブータン政府に提案した。

2010年11月までに4万人の難民がオーストラリア、カナダ、デンマーク、オランダ、ニュージーランド、英国、米国、ノルウェーら8カ国にて定住生活を始め、2015年11月に10万人の難民が海外へと再定住したと発表された。こうした因縁が両国の間にはある。

一方、ブータンから車で5時間ほどの距離にあるバングラデシュだが、現在両国の関係は悪化しつつある。ネパールとは協調路線をとることができる対テロ問題だが、この点に関してバングラデシュとは相容れないことがその最大の理由である。

バングラデシュの首都ダカにブータンの大使館が開設され、両国の関係が始まったのは1980年のことである。首都ティンプーにはバングラデシュの大使館があり、その敷地の中にはバングラデシュ出稼ぎ労働者用のモスクもある。

2004年1月のSAARC合意による自由貿易協定によって、将来的に両国の貿易に対する関税が撤廃され、両国の経済的結びつきは強くなった。ブータンにとってバングラデシュはインドに次ぐ輸出先であり、インドルピーにて輸入代金が払えるためメリットが大きい。

インドからの影響力の排除を狙うブータン政府にとっては、バングラデシュは地理的にも政治的にもパートナーである。バングラデシュにとっても大国インドからの影響力の排除、インド・パキスタンの対立の状況下ではネパールやブータンと協調路線を歩まざるを得ないのである。

42

ブータンで働く外国人

★インド人抜きには語れない外国人労働者事情★

ティンプー、ノルジン通り。平日も夕方にもなると多くのインド人労働者で歩道が溢れる。特に週末日曜日の午後には市場へ向かうインド人労働者で町は溢れかえる。

多くのインド人労働者は建設現場で働いている。ブータンの建設現場は月曜日から土曜日までは一日中仕事で、日曜日のみ午前中作業である。多くの労働者は日曜日の午後になると、店仕舞いをしようとしている野菜市場の人の売れ残り野菜を安く買ったり、映画館で上映されているインド映画を見に行ったりして思い思いの時間を過ごすのである。

これは日ごろ、ゴとキラに目が慣れている筆者にとって奇異に映る。筆者はインド旅行の経験から大量のインド人に見つめられるのには慣れているのだが、大量のインド人を掻き分けて歩いているブータン人の顔は真剣そのものである。

2018年の時点でブータンはＩＬＯに加盟しておらず、しかも自国労働者を保護する法律は2004年度での国会承認を待つ段階にある。従来、外国人労働者の受け入れに関しては慎重であり、内務省の許可が必要である。

元々、ブータンの人は伝統工法の家を自分たちで建設していた。伝統工法は土壁もしくは石壁、木造の柱、梁、屋根でできており、設計も簡単なもので、普通の人でも少し技能があれば建てられる物だった。そしてその建設は地域の住民総出で手伝うべき性格のものだったのである。

それに較べて、鉄筋コンクリートを使った工法は多くの経験と複雑な工事工程、技術的な計算、図面に基づく施工等が必要となる。しかも専門的な技能工を要し、労働者数も伝統工法に較べて多く必要となる。

近年、ティンプーで建てられる多くの建物は鉄筋コンクリート造である。そのため、多くの熟練労働者が必要なのである。ブータン人の熟練工は大工と石工以外はあまり育っておらず、またその数も少ないため、インド人労働者の出番となったのである。

ティンプー市内で働くインド人労働者

ブータン政府としてはインド人労働者を無制限に受け入れているわけではなく、2003年度の通常国会において、インド人労働者の総数を制限したのである。その結果、通常国会では、国全体の外国人労働者受け入れの上限が4万5000人と設定された。そのうち1万5000人は水力発電工事の従事労働者枠として割り当てられており、2015年の資料では4万4700人、2018年現在では推定で6万人の外国人労働者が国内に居住し、毎日8000人から1万人近くのインド人労働者が南部国境を越えて、ブータン国内の企業に働きに来る。これらを合わせるとブータン全体の非農業労働者人口の約30％になる。

インド人労働者の数は内務省が各県ごとに毎月厳しく管理している。ブータンの総人口が公的には分からないのに対して、滞在しているインド人の数は最後の一桁まで把握しているから驚きである。

ちなみにブータンに滞在しているインド人は労働者だけではない。1960年代から1990年代にかけて彼らはブータン政府の機能を支えていたのである。建築技術者や教師、銀行家やコンピューター技術者など様々である。ブータンで仕事をしているインド人の商業組合も組織されている。

ブータンの教育制度は1960年代に確立した。当時は自前の教科書もなく、インド製の教科書を使ってインド人が英語とヒンディー語を使って教育をしてきた。そのインド式の教育方法は賛否両論もあるが、インド人のおかげで成り立っていたのである。

インド式の教育は「ひたすら暗記」である。反復練習による暗記が中心の授業である。また教室運営を乱す生徒に対する制裁はインド人教師のほうが徹底していると聞く。その反動なのか、一般的にインド人に対して良い印象を持っていない人は多い。

ブータン政府は第9次五カ年計画中に教育の充実を挙げている。その中で「ブータン人教師の育成が急務である」と謳っている。2008年には外国人教員数は647名（全体の11・2％）であったが、2016年は234名（全体の2・6％）にまでその数を減らしている。

ちなみに現在も英語を母語としない人のための英語教育（English as a Second Language：ＥＳＬ）の経験

者もしくは研修を受けた英語教員を募集している。ブータン・カナダ財団（BCF）では月収2万5000ニュルタムで契約期間は1月から12月一年契約（延長は最大5年まで）を広く募集している。

教育のみならず、多くの技術者は諸外国のボランティアやコンサルタントでまかなわれている。ちなみにインド人の教員や技術者だけではなく、1960年代から他国の技術者も少数ではあるが受け入れられ始めた。

現在でも日本のJICAボランティア、オランダのSNV、デンマークのDANIDA、スイスのHELVETASなど多くの援助団体が人口70数万の国にひしめいている。以前は英国のVSOやニュージーランドのVSAが活動していたが現在は活動していない。

余談ではあるがミャンマーの民主化運動指導者のアウンサン・スーチーも一時期ブータンの外務省で働いていた経歴を持っている。その理由としては、彼女の夫でチベット研究者であるマイケル・アリアスと1972年の結婚直後に、来ブしたのである。この新婚生活は一年半の間、ティンプーで営まれた。

外国人医療関係者は古くからブータンで働いていた。医師はインド人が多く、1990年代のティンプーの病院はインド人医師しか居なかった時代もあった。地方の診療所よりインドの軍医のほうが良い診察をすると評判の時期もあった。

農業関係者は日本人とスイス人が多い。1960年代後半から

表　ブータンにおける外国人教員数の推移
2008-2016年

年度	総教員数	ブータン人教員数	外国人教員数	全体における外国人教員数の割合
2008	5,758	5,111	647	11.2%
2010	7,190	6,369	821	11.4%
2012	8,109	7,514	595	7.3%
2014	8,572	8,150	422	4.9%
2016	9,081	8,847	234	2.6%

出典：Annual Education Statistics 2016

アウンサンスーチー氏の著書表紙

パロ県を中心に活動した故西岡京治JICA専門家の活躍もあって、日本人農業技術者はどこの地方でも好意を持って受け入れられる。今のブータンで見ることができる野菜の多くは西岡の業績である。

伝統的にブムタン県とシェムガン県にはスイス人農業技術者が多くかかわってきた。特にブムタン県は気候や景観がスイスに似ていることから、畜産や乳製品加工を中心に技術移転されている。

ブータン人事院は、外国人技術者の総数もインド人のように上限を作るべきだと考えている。その理由として外国人がブータン人に与える影響が大きいことや、自国の技術者が育ちつつあることを挙げている。

実際に、ある国際援助団体では、その組織に属するボランティアが、ブータンで禁止されている宗教を布教し、政府の方針をインターネット上で批判したという理由でブータン政府から新規案件をことごとく拒否され、撤退の憂き目にあったこともある。

２０１５年12月に改訂された出入国管理規則及び規約１２９項と１３０項によれば、外国人労働者の滞在期間は３年間と定められており、３年を超える場合は６カ月間以上の間隔をあけなければならない、と定められている。

ブータンで外国人が生活や仕事をするうえで決まりことがある。それはティンプーを離れて南や東に行く場合、道路通行許可証が必要となることである。以前は社寺や城に入るには拝観許可証の事前取得が必要であったが、現在は場所によっては社寺に入る際に通行強化証の提示を求められ、そのうえで規定の拝観料金を支払うこととなる。

国内通行許可証は内務省の管轄となっている。通行証の要らない区域は２０１８年6月時点ではパロ、ティンプーのみであり、物理的に足を延ばせるところは、南はチュカ県チャプチャのチェックポストまで、東はティンプー県ホンツォのチェックポストまでである。それを越えて移動する場合はすべて必要となる。

県道を修繕するDANTAK（写真提供 ケザンダワ）

先述の出入国管理規則及び規約１２７項に「ワークパーミットは特定の仕事に与えられるものとし、その有効範囲は業務に限られた区域となる」とあるため、単純労働者のみならず、国際機関の業務で働く外国人は業務による移動は比較的可能ではあるが、私的な理由による国内移動は制限される。

また援助機関の外国人技術者に限り、車を輸入するときの税金や所得税が無税である。この制度は政府による外国人ボランティアへの感謝の表れとも受け取れる。しかしこの制度はインド人技術者には税金免除が適用されない。

VII

歴史と文化

43

伝統建築物

★地産地消の具象化★

ブータンでは時代に合わせた形で新しく「伝統」建築物を生産し続けている。

木材資源が豊富なブータンでは、独自の建築様式の発展が木軸組みに見られ、チベット建築とは違ったブータンの伝統建築の大きな特徴となっている。具体的にその特徴を述べるならば、大きな屋根構造と、華麗な装飾、何重にも木材を組み合わせる建具である。また、各部材の彫刻や塗装、彩色を含めた装飾一般は、チベット建築とは比べ物にならないほど細かい細工が施されている。

ブータンの伝統建築物を分類すると、民家及びその付属物、ゾン、寺院・僧院、仏塔並びに宗教的モニュメントの4種類に分けられる。本章では、伝統建築物に共通する項目の歴史的変遷について述べたいと思う。

先ず、基本的な伝統建築物に対する考え方だが、ブータンでは、現存する伝統建築物を保存するという考えが弱い。つまり、古い建物の意匠をそのまま保存し、後世の資料にするという意識よりも、その時代に合った条件、その時代に合った価値観で建物を改築しようという考え方が強い。

ブータン国内の建築物は、農村部のみならず、都市部においても集合体としての一定のルールを守っており、景観をかたどる様式美を形成する一因となっている。それは新規に計画された建築物も同様で、町の景観との調和は優先事項であり、ブータン建築においてはブータンらしさの可視化は大切な要素である。

ブータンにおいて建築物を建てるには、市内に建てる場合は2002年ブータン建築基準（Bhutan Building Rule 2002）の手続きに沿って市に必要書類を事前に申請し建築許可を取る必要がある。市外の場合は2013年地方建築基準（Rural Construction Rules 2013）に基づいた届け出を各県の事務所に行い、建築許可を取る必要がある。

ちなみに軽微な改築工事等はその許可は必要としないものの、文化遺産建築物に関しては改築等も許可が事前に必要となる。また、これらの基準には宗教建築物、ゾン、公共建築、商業建築、住居など建物の用途ごとに、必要条件など細かく決められており、その遵守が求められている。

また伝統建築に関してはその意匠を含めた詳細が記載された2014年ブータン建築ガイドライン（The Bhutanese Architecture Guidelines 2014）が公共事業省より公開されており、これを参考に建築工事を行うことが推奨されている。

ブータンの伝統建築の特徴は建築場所の地勢及び植生条件に大きく左右される。例を挙げると、西ブータンでは版築工法によって作られた壁、中央及び東ブータンでは石積み壁が多く見られる。また南ブータンではネパール建築に多く見られる日干し煉瓦を使った建物が多いという特徴がある。

また、竹は中央ブータンから東ブータンの建築物に多く使用される。建物の軒を彩る竹製の格子状の壁や、簡易建物の壁、土地境界に設置されたフェンス、堆肥小屋の風除けなど竹の用途は多い。また、大きな川の近くの集落では丸石を用いた擁壁が多く作られている。

次にその特徴の一つである屋根形式について詳しく見てみよう。

ブータンのその重厚な壁体に較べて一見、簡易的にも見受けられる屋根構造は、基本的に切り妻形式である。構造的には、建物の構造壁に屋根構造が乗っているだけで、その自重のみで風荷重にも耐え安定している。つまり屋根は建物の構造体として一体ではない。

伝統的な屋根材は松材の長板を敷き並べ、その上に丸石を載せたものだ。この板は最初の2年間はそのままにして置き、2年経ったら板を裏返し、また2年経ったらまた板を裏返しにし、数年経ったらこの木を新しいものに交換する。しかし、現在はトタン屋根に敷き替えられるケースが多い。

次に建物の装飾を中心に考察すると、歴史的建造物や城、寺に関しては窓や柱などの木部、建物の各コーナーの装飾、柱の台座の石などには、独自の彫刻や彩色が施されていることが挙げられる。民家に関しても、その年代的な違いや、その立地条件、規模によって装飾の度合いはまちまちである。

伝統様式を構成する要因として大別して窓部、柱部、壁面の装飾に分けられる。

窓部（ゴク：Gocu）の多くの開口部は木材を多用し、通常2段～3段で構成され、その形状はアーチ型をしている。ちなみに三段構成はパロ地方に多く見られる特徴である。窓は通常、引き分けもしくは内開きの形式で、まれに雨戸が付く。近年では窓に虫よけの網戸を取り付ける家も多いが、デザイン的にはその取り付けは難しい。

張り出し窓部（ラブセ：Rabsel）は、壁体に差し込まれた片持ち梁で、張り出し部分を支える構造であり、多くのラブセのデザインは縦横垂直平行に張り巡らされた木部と飾り窓を基本としている。一般的にラブセは上階に設置され、下階に単体の窓を設置する。構造的にも安定する左右対称のデザインが多い。

ラブセの外壁はエクラ（Ekra）と呼ばれる木部の基本的な枠取りと、小舞も竹で編まれており、泥を塗りつける左官仕様の壁を使う。これに上塗りとして漆喰を塗り、雨風による浸食を防いでいる。

扉（Ma-Goh）敷居の両側に角柱を垂直に立て、上部にまぐさを渡す構造になっている。多くの伝統建築では、その周囲の三方枠は彫刻された部材で彩られ、その上部には出し梁状の部材（Bogh）の木口が並んでいる。古い建物や城、僧院などではその木口に白いライオン（Shingye）を模ったものを置く装飾パターンがある。扉の基本は内開きで、鍵は内側ではスライド錠もしくは木の小さな部材の一端を釘で固定し、スライドして施錠する形式を取っている。

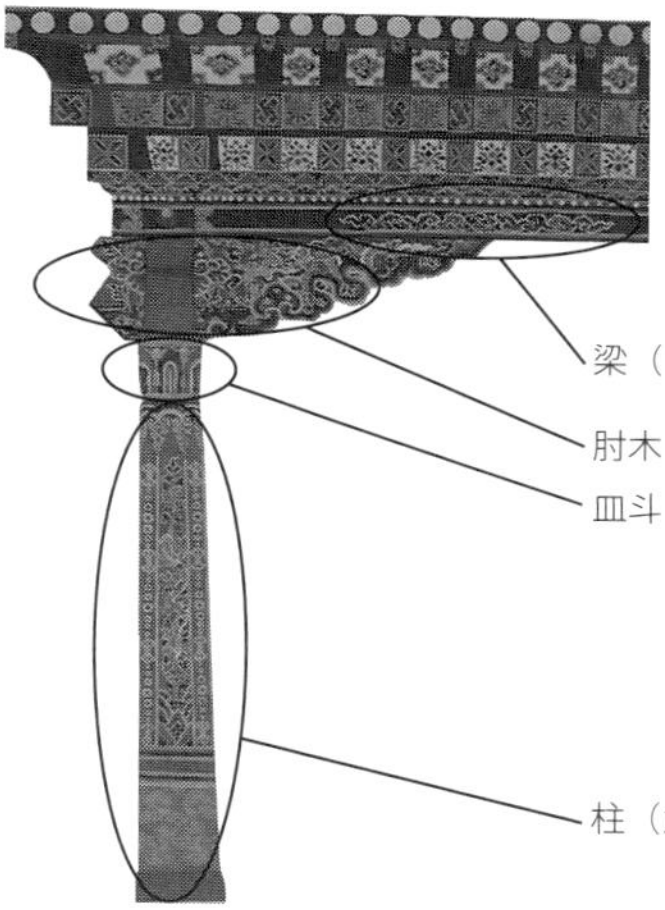

柱（Kachhen）は上部になるに従い先細りし、皿斗（Rap）、台斗（Head）という伝統的な装飾（彫刻）を施した部材により組まれている。その上に肘木受け、肘木（Zhu）、梁（Dhung）の順に組まれている。これらは釘を使わず、すべて組み手で組まれている。柱は独特の面

◎一般建築の意匠

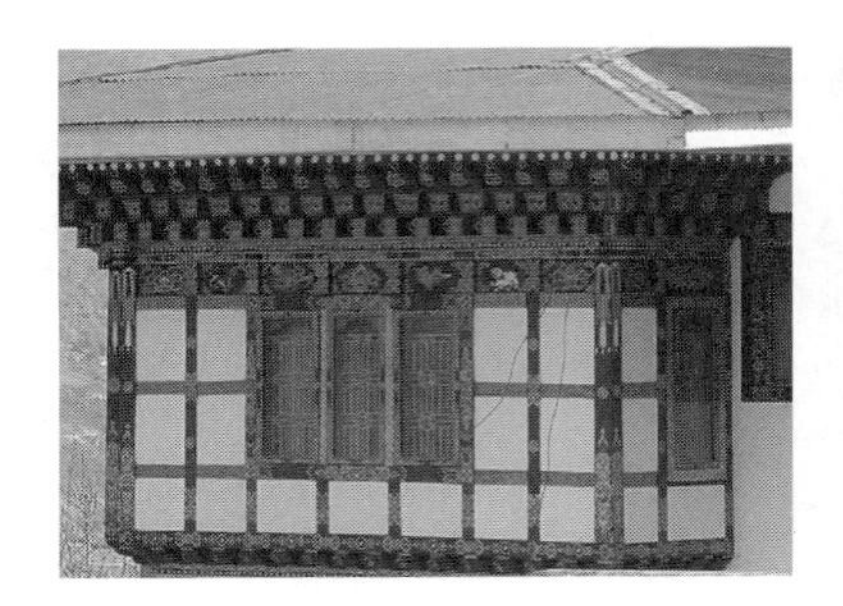

ラブセ（Rabsel）

ラブセ（Rabsel）の標準塗装

ボウ（Bogh）

扉（マーゴウ、Ma-Goh）
単に「ゴ」と言う場合もある。

一般的なブータン家屋
（西ブータン）

窓（ゴク、Gocu）

取りと彩色が施され、柱上部で見られる金襴巻の彫刻（Cheyim）が特徴的である。

話は変わるが、ブータンの伝統建築物は、ある一定の家相に則って建てられているものが多い。現在の建築物は性能が向上し、土地の持つマイナス面を大きくカバーできるため家相をあまり考慮しないものが多いが、基本的に家相は先達の知恵の結晶であり、そのいわれには必ず合理的な理由がある。例えば、ブータン建築の慣習に、「建物を建てる際に、必ずその入口は谷の下りの方角に向けなければならない」という一文があり、このことは実に合理的な生活の知恵を表している。というのは「山岳地帯の斜面には、山谷風が局地的に生ずる。昼間は谷から吹き上げ、夜は吹き降ろす」（中尾佐助『秘境ブータン』）というが、ブータンの伝統的な民家は、山側に版築の土壁を設けることで、ヒマラヤの冷たい風を防ぎ、日中は谷からの風を窓から取り入れていると考えられる。そのため、谷の中腹にある民家は、正面を谷に向けて建てられるべきなのである。

伝統はその場所で合理的かつ文化的に重要だからこそ引き継がれているものだと考えられる。「この伝統的なデザインはコストが掛かる」と友人の建築家は嘆いている。しかし彼はこうも言っている。「でも伝統的なデザインの家がなくなったらブータンだかインドだか分からなくなる」

伝統を守ることは国家を守ることかもしれない、途上国が一律化しつつある中でブータンはその景観とともに独自の路線を歩んでいる。

44

ゾン

★政治と宗教のシンボル★

ゾン（Dzong）は、ブータンの伝統建築の代表作である。19世紀あたりまでは、ゾンには軍事的な機能が含まれていた。チベットの多くの僧院が独立して僧兵を持ち、その勢力を保ち続けたようにブータンの場合もその僧院、領主、寺がそれぞれ独立した軍事力を持っていた。それが今でも多くの僧院やその他の建物をゾンと呼ぶ理由である。

現在の区分として、地方行政府として機能を備え、かつ内務文化省が歴史的なゾンとして正式に認めている建築物は12県に計12カ所ある（ティンプー、パロ、プナカ、ガサ、ワンディ・ポダン、ブムタン、ダガナ、タシガン、トンサ、ルンツィ、シェムガン、モンガルに各一つ）。

これらは1620〜50年にシャブドゥンとその後継者（デシ）達によって建設された。しかし、現在、ペマ・ガツェルやゲレフのように上記以外の県にも行政を行う事務所があり、それらは近年建てられたが、それらもゾンと呼ばれる。現在、ゾンの個数はその定義によって変わる。

一般的に世界遺産の対象となるような伝統建築物は、その形状を維持し保存することに価値を見出している。しかし、ブー

第44章
ゾン

タンのゾンは、今でもその建築物が行政府として機能し、実際に事務所として使用されているため、ブータン政府は世界遺産として申請をしないのである。

ゾンは多くの地方都市の中心であり、その県の行政の中心地である。多くの地方都市ではゾンは町の主要な場所に聳え立っている。つまり多くの巨大なゾンの建設と都市の成立過程とは関連がある。

修復中のドゥゲゾン

トンサの町の事例を挙げると、二代目国王の時代まではトンサを通行する際にはゾンを通らないと東から西へは移動できなかった。そしてゾンを通行する際には一定の通行税を徴収していた。そしてそのゾンの周りに商店やホテルが集まり、町を形成していった。

現在再建中のパロ県にあるデュゲ・ゾンはパロとチベットのチュンビ渓谷を徒歩にして2日で結ぶ交易路の入り口に立っていた。またチュカ県にあるチャプチャ・ゾン（廃墟）もティンプー谷からアッサムへと南北に向う旧道沿いに立地している。

ゾンは主に交易路と交易路が出会う場所に立てられる。具体的なその立地は川沿いの道が交差する中州や、交易路が交差する場所を見下ろす小高い丘であったりする。

現王朝が成立する前の時代には、ゾンは戦争用の城で

プナカ・ゾン

あった。小高い丘に聳え立ち、防御に優れた分厚く高い壁を持ち、とても強固なものが多かった。しかし、時代とともに城の役割がより民衆を統治するためのものになったのである。

共産化する前のチベットではゾンという言葉は二つの意味を持っていた。ひとつは城の意味、もうひとつは行政区分を意味していた。当時、ゾンペンと呼ばれた行政長官によって管理された約70余ものゾンがあり、どのゾンも僧官一名、俗官一名が共同で統治していた。紛争の解決や税金の徴収などのゾン長官の任務は今のブータンの県知事（Dzongda）に通じるところがある。

このことからも分かるように、ブータンのゾンの様式や基本的な機能は仏教とともにチベットから伝わった。この城としての機能と僧院としての機能を兼ね備えた形態は、今でも変わらない。

ゾンの平面的な構造は大まかに「政治機能を持つエリア」と「宗教機能を満たすエリア」に別れている。そして多くのゾンでは入り口近くに政治機能を配置し、奥に宗教機能を持つ傾向にある。

政治機能を持つエリアには県知事の事務所を始め、県の教育担当や技官の部屋など、その他の地方行政に関わる事務所がある。ちなみに２０１６年頃までは地方裁判所もゾンの中に設置されていたが、これは徐々にゾンの外に別建物が作られる傾向がある。そして宗教機能のエリアには僧団の各事務所と僧坊、集団礼拝所、台所、各種寺などが内包されている。

第44章
ゾン

ゾンの特徴としてウツェがあることが挙げられる。このウツェの出窓の装飾は、基本的にはタロ・ゾン（歴代のシャブドゥンが居住していた宮殿）のウツェの装飾を模倣している。この基本デザインはシャブドゥン自身が行ったと言い伝えには残っているが定かではない。

ゾンの外部にはタ・ゾンと呼ばれる建物や、ゾンチュン、チュ・ゾンと呼ばれる建物が近くに建てられている。そして他に小さな祠状のものから数メートル四方の大きさのものまで大きさは様々ではあるが、その地の守護神を祭っている場所がある。

タ・ゾンは本来、望楼の役割をしており、ゾンより見晴らしの良い場所に配置されている。今では倉庫に使われるか昔の収蔵品が納められているケースが多い。また、ゾンチュンと呼ばれる建物（寺院）はプナカでは12世紀のベンガル人の聖者が建てたものが、城の入り口近くに残っている（1995年に改築）。これはマハカラというプナカ・ゾンの守護神が祭られている。チュ・ゾンは、取水の目的で立てられる建物である。現存するものはジャカール・ゾンとドゥゲル・ゾンに見られる。

ゾンに入るには様々な制限がある。ブータン人ならゴ・キラをまとった正装に、女性ならラチュ、男性ならカムニをつけなければならない。しかもサンダル履きは不可で、靴を履くかもしくは裸足でなければならない。加えて、ゾンの中やゾンの外の一部の地域では、帽子をかぶったり、タバコを吸う行為、傘を差すことも厳禁である。しかしサングラスやガムを噛むことは許されている。

外国人の場合、ゾンに入るのは特に厳しく、ゾンに立ち入る際には以前は内務文化省発行の拝観許可証の取得が義務付けられていたが、現在ではゾンの入り口で滞在ＶＩＳＡを見せ、所定の料金を支払うシステムとなっている。

10月の半ばから4月にかけては普段ティンプーにいる僧侶たちが大挙してプナカに引越をする。そして多くの僧侶がプナカに移動した段階で、一般人や観光客のプナカ・ゾンへの立ち入り区域が厳しく制限される。

また基本的に年々僧侶の住居をゾンの外に設けるケースが増えている。これはゾンの主な火災原因が僧侶による火の不始末に寄るとされたためで、将来的には夜間はゾンの中の寺院の宿直当番の僧侶のみ滞在できるルールに改訂される運びである。

1993年当時に筆者がゾンで仕事をしていたときのエピソードであるが、この時は日中、ひなたぼっこされていたジェ・ケンポ（Je Kempo：ブータン宗教界の最高指導者を指す尊称）を見かけることもしばしばであった。多忙な時間の中で唯一気が休まるひと時だったのであろう。今改めて考えるとのどかな時代であったと思う。

ブータン人ガイドがブータンの建築物の説明をする際に「伝統建築には釘が一本も使われていない」と言うが、少なくともゾンが建設された1600年代の状況は確認できていないが、現在は5寸釘を多く使う。ただ使うにしても見えない場所に工夫をして使っている。

大仏殿に関しては、大仏の鎮座している床と壁の一部には鉄筋コンクリート構造を使っている。17世紀に作られた大仏殿の基礎ではその新しい大仏の重量を支えることができないため、厚さ20センチメートルものコンクリート床が大仏の下にある。

仏像と言えば、大仏の背骨に当たるところの床には三角形の形をした鉄の箱が埋めてある。その中身は経典や小さな仏像、そして話によると高僧の骨の一部が納められていると聞く。いわゆる魂入れと同義の儀式である。

大仏殿には1階から3階まで一本で繋がっている長さ約15メートルの柱が4本ある。まさに建物の中心にあり、屋台骨を支える柱であるこの柱は近くの山から切り出されたものであるが、この木の選定方法が独特であった。

ある日、高僧の一人が瞑想中にお告げを聞き、プナカ城から東南の方向を指差されたのである。その指示通り僧侶を含めた伐採隊が組織され、約1カ月もの旅に出たのである。木は中々見つからなかったが、最終的には比較的近い山中で見つかり、その木の伐採には第一王妃とドルジ・ロペン（法王庁の行政上の長）が立会い、筆者も工事関係者として伐採の儀に立ち会った。

修復中のウォンディフォダンゾン

現在のゾンの工事には近隣諸国からの工事材料や職人が不可欠になっている。多くの金属加工品やめっきはインドからの輸入、大仏殿の壁の四方に飾れている狛犬は材料の大理石はインドからの輸入、彫刻を行った職人はネパールから招聘した。

筆者は大仏殿以外にも法王の居室やゾンの中の寺、僧坊の工事も担当したが、一番印象に残っているのが法王の居室である。以外にも質素な造りである。板張りの床に土壁、出窓のガラスは薄く、城の中での生活は思ったより快適ではない。

近年ではゾンの改修工事が国の至る所で行われている。2018年6月にはタシガン・ゾンの改修工事が終了し、その落慶法要が執り行われた。また、2002年にほぼ全焼したワンディ・ポダン・ゾンは2014年1月よりその修復工事を開始し、現在工事中である。

ワンディ・ポダン・ゾンのウツェの基礎は鉄筋コンクリート造でできており、上部構造体との間に免振装置を設置している。またウツェの壁構造自体にも高さ約2メートルごとに鉄筋コンクリートの梁を巡らせている。

また中庭の下には鉄筋コンクリート造の人一人が通れるくらいの共同溝が埋め込んであり、ここに上下水道管及び電気配管を一括して通し、将来のメンテナンス対応ができるようになっている。このようにゾンは見えない所に多くの新しい技術を取り込んで修理されているのである。

ゾンは時代とともに使われ、変化している。形は変われど、住民の代わらぬ信仰心がゾンに命を与え、その息吹を注いでいるのである。いつまでもブータン人がその伝統を守り続ける限り、ゾンもまた時代に合うように変化し続けるのである。

45

民家のいま

★伝統建築とその生活様式の変化★

２００３年の冬、ダムジという村に一泊したときの話である。夕食は民家で取ろうということになり、テント宿泊所の近くの民家を訪ねた。

その民家の窓の上の段にはガラスが入っておらず、ただ開口が開いていた。吹き込む風はとても寒く、自然と室内に新鮮な空気を送り込む役割をしていた。

「夜寝るときに窓が開いていないと眠れない」という友人の奥さんがいる。子供の頃に育った家は窓が常に開いていたため、窓が閉まっていると閉塞感があって気分が悪いという。

時代と場所は変り、ティンプーにある友人の家。１階の応接室には暖炉があり、大きなテーブルがある。台所には流しがあり、冷蔵庫とオーブンが奇麗に収まっている。２階の寝室には造り付けの家具や大きなベッドがあり、内部階段の多くは吹き抜けになっており、まさに西洋風の造りである。

しかしながらすべてが西洋風ではない。ブータンではどの家も大小の違いこそあれ、必ず仏間がある。どんな若い新婚家庭であっても偉い僧侶の写真や、仏像は住居に欠かせないアイテムである。

ブータンの民家は、地産地消の具象化である。その地域に合った条件で、その土地にある材料を使い、その土地に適した生活環境を作り出す。まさしく歴史と環境が生み出した持続可能なものである。南部の低地にある民家は、一般に言われているような「ブータン建築」ではなく、赤土と白く塗られたツートンカラーの壁に特徴が見られるネパール・インド式の民家が多い。サムツィ県のドロカ地方やシェムガン県には高床式の民家があった。

高床式の民家は標高の高いところに住むブータン人にとって見れば簡易的なものに見えるであろう。しかし湿度と気温が高く、直射日光が多く当たる南部では、雨を凌げる屋根がありながら通気性が高いことが快適な生活空間に望まれる。北部ブータンの民家のような重厚な造りは、熱が壁に溜まり易いため、南部には向いていない。

木材の豊富な北部に対して、南部の民家は木材が少なく、民家の建築には竹や土を主材料にせざるを得ない。よって日干しレンガやレンガ、瓦などを多用する。それに較べて北部の民家は東と西では若干の違いが見受けられるが、おおむね構造や様式は似ている。

ブータンの民家の一般的な傾向として、標高1000メートル以上の場所にある民家は2〜3階建てが多く、1階が版築で作られた土壁もしくは石積みの厚さ60センチメートルはある壁構造、2階は木造の梁柱に版築もしくは真壁造りの壁が多い。1階の間仕切壁は版築もしくは石積が多く、2〜3階は主に木造もしくは真壁が多い。

ちなみに版築とは木枠の中に土を入れ、その土を突き固める工法のことである。その材料は土や粘土の他に石灰などを混入している場合が多い。真壁は壁の仕上げ面を柱と柱の間に納め、柱が外面に現われる壁のことで、ブータンでは一般的に竹で編んだ芯に土を塗って作った壁のことを指す。

民家の1階は主に家畜を飼うか農作業に必要な道具の倉庫、食料貯蔵庫、酒を醸造するなどの作業用に使われていた。2～3階は台所を始め、寝室、仏間、居間、便所などの人間が生活するための空間があった。屋上には唐辛子、干し肉、ジャガイモ、乾燥菜の貯蔵庫にもなっている。

この手の一般的に西ブータンで見られる「ブータン建築」と呼ばれる民家は、冬は家畜の発する熱で2階の床が暖かく、壁の隙間風をも感じさせないほどであった。2階の床や天井には、木の板の上に、土が挟み込まれており、断熱的に優れている。夏は日陰では涼しさを感じる様な気候なので、室内は実に快適である。

南ブータンのネパール系住民の民家

現在では家畜と人間の分離を基本政策に掲げたWHO（世界保健機構）の指導により、家畜小屋は民家から離れた場所に建てられるようになった。便所も外部に設け、台所の排水も配水管を通じて排水溝に流れるなど、衛生面の改善が進んでいる。

また、かまど用の薪が手に入りにくくなったことから、かまどを使用せず、その横にガスレンジを置き、使用している家も多い。ボカリ（薪ストーブ）に関しても薪が手に入りにくくなったことを受けて、電気ストーブや石油ストーブに切り替えつつある。ボカリの排気によって家が煤っぽくなることを嫌う大家が増え、今では家の賃貸契約の際に「ボカリを使わないでくれ」と言われるこ

外壁が石積みの民家（ティンプー）

とが多い。

伝統的な工法にも変化がある。ブータンの版築工法は現地ではParchamni（パーチャムニ）と呼ばれており、農閑期の11月から3月にかけて、今でも多くの農村で見ることができる。この版築に使われる型枠材の表面は日本のように滑らかではなく、鉈で表面を整形した厚めの木材が使われている。よって表面がざらざらしている。

通常は版築工事を行ったあとその型枠を外すのに養生期間を数日取るのだが、今では工事完了後、1～2時間後に脱型を行う。そして表面のざらざらした部分を刷毛もしくはそれに順ずるもので扱くと土の表面が照りを持つのである。

その理由として、本来、構造的には養生期間をおかないと強度が弱くなるのだが、最近では壁の仕上げ面を気にして、光沢を持たせるこの方法を採用するオーナーが多くなっている。品質よりも見た目を優先するのである。

近年、このような伝統工法の民家は建築許可が下りにくくなっている。その理由として「構造的に地震に耐えられないから」というのが担当者のコメントである。

その伝統的な民家の代わりとして建てられているのが鉄筋コンクリート構造の建物である。インドの基準に準じた構造を持つ建物である。見た目はブータン特有の模様を装飾することを義務付けられているため、大きな違和感はないのだが、伝統建築とは言えない。

首都や地方都市では高層の建物が目に付くようになった。ティンプー市内の林立するアパート群は建物と建物との間隔が狭く、従来、近接して住むことのなかったブータン人にはストレスが溜まる原因となる。しかも洗濯物を干すスペースも限られているため、各階にベランダを持つ集合住宅では休みの日になると日に当たる洗濯物で溢れかえる。

しかも都市化にあたって「日当たり」の問題が近年浮上してきた。日当たりは冬季においては死活問題である。日が日中当たらない水道管は凍結し、破裂する。日が当たらない部屋は寒く、多くの暖房設備を必要とするのである。

加えて、現在の住宅の一番の問題点は、その仕様の多くがインドからそのまま持ち込まれたことに由来する。インドの住宅が1階の床を大理石貼りにする理由は、肌触りがひんやりしていることである。ただでさえ寒いブータンでは不向きな仕上げである。セメントモルタル仕上げの壁も触るとひんやりする。土の様な温かみがないのである。

46

マナーや礼儀作法

★狭い社会で生きるコツ★

ブータンの民族衣装にカムニと呼ばれる布をまとった姿は優雅である。とても世界で数十カ国の中に入る最貧国とは思えない気品が漂って見えるから不思議である。この気品こそがブータンのマナーの基本である。

ブータンで生活していると公式な場所に出席する機会がある。この際、この国の礼儀作法やマナーを知らないと、恥をかくことになる。例を挙げると、デシと呼ばれる祝いことの際に出される黄色くて甘い炊き込みご飯を食べる際に「スプーンはありますか？」などと聞くと怪訝な顔をされることであろう。

デシを食べる際のマナーは犬食いである。小さなお椀に仏様のご飯のように山盛りによそわれたデシを、お椀に顔を近づけて食べるのである。お椀は左手で持ち、そして口で食べられない深さになったら右手の人差し指のみを箸のように使って食べる、これが正式な食べ方である。

ブータン王立研究所所長のカルマ・ウラ（Karma Ura）によればディグラムナムジャは「教養のある人間がとるべき振る舞いの規則や規律のこと」である。ブータンにおけるマナーであり礼儀としての一定の振る舞い方のことである。これはブータン人が相手を見定める際に指標としているものである。加えて国語であるゾンカは日本語と同様、年齢や相手の身分によって細かくその使い分けが決まっており、そのディグラムナムジャに沿った仕草と同時に言葉においても身分関係を敏感に察知し、使い分け、振舞うことが求められている。

このディグラムナムジャの由来は17世紀にブータンを統一したシャブドゥン・ンガワン・ナムゲルがもたらした言葉にあると言われている。それは「仏の道に至るための規範」と言うべきものであった。１９８５年７月に細部を決める委員会が国王の命によって収集され、現在の形になっている。

現在ではツァワスン（Tsa wa sun：三つの基礎…国家、人民、社会を三位一体として考える）とともにこのディグラムナムジャは国家のアイデンティティを形成するものとして、非常に重要視されている。

公務員はその配属前事前研修でディグラムナムジャの勉強をする。公務員（官使）に相応しい振舞いを学ぶのである。もちろん学校教育や僧侶との関わり、家庭の中などでもこれらを身につけることはできるが、細かい規則は社会の文化的状況によって変わるので、これを正式に学ぶ必要がある。

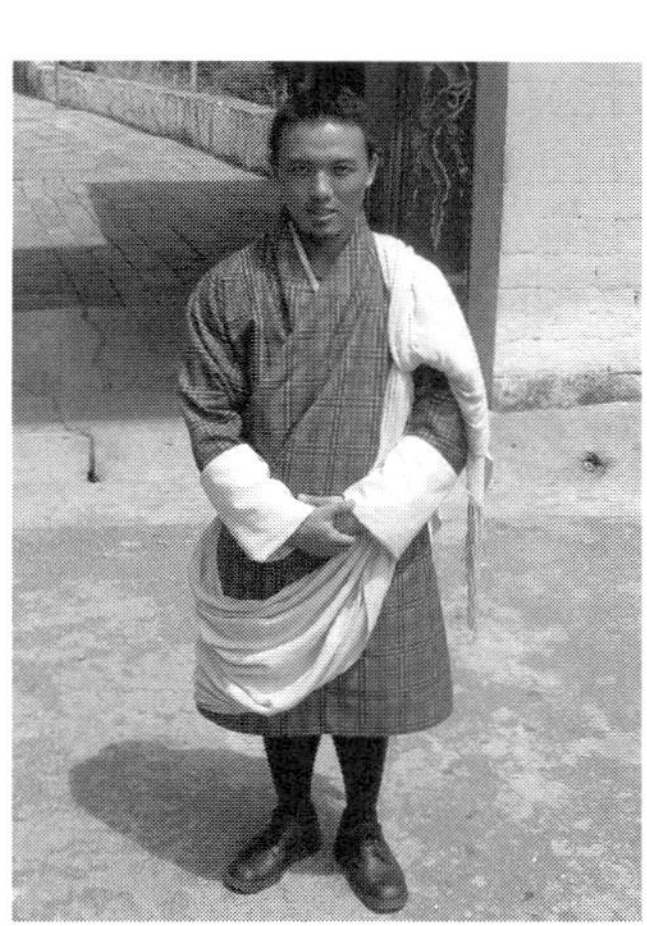
ブータン人正装（タシガン県の県職員）

ちなみに現在、外国人のボランティアがブータンに着任した際はこのディグラムナムジャの研修を受けることが義務付けされている。ブータンはこのように外国人に対してもブータン社会のルールを予め教えているのである。

この礼儀作法に西洋人には馴染まないと聞く。大統領に話しかけるのにも「Mr.」や愛称で呼ぶお国柄の人たちなので、大臣との面会で同席する際に足を組んで座ったり、公的な場所でもスカーフを外さなかったりと、あくまでも自らの社会の価値基準をブータンに持ち込もうとするため、結果的にブータン人からは好意的に思われない。

具体的な例を挙げると、上司の部屋に入るとき、ノックは当然として、先ず、ドアの近くに立ち止まり、下を向きながら要件を手短に話す。そして上司がその要件に対して指示を行うと、後ろを向くことなく、後ずさりして部屋を出るのである。

挨拶の仕方が非常に難しい。それは、相手によってお辞儀の角度が変わるのである。基本的にお辞儀をする際は手のひらを相手に見えるようにして礼をする。相手が大臣級だとその手は足のつま先に当たるくらいに深いお辞儀をする。

しかもお辞儀もテンポ良くしなければならない。先ず、右足から踏み出し、左足を踏み出すと同時にお辞儀の動作に入る。そして両足を揃えてお辞儀をした後には、左足から後ろに下がり、最後に右足を下げ、元の位置に戻るのである。

上司と食事を食べる時は、上司より先に食事やお茶に口を付けることは許されない。上司が「まあお茶が冷めるから飲みなさい」というまで決して飲んではいけない。そして上司が食事をし始めてから食べ始め、上司より先に食事を終らせなければならない。しかも食事の際は口元をあまり見せないようにし、口に運ぶご飯やおかずの量は一口分にし、口の中が見えないように食べる。

王様と話すときは最大限の注意を要する。日本の天皇陛下に拝謁する時にも同様の注意を受けるのだが、先ず「こちらから話しかけない・質問しないこと」が基本である。ブータンではさらに「王様に息が掛らないように左手で口を隠すようにする」、「目を合わせない」など細かいしきたりがある。

　筆者が民族衣装をあまり着ないのには理由がある。その理由とは「民族衣装は着こなしによって相手に失礼に当たる場合がある」ことと、「民族衣装に付き物のカムニのまとい方やカムニを使った礼儀作法は非常に難しい」のである。

　ブータンでは礼儀作法を「偉い人」に尽くすことは自ら仏教徒としての徳を積む行為に繋がると考えられており、その基準で今の礼儀作法は決められている。宗教的儀式には多くの制約や手順が事細かく決まっているように、日常生活を修行の場として考えればディグラムナムジャが細部にまで決められている理由も納得できる。

　次にブータンでのマナーの例を紹介する。特に友人宅などに招かれた時を想定する。先ず、相手先を訪問する時には必ずお土産を持っていくべきである。「手ぶらで来てね」と言われていても余程仲の良い友人宅以外は手ぶらで行くと嫌な顔をされる。少なくとも茶菓子程度は買って持って行く方が無難である。

　次にお酒やスジャを飲む際にも、一度は断るのがブータン流である。「実際欲しくても少なくとも三度は断る」という友人も居るので、彼らが一度でも断ったからと言って二度と薦めないのは逆に失礼にあたる。

　食事の際にも必ずお代わりをするのが「食事がおいしい」という意味に成るそうである。だから多くの人は最初に食事を取るときは大量に取らず、少し少なめによそう。そしてお代わりを食べ終わったら、その皿を床の見えない所へ隠すのである。

お祝い用のカダと呼ばれる白い布を持った人

食事の取り方もマナーがあり、大皿から自分の皿へは肉はあまり多く取らず、残すのがマナーである。大抵の家では客が帰ってから子供や使用人の食事が残り物を中心に振舞われる。それを考慮しないで大量に肉を食べるのは良くない行為である。このようなマナーはその生活環境から自然と発生したものである。多くの人が面子を保ち、お互いが良い関係を保つために形成されていった。

近年ブータンにおいても、急速な貨幣経済の浸透、携帯電話等に普及による通信環境の改善、民間企業のビジネス機会の拡大が進んでいる。これらの正の影響は歓迎すべきだが、負の影響も社会のあちらこちらに見える。よく言えば時間や金銭に対する考え方が西洋社会並みに厳しくなりつつある。

悪く言えばその振る舞いに余裕がなくなったとも言えよう。優雅なふるまいを気にする余裕もなく、「時は金なり」の振る舞いをするブータン人が増えつつある。

先述のカルマ・ウラは「ディグラムナムジャは伝統的な習慣であり、その文化的要素によって変化し続ける」と述べている。文化を守るのは人である。ブータン人が伝統をどう守るかによって今の一見優雅な礼儀作法もなくなる可能性があるのである。

47

トランスヒューマンス

――★生活のパターンにしみついている遊牧民的素養★――

季節によって住む場所を変える習慣のことをトランスヒューマンスという。この習慣は西ブータンの村を中心に第三代国王の時代までは一般的であった。チベットにも夏の都と冬の都が在ったことは良く知られた事実である。

有名な例としてはティンプー～プナカ間の移動が挙げられる。1955年まではプナカはブータンの冬の首都であった。その証拠に第1回国会はプナカで開催されている。今でもティンプー僧庁に所属している僧侶は冬になるとプナカに移動する。1958年にプナカを訪れた中尾佐助は人っ子一人いないプナカを見て「死の谷」と表現している。おそらく氏は冬が始まる前に住民が既に移動し、空っぽになった村を見てそう表現したのであろう。

季節による移動の例を挙げると、夏の間ハ（Tsaphel 以南の集落：Lower Haa）にいる家族は、冬はサムツィに移動するケースがあった。その理由は冬の間ハで寒さに耐えて生産的な行動を何もしないより、暖かいサムツィやプンツォリンに生産物（麝香や染料など）を持って行き、貿易によって利潤を上げるほうが暖房費の節約にもなり、効率的であるためである。

西岡京治はその著書の中で「ブータンの正月はロンバと言って11月に行われます。その後、麦の種まきがすむと先祖の供養のロチェという法事が行われます。パロの農家の人はロチェの後、寒さを避けるため、冬の間家を離れ暖かい土地で過ごします。そして3月中頃、桃の花がほころび始めると、農家の人たちが避寒先から帰ってきます」と記述している。

1970年代当時ハを訪れた桑原武夫は当時のハの住居に関してこう説明している。「家屋はパロ、ティンプーで見かける、壁の多い、がっしりとしたものではなく、やや繊細な感じのする木造である。見た目には美しいが、冬の生活には適さないという」。筆者が推測するに桑原は Tsaphel 以南の集落(Lower Haa)を訪れたのだと考えられる。今の町のある Upper Haa は一年中定住した生活をしていた。家の作りも土壁のしっかりしたものである。

そのハの集落でなぜ北と南で格差ができるかというと、北の集落は比較的広い面積の畑を持ち、ヤクの放牧地にも近かった。しかも日射量が南の山裾に細く長く広がる谷より長く、快適だったのである。

他には鶴で有名なフォブジカも元々は夏の間の村であり、冬の間は比較的暖かいワンディ・ポダンに移動していたと聞く。本来彼らはブータン人には西のダクパと呼ばれており一種の遊牧民的な生活を送っていた。

ちなみにトランスヒューマンス現象はブータンにおいて西ブータンと一部の少数民族(主に遊牧民)の間に残る風習で、東ブータンでは一般的ではなかった。その理由として東ブータンは一般的に凍えるような寒さはなく、二毛作も可能な土地も数多くあり、冬季も過ごせる環境だったからである。

塩を例にとって考えると、西ブータンでは塩を自給できず、その供給先を全面的にチベットに頼っていた。

西ブータンの民は夏の間に生産した唐辛子を乾燥させ、米と一緒にチベットへ持って行き、チベットで取れる岩塩を持ち帰ったのである。つまり自身の生活を維持するために移動や交易は欠かせなかったのである。

しかもチベット以外にもアッサム州にまで出向き、工業製品や石油製品などを購入していたとパロの老婦人は語った。このように縦方向の移動が多く、多くの男手がこの作業についていた。険しい雪山越えや、濁流沿いの滑りやすい道など、昔の移動には危険が常に伴っていた。家の主が不慮の死を遂げたことも少なくないのではないか。いったん、主が死ぬと、相続の問題が発生し、例えば弟などに相続されると、元の主の家族は行き場を失うケースも考えられる。

よって家や土地は女が相続をし、守って行く方が財産の分散を防ぎ、家を継続するには都合が良かった。32章に詳しいが、２０１７年度の統計では女性の世帯主の割合がハ、パロ、トンサ、ガサ、プナカ、ティンプーは他県より高いのである。

ダクパの男女の民族衣装（着ているのはラパの踊り子さん）

東ブータンには多くの民芸品がある。しか

し、西ブータンには鉄や銀製品の加工を行う職人は多いが、オリジナルの民芸品は存在しない。その理由はその季節移動に関係があると考えられる。

東ブータンでは主に農閑期や二毛作の合間に木工品や竹製品などの日常生活に欠かせない民芸品つくりや機織りに精を出している。しかし西ブータンの民は農閑期にはこうした民芸品つくりを行う習慣がなかった。西ブータンの農閑期は、住民がその農産物を物々交換するために家族総出で、南の暖かい地方に移動したのである。また谷に吹き降ろす、冷たい風は隙間の多いブータン家屋に暮らす人々を移動させる大きな要因にもなった。

ではなぜ、西ブータンの民は農閑期に家族総出で移動したのであろうか。それは寒いところにいるよりも暖かいところで過ごす方が快適であるという理由もあるであろう。そればかりではなく、寒い西ブータンで過ごし、民芸品を作るよりも、交易を行う方がより生産的でかつ多くの品々を手に入れられたからではないかと推測できる。

当時、多くの衣料品や加工食料品なども生産はインドのほうが進んでいた。その工業製品を手に入れるのはお金が必要となる。よって現金を得るためには、より多くの農産物を運び、現金に替える必要があった。よって家族総出で荷物の担ぎ手として農閑期には借り出されるたのである。

西ブータン人の多くはドマを噛む習慣を持つ。ドマは一種の興奮作用を引き起こし、体の発汗作用を促す嗜好品である。今も多くの礼儀作法としてこのドマを噛む習慣が残っているのだが、このドマに使われるビンロウジュの実は南部ブータンやインドでしか取れない。

遊牧民の多くは季節的に家畜とともに低地や高地を行ったり来たりする。1995年当時、プナカには冬の間多くの地元農家にラヤッパの人たちが住み込んでいるのを見たことがある。彼らの多くは夏の間、チーズやバターなどを生産し、冬季はそれを担いでもしくはヤクに乗せて運んで来てプナカで売っていた。また高地で育てたヤクを何頭か低地に連れてきて屠殺し、肉として売り、現金収入にしていた。

ラヤッパは商売をするだけではなく、プナカの農家で灌漑水路の修理の土木工事や農具の修理などの単純労働を住み込みで行っていた。そして春になるとラヤでは取れない米を担いで、自分の家に戻るのである。

先述の桑原武夫は「生活のパターンに遊牧民文化を身につけている」と指摘している。もし西ブータンの民が定住農耕民族だとしたら、肉食が多く、乳製品（チーズやバター）が主食なのは不自然であろう。特に西ブータンではシャッカムという干し肉などの携帯食を常食している点はまさに「移動」を感じさせる。

またその持ち物にも遊牧民的要素を感じる。バンチューと呼ばれる竹でできた携帯弁当箱、ギチュと呼ばれる短剣を常に携帯し、ポップと呼ばれる食器を常に持参している。以前は食布も持ち歩いていたなど、数々の面で「移動」に適している。

衣服のゴもそうである。その大きなポケットは前述の携帯品をすべて収納し、しかも両手に負担をかけない作りになっている。お茶請けとして定番の煎り米やとうもろこしの乾燥させたものなど、まさに移動食には最適である。

これらの食品加工技術や食習慣にチベットとの共通性を強く見出すことができ、それは遊牧民的性格を色濃く残している。このように農耕文化によって定住はしているものの、移動することに関しては抵抗が少ない民族なのではないかと推測できる。

今でも季節によって住み替えることに対して人々の抵抗感は少ない。子供の学校の休みになると、多くの母親は子供を連れて暖かいところにある実家に数週間単位で移動する。長い人では数箇月間、夫婦別居となる。夫にしてみれば仕事をティンプーでしなければならないので移動はできず、仕事が終ったら、ひとりで寒い家の中で黙々と家事に精を出す。

元々ブータン人は多くのものを所有しておらず、気軽に何処にでも出かけて行く。そして少ない生活用品で日常を過ごすことに苦痛を感じないのである。また国内のあらゆる場所に多くの親戚がいるため、移動先の宿泊所の心配が少ないのである。

48

伝統貿易

★歴史の舞台となった古い交易路★

現在の常識や視点では昔の生活はイメージしにくい。昔の生活をイメージするには追体験のように例えば木の棒で火を起こすとか、旧道を当時の装備で歩くなどの擬似体験・経験をしないと見えてこないものは多い。

イメージしにくいものの一つに物流状況がある。現代の物流は蒸気機関の発明以来、自然の法則に逆らって進むことを可能にしているため、昔の海流に沿った貿易路をイメージすることは難しい。季節に合わせてその風を利用して移動する、こうした感覚は現代人の我々には実感が湧かないであろう。

ブータンは現在の視点で見ると、単なる辺境の国に見える。北にヒマラヤ山脈、南はアッサム州との間に密林が広がり、地形的にも閉ざされている。北の国境に接する中国とは国交はなく、公式には交易もないため、南から見ると行き止まりのような場所である。

多くの文献でブータンは「自給自足の生活をしていた」と称されるが、実際は自給自足できた地域はごく少なく、東ブータンのほんの一部の地方に限られていた。その一部の地域は比較的温暖で冬場でも野菜が取れ、肉食の習慣が少なかったため、贅沢品を除いては、自ら交易をする必要はなかったと推測できる。

東ブータンのインド国境に近い場所にすむ遊牧民ブロクパは、特産品として木で作った桶や竹細工を交易品としていた。東ブータン人にない技術を持つブロクパは職能集団でもあり、東の人々に多くの日用品を提供していたのである。

東ブータン人の食生活に必要な乳製品もメラ、サクテン村のブロクパが山から運んでいた。今でもブロクパが造る「ズェテ」と呼ばれる匂いのきついチーズは東ブータン料理には欠かせない隠し味である。

岩塩は、ポメイというメラ、サクテンとラディの間の村のラランという山のみで取れたと聞く。しかし、その絶対量は少なく、大半の地域ではチベット経由の塩に頼らざるを得なかった。しかしながら「貧しい東ブータン」のイメージはなく、肉食は少ないながらも比較的豊かな生活を送っていた。

このブロクパは実に変った交易の風習を持っていた。それは言葉の通じない南の民族と交易をする際にいわゆる「信用取引」をしたのである。どうやって言葉の通じない相手と連絡を取ったのかは定かではないが、その取引の手順は以下の通りである。

北部に住むブロクパは山を越えて南の町までバメイ牛（ミタンとも言う）を連れて行くことがなく、町へ行く道の途中の峠にバメイ牛を繋いで置き、のろしを上げる。そうすると、南の町から来た取引相手はそのバメイ牛を受け取りに峠まで登ってくるのである。そこでそのバメイ牛を気に入れば、伝統的に取り決められている分量の米をその場において連れて行く。そして気に入らなければバメイ牛をそのままにしておく。このようにして取引相手と会わずに取引をしていたそうである。

今ではこの取引は廃れ、多くのブロクパは南の町に親戚付き合いをする定住農民の家を持ち、そこまでヤク、バメイ牛やチーズ、バター等を運ぶ。また定住農家も彼らを親戚扱いし、冬の間は彼らの滞在を許すのである。

では岩塩の供給地がない西ブータンではその状況はどうだったのであろうか。チベット動乱による中国との国交断絶前の１９４０年代後半、ブータンはチベットから一番近い米や唐辛子の生産地であった。ブータン人は農産物を抱えてチベットに向かい、岩塩や重曹、じゅうたんと交換を行っていたのである。

ティンプー県の北にはヤクの放牧を中心に生計を立てている遊牧民が存在している。彼らは南に住む人々にヤクの肉、毛皮、乳製品を供給していた。また彼らはブータンで採れた薬草をチベットに輸出し、チベット製品を輸入するなどの交易をしていたのである。

「塩の道」と呼ばれるフンザ街道と同様に多くのヒマラヤ地域は塩に恵まれていなかったため、塩を求めたチベットへの交易路は様々な歴史の舞台となったのである。特にチベットからルンチ～ブムタンに抜けるルートは比較的なだらかで、ブータンに仏教をもたらしたルートでもある。

伝統貿易のルートは他にはチベットからハを通って南に抜けるルート、チベットからパロのドゥゲル・ゾンを通って南に抜けるルート、現在のインドのアルチャナ・プラディシュ州にある町タワンから東のメラ・サクテン～タシガンに抜けるルートなどがあった。

この内、チベットからタワンを抜け、アッサムに抜けるルートはダライラマ法王もチベットから脱出の際に使ったルートで、ラサからインドへの最短ルートでもあった。このルートは一年中積雪の心配がないのである。このタワンの町は、タシ・ヤンツェの一部から町並みが見えるくらい距離は近いのである。

タワンの町は1950年代当時、ゲルグ派の寺がある最南端で、戦略的にも重要な場所であった。言い換えればブータンにとっては脅威でもあった町である。しかし交易上はチベットの物品が溢れる豊かな町であった。タシガン出身の友人はタワンのことを「今のプンツォリンのように物で溢れていた。南（サムドゥプ・ジョンカ）に抜けるのには1960年代でも数週間かかったのに、タワンには2~3日で行けた」と語った。

今でもタシ・ヤンツェの貧しい村では、子供をタワンの寺に預けることがあると聞く。現在国境は厳しく管理され、ブータン側からの通行が制限されているとも聞くが、タシ・ヤンチの有名なチョルテン・コーラの祭りには近辺の少数民族が集まると言う。彼らにとって今の国境は意味がないのである。

草をはむヤク

ここで再三にわたって登場してきたヤクについて説明をする。ヤクとは体が長い毛で覆われた野生の牛で、主に高地を好み、その大きさは雄で肩幅2メートル、体重1トンにもなる巨大獣である。その皮はテントになり、その肉はブータン人の大好物である。特にマシャと呼ばれるヤク肉のルイベはトロのような触感でおいしい。

その乳は牛に較べて濃厚でチーズやバターの材料となり、その糞は燃料となった。その毛皮は丈夫な布や紐になり、腹の毛皮は保温効果が特に優れており、その尾は僧侶の蝿よけとして珍重されるなど、無駄のない家畜として古くからチベット人や北部の少数民族によって飼われていた。

ヤクの特性は低地や高温多湿の環境を嫌う。よってヤクの放牧は、冬場は比較的南にまで降りて来て、低地の草を食べさせることが可能になる。よって、標高２５００メートルあたりや、ペレ・ラ峠やチェレ・ラ峠でもヤクの放牧を見ることができる。

そして夏になるに連れて、徐々にその放牧の場所の高度を上げて行き、最後には標高４０００メートルあたりの氷河湖地形の平らな草原に移動する。この遊牧民の動きが、南の人々の生活に一定のリズムを与えているのである。

パロの農家の老婦人は筆者に語った。「私の子供のころは生活物資を手に入れるのも大変でした。昔は電気がなかったので灯油を買いにわざわざインド国境近くまで歩いて自分で担いで行った。そして肉や塩、チーズなどはチベット国境まで行って購入しなければならなかった」、このように生活を維持する上で、周辺国との交易は必然的だったのである。

ハでは元来、米が取れず、今でも蕎麦を中心に生産している。しかもハの方言はチベット訛りが強いとも聞く。多くの土着の習慣もチベット風の習慣を色濃く残している。今では法律では禁止されているが、中国製品の輸入の大方はハを通じて入ってくる。未だにハやパロ出身の貿易商は多く、プンツォリンからラサまで幅広く動いている。

ハはシッキムがインドに併合されるまではブータンにおける貿易の拠点であった。北ルートではチベットのチュンビ渓谷を抜け、当時英国通商代表部が置かれていたヤトゥン（Yatung）まで行き、ナツ・ラ（Natu-La）峠を越え、シッキムのガントックまでは比較的容易なルートであった。この北ルートは今でも多くの人が通行していると聞く。

筆者の友人も子供の頃にチベットの地方都市であるパーリー（Phari）にヤクを連れて行った経験があるという。当時パーリーには商工に関するブータン政府の出先機関があり、ハとの交易が盛んであった。加えてブータンの開国に関する一連の交渉もハの豪族が中心となって行われたことからも、当時のハがブータンにとって他国への窓口となっていた事実を示している。

南へは峠を一つ越え、サムツィ県に入り、そこからインドのシリグリやカリンポンへ向うルートがあった。このカリンポンにはブータンハウスと呼ばれる通商代表部のような施設が常設され、ブータンの大使館の役割もしていた。当時のカリンポンはインドとチベットを結ぶ最短ルートだったのである。

現在、安価で比較的性能が良い中国製品はティンプーの町でも良く見かける。絨毯や靴、帽子、バスタオル、魔法瓶、子供の玩具やプラスティック製の食器や陶器など生活用品の様々なものが手に入るが、その多くはハを通る密輸品である。

ブータンは歴史的にも地形的に閉鎖された場所ではない。元々地形的に交易に適しており、一種の大国に対する生活必需品の生産地としても利点があったのである。

Ⅷ

生活に根付く宗教

49

法要や葬送

★信仰とともに生きる人びと★

ブータンの信仰は悪魔祓いと関わりが深い。プジャと一般的に呼ばれる法要があるが、プジャは元々ヒンディー語で、ブータンでは大別して2種類に分けられる。リムドと呼ばれるプジャは病気（悪魔）を追い払う不定期に行われるもので、ロチェと呼ばれるプジャは毎年定期的に行われる法事を指す。

西ブータンのロチェは大規模に執り行われる。特に年に一回のロチェの最終日には多くの来客を招き、食べきれないご馳走と振舞い酒の宴は夜中まで延々と続く。

西ブータンのロチェは親族内輪向けのものを含めると年に数回行われる。例を挙げるとパロではロンパ（パロの正月）、ロチェ（年初めの大法要）、ツェチュ、ドチャップ、悪霊封じ、その他に村の法事や家々の小さな春秋の法事がある。盛大に友人や同僚を招くロチェは年に一回だが、それ以外のロチェは日本の法事のように死者ごとにその回忌にあわせて行われる。

西のロチェに比べて東のロチェの食事は比較的質素であり、基本的に親族内輪で法要を年に一回執り行うのみである。

東西の風習が違う理由として、東西ブータンで信仰されている宗派の違いが一番の理由である。加えて地域的な気質として、西ブータンでは、僧侶が豪勢な食事を求め、見栄っ張りな西の人は僧侶の期待以上の食事を提供しようとして、その食事を豪勢にせざるを得ないのである。

その点、東の僧侶は寡黙である。ひたすら家で祈り続ける。食事に関しても自ら何かを求めるのではなく、出されたものを食する。このような大きな違いがあるため、東の人と西の人とが結婚した家庭ではどちらの宗派の僧侶を呼ぶのかで議論になると聞く。

ロチェは宗派によって手順や段取りが大きく変わる。祭壇の仏像の並び方やトルマの形状や飾り付け方や読経の内容も異なり、また法要の際に奏でられる音楽もドゥック派のものに較べてニンマ派のものは多少リズミカルに聞えるという。

ティンプーの守り神として名高いチャンガンカ寺では変わった法要がある。それは通常、寺の中で行う悪魔祓いを、寺の外に出て行う。チベットホルンを先頭に町を練り歩く僧侶は縁起物なので、多少の無礼講が許されている。よってこの日の夜は女性は外に出ないようにするのである。

同じチベット仏教のカーギュ派であるラダックのバスゴ村では、その年の当番の農家の主が、呪術師になり、村の各地から自分に悪霊を取り付かせる行事がある。そして最終的には自分が冷水で身を清めることによって悪霊を水に流すのである。

同様にハのロチェでは身代わり人形を作り、それに悪霊を封じ込める。年に一度、ツアンパとバターで作った供物にお祈りをして家の中の悪霊をつける。その後、それを竹の籠に入れ、家の外に吊るすのである。こうして悪魔は一年間、その家に災いをもたらさないと信じられている。

病気平癒のリムドは呪術的要素も含まれている。今でも西洋医学よりリムドによって病気が治ると信じている人が多く、保健省も「リムドをするより先ず病院に」というような啓蒙活動が行われているくらい深刻な問題である。

リムドは大体以下のような順番で行われる。先ず、病人の家族を集め、祈禱師（多くの場合は僧侶）を家に連れてくる。次に祈禱師は真言を唱えながら小麦粉やツァンパでトルマを作り出す。そのトルマは様々な形をしており、馬や人、蛇や男根の形を模した物まである。そしてそのトルマを赤と黒の色で彩色をし、お金や玉子、木の枝、豚肉など悪霊が好む様々なもので飾り付ける。これに病気の素となった悪霊を乗り移らせるのである。

そして祈禱師が太鼓を打ち鳴らしながら祈祷をあげ、徐々にトランス状態に入っていく。トランス状態に入ると祈禱師から様々な指示が飛ぶ。「城の近くでお酒を供えろ」とか「今すぐ麺をゆでろ」など立ち会う家族は右往左往する。すると数時間後には不思議と病人の症状が軽くなるのである。

そして最後に、その悪霊が乗り移ったトルマを家の外のシャーマンが指定した場所に投げ捨てるのである。このトルマは犬やはとの餌となり、自然に跡形もなく消えていくのである。このようにして病気平癒の祈禱は行われる。

話は変わるが、ブータンではその死に方や死人の年齢などにより葬送の方法が異なる。

まず鳥葬の説明から行う。鳥葬は本来、「自らの肉体すら動物に捧げるのは最高の功徳を得ることができる」との考えから行われていた。あくまでも伝染病などによる病死ではなく、自然死した肉体のみ捧げたそうである。

ブータンでも鳥葬の場所は各地にある。ティンプーではパジョデンというティンプー市内より徒歩

3時間強の山の中腹近くに鳥葬場がある。

次に火葬だが、西ブータンでは死者を外部に設けた祭壇上に飾りつけ、数日間それを前にして宴を設ける。その祭壇に飾り付ける際には死者の腰骨を斧のようなもので折る。そして死者を前かがみになるように紐で縛り、できるだけコンパクトな形に整えるのである。そして白の布で包み込むようにして覆うのである。

その白い布に色とりどりの布を巻きつけられた死者の身体は、仏が鎮座しているように飾り付けられる。これを地方によっては日本の神輿のように担いで、死人の家から焼き場に運ぶ。そして最終日には焼き場にて焚き木を組み、その上に祭壇を乗せ、遺体を焼く。

この死者の背骨を折る理由として一つの言い伝えがある。西ブータン人は、死者はこの世に未練を残している場合、ロロンと呼ばれるゾンビになってこの世を徘徊すると信じていた。よって死者がロロンになって動けないように背骨を折るのだそうである。

1960年代の死者の葬儀方法は、自殺ないしは事故死は川に流す水葬、そして10歳以下の子供が亡くなった場合は鳥葬、それ以外の人は火葬形式を取っていた。ブータンの場合はチベットと違い木材が比較的ふんだんにあるが、やはり経済的理由

ティンプーの火葬場（写真提供 ケザンダワ）

によって火葬ができない場合があったと聞く。

近年は皆、一律に火葬される。ティンプーでは立派な火葬場があり、それぞれの宗教、宗派に沿った火葬の日にあわせて人々は遺体を運び入れる。

チベット仏教ではその人が亡くなった時には僧侶を呼び、祈禱を上げる。そして「あなたは死んだのですよ」ということを納得させるために死者に対する説教を始める。現世への執着をしないように説き伏せ、次のカルマへ向うことを促すのである。

日本の習慣と同様に初七日、二十一日、四十九日、一周忌などの法要が執り行われる。また、最近では出身地以外の場所で働く人も多くなったため、故人と本当に近しい家族以外は出席しない傾向がある。

葬儀の段取りも東西の違いが見受けられる。東出身の人の家では遺体は家の一間に寝かせた状態で置く。火葬の日まで片時も遺体の近くから離れない。つまり誰かは必ず、遺体の傍に付いているのである。しかし、西出身の人の家では家の庭にテントを張って、その中に丁寧に遺体を安置する。

筆者は友人の葬式に行った経験がある。その時も火葬場の外にテントが張られ、弔問客のために食事を振舞う友人の父親の姿があった。友人の父親は来客の接待に追われ、死んだ友人の近くには誰も居なかったという記憶がある。

葬儀の後、その家の祭壇には友人の写真はなかった。もちろん位牌のようなものもない。葬儀から数日経って「息子が現世に執着しないためにだよ」と父親は語った。来世を信じるからこそ、本当に写真すら飾らないのであろう。

50

祭り

★「ハレ」の日を楽しむブータン人★

祭りは衣装の見せ所である。老若男女、この日はお気に入りを着て祭りに出かける。着道楽のブータン人はこの日のためにオーダーした手織りの民族衣装をまるで人々に見せびらかすかのように着る。

祭りは「ハレ」の日である。踊り子やアツァラと呼ばれるピエロ役となった僧侶は祭りのときには無礼講であり、日頃の鬱憤を晴らすかのように、酒を飲み女性をからかい続ける。女性のほうもからかわれるのは「女性である証」なので黙ってこのちょっかいを受け入れる。

アツァラは祭りには欠かせない存在である。踊りと踊りの合間に演じる即効劇や、客の弁当によってその年の収穫を占う仕草、また男根状の棒を使って女性をからかうなど、祭りのジョーカー役である。

このアツァラを演じる人はかなり熟練した踊り手で、祭りの流れを理解している。特に田舎の祭りでは踊り手の後ろで踊り、彼らの間合いを整えたりしているのである。アツァラは祭りの指揮者のような存在である。

祭りの場の近くではメラと呼ばれる模擬店が並び、人々はつ

パロ・ツェチュ（上・下とも）

かの間の娯楽を楽しむ。矢を的めがけて射るゲームやルーレット、ビール瓶を紐でつるゲームなど多くのギャンブルに人々は講じる。

今ではそのギャンブルに興じる人があまりにも多いので場所によってはメラを禁止しているほど、ブータン人はギャンブルに熱狂する。

祭りは出会いの場でもあった。普段野良仕事をして、額に汗をかく女性の姿も美しいのだが、祭りの場では一番の自分の姿を男性に見せることができるのである。こうして年頃の若い人たちは、親戚や家族と離れ、グループになって出会いを楽しむのである。

筆者が１９９４年のパロのツェチュに行った際には、若い男女のアベックの姿を見かけることはなかった。しかし、２００４年のパロのツェチュでは多くの学生のアベックの姿があり、２０１８年現在、その光景は珍しいものではない。男女の交際の意識も年々変わりつつあるのである。

祭りには多くの種類がある。大まかに分けると、ツェチュ、ドムチェ、セルダに加えてその寺独自の法要がある。多くの祭りは９月から翌年の４月の農閑期に行われるが、農閑期はそれぞれの地域の

第50章
祭り

気候により若干のずれがあるので、夏期を除く期間、どこかで祭りが行われている。

ツェチュは通常5日間に渡って行われるチベット仏教の聖人パドマサンババの祭りである。ツェチュは「月の10日目」を意味するゾンカであるが、これはパドマサンババの身に起こった宗教的な重大事件は、すべて各月の10日に起こったことに由来している。

ツェチュは基本的に見せる祭りである。チャムと呼ばれる悪霊払いの踊りと、寸劇、歌、僧侶達の行列、そして最終日のトンドル（大掛仏画）のご開帳という流れが一般的である。このチャムや寸劇は見ている人に分かり易く作られていて、不貞な行為をたしなめる物や、生前の行為を閻魔大王が裁く演目など、日常道徳を説いている。

ブータンの仮面や仏像は見た目にはおどろおどろしい物が多い。その理由として「ひと目で善悪が理解できる」ことが必要だからだ。一般向けには難しい教義ではなく分かり易い物が必要なのである。この演目や仏像の視覚的なメッセージを通じて、家族でツェチュを見に来ている家族はその倫理観や道徳観を子供や孫へ受け継いでいく。

ツェチュの一カ月前からドムチェという儀式が行われる。ドムチェは一般の人に見せる物ではなく、純粋に宗教儀式として執り行われる。その多くは読経や日常の祈禱と違った特別な祈禱や祈りを城や寺の守り神に捧げるものである。早朝の祈禱や不眠の荒行、砂マンダラの作成など様々な行により、僧侶達は肉体的にも精神的にも限界まで自らを追い詰め、ツェチュへと進むのである。

一般的に、ツェチュは祭りの代表格である、その県でツェチュがある時は官公庁や学校は休みとなり、人々はツェチュに向う。しかし、ツェチュはあくまでもチベット仏教の祭りなのでネパール系住民は行かないことが多い。

ネパール系住民の大半はヒンドゥー教徒である。彼らは彼らの宗教に基づく祭りの習慣を持っている。ダサインやビシュカルマプジャなどの彼らの祭りは、国の休日ではないため、彼らは自分で休みを取って親族で祝うのである。多くのネパール系住民は「ツェチュは学生のときに一度だけ見に行ったことがある」と言うがこれが一般的な意見であろう。

各地での祭りの多くがパドマサンババの祭り（ツェチュ）であるのに対し、プナカ城の祭りはシャブドゥンに由来する祭りであるため、名称も内容も異なる。これはプナカの守護神がシャブドゥンであることが多いに関係している。つまりプナカの祭りはセルダ（チベットとの戦争の再現）であり、その祭りを通じてシャブドゥンの故事を後世に伝えることに意義があるのである。

セルダは一箇所では行われず、城の内外の様々な場所で同時進行に行われる。プナカの城の周りでは当時の軍人に扮した村人が戦いの前の踊りを踊っているかと思いきや、城の広場では、勝鬨を上げている兵士が居たりする。城の内外で時折大きな音を出す爆竹は、チベット軍の砲撃を再現している。

セルダはウツェ（ゾンの中で一番高い建物）の最上階に今でも鎮座されていると信じられているシャブドゥンに見せるためのものである。演目の多くはウツェを中心に繰り広げられ、兵士がウツェのシャブドゥンに向って戦況の報告をしたり、戦いに行く前の踊りを披露したりする。その間にも城の中のラカンで別の時間軸でドムチェが繰り広げられているのである。

トンドル（大掛仏画）のご開帳が行われるツェチュの最終日の前夜は満月であることが多いので、トンドルのご開帳は真っ暗な中で執り行われるのではなくて、月明かりの中で行われる。意外に明るく感じられる月光の下で、ご開帳が始まるのである。

筆者は1994年プナカで通常であれば外国人の参加が許されないトンドルのご開帳に、当時プナカ・ゾンの修復に携わっていた縁で直接関わることができたという貴重な経験をしている。その当時の見聞によれば、トンドルを引き上げる係りの者は、ご開帳のある朝まで約1週間、俗に言う「女断ち」をする。女性と話さない、女性を触らないなどの行をする。

そしてご開帳当日はウツェの屋根裏に登る前に僧侶の祈禱を受け、太鼓の合図とともに一斉にトンドルを引き上げる。つまりトンドルは上から降ろすのではなく、上に引っ張り上げるのである。

そして多くのトンドルは夜明けとともに下に降ろされ、すぐに多くの僧侶によって巻かれるのである。そして大きな反物のようになったトンドルはウツェの裏に運ばれ、再び一年の眠りに付く。

ティンプー・タシチョゾンのトンドル
（大掛仏画）（写真提供 クエンセル社）

特徴のある祭りの例を挙げると、タシ・ヤンツェ県で3月に行われるチョルテンコーラのお祭りは少し変わっている。それは、祭りの終盤にチョルテン（仏塔）を時計回りに女性が踊るのだが、男性なら誰でもその踊りの輪に居る女性を暗がりに連れ出しても良いのである。この風習を目的に多くの人々が東の町に集まるのである。中には国境を越え、インドのアルチャナプラディシュからやってくる少数民族の人々もいるくらいである。

元々、人口が少ない地域なので男女の出会いが限られる。祭りによって遊牧民族や近隣の村から「新しい血」が入ることを期待しての風習であろう。最近では近くにある高校や大学の生徒が少数民族の女性との遊び目当てで祭りに来るケースも多い。

多くの祭りの日程はブータン暦によって決まる。ブータン暦の一日の始まりは西洋暦とは必ずしも一致しないので、西洋暦の二日にまたがる日があったり、縁起の悪いとされている日を飛ばしたりと中々数えにくい。

祭りは基本的にその檀家や住民のためのものである。しかし、その考え方も徐々に変わりつつある。以前は「祭りを見るよりテレビを見ていたほうがましだ」という友人も居たが、近年では多くの祭りがブータン放送局によりテレビ中継される。

地方の村の祭りでは外国人からのみ入場料を取るケースも増えてきた。また拘束時間を嫌って祭りの踊り手になることを拒む若者も増えてきた。このように祭りに対する人々の感覚も徐々に変わりつつあるのである。

51

名前

―――――★ファミリーネームを持ち始めた人びと★―――――

ブータン人の名前は種類が少なく、電話帳を見ると同名が非常に多い。例えば同じカルマ・ツェリン（Karma Tshering）という名前だけでもティンプー市内だけで数十人を数えることができる。多くの名前は性別の関係なく男女双方につけられる。

基本的に名前だけで男性か女性かの区別をすることが難しいが、判断できるケースもある。主に女性に付ける言葉があり、その言葉が名前に入っているかどうかで大まかな区別ができるのである。例を挙げると、ウォンモ（Wangmo）、オム（Om）、チュゾム（Chhuzom）、チェデン（Chedenn）などは女性に良く付けられる名前で、名前の後ろにおかれる。例えば、ツェリン・オムとかペマ・ウォンモというようにである。

余談であるが、筆者が以前働いていた職場の大工の棟梁は、男なのにゾッペン（棟梁の意味）・オムという名前であった。本人にその理由を聞いたところ、「親としては女の子が欲しかったから」とのことである。本人はその名前をとても嫌がっていたことを覚えている。逆に男性だけの名前は基本的にはない。筆者も経験があるが、仕事上の相手で面識がない場合はMrなのかMsをつけるべきなのか悩むことが多い。

名前の構成は、一つの文節で名前が構成されている人（例えばKarmaやTsheringという名前のみ）、また、この組み合わせが一般的であるが二つの文節で名前が構成されている人（例えばKarma TsheringやSonam Wangmoと言う風に二つの名前の組み合わせ）、そして三つの文節で名前が構成されている人（例えばKarma Lam Dorji）の三つのパターンが一般的である。

加えて、いわゆる尊称は名前の前に付けるのが一般的である。公式に爵位を持っている人は名前の前にダショー（Dasho; 男性の場合）、アム（Aum; 女性の場合）を付けて呼ぶ。その他の尊称はロンポ（Lompo; 大臣）、アシ（Ashi; 皇族の女性に対する尊称）をよく目にする。

名前は一般的にホーリーネームであり、それぞれに仏教的な意味合いを持っている場合が多い。例えば、Chimi（チミ）は広葉樹、Karma（カルマ）は輪廻、Dorji（ドルジ）は法具の独鈷杵と、それぞれ仏教にちなんでいる。

名前の付け方は大別して3種類ある。自分の帰依する高僧に付けてもらう、先ず愛称を自分で付け、後に高僧に名前を付けてもらう、最後は自分で名前を付ける場合である。

名前は今でも多くの人が自分の帰依する高僧に頼んで付けてもらう。高僧は子供の顔を見た瞬間のインスピレーションや宗派によってはその宗派で決まっている言葉（カルマ派ならカルマ）を必ず名前に入れる。

しかし、貧しい農村では子供は生まれたが中々高僧に会う機会がないので、家族の間ではナド（黒ちゃん）などと愛称で呼んでいたりする。そうして何年もそのまま高僧に名前をもらう機会を逸すると、その子の本名はナドになる。

第51章
名前

中央のトンサのある地方では、子供が生まれたときに近くにあったものの名前を、生まれてきた子供の名前にするらしい。例えば近くに竹細工のもの入れがあったら「バンチュ（Bangchuu：竹で編んだ弁当箱のようなもの）」といった具合である。

その理由としてトンサ出身の友人によれば、「この世の中は悪霊が一杯いる。大人ならまだ自分で対抗できるが、子供のうちは悪霊に本当の名前を知られてしまうと黄泉の国へ連れて行かれてしまう。だから日常使うものの名前やツァゲ（馬鹿）などと呼んで悪霊の気を逸らすのです」とのこと、未だに名前に対する民間信仰が存在している。

逆に自分の本名を忘れてしまった人もいると聞く。本名は別にあるのに子供の頃からタゴ（胡桃の意味）という愛称を付けられ、皆からもそう呼ばれていた人がいつの間にかタゴを本名にしてしまったのである。

ティンプー県ロベサのチミ寺（Chimmi Lhakhang）は別名「子宝を授かるお寺」として有名である。そこにお参りして授かった子供にはキンレイという開祖と同じ名前を付ける人が多い。

名前に関して言えば日本で言うところの忌み名のようなものがあり、決して親族でも口にしない、その人の名前がある。その名前は生まれた年月日、時間、場所によって自ずと決まるとされており、この名前を知らない人も多い。この名前を知りたい場合は、自分の信じるお寺に行き、そこに保管されている占星術の経典のようなものを僧侶に見てもらう。

この名前は宗教的な行事（自分の葬式の戒名に使われるケースが多いらしいのだが）の際はその名前を使用し、普段その名前を多用すると効果がないと言われている。そのため普段は絶対にその名前は口にしないし、他人には教えてくれない。

先述したが、名前の区別がつきにくいことは国内で暮らす分には何の障害もないが、海外に行くと外国人に戸惑われるケースも多いらしい。第一にパスポートを作る際や、他国に入国申請書類を記載する際に障害がある。

「ファミリーネームは何ですか?」ブータン人が海外で一番戸惑った質問である。一部の人を除いてブータンではファミリーネームは一般的ではない。友人は、パスポートを作る際に「タシ」という一文字名前だったため「ブータン人」を意味するドゥクパ(Drukpa)を急遽その場でファミリーネームにしたと言う。今では一文字名前の人の間では、自分の親の名前の後のほう(親の名前がカルマ・ドルジならばドルジ)もしくはドゥクパをファミリーネームにする人が多い。

最近では王家のように自分の家族にファミリーネームを付けようとする人たちがいる。以前の名前の付け方にこだわらず、自分でファミリーネームを設定し、そして前半分の名前を自分で付けるもしくは高僧の名前を取るもしくは高僧に付けてもらうなどの方法をとっている。しかしこのようなことも一部の海外に留学経験のある階層の人や都市住民の間でのことである。

特に名前に地域性を見出すことは難しいが、明らかな傾向はある。トンサは変わった名前の宝庫であると聞く。東ブータンではツェワン(Tshewang)という名前が多い。また西ブータンでは名前を短くする傾向がある。例えばPemaという名前を取ってみても、東出身の人はPemaだが、西の人はPemとなる。また、西ブータンは名前の種類が少なく、同名の友人は数多く存在するため、名前で特定の人間をイメージすることは難しい。

第51章
名前

以前町で友人を見かけたときに「おーい、ソナム」と大きな声で呼んだときに「ラー（日本語ではハイの意味）」と数人の人が同時に振り返ったというくらい同じ名前の人は多い。

ブータン人同士でも混乱が多いため困っていると聞く。そのためカルマという名前の前に職場の名前や職業を付けて「銀行カルマ」とか「大工のカルマ」、または出身地の名前を取って「ゲネカのカルマ」などということが多い。

在ブータン日本人のある人がブータン人の名前を良く覚えていると評判である。彼にコツを聞いて見ると、「だって基本的な名前は20個くらいでしょう。姓名の二つを覚えようとしないで片方だけ覚えればいいのですよ」という納得できる答えだった。

ブータン人の夫婦の間でも少し困ったことがあるという。愛し合うときに、カルマだソナムだなどと呼び合うのだが、嫌いな上司の名前が同じカルマだったり、恋人の名前が自分の母親が同じ名前だったりすると、いくら相手のことが好きでも呼ぶときにためらったり、興醒めしてしまうらしい。

では相手のことを何と呼ぶかというといわゆるペットネームで呼ぶことが多い。「チェッチェ（子供に向って言う呼び名）」とか「ディッキー（本名がデキなので欧米風に）」など、甘いムードたっぷりに呼び合っている。

52

歌と踊り

★音楽の持つ効用★

ティンプーで働く公務員は、出張で地方に出かけることが多い。出張中の車内は実に暇で、代わり映えしない景色を見るか、おしゃべりに花を咲かせるか、寝るしかない。そんな時車内のスピーカーから流れるゾンカの歌はまさに旅行気分を盛り上げてくれる。

ブータンでは一般的にドライバーに選曲権がある。その理由として、音楽は眠気覚ましの意味合いもあり、風景の変化の少ないブータンの道は眠気を誘う危険な道だからである。

ドライバーに「英語の音楽掛けていい？」と聞いても「英語の歌はあまり好きではない」と言われたらそれ以上無理強いはできない。自然とブータンの歌か騒々しいインドの映画音楽が掛かるのである。

ブータンの人は歌好きである。気分が良いと大きな声で歌を歌いだす。特に酒の席では誰ともなく歌いだし、踊りだす。つらいときも然り、トレッキング等に同行したブータン人スタッフは、筆者が体力的にへばってきたと見るとすかさず歌いだす。ゾンカでユーモラスな歌を歌って気分を和らげてくれようとするのである。

第52章
歌と踊り

小さい頃から親や近所の人と歌を歌いながら育った人は実に民謡を旨く歌う。ダムニャン（チベット風バンジョー）やヤンチェン（棒で打って奏する板型チター）のメロディに合わせて、スローテンポだがゆったりと流れるようなメロディを歌ってくれる。これが西洋のアップテンポの曲になると曲が早すぎて歌が付いて行けないのである。

歌にはいろいろな役割がある。新築の建物の壁は壁の幅に合わせた型枠を固定し、その中に土を入れ、突き棒にて土を突き固めて作る（版築工法）のだが、この作業をしている間、作業員の女性たちは延々と歌を歌っている。

その牧歌的風景と歌は見事に溶け合っている。歌は労働意欲を掻きたて、連帯感や突くタイミングを一緒にし、均一な強度のある壁を作る。それだけではなく、歌は1曲何分と大体決まっており、何曲歌ったら昼食の時間という具合に時計の代わりをしている。

農作業においても歌は一般的に良く歌われる。その歌の意味は主に自然や家族のこと、宗教に関することを歌ったものが多い。歌を歌いながら田植えをしている女性の姿は何とものどかである。

その農作業中の娘も歌うのが相聞歌（ツォンマ）である。ツォンマはツォンモやツァンモと呼ばれる伝統的な即興歌である。基本的には決まった旋律にあわせてその場で即興の歌詞を作り、男女が歌の掛け合いをする恋の歌である。その場に見える自然の美しさや農作物等の実りの豊かさにかけて相手を賛美した歌詞を作り、相手に好意を示す。

友人から聞いた話では、多くの場合は農作業をしている女性に対して少し離れた場所にいる男性が歌を歌いアプローチをかける。相手が誰か分からないので女性の方は相手を探るような歌を歌って返す。言い換えれば公然と自分の親族の前で愛を語るのである。

ブータンの音楽の現状は過渡期である。ブータンには根強く伝統的なその土地ならではの歌が残っているが、これらの多くは伴奏がなく、ア・カペラで数名の歌い手が一斉に歌う。各歌い手が歌い出しのタイミングを微妙にずらすので、歌が重層的になり、独特の雰囲気をかもし出す。これらの歌は多くの場合、その土地のお祭りで仮面劇やチャムと呼ばれる仮面舞踏の合間に歌われる。

これらの歌はブータンでは古典音楽・民謡のような位置付けである。この手の歌は幅広い層の年齢に親しまれている。それに引き換え、現在は伝統的な楽器とエレクトーンなどの西洋風の電子楽器を組み合わせて演奏された歌をよく耳にする。

今までブータンで流行った曲は何れもスローテンポでなおかつ簡単な愛のことを歌った詩と簡単なメロディが一般的であった。またそのような曲しかラジオ放送では流さなかったのである。それが1994年あたりから、拍子があるといった意味でビートが利いた曲が好まれるようになり、2018年現在ではハードロックやラップなど様々な音楽を好む若い世代が多い。

1995年頃はゾンカの音楽テープがほとんどなく、音楽テープといえばインドの映画音楽のテープが大半で、徐々に家庭にラジカセが進出した時期である。元々ヒンディー語を理解する人が多く、インドの映画音楽は聞きやすいこともあって、ブータン人の耳に拍子のある音楽が馴染んでいった。

2005年頃になると、軽快な音楽に合わせてゾンカで歌う音楽CDが販売されるようになった。当時は著作権という考え方に甘いことも由来してか、西洋のヒット曲をそのままゾンカに訳して歌ったり、旋律のみをコピーして新曲としているケースをよく見かけた。また、主な歌詞はゾンカでさびの部分だけ英語の歌も登場した。

中には日本人が作詞作曲した“Kuzuzangpo”というゾンカの歌があり、幅広い世代に親しまれている。この曲も単純な歌詞に単調なメロディで子供にも簡単に覚えられる。しかし、近年では世代によって好まれる音楽が変わってきていると聞く。

現在、ブータンの歌手の多くは兼業である。ある人は公務員であったり、国際機関で働いている女性歌手もいる。音楽の国内マーケットはまだ小さく、映画のように海外輸出となるとまだハードルが高いため、専業歌手という選択は難しい。

ブータンの学校では年に一度文化祭があり、学校フェテ（Fete）と呼ばれる音楽ショーや踊りが行われ、人々の娯楽のひとつとなっている。特に地方では極端に娯楽が少ないので一大イベントとなる。

ティンプー市内のカラオケ店外観

始まりは伝統的な歌と踊りであるが、プログラムが進むうちに様相が変わり、ネパールの踊りやチベット風の踊りや歌、インド映画音楽の踊りなど趣向を凝らしたものが数時間続く。最近では激しいリズムに合わせたステップや韓国の女性グループのように立ちで行うダンスを披露する学校もある。地方では村芝居のごとく生徒の保護者や家族のみならず、地域の人が総出でこのフェテを見に来るので、農村部の人も多様な歌に接するようになって来たの

町の中心地で開催されるコンサートに集まる人々（バジョ、ウォンディフォダン県）

である。

仏教の瞑想では音を重要視している。誰しも自分の内面を見つめる行為を行うときに大きな音が頻繁に聞こえてくる環境では集中できない。

ブータンの副法王ヤンビ・ロペンは「瞑想には音が重要な要素である。高い山の上で、音がない場所に行き、日常のことを完全に忘れることです。ブータンでも僧は瞑想の際には、一人になって音のしない場所を選ぶのです。しかしながら修行は日常とともにあるのです」とインタビューに答えた。瞑想には静寂が必要なのである。

反面、チベット仏教の読経の独特のフレーズは一種の歌のようである。その唸るような低音が何重にも重なり合い、重厚な音を作り上げる。2拍子のたたみ掛けるような読経の調子を聞くと気分が高揚してくるから不思議である。

この読経のフレーズの合間に流れるドゥン（長いチベットホルン）の搾り出すような音色やンガ（チベット式太鼓）の低く響く音が交じり合って一つのオーケストラのように「曲」を作り上げている。多くのブータン人は幼少の頃からこの曲に慣れ親しんでいる。

しかし、時代の流れとともに音楽を取り巻く様相は変化しつつある。筆者の友人は、「昔は激しい

第52章
歌と踊り

音楽を必要としていなかった。けれども最近の環境の変化が激しく大きい音を求めているのかも知れない」と語った。

「大きな音には思考を排除した開放感はある。しかし、意識を持った第三者にとっては、それは迷惑以外の何物でもない」と、先述の副法王は述べた。職場でもロック音楽を聴きながらビルの設計をしている同僚がいる。でも数時間もすればゾンカの歌に切り替えている。そして窓の外からどこともなくあのゆったりとしたメロディが聞えてくるのである。このテンポは実に風景に溶け込んでいる。

ティンプーの街中ではステージ付きのカラオケを楽しむことができるレストランや、専属歌手の歌を楽しめるパブレストランも多数営業している。伝統的な歌を楽しめる店やロックバンドの演奏を楽しむことのできる店もある。深夜営業のディスコやプールバーでは大音響で洋楽を流している。

先日も同行してくれたガイドがロック音楽を聴いていた。しかしいつの間にか自然に音楽がゾンカの歌に切り替わり、あのゆったりとしたメロディが耳に入ってくる。このゾンカの歌のテンポは実にブータンの風景に溶け込むのである。

53

僧

★社会におけるあまりにも一般的な存在★

初夏のティンプー、野菜市場は市民に混ざって多くの赤い衣を着た僧侶でにぎわう。修行僧や赤に黄色が混じった僧衣を羽織った高僧、長い髪をたらした修行中の僧、など様々な僧侶の姿を見かけることができる。

ブータンの一般的な風景には僧侶の姿は欠かせない。国の至る所に寺や僧院があり、官公庁であるゾンにも、ティンプーのＡＴＭのブースにも、携帯電話屋の店先にも、街中の至る所に僧の姿を見ることができる。つまり日常生活に僧侶は存在しているのである。

僧侶には厳しい戒律があり、ドゥック派の僧侶は妻帯できない。寺に入ったら、破門されない限り一生独身である。しかし、その戒律をいったん犯したら破門の目に会うのである。

普段の拘束や戒律が厳しい分、「ハレ」の日であるツェチュの日や、法要の時には僧侶の行為は無礼講となり、女性に対する「縁起物」の行為であったり、奇声をあげて悪魔を追い出す行為がより激しくなる。

多くの家では立派な僧侶を自分の一族から出すことは、仏教徒としてとても名誉なことであった。寺に子供を出すということとは自分の一族の徳を積む行為という側面と、口減らしという側面を兼ね備えている。

最近までは、1650年に定められた最初の成文法「シャブドゥン律」に定められていると推測される Tsunthrel と呼ばれる制度のため、一家族において3人以上の息子を持つ場合、少なくとも一人は僧侶にならなければいけないという規範があった。規範なので守る義務はないが、それが宗教的に奨励されているとなると、その制度は強制力を持つのである。

特にその制度が奨励されたのは1980年代になってからである。その理由として、当時勢力の観点からも人数的にもすくなかったドゥック派の僧侶を増やし、宗教的に国を安定させる必要があった。別の観点から考えると、男手を一人寺に出すということは、その家の農業の生産量が減り、そして有事の際の戦争の担い手が減る、つまり地方勢力の力を弱める効果があったのである。

チベット仏教の特徴は、「仏・法・僧」という汎仏教的な三宝に加え、「師」を加えて四宝とすることにある。通常の仏教の教えは帰依三宝であるが、「師のおかげで仏の道に入れる」と考え、師を非常に尊重する点が特徴と言える。

民家の仏壇や、お寺の祭壇の前には必ず僧侶の写真が置かれている。そしてそのことは今でもブータンにおいて、僧の指導者である「師」に対しての信頼が残っていることを端的に表している。師は崇める対象なのである。

煎本孝はその著書の中で「生態学的な視点からみると、僧院は人口調節のための施設であり、僧たちは生物学的な意味での再生産という生物としての最低限の権利さえ奪われ、死ぬまでのあいだただ生きていることだけを認められた、いわば社会から切り捨てられた人びとであった」と述べている。

確かに僧院は男性のみならず、尼寺も多く見かけることができる。女性が多く生まれたなら、女性の数も調節する必要があった。しかも大災害等で多くの人命が失われた場合はどちらも一般社会に環俗して子供を持つこともあった。

東にはゴムチェンと呼ばれるニンマ派の僧侶が多く存在している。ゴムチェンもドゥック派の僧侶と同じく自身の所属する寺はあるのだが、彼らの多くは妻帯をし、村の中で一般的な生活をおくっている。

しかし、僧籍の立場上、農業による労働は最小限にしなければならず、その生活は厳しいと聞く。基本的に生産的な仕事をしてはいけないので、多くのゴムチェンは経済的には恵まれていない。

少年僧（ブムタン県）（写真提供 ケザンダワ）

ゴムチェンは一般の人の喜捨によってその生計を立てている。ゴムチェンは地域に密着しており、困ったときの相談役の役割を果たしている。些細な家族内での揉めことや冠婚葬祭、多少の医療行為、祈禱、農業指導等、多くの役割を社会でこなしている。ゴムチェンは国中に密接な情報ネットワークを持っている。ゴムチェンは東だけではなく、西や南のニンマ派の宗徒がいる所には必ず現われる。彼らの精神的な支えともなっているのである。

若い僧侶が仏教哲学を学ぶ前に修行しなければならない三つの基本技術がある（ＮＨＫ取材班『遥か

なるブータン』）。その三つとは踊り（ガル）、音楽（ヤン）、仏画（ティグ）を書くなどの芸術を探求するものである。

加えて僧院生活はすべてを自分達でまかなう必要があるため、ある者は事務仕事、食事の配膳などその組織を維持するための仕事を行っている。そして仕事の合間に僧侶は純粋に仏法を勉強し、その役割に応じた探求の道をひたすら追及できるのである。

僧侶社会にも階級が存在する。一般的に仏教哲学を習得した僧侶はその時点でゲロンと呼ばれる修行僧からラマと呼ばれる高僧になるのである。そしてラマの中でも特に優秀で、数々の修行を収めたラマは、生まれ変わればリンポチェと呼ばれる高僧になる。

今では高校を卒業し、もしくは大学を卒業してから僧侶を目指す人も数多い。シムトカにあるブータン大学言語文化院（Institute for Language and Cultural Studies：ＩＬＣＳ）にてチェーキや仏教哲学を学んで、僧侶になる人も増えている。

その理由として考えられることは、俗世において偉くなる（つまり公務員になって爵位をもらう）ことより、法僧界に入ってそこで出世するほうが、出世の確率が高いからである。しかも自分の出自に関わらず、出世の確率がある公平な世界なのである。

最近、プナカや他のゾンで、僧侶になる東出身の人が増えている。それは宗派の統一が進んでいることと、法僧界での出世を願った若者が多いことに加え、純粋な宗教心で僧侶になる若者が多いことを意味している。

法僧界ではティンプーの法僧界が、一番位が高く、ジェ・ケンポと呼ばれる法王の下に４人の大臣級の僧侶がいる。彼らはロペンと呼ばれ、制度上№2であるドルジ・ロペン（法王庁の行政上の長）、ツエンニー・ロペン（哲学研究の長）、ヤンピー・ロペン（礼拝、読経の長）、ダビー・ロペン（チェーキ文法研究の長）である。

そしてその下には各県のゾン（城）ごとにラム・ネテンと呼ばれる県で行政上一番偉い僧侶がおり、その下に多くの僧侶や県にある寺社が組織下に入っている。今ではラム・ネテンはその県出身の僧侶を積極的に登用していると聞く。それだけ県に存在する寺社の管理が難しいのであろう。

では僧侶の日常生活はどのようなものであろうか。多くの僧侶は一般社会と違った時間軸の中で生きている。月の満ち欠きで決まるチベット暦は一日が朝の3時に始まったりするのである。

僧侶は通常一日2食であるが、村々で呼ばれる法要の際は特別に3食ご馳走が食べることができる。地域的に見ると西に行けば行くほどその料理は豪勢になるので、多くの僧侶は西での法要を歓迎する。

僧侶の修行の形態も今では多様である。大量の外国から入る物資や情報、国内の法律や制度も毎日のように変わり、都市の景観も急速に移り変わる。ティンプーの中心部で見かける僧侶は何か遠慮がちに街を歩いているようにも見えてしまう。変化の激しい現世で生きること自体が立派な修行かも知れない。

54

宗教観

★仏教と自然に対する意識★

ブータンの景観は立ち止まって眺めたくなるほど美しい。例を挙げるならば、西ブータンでは何処に立ち止まっても豊かな自然と町並み、背景に聳え立つ雪山が見える。確かに平地を見ることができないので閉塞感はあるが、晴れた日の澄み渡った青空、高台から見下ろす谷の全景や、谷を真っ赤に色付ける夕焼けは実に美しい。

この豊かな自然に囲まれて育ったブータン人の自然観はいかなるものであろうか。意外なことにブータンには「自然」を意味するゾンカはなく、「環境」を意味する言葉もない。つまり、それほど当たり前のことなのである。

昔はブータン人にとって自然は畏怖の存在であり、脅威であった。人々は闇を恐れ、それは悪魔祓いの信仰へと繋がっていった。ヒマラヤの自然は過酷であり、夜の冷たい風は万病の元であり、雪、洪水、地すべり、突風、強い日差しと数え上げればきりがない。

その自然環境の中では、すべての生活の糧が自然次第である。気候条件は、その農産物の収穫に大きな影響を及ぼし、雨が少ない年は飲み水の心配もしなければならない。逆に雨が多い年には地滑りの心配や灌漑用水路の補修や整備に時間が掛かる。

自然に対する人々の姿勢はそのアミニズムとも取れる自然崇拝に見ることができる。主な峠にはその安全を祈願する石を積み上げる習慣の跡が必ず見ることができる。その石が積み上げられたものに木の枝を刺して、自分が通った目印を付けていく習慣も一種の願掛けである。石にも魂があるとブータン人は言う。山道を歩く際に、身の安全を石の精霊に守ってもらうのだそうである。

標高4000メートル級で見かけることのできる湖や沼は聖地とされ、その清浄さに多くの人は五体倒置を繰り返す。チベット仏教はその特徴として多くの宗教をその教義に取り入れてきた。多くの自然崇拝的な儀式はボン教の影響を色濃く残している。

ブータン人は良く家族や親しい友人と郊外へピクニックに行く。天気の良い日に晴天の下で食べる食事は格別である。食事の後、さりげなく彼らを観察していると、何とはなしに山に入っていく。そして散策をするのである。

その郊外の場所の多くには寺やチョルテンがあり、ピクニックという目的以外に、寺参りを済ませる。都市部に住んでいると、何でもない空き地が少なくなっているので、今では自然を楽しむ場所は自ずと神聖な場所に限られてくる。

山の中は、彼らの遊び場であり。生活の場であった。彼らは食べられる植物を取ったり、石について教えてくれたり、花を取ったりとまさに野生児ぶりを発揮する。

ブータンの子供の生活はまさに野生児である。言い換えればたくましい、かつ日本人からすれば羨ましい。筆者の友人も「高校生のときは授業の合間を見計らって、よく近くの川で泳いだなあ」と言っていた。こんな彼は自然の中では仕事で見せるクールな顔と違って別人である。
逆に東京で会ったブータン人は「多くのブータン人は東京で数週間も生活するとホームシックになってしまう」と言っていた。東京は我々の感覚では緑の多く残っている都市だと思うが、ブータン人にしてみれば自然と触れ合う場所が全くないのに等しいのであろう。

廃墟となったゾン（パロ県）（写真提供 来山輝昌）

田舎の子供達は遊び道具も自然から調達する。木の枝を使う「コックリアーン」や、平たくて丸い石を標的に向って投げる「ブンドウ」などは遊びの定番である。今でこそ、都市部の子供はあまりやらないが、寺にいるゲロン（子供の僧）は遊び道具がないので良くやっている姿を見かけることができる。子供ばかりではなく、大人たちも夢中になってこれらのゲームを楽しむのである。

ブータン人は花をむやみに積んだりしない。生け花など持っての外である。花も枯れるまで放って置く。「花は摘んだ方が何度も出てくる花だってある」と筆者が言っても、友人のブータン人は「種を付ける行為を邪魔してはいけない」と言って頑なに自らの考えを通す。以前、ブータンに花屋がなかったのも同じ理由からだそうである。

ブータン人は直ぐに車座になり草地の上に座る。これは何も草原や郊外の自然溢れる場所のみ見られる光景ではない。職場でも会議室があるのに、昼食が終った後など、事務所の庭で誰ともなく座り始め、たわいない話を始める。

「衣服の汚れ」に関する感覚も面白い。地ベタに座って汚れた土汚れは基本的に気にしない。「土汚れは自然なもの」と農家の友人も言うとおり、自然なものを汚いと思う感覚は最近のものである。例を挙げると牛の糞、これは貴重な堆肥作りに欠かせないものである。牛の糞は農民が集め、藁と混ぜて発酵させる。そして農閑期に田畑にまくのだが、この作業を最近の子供が嫌がるケースが多い。この作業が「汚い」と言うのである。学校での「清潔にしましょう」という衛生教育が徹底していることは良いことであるが、将来、堆肥が化学肥料に取って代わられる日は近いであろう。

チベット仏教徒にとって、生き物はすべて、前世で自分の母親だったかもしれないという教えがある。だから蝿のみならず、ミミズすら殺さない。筆者の知り合いのブータン人は極端に殺生を嫌う。ブータンでは亡くなった人や生物はまた何らかの生物に生まれ変わると信じられている。

そこに今飛んでいるハエが昔なくなった知り合いの生まれ変わりかも知れないからである。流石に最近は殺虫剤が街中で売られているが、蝿叩きは売ってない。つまり、邪魔で自分の目の前からいなくなって欲しいのだが、自分で直接手は下したくないのである。

では具体的にブータン人の輪廻に代表される仏教観では、自然をどのように捕らえているのであろうか。オリザの輪という文献に次のようなパロの農民の言葉が記載されている。「農民として生きようとすれば、必ず罪を犯す。わたしたちは『輪廻転生』を信じ、善行を積んだ人のみが死後、再び人間に生まれ変わる、と考えている。だから、人間に生まれ変わるには、農民は深く深く祈らなければならない」。

魂は不滅というブータンの人々に墓はない。人は死ぬと荼毘に付され、灰は焼き場の近くの川に流される。「田んぼの水肥やしになれば幸いではないか」、その川の水は水田の灌漑用水や人々の生活用水として利用されていく。ひいては川の栄養分の一部と化すのである。

一部の遺灰はツァツァにされ、戸外や寺の屋根や周囲に並べられる。このツァツァは時間とともに風化していき、故人の魂の痕跡を残すことなく、自然に帰っていく。

ブータンの多くの人がすべてのものは自然に土に帰ると信じている。しかし、現在、プラスティックに代表される自然に帰らない工業製品も、平気で川に投げ捨てたりする。

「ブータンの麓の村々から見るヒマラヤの高峰が、神と自然と精神が渾然一体となって漂っている世界のような印象を与えるからである。死生観においても生と死の境界がなく、人間の理性がこれまで描いてきた死の扉など意識しないまま、現世を離れていく」と、本林靖之は述べている。

ブータン人は宗教を実際の生活の一部とし、今の生活を大きな輪廻転生の輪の中の一部分と考えている。そしてブータン人はまたチベット文化圏に自分自身が生まれ変るものと信じている。よって現世での宗教的怠慢や、環境破壊は来世の自分に振りかかる問題なのである。チベット仏教における自然観はこの点に帰結するのである。

IX

環境と資源

55

天然資源

★豊かな自然エネルギーと資源★

ブータンはその豊かな植生を含めた生物多様性、並びに高低差による位置エネルギー、そして寒暖差による温量、清浄な空気、豊富な岩石などをすべて資源と考えてみると実に豊富な資源を有している。

希少価値があり、軽くて高価な鉱物資源はほとんど見つからないのだが、現在では鉱業は水力発電による売電に続く、国の基幹産業の一つである。ブータンは石灰石やドロマイトが南部国境近いにかけて豊富に存在し、植生を含めた自然資源全般で考えれば世界で10カ所ある熱帯雨林の多様性の豊富な場所のうちの一つに位置しており、東ヒマラヤ固有種の60％を保有しているほど世界でも有数な生物種の豊かなところである。

先ず、鉱物資源から考察する。水力発電以外に大きな産業を持たないブータンにおいて鉱物資源の開発は、近代化、工業化への脱皮には不可欠である。ブータンも鉱物資源を原料として輸出するのみではなく、石灰石などをセメントに製品加工して輸出している。

ブータンの主な鉱物資源は、石灰岩、ドロマイト、珪岩、リン鉱石、黄鉄鉱、耐火レンガ用粘土、石墨、石膏、滑石、大理石及びスレート等の工業原料（非金属）と鉄、銅、鉛、亜鉛、タングステン、ベリル、レアメタル（ニッケル、コバルト等）及び貴金属類等の金属資源である。

特にスレートに関しては国内のみならず、輸出産品として価値があるのだが、生産規模が小さいため、国内需要に生産が追いつくのがやっとである。石灰岩、ドロマイトに関しては、セメント工場での安定した需要が見込めるため、安定した生産を行っている。

全般的な観点から見ると、鉱物資源の開発は、１９８３年～２００３年の間に急速な発展を遂げている。鉱石と採石の産業規模が占めるＧＤＰ比率は、１９８２年の０・01％から２０１６年の４・34％に急増しており、今後の伸びが予想される。

次に工業原料に特化して考察すると、資源的には工業原料（非金属）鉱物に恵まれている様子が先述の表からも読み取れる。しかも、それらのほとんどが地形的に比較的平坦で、大消費地のインドに近い南部一帯に産するため、開発に有利な条件を多く備えているのである。ちなみに南部一帯だけでも鉱業に分類される会社は71社（２０１７年時点）も存在する。

一例をあげると、プンツォリンにあるBhutan Ferro Alloys Ltd.社は、フェロシリコンを年間1万8０００トン、ミクロ二酸化ケイ素を年間４２００トン、マグネシウム・フェロシリコンを年間２４００トンの生産能力を持っている。

工業原料の中ではドロマイトが最も資源的に恵まれている。次に多いものは石灰岩で、高品位のものは炭酸カルシウム製造原料としても利用され始めている。これは１９９０年代初期に三井物産㈱が興味を示したが、未だ大規模な開発に至っていない。

工業原料として忘れがちなのが石と砂である。近隣国バングラデシュでは石がほとんど取れないため、わざわざレンガを焼いてそれを砕いて、道路工事等の採石の代わりに使っているのに対して、ブータンでは採石は豊富にある。

新規の道路工事をする際には、おおむね土中の岩が工事の障害となる。しかし、工事の際に出土した石に関しては工事用資材として利用可能なため、通常石の採掘許可が下りにくいブータンでは貴重な資源になる。

また、ブムタン以東に広く分布する片岩という石は、縦横比で言うと長方形に加工しやすいところから、家の壁を作る材料として使われ続けてきた。しかし、片岩の成分中に雲母質が多く、人の手で容易に壊すことができるため、強度的に弱い。

ブータンでは一般的に、この山から取れる片岩を砕いてコンクリートの砕石としているのだが、石自体がもろいため、本来、セメントモルタル接着面で起きるべき破断が、砕石で起こってしまい、コンクリートの強度が出ないのである。

砂も川沿いに大量に川砂を採取でき、しかも山砂も各所にある。砂は川の上流から無数に運ばれてきており、適度な利用では枯渇の可能性の少ない資源とも言える。現状、コンクリート工事用骨材や、路盤締め固め用、アスファルト混合用に主に使われている。

この砂の問題点は、粒度が細かすぎることである。何故問題かを説明すると、コンクリートに砂を利用する際、粒度が細か過ぎるとコンクリートを練り混ぜる際に、通常の砂を使う場合よりも水を多く必要とする。コンクリートの水の量が多くなると、所定の強度を得るためにはより多くのセメントを必要とするため、粒度の粗い砂に較べて不経済である。よって粒度が細かすぎることはコンクリートの骨材としては不向きであると言えよう。

次に金属資源を考察してみると、金属資源は、工業原料に比べその確認・潜在埋蔵量ともに非常に小さい。よって現状、あまり全国規模の本格的な資源調査は行われていない。今まではサムツィ県にあったインド地質調査所ブータン出張所とブータン地質鉱山局が、南部ブータンを中心に金属資源の開発を行ってきたが、インド政府の判断により、インド地質調査所ブータン出張所が２００３年に閉鎖されてからは、ブータン地質鉱山局のみがその開発を継続している。

ここで採石許可のプロセスについて説明すると、上述の地質鉱山局地質調査部が、開発可能な鉱床の有用性・推定埋蔵量について調査を行い、立地・埋蔵量・輸送費等を勘案して採石計画を立案し民間企業に対して情報を公開する。

公示された鉱床について民間企業は、その鉱床利用申請を当局に行い、当局が森林局及び国家環境委員会より国土利用許可を得る。許可取得後、地質鉱山局は民間企業に対し採掘地の貸し出しを行うのである。そして、企業は調査実費を地質鉱山局に支払うとともに、規定額の国土利用量（７２０ニュルタム／ヘクタール）、及び地質鉱山局が定める鉱山使用料、鉱物税を年度ごとに政府に納めることになるのである。

次に環境アセスメントの観点から考察してみると、基本的にブータン政府は第８次五カ年計画前までは国土利用を厳しく制限していた。ところが第９次五カ年計画において「持続可能な開発と経済発展の両立」と当時の森林被覆面積の72・55％から60％まで比率が下がるのも致し方ないとの見解を示

表　森林区分の面積

用途		面積（km²）	国土面積における割合（%）
森林	寒帯広葉樹林	9,868	26
	温帯広葉樹林	6,937	18
	トドマツ属常緑高木林（モミ）	3,526	9
	亜熱帯林	2,418	6
	松林（Blue pine）	1,372	4
	ヒマラヤ松林	64,986	3
	アメリカ栂林	883	2
	樫林	315	1
	マツ科トウヒ属常緑針葉樹林（栂）	402	1
	ビャクシン - ツツジ属わい性低木林	572	1
	乾燥高山性わい性低木林	27	0
合　計		27,306	71

出　典：Center for International Forestry Research（CIFOR）“Forest ecosystem services and the pillars of Bhutan’s Gross National Happiness 2016”

した。この基本姿勢は２００８年に制定された憲法の第５条第３節に「ブータンの国土全体の最小60％において随時随所に森林が地表を覆うように管理が堅持されなければならない」と明記され国の基本姿勢となった。

２０１６年の統計データによれば、森林被覆率は国土の約71％を保っている。これはブータンにおけるすべての開発プロジェクトを行うにはＧＮＨ政策・プロジェクト選択ツールによる精査を受けるため、森林地域における開発許可が下りにくいことも一因であろう。

鉱山採掘操業による環境への影響が懸念される事項は、表層及び地下を含む鉱山汚染水の排出である。また、道路・発破・採掘作業で発生する粉塵、排気、騒音、ディーゼル施設・発破からの振動、汚染鉱業排水、地下水帯水層の分断、土壌・植生の排除、視覚公害等の悪影響が懸念されているのである。そこで環境への悪影響に対し国家環境委員会は環境基準値（排水、排気、騒音の3項目）を定めている。

次に森林資源について考察する。ブータンでは国の南部に広大な広葉樹林が広がっている。中尾佐助によれば、こうした照葉樹林が広がる、日本を始め、台湾、中国の広東省、雲南省、ミャンマーの一部、インドのアルチャナプラディシュ州などは照葉樹林文化帯として文化に一定の共通性が見受けられるという。

森林は地方の人々に薬草、薪、建設用資材、飼葉、寝藁、堆肥、きのこ等の日常生活に必要なものを供給する。飼葉、寝藁、堆肥利用に関しては、伝統農法による森林利用形態があったが、今では都市部ではめったに見ることができない。

薪の利用においては炊事かまどの燃料源、もしくは暖房用がその主な用途である。しかし、現状楢、ブナ等（広葉樹）の硬材の薪が枯渇しており、針葉樹の薪しか手に入れることができない。しかも広葉樹の薪では火持ちが悪く、すぐに針葉樹の薪と較べてすぐに灰になってしまうのである。

次に森林の持つ土壌保全機能に注目すると、表土が薄く、砂礫層が多いブータンの国土では、森林がないと土壌は保全できないのは明白である。ましてや急峻な土地が多いため、森林の持つ涵養機能の効果は計り知れない。加えて森林は貴重な野生動植物（生物多様性の項参照）の生息地または育成地の保護の役割を担っている。

多様な生態系、豊かな森林はそれだけで人間の気持ちを和ませてくれる。世界中で失われつつある原生林。ブータンの人はいち早くその重要性に気が付き、原生林を保護してきたのである。

56

自然災害

★地球温暖化がブータンに与えた影響★

「わが国は地球温暖化によって存亡の危機に瀕している」

気温上昇の影響は、ヒマラヤ諸国にも影響を及ぼしている。GLOF（Glacier Lake Outburst Flood：氷河湖決壊による大洪水）はネパール、インド、ブータンのみならず、パキスタン、ウズベキスタンなどの山岳諸国にとっても深刻な問題である。

1994年10月6日、当時の筆者の赴任地であるプナカでこのGLOFがあった。ポチューの上流東部ルナナ地方にあるルゲ・ツォ湖（Luggye Tsho）が決壊し、大量の木材を含む土石流は、プナカ・ゾンの基礎部分を壊すだけではなく、工事関係者を含む22名の命を奪ったのである。

洪水はプナカ・ゾンの大仏殿の基礎の基底部を洗掘し、大きく沈下した。そのため、基礎を基底から作り直すなど、その修復に約半年を費やした。また、労働キャンプで作成済であった多くの装飾済みの柱や梁がキャンプごと流され、多くの時間とお金が消えていった。

土石流は数日でその勢いは止まったものの、清流で知られた川の水は、その後数年にわたって泥水と化した。その川の水を飲料水として使用していた人々は、いつまでも沈殿しない細かな砂を含んだその水の使用をあきらめ、遠くの場所に新たな水源を求めざるを得なくなった。

このＧＬＯＦは、多くのものも流したが、多くのものを運んできた。泥水で窒息した多くの川魚は下流のワンディ・ポダンで捕まえられ、人々の腹を数日間満たした。流木の多くはその後の労働者キャンプの貴重な薪となった。

２０１８年現在、王立自然保護協会によると、国内には６７７の氷河と２６７４の氷河湖が存在しており、そのうち24の氷河湖は危険度が高く決壊による洪水が懸念されている。

氷河は降り積もった雪が融解せずに年々堆積し氷になったものである。これが、谷の表面を削り、谷に堆積していく。そして削り取られた岩や石が氷河の下部に溜まり丘（モレーン）のようなものを形成する。これが、自然のダムの役割をして、氷河湖となるのである。つまり、この氷が解けると自ずとダムとしての機能が低下して危険な状態となる。

ＪＩＣＡの依頼でブータンの氷河湖の調査をしていた調査団の一員が興味深いことを教えてくれた。通常、氷河湖というものは永久凍土のようなものでダムのように堰き止められており、湖の決壊を防いでいる。しかし今回調査したすべての氷河湖の湖底土壌の温度は通常マイナスのところがすべてプラスの値を示したそうである。つまりいつ決壊してもおかしくない状態なのである。

同員は「ネパールでも同様の傾向があり、ヒマラヤの温暖化は

1994年の洪水で被害にあったプナカゾン・チュゾム（写真提供 クエンセル社）

急速に進行している」、「ヒマラヤの温暖化は氷河湖の決壊を促し、ひいては土石流による河川の流域に与える被害は避けられない」ともコメントしている。

多くの地方都市が谷状の地形に位置しているブータンでは、プナカのようにいったんＧＬＯＦが起こったら町の機能が麻痺する状態になりかねない。このように、繰り返すが地球温暖化は島嶼諸国だけではなく、ヒマラヤ諸国にとっても深刻な問題なのである。

自然災害は何もＧＬＯＦだけではない。ブータンでは土砂崩れ、地すべり、山火事、地震など数多くの災害が記録されている。大雨による洪水が南部パサカ（プンツォリン近く：１９９９年）やボンデリン（タシ・ヤンツェ県：２００３年）などは特に深刻な被害を地域に与えた。

最近では２０１８年6月13日の夕方、大雨の影響でルンツィ県のメドツォ（Maedtsho）地区で建設中の橋の一部が壊れ、労働者キャンプ13棟が流された。地区住民によれば雨が降ったのは1時間近くであったものの、その降水量は今まで経験したことのないほど激しいものだったとのことである。

こうした大規模な自然災害が起きた場合は、その地域の県知事によって非常事態宣言が出される。県知事はその災害に対して前線に立ち陣頭指揮を取らなければならない。つまりその人の力量次第で災害復興が左右されるのである。

自然災害の中で一般的なのが土砂崩れである。しかも道路に面した斜面の土砂崩れは、道路封鎖を招き、ブータンの物流をストップしてしまう。特に雨季は土砂崩れが頻繁に起きる。しかも毎年のように決まった場所で起きるのである。

今ではティンプー～プナカ間は車道の幅も広くなり、通行しやすくなったが、筆者がいた１９９３

年には雨季、乾季とも季節によって道路封鎖は日常的であった。バスに乗ってプナカからティンプーに向ったある日、ドチュ・ラ峠の近くで、雨による土砂崩れがあった。

それは土砂崩れを挟んで反対側にいる車が見える程度の小規模なものであった。しかし、この土砂を移動させるのには一日は掛かると誰ともなく言い始め、結局筆者は反対側にて立ち往生していた車に乗り換え、ティンプーに向ったのである。こうした場合は復旧に数日掛かることが一般的であった。

基本的に小中規模の土砂崩れ後の復旧作業は道路局の地方事務所の管轄となる。連絡を受けた事務所はブルドーザーととも に現地にやってきて復旧作業に勤しむのである。その復旧作業とは単に道路上に堆積した土砂を谷底に落とすという単純なものである。

土砂崩れで有名な場所は、プンツォリンに向う道路の途中に数箇所ある。東の道路ではトムシム・ラ峠を越えたあたりや、ドチュ・ラ峠を越えたワンディ・ポダン寄りの場所、などが有名である。この場所を雨季に通行するには立ち往生しても仕方ないという覚悟が必要である。

これらの場所は元々道路を通すことさえ困難である。地盤の表面は瓦礫であり、表水によって侵食しやすい。しかも土砂崩

洪水被害状況（タシガン県）（写真提供 ケザンダワ）

表　洪水警戒所の位置図

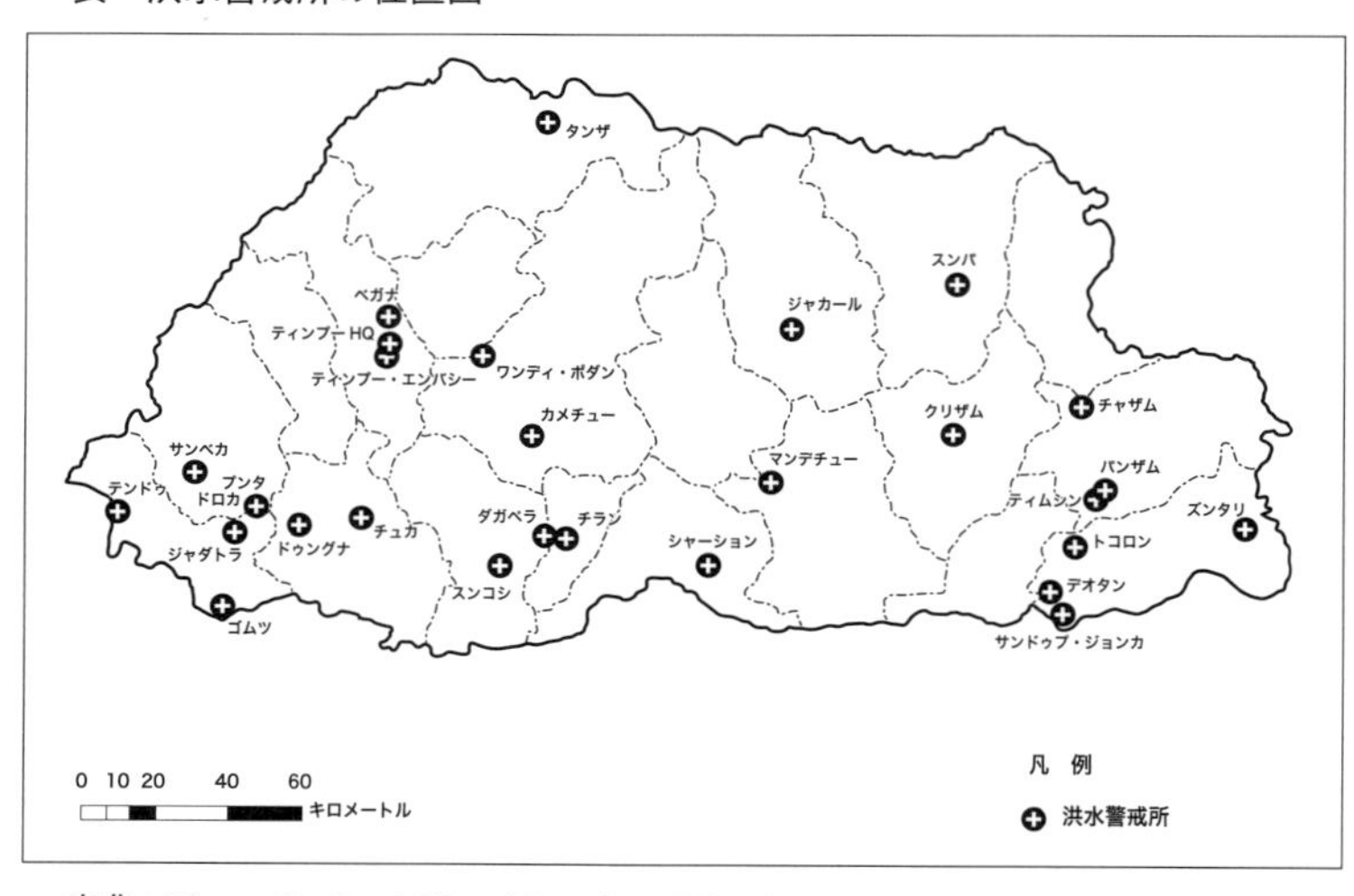

出典：Bhutan GeoSpatial Portal Location of Flood Warning Stations of Bhutan 2014

れを起こしやすい場所には上部に沢があることが多い。しかも雨季には沢が滝となって道路の舗装面を洗い流すのである。

最近、ブータン政府が神経質になっているのが地震である。元々ブータンでは地震が起きないと信じている人が多かったため、２００３年３月にパロ・ティンプーを中心に夜間起きた地震は多くの人にとって初めての体験となった。クエンセル紙に寄れば、マグネチュード5の規模であったという。加えて２０１１年9月にインド・シッキム州を震源としたマグネチュード６・９の地震はハ県、パロ県を中心に民家や公共建築物に大きな被害をもたらした。

地震にブータンでは人の反応は様々であった。夜中に外に飛び出した人は数知れず、「未だに心臓がどきどきしているよ」と次の日に言う人もいる次第である。隣のインドアルチャナプラディシュ州では同じ20～30年間で同程度の地震が30回程度起きていることを考えれば、ブータンは本当に地震の少ない国と言える。とはいえブータンでコンクリートの建物を設計する際は、インドの非常に地震が多い地域の安全基準（地震係数）を使用するように決められている。

今回の地震の後、主に地質を調査している部所に「震度はいくつだったのですか」という問い合わせが相次いだが、彼らは何故か雲隠れしたそうである。理由は後で判明したのだが、通常彼らは震度計をアメリカのとある団体から試用させてもらっていたが、たまたま試用開始から一年たったある日、「ブータンには地震は来ない」との上司の一声で震度計を撤去したそうである。その翌日、地震が来たというなんとも笑えない話だったそうである。

筆者は1995年のプナカの山火事を経験している。その際、県知事の号令の下、多くの一般の人が片手にギチュ（ブータンの山刀）を持って山に入った。基本的に山火事対策は森林局の管轄だが、結局は民間人の助けが必要となる。

2016年の統計では1年間に発生した山火事は72件、その内21件がティンプー県で起きている。また、焼失面積は合計210・5平方キロメートル、その内97・5平方キロメートルがワンディ・ポダン県で焼失している。

ブータンは多くの自然災害に毎年のように見舞われている。ブータン人は本能的にこの自然災害から自分たちを守ってくれるのは、豊かな森林であることを知っている。ブータン人が自然保護を国家の第一目標においているのはある意味当然のことかも知れない。

57

地質

★ヒマラヤに見る海の痕跡★

チベット平原やヒマラヤ山脈は以前海の底であったことは良く知られた話である。北のローラシア大陸（現在の北米、グリーンランド、ユーラシアを含む）と南のゴンドワナ大陸（南米、アフリカ、オーストラリア、南極大陸、インドを含む）の間に存在したといわれるテチス海がそれである。この海はインドの北上に伴い消滅したが、この海に溜まった地層が大陸間に閉じ込められ、圧縮され、上昇したという説が一般的である。

そして現在ヒマラヤ地域においてこの両大陸は、ヒマラヤ山脈と平行に走る大断層「主中央衝上断層 Main Central Thrust（MCT）」によって分断されている。つまりヒマラヤ山脈の山麓を走るこの断層は、ブータン国内ではプンツォリンから北へ数十キロの地点に存在する。

ベンガル湾の豊富な水蒸気を含んだ南から押し寄せてくる雨雲の大半が、この断層によって隆起した山肌に北上を遮られるため、この断層沿いは大量の雨が降ることでも知られている。よって多量の雨と断層活動によって緩んだ地盤の相互作用で、山肌の地すべり作用は促進されているのである。

大断層はMCT以外に「主境界衝上断層 Main Boundary

Thrust（MBT）」がある。この2本の大断層は、ヒマラヤ山脈の形成に大きく寄与したもので西はパキスタン、東はブータンを越えてインド・中国の国境付近まで延長2000キロメートル以上に渡る、まさに大断層であるが、ブータンでは標高8000メートル以上の高峰が連なるネパールに比べ、比較的緩やかに活動したものと推測できる。

この大断層には副産物がある。それは温泉である。ネパールでは断層在る所、タトパニ（ネパール語で温泉の意）ありと言われており、ブータンも例外ではない。有名なところではゲレフやシェムガンのティンティビに湯治場がある。本来はもっと多くの場所に存在するのだが、温泉の存在によって多くの高官が訪れ、地域の負担になることを恐れた人々が、その温泉の存在を隠しているケースが多い。

話は戻るが、このテチス海は温暖な海だったと考えられている。このテチス海の地層（テチス堆積物）には石灰岩を始め、黒雲母などを含む千枚岩、化石動物群が含まれおり、チベット平原の大部分とネパールヒマラヤの山々はこの地層から成り立っている。このテチス海は比較的穏やかな大陸棚の上に静かに溜まった砂や泥、サンゴ礁等から形成された地層である。

チベットで古くから赤い山珊瑚や貝殻がとれることは有名である。チベットは古来より岩塩の産地であり、西ヒマラヤに位置するネパールではアンモナイトの化石が多く産出する。このことからもテチス堆積物は元々海の底であったことが分かる。

ブータンではティンプー県リンシ地方でアンモナイトの化石を見ることができる。しかしその他の地域では化石は全く見ることができない。つまり地層的にテチス堆積物はハ、パロ、ティンプーの山側とトンサの一部にしか分布していないのである。

ツォフ湖 標高4300m。右奥の山がチョモラリ（写真提供 来山輝昌）

この1万メートルもの厚さのあるテチス堆積物はMCT以南には存在していない。大まかにはブータンの南国境線以南はインド亜大陸の地層である。つまり以前より海の上にあった土地なので、ここからは化石や岩塩は取れないのである。

東の町タシガンからラディにかけての地域、モンガルは顔料の産地として有名である。この顔料は膠（動物の脂）と混ぜて、タンカ（仏画）の絵の具として使用される。しかし、生産量が限られているため、今ではインド製の油や塗料を使うケースもあると聞くが、多くの城や社寺建築は今でも伝統的な顔料を使っている。その顔料はブータンでは主に建築現場近くの土や岩の色を旨く調合している場合が多い。

話は変わるが、一般のブータン人は地盤に関しての知識が乏しいため、多くの建設物の崩壊は、その地盤条件によることを認識していないのである。まだまだ地盤調査自体が一般的ではなく、また公共事業省も建設物の事前調査の一環としての地盤調査を義務付けていないため、その普及にはまだまだ時間が掛かる。

ブータンの南部を走る国道と、日本の南アルプススーパー林道は類似している点を見ることができる。どちらも活断層を横断しており、地盤が脆弱なため、毎年のようにその維持管理に多額の予算が必要となるのである。

第57章
地　質

雨季になると道路の側壁の断層活動で緩んだ岩石が雨水の浸食によって崩れ、毎年のように多量の砂礫が車道に移動する。そして通行のために車道上の砂礫を取り除く堂々巡りを繰り返している。

ブータンの車道を走ると、車道を作る際に掘削した山の斜面がそのままになっているため、その地層の変化を手に取るように見ることができる。一面赤土の場所や、山の中腹なのに丸石が混じった地層があり、岩石が蛇行したように見える地層もある。

特に南北に走るティンプー～プンツォリン間の道路を走ると様々な地層を見ることができる。言い換えれば現在の道路の位置は地層的には無理があることが分かる。

具体的にひとつの谷についてその地質を検証してみると、ティンプー谷は土砂が山側を頂点として扇上に堆積しており、扇状地地形であることが分かる。ティンプー川を挟んで比較的平坦で、主要な町がある方は扇状地地形で、川の反対側は切り立った山である。

扇状地の特徴として、その地質は大小様々な大きさの礫から成り立っており、水を通しやすい地質であることが上げられる。扇央部では山すそから流れる川はほとんどないのだが、扇先部では湧水となっている場合が多い。

つまり、ティンプー市内では地面を掘ると必ず、大きな岩が出てくるのでこれが建設工事にとって大きな障害となっている。何処に行っても岩を割るために大きな削岩機を使ったり、ダイナマイトを使ったり、岩に穴を空け薬品を注入し膨張させて割る試みなどをしている。

扇先部にあたるティンプー川近くでは、1メートルも掘らない内に湧水が出るのである。これも建設工事等の大きな障害となっている。この国の谷は何処でも同じような問題を抱えており、盆地の低

地での建設工事では湧水対策がひとつの鍵となっている。別の観点から見れば井戸を掘れば誰でも水にありつけるのである

比較的堆積層が厚い地層もあるので一概には言えないが、多くの平地ではN値（地盤の固さを表す値）が30〜50は出る優良な地盤である。地層の頒布状況さえ理解していれば、比較的楽に建物は建てられる土地である。

最後に、ブータンにおける地すべりのメカニズムについて説明する。ブータン各地に分布している片岩という岩石は、雲母のように剥がれやすい鉱物が面状に並んでおり手で簡単に割ることができる。この剝がれやすい面に沿って斜面が滑ることが多い。

また、ブータン地域に多い花崗岩質の岩石は風化するとマサ（真砂）状になり一見土砂のようになる。マサは風化の程度によっては、砂のような性質を持ち雨水で容易に侵食されるため小規模な土砂崩れを起こしやすい。

先に述べた大断層周辺は、その断層活動によって岩石が破壊されており土砂状になっている。従って、マサと同じように雨水による侵食を受けやすいため、土砂崩れが頻繁に起こっている。

ブータンでは大断層沿いの地すべりは分布が大きい地層沿いに限定しているが、残りの二つはブータン全土にその危険性がある。このまさ状化に関しては具体的なメカニズムは解明されておらず、今後のインフラ整備工事にとっての問題点である。

58

森林保全

★保全政策から社会林業、伝統的な森林利用まで★

ブータンは古来「薬の国」と呼ばれるほど森林の豊かな国である。多くの伝統文化は森の恵みや、その豊富な木材によって支えられている。その恵まれた自然環境の保全及び、伝統的文化との調和のとれた国土の開発・経済的発展は国の基本方針である。

また、現在は一定の森林被覆率を保ちつつも、有効利用できる森林は利用することにより経済発展を促進したいという政府の意向がある。

１９４７年から始められた造林活動は、２０１６年には合計１７９・６平方キロメートルに拡大している。また、森林局の統計では２０１６年だけで合計６・２平方キロメートルの面積に植林がされている。

ブータン政府の地方分権政策により２０００年７月１日より造林活動は各県に業務移譲されたため、現在では各県によって不毛な土地や侵食地、地すべり地などへの造林が進められている。また、原則すべての森林の土地所有権は政府に属し、森林は国有保安林として、山地災害防止、水源のかん養等の機能を担っている。

ブータンでは私有林に家族単位の社会林業方式を根付かせるために、1985年には学校社会林プログラム（School Social Forest Program）が森林局によって施行され、戴冠記念日“Coronation Day”である6月2日が「社会林業の日」（Social Forestry Day）と定められた。この日には、農業大臣、森林局長、文部大臣などから国民へのメッセージが送られる。

1991年のメッセージを見ると、「ブータンは商業的な造林には適さない。ブータンでは宗教が人間と自然の調和をはかり、社会林業によって森林の保全や科学的管理が可能になる」とある。このように全く森林伐採を国として禁止している訳ではない。ただその利用に関して制限を付与しているのである。

最近では2015年6月2日、ティンプー市内の通称ブッダポイント近くで植林イベントが行われ、100人のボランティアによって1時間で4万9672本の苗が植林された。これは公式にギネス世界記録として認定された。このようなイベントが企画されるなど市民の森林保全への関心は高い。

ブータンは国土の約71%が森林で覆われている。ブータンにおけるこれらすべての森林は国有保安林（Government Reserved Forest）に指定されており、森林局の管理下にある。つまり国によってその利用に規制が掛かるのである。

森林保護を担当する部署は農業省森林局で、各県毎に事務所を置き、実際の管理にあたっている。森林局の業務は、各森林伐採の許認可、伐採する木の指定及び確認、部落共有林林業（Community Forestry）の推進、各主幹道路のチェックポスト設置による不法伐採の管理等が挙げられる。

森林局の森林保護官は森林の不法伐採に対して逮捕権を有し、特に国立公園等に指定されている地域には管理事務所が置かれ、厳しい管理が成されている。

森林局では、森林を保全区域（Protected Area）、バイオロジカル・コリドー（Biological Corridor）、保護区域（Conservation Area）、全国20カ所の森林管理ユニット（Forest Management Units）、地域共有林、私有林に分け、森林の管理をしている。

つまりブータンにおける私有林とは、個人の私有地にある民有林のことで、ここにある森林を維持管理し、商業利用することができる。私有林と地域共有林もカテゴリーとしては社会林（Social Forestry）に区分されており、現在盛んにおこなわれている植林活動は森林管理ユニットと社会林のみ対象に行われている。

ちなみに地域共有林は２０１６年12月の時点で全国に６７７カ所、計７５３・９平方キロメートルを２万８３１１世帯が管理。活用しており、ワンディ・ポダン県、サムツィ県、チラン県に多く共有林が存在し、共有林一カ所あたりの単位面積が一番大きい県はモンガル県となっている。

１９７９年1月の国王の指示により社会林プログラム（Social Forest Program）が全国に広がった。これは、国民を各々の地域における植林事業に参加させることを目的としたものであり、森林局がその役割を担った。

ブータンの森林伐採はすべて許可制で、早くて数箇月、長くて数年間、許可が出るまで待つ羽目になる。まず国民が森林を利用する場合には、森林局の許可を受けなければならない。これは民有地においても同じである。

そして森林局の許可をうけた木以外は基本的に伐採禁止である。許可を受けた木には必ず伐採許可の印がつけられているので判別が可能である。この伐採許可について、利便性は全く考慮されず、あくまでも森林の保全の観点から伐採可能な樹木が森林局の職員によって定められる。

伐採後は、森林局の指導のもとに伐採跡地に提供された苗を植える。それらがやがて次の伐採時期になると、森林局の許可のもとで伐採を行い、その売却益は個人の収入にすることができる。

サルオガセ

このように、国の助成によって民有地において個人単位で小畑模林業を行なうことは、ブータンのように地形が険しい地域では適地に植栽することができるので好ましい。この方式の社会林業に参加した人は、森林を自らのものとして大事に育てるが、これが地域共有林になると、うまくいかない。その理由は、植栽後の木が個人所有にならないので、社会林業方式のように土地や木の管理が不十分になり木が育たないそうである。つまり直接的に自分の利益にならないことには無関心なのである。

「ブータンで家を建てるための木材を得るには申請してから数年掛かる」と言われるくらい2004年以降、建設ラッシュに沸くティンプーでは木材の供給不足によってその工事工程に支障をきたす建設工事が多い。

筆者がプナカの城の工事をしていた時に、城の修復に使う木材を申請したが、その伐採許可を得るのに半年かかった覚えがある。しかも伐採許可が下りたのは工事現場のあるプナカ周辺ではなく、ブムタンとハの森林で、それぞれ1カ所であった。比較的に森林資源が豊かで開発の必要がある両県に許可が下りたことは好ましいが、伐採後の輸送の手間がかかり、難儀したことを思い出す。

話は変わるが、ブータンの生活は基本的に森とともに歩んできた。その生活自体が森林保全の一翼をになってきたのである。特に農家のその土地利用は、2007年の土地法改正及び2009年の土地リースに関する法律及び規則によって、従来のソクシンは県が管理することとなった。2012年に再度土地法が改正されたが、ソクシン利用に関しては変更はない。

2017年11月、ブータン政府はソクシン利用ガイドラインを2018年度中に制定すると発表した。発表によると、ソクシン利用は最大30年間、更新は可能で、県の土地リース委員会に利用希望者は地区職員（GAO）を通じ、その許可を得る必要があるとしている。

伝統的な土地利用を説明すると、先ず、家の周りには家を建て替える際に使う木や果物や木の実がなる木を植えている。そして家の敷地より低い土地に水田や畑を作っている。そして家の敷地より高い所にはソクシンと呼ばれる森林がある。大まかにはこのような構成になっている。この家の周りに植林している木々からは凶作のときの非常食としても多くの自然の恵みを受け取ったのである。

このソクシンは東と西とでは少し意味合いが違う。つまり東のソクシンはその枝葉を家畜の食料に利用していた。西では主に松の木が植えられていて、儀式に松の葉が珍重されていたのである。儀式には松の葉のサン（香）は欠かせなく、儀式場の床一面に松の葉を敷くのも伝統的な礼儀である。

両方の地方に共通をしていることは、冬場にはその木々の枝葉を刈り取り、家畜の糞と混ぜ合わせ、熟成させるのである。そしてこれは次の種まき前に肥料として畑に漉き込まれるのである。ソクシンがない農家では藁を家畜の糞と混ぜ合わせ、発酵させ肥料としてきた。このように栄養分の少ない土地を耕作する農家にとってはソクシンは非常に重要である。

このようにして、家畜から私有林までを一帯とした自然に優しい循環システムが伝統的に採用されていたのである。このシステムは痩せた土地にある程度の人口を養うには欠かせないシステムであった。今はやりの有機農業を行って地力の維持を何百年も農民達は続けてきたのである。

それには森林保全は欠かせなかったのである。農民達は、時には地力を肥やす養分として、家畜の餌として、非常食として利用してきた。そして何よりも家の敷地の上部に存在する森林は、農地や家屋を地すべりから守る役目を果たしていた。

元々西部ブータンの多くの村では谷の平野以外の農地は地すべり跡を利用して開拓されていたと筆者は推測している。地すべり跡は元々土地が肥沃な場所が多い。その理由として水が豊富なことと、土の移動が多いことが挙げられる。

森林以外の地すべりが起こりやすい地域には棚田を設けているケースが多い。地すべり跡は比較的開墾が楽で、水資源も豊かで開けた土地があるからである。そしてこれらの棚田は土の移動を緩やかにし、また森林の代わりに水が一度に流出するのを防いでいるのである。

ブータン政府が国策として採用した森林保全。これは単なる国際社会に対するアピールのみならず、ブータン人が伝統的に体得した知恵なのである。

59

生物多様性

★森は大きな台所★

２０１０年10月、生物の多様性に関する条約（ＣＢＤ）の締約国１９３カ国は、第10回締約国会議において「遺伝資源のアクセス及びその利用から生ずる利益の公正かつ衡平な配分に関する名古屋議定書」を採択した。ブータンは生物多様性条約の締約国（１９９５年11月23日加盟）であり、名古屋議定書の締約国（２０１３年９月30日批准）でもある。

これを受けて２０１４年ブータンのアクセス及び利益の配分に関する政策（Access and Benefit Sharing Policy of Bhutan 2014）が施行された。この政策はブータンの遺伝資源及び関連する伝統的知識の商業的及び研究による利用に関する規則を定めたものである。

ブータン王国憲法第５条の１では「すべてのブータン人は、現在及び将来の世代の利益のための、王国の天然資源及び環境の受託管理者であり、すべての国民は、環境に優しい慣行や政策の採用や支持を通じて、自然環境の保護、ブータンの豊かな生物多様性の保全、騒音、風致公害や物理的汚染を含む、あらゆる形態の生態劣化の防止に貢献する基本的責務を負う」としている。

Rufous-necked Hornbill（ナナミゾサイチョウ）（写真提供 日本環境フォーラム）

ブータンは生物多様性に溢れた場所として知られている。実際ヒマラヤ東部は世界でも有数の生物多様性に富む場所のうちの一つであり、世界でも優先度の高い生物多様性保護地域である。例を挙げると、クレマティスの花などはティンプーの街中に雑草のごとく咲いている。桜草などは「牛も食べない、役立たずな草」と言われているが、峠の近くでは多くの群生を見ることができる。

峠では野性のランや石楠花の大木、白木蓮の巨木、木から無数に垂れ下がったサルオガセなどを見ることができる。フィンランド人の研究者によれば、このサルオガセは奇麗な空気の場所のみ生息する植物でブータンでは良く見かけるが、他国では珍しいとのことである。つまりそれはブータンの空気の清浄さを現す指標ともなっている。

石楠花は春から夏に掛けての長い期間様々な色の花を見ることができる。しかも高度に応じて花が咲く時期が微妙にずれるため、一度に多くの種類の花を見ることができるのである。一時期ブータンの国花を石楠花にしようという動きもあったが、近隣国ネパールが既に国花に採用済だったため断念したとのエピソードがある。

ブータンは古くよりチベット人の間では「薬草の国」と呼ばれるほど薬草の豊富な場所であった。今でも中国側より中国・ブータンの国境を越えてブータン側に越境してくるチベット人が北方ブータン（タシ・ヤンツェ県）にたびたび越境し、希少な薬草を持っていってしまうことが国会の議題に取り挙げられているほどである。特にブータンで取れ、中国で珍重されている冬虫夏草、高麗人参など数種にわたって懸念されている。

その生物多様性はブータン王立自然保護協会によると、ブータンは全世界で221カ所ある固有の鳥類の生息地の一つに数えられており、ブータンで確認されている鳥類は721種類、その内67％は世界的に保護が必要な種であり、全体のうち415種類は固有種である。

またブータンに生息する動植物数は、東ヒマラヤ固有種の60％を保有しており、哺乳類200種以上、植物5603種（薬草300種以上、野生の果樹469種、石楠花46種など）、菌類350種、昆虫共生真菌100種、蝶586種、コケ類16種、魚類119種、両生類41種、爬虫類124種などが確認されている。

その内絶滅危惧種は、哺乳類では27種類（ベンガルトラ、ターキン、ユキヒョウ、レッドパンダ、アジアゾウ、ゴールデンラングーン、ヒマラヤジャコウジカなど）、鳥類では47種類（シロハラサギ、キガシラウミワシなど）が確認されている。

ブータンでは税関に関する規則、規定、関税一覧表によって森林及び自然保護法に関連して野生生物輸出入禁止を規定している。つまり昆虫を含めた動植物は、海外への持ち出しを厳しく制限されているのである。

生物多様性に関する法律及び規定は、1998年、2002年、2009年生物多様性行動計画によって大まかな方針が打ち出され、1995年に制定された森林及び自然保護法（2003年に改定）

オグロツル（タシ・ヤンツィ県）（写真提供 来山輝昌）

や2003年生物多様性法によって、その法的制限が細かく規定されている。では何故ブータンではこのように生物多様性を守る必要があるのであろうか。

その理由として、ブータンの農村部住民の多くが、現在でも衣食住、燃料、薬など、その多くを生物資源に頼っていることが挙げられる。生物多様性の保全が生態系の保全のみならず、住民の生活を守る上でも非常に重要となっているのである。

その多様性に対しての考え方が替わりつつある。以前の人々の暮らしの中では「森はまるで大きな台所であった」とトンサ出身の友人が語ったように生活に密接に関わっていた。「必要なものはすべて森にあった」と。

しかし、今では生物多様性は「保護」すべき対象であり、「保全」できなくなりつつある。つまり種によってはその資源を利用できなくなったのである。生物多様性の中には人が手を加えることによって生き延びるもの多く、逆にその絶滅が危惧されている。

世界中の多くの熱帯雨林が森林伐採によって減少している。アマゾンの熱帯雨林などは急速な伐採によってその貴重な生物資源の多くが既に失われたと聞く。しかし、森林の伐採を極端に禁止しているブータンは、生物資源の保護に力を入れている。

第59章

生物多様性

ブータンでは森林と生物多様性は憲法によってその保護が明記されて守られている。その憲法の根底にあるのはGNHの考え方や仏教理念である。ブータンにおいて仏教は人々の生活、文化に深く根ざしており、その基本原理にはすべての生命に対する畏敬の念が込められている。よって今でも住民に寄って保全されてきた自然が数多く残されている。

生物多様性は、熱帯雨林に多く存在する。ブータン中央部、県で言うとシェムガンやペマ・ガツェル、チュカなどに広がっている熱帯雨林がブータンの動物や昆虫類の多くを内包している。逆に森林限界高度（標高3700～4000メートル）に近い地域には、高山植物の多くを見かけることができる。

このように書くといかにもブータン全土に生物多様性が広がっているような印象を与えがちであるが、それは間違いである。基本的にブータンでは乾燥した場所が多く、木が茂っていない場所も多い。

正確に言えば「生物多様性を多く含んだ地域が存在する」のである。高山植物に関しても数種類はティンプーの街中で見ることができるが、多くは高度2500メートル以上の場所（峠や山の中）に行かないと見ることができない。

そして多くの種類を一度に見ることができる場所は車道近くには存在しない。稀な例としてはパロ県とハ県の間にあるチェレ・ラ峠近くでは多くの種類を見ることができるが、多くの場合は車道から数時間ほど登るか降りないと見ることができない。

また野生動物も車道からは見ることは稀である。ある旅行会社ではガイドが野生動物を見た場合には「場所、時間帯、季節、状況」など事細かくメモを取るようにしていると聞く。動物の行動パターンは一定のサイクルがあるので、少しでも観光客のリクエストに答えようとしているのである。

特に野生動物はマナス川の周辺に多く存在する。象やサイ、ベンガル虎やゴールデンラングール（猿の一種）などの生息が確認されている。サムツィ県のある学校では野生の象によって学校のトイレが壊されたという例があるほど野生動物の生息地は人間の居住地と近い。

以前、ワンディ・ポダンからツィラン県の方に向う道沿いにある小さな川に行った時のことである。その場所は小さな池のようになっており、泳ぐのには最高の場所であった。筆者が泳いでいると、一匹のかわうそが近くで泳いでいたのである。

そのかわうそは我々人間に気にすることもなく、その川で漁をしていた。そして鱒のような魚を捕まえるや否や、森の茂みのほうへと消えて行ったのである。野生のかわうそと泳ぐという稀有な体験はそうそうできるものではない。これもブータンの生物多様性の豊かさを表すエピソードの一つである。

60

開発と自然保護

――★国家政策としての自然保護、開発との両立は可能か？★――

人は誰でも地球上の自然環境と、人がそれに加えた損傷から、無関係でいられない。現在、「人間の活動が自然に与える影響をできるだけ小さく抑え、現在の自然生態系を保護することは人間にとっての義務である」という考え方が主流である。

この考え方は１８７０年頃に英国で始まった鳥獣保護運動や田園保護運動が発端となり、自然を守ろうという動きが世界的になったことに由来する。「豊かな原生林」や「豊かな農業景観」が失われつつある状況に危機感を抱いた人々が始めた小さな動きが、今や世界の常識である。

仏教理念では「自然は畏怖の対象」である。古来、自然の様々なものには魂が宿っていると考えられている。古来より、ブータン人は自然の物象や摂理に対して一種の神聖を感じ、それを敬う習慣を持っていた。

多くの寺やチョルテンの近くにはマントラの刻まれた岩を見ることができ、多くの湖は神聖なもので、少しでもその水を汚す行為は厳重に戒められていた。この自然崇拝の意識は仏教と綿密に影響し合い、今のブータン人の自然観を形成している。

多くの村には仏教の神以外に「土地神」と呼ばれる神を祀る

プロジェクトによって育成されたエコツーリズムガイド（写真提供 日本環境フォーラム）

ギェンカンと言われる寺社がある。その部屋の入り口は黒い塗装の枠にドクロの絵が描かれた扉があり、女人禁制とされている。

ブータン人は自然はとてもデリケートな存在であることも深く認識している。仏教信仰の教義の中に、木を切ることの戒めを伝え続けて来たように、その思想の根底には自然と人間の主体同士の関係がある。

自然の存在を擬人化し、「神」もしくは「もののけ」として捉え、自らの社会の維持にはそれらとのお互い緊張感のある、共生関係が存在していた。これらはシェムガンやウォムロンに伝わる「Yeti（イエティ）」信仰にも繋がっている。

自然に対する共生関係の不履行やバランスを崩した管理は、自分達の社会にとって不利益であることを言い伝えや伝承、しきたりの中に心理学で言うところの「グレートマザー」として人々の心に刻んでいたのである。

「開発と自然保護の両立」を国家政策としているブータンはチベット仏教を国教としている仏教国である。ちなみにブータンには5カ所の国立公園、4カ所の野生動物保護区、厳重自然保護区1カ所、ブータン全土の42・7％が自然保護地域である。しかもこの割合は、バイオロジカルコリドー（全国に7カ所）の8・6％、王立植物公園の0・1％を含めると51・4％になり、アジア平均の4・26％、世界平均の5・17%と比べると格段に高比率である。

しかしながらこの「保護地域」という呼び方には少し違和感がある。厳密には「保護」とは草木石ころ一つ動かさずに自然のままにしておくことを言い、「保全」はその生態系の継続と人間による生態系の利用を並行して行う行為のことである。つまりブータンの自然保護地域には、本来の意味で「保護」すべき高山植物の生息する地域もあれば、「保全」すべき樹林帯の両義を意味している。

標高3700~3800メートルを超えた地域には木が生えていない。この森林限界線を超えた地域は瓦礫と氷河湖の世界である。そこに生息している高山植物は実に弱い存在である。ブータンの自然に咲く高山植物は「種類は多いがその生息地は限られている」のである。

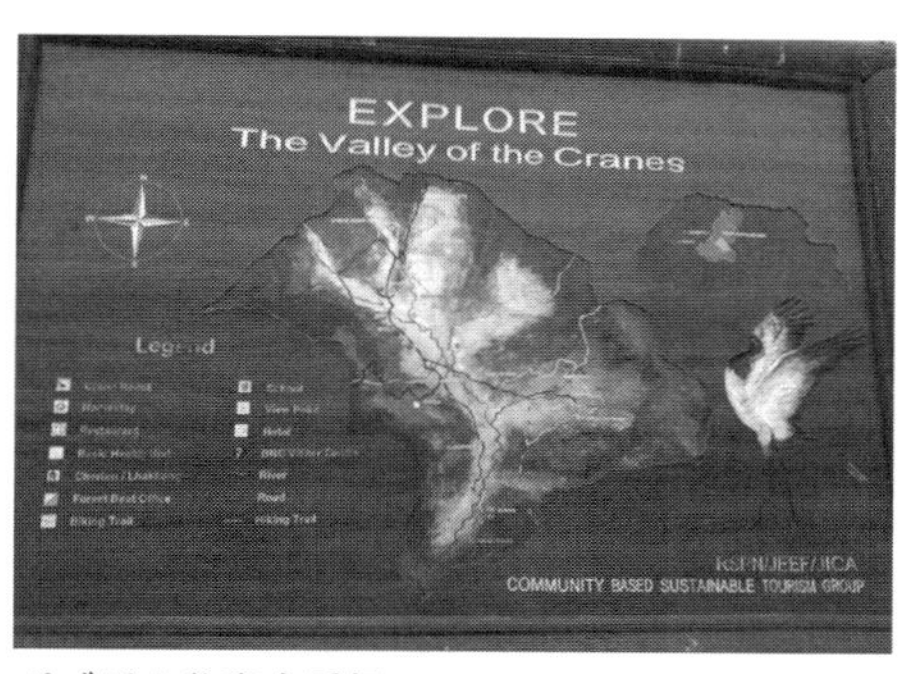

ポブジカ谷案内看板

自然保護地域にはそれ以外の地域同様、多くの住民が昔ながらの生活を営んでいる地域がある。元来、伝統的な生活は自然と共にある。つまり今で言うところの「自然に優しい生活」なのである。自然が疲弊しないように、自然を保全しつつ、かつ人間が人口圧によって生存できなくならないように、社会は調整してきたのである。

伝統農法といえば「焼畑農業」も伝統農法の一部である。それは古来の人口数で古来の面積を移動して居る場合のみ継続的である。しかし、近年の人口増に加えて、移動できる農地（山地）の制限が加わり、現在は事実上の焼畑農業禁止となっている。

つまり以前では5～10年に一度火を放ち、焼畑を行えばよかった地域も次第にその焼畑をする年月のサイクルが早くなり、その地力が回復する前にまた利用されてしまうのである。こうして地力の衰えた土地は表土流出や地すべりを起こし、生態系が破壊されてしまうのである。

一般的に熱帯アジアの生態環境は、際立って豊かである。強烈な太陽があり、水に恵まれ、土壌は若く肥沃。しかし、ここブータンを含むヒマラヤ地域は、世界でもっとも激しく土壌浸食・破壊が進みつつあり、生態が極めて脆い地域でもある。

土壌は痩せており、保水力は少なく、一般的に抱かれているイメージとは違い、実に微妙なバランスの元に辛うじて森林が残っている地域である。日本の青木が原樹海がその一面に広がる苔によって保水力を補われているように、ブータンの森林もその下草や苔、シダ類などの微妙なバランスによってその表土を保持している。

プロジェクトによって開発されたお土産品（写真提供　日本環境フォーラム）

多くの熱帯雨林と同様にブータンの森林も表土の薄い地域に広がっている。一度木を切り出し、その生態系を破壊すると土壌が流失し、その生態系の回復は非常に難しくなるのである。よってブータンではその森林を保持するのには、保護する地域と保全する地域を厳重に管理する必要があるのである。自然保護を国家政策とせざるを得ないのである。

地地域に根ざした持続可能な観光開発（Community Based Sustainable Tourism：ＣＢＳＴ）は、マス・ツーリズムに代わる新しい概念として、２０００年代後半頃から、国際的に広く通用されてきた概念である。具体的には、観光地の自然資源・文化資源を保全し、持続的に活用すること、そして、その土地に古くから暮らす地域コミュニティが、観光産業による恩恵を継続的に受けられるような仕組みを作ることを目的としている。

日本環境教育フォーラムと王立自然保護協会は２０１１年5月から２０１４年9月まで、「ブータン王国ポブジカにおける地域に根ざした持続可能な観光開発プロジェクト」をＪＩＣＡ草の根技術協力事業として実施し、その成果を拡大するため、２０１５年より3年間、ＪＩＣＡ草の根技術協力事業として、ブータン王国ハ地域における地域に根ざした持続可能な観光開発と人材育成プロジェクトを実施した。

プロジェクトでは具体的に、農家ホームステイの開発、ローカルガイドの育成、地元の特産物を活用した土産物や地域における観光素材の開発、地元の人々と観光客の交流の場となるコミュニティーセンター施設（道の駅と公民館の機能を併せ持ったようなもの）の開発、地域住民主体の観光運営の仕組みの構築が行われた。

このような取り組みは観光産業の発展を急ぎすぎ、自然や伝統文化の喪失、地域コミュニティの崩壊、貧富の格差の拡大などの問題が生じてしまった近隣諸国を反面教師として、ブータンらしい観光を模索する上でも有用な取り組みであろう。

自然環境の保護は国策でもあり、地盤条件からも自然保護をしないと国として機能しないことは先述したが、それは同時にこの国特有の「インフラの未整備」の解消とは相反する行為でもある。開発をしないと住民と都市住民との所得や生活格差は広がる一方である。しかし、所得向上やインフラ整備を行うには自然破壊が伴う。ブータンでは自然を保護ではなく持続可能な利用、つまり保全しないと人々の生活は良くならないのである。

CBSTのようなものは、人口が少ない上に人件費が高く、二次産業が生まれにくい土壌にあるブータンにおいて、国策のGNHを目指すためにも、CBSTのように、地方で雇用をうみ、環境保全も同時に達成するような仕組みが今後求められる。

鶴の里として知られるポブジカ村では王立自然保護協会が中心となってSolar Electric Light Fundを立ち上げ、電気需要のある各農家から資金を回収し、その設置を行おうという取り組みを行った。「鶴の里は景観上、電線は似合わない」という景観上の措置と、電線延伸コストの金額を考慮して、太陽光発電を住民が選択したまれなケースである。しかし、他の地域では住民組織を作っても独立意識の強い住民が多いため、なかなか合意に至らないのが現状である。

「鶴も大事だが自分達の生活も大事である」これは鶴の保護で有名なポブジカの住民の発言である。彼らは鶴の保護のために、自らが居住する村に高圧線を通すことを選ばなかった人達である。この矛盾こそが現代ブータンが抱える深いジレンマである。

ブータンを知るためのブックガイド

◇引用文献

共通

小方全弘『続ブータン感傷旅行』茗渓堂、1976年
桑原武夫編『ブータン横断紀行』講談社、1978年
中尾佐助『秘境ブータン』（現代教養文庫）社会思想社、1971年
中尾佐助／佐々木高明『照葉樹林文化と日本』くもん出版、1992年
西岡京治／西岡里子『ブータン神秘の王国』NTT出版、1998年
平山修一『美しい国ブータン』リヨン社、2007年
平山修一監訳／大久保ひとみ訳／ブータン王国教育省教育部編『ブータンの歴史 ブータン小中学校歴史教科書』明石書店、2008年
山本けいこ『ブータン――雷龍王国への扉』明石書店、2001年
リンチェン・ドルマ・タリン『チベットの娘――貴族婦人の生涯』三浦順子訳、中央公論新社、2003年
レオ・E・ローズ『ブータンの政治――近代化のなかのチベット仏教王国』山本真弓監訳／乾有恒訳、明石書店、2001年

第2章

月原敏博「カルチュラル・ティベタンの言語文化と教育――ブータンの個性にもふれて」（『ヒマラヤ学誌』第7号、2000年）

第４章

トゥルク・トンドゥップ『心の治癒力――チベット仏教の叡智』永沢哲訳、地湧社、２０００年

Tobgay S. Namgyal, Sustaining conservation finance: future directions for the Bhutan trust fund for environ-mental conservation, Journal of Bhutan Studies, 2001, The center of Bhutan Studies.

第５章

立川武蔵「３　カギュ派」（長尾雅人ほか編『岩波講座東洋思想第11巻　チベット仏教』岩波書店、１９８９年）

頼富本宏「６　チベットの密教」（同右）

第６章

枝廣淳子／草郷孝好／平山修一『ＧＮＨ（国民総幸福）』海象社、２０１１年

キンレイ・ドルジ著／真崎克彦・菊池めぐみ訳『「幸福の国」と呼ばれて　ブータンの知性が語るＧＮＨ』コモンズ、２０１４年

平山雄大「ＧＮＨ「誕生」を巡る基礎的文献研究」『ＧＮＨ研究の最前線ＧＮＨ研究№３』芙蓉書房出版、２０１６年

第７章

岡崎理香「ブータンのＧＮＨの最新動向　～２０１５年ＧＮＨ調査とＧＮＨ国際会議開催」『ＧＮＨ研究の最前線ＧＮＨ研究№３』芙蓉書房出版、２０１６年

山下修平「ＧＮＨ理念の歴史的起源と具現化のためのＰＳＴ（Policy Screening Tool）の効果」『それぞれのＧＮＨ　ＧＮＨ研究№４』芙蓉書房出版、２０１７年

第９章

日経新聞２０１６年11月９日「インド、高額２紙幣を廃止　不正資金撲滅へ」

Scroll.in ホームページ 2016/12/11 “In neighbouring Bhutan, India's demonetization finds new victims”

第10章

Kuensel online ホームページ 2015/9/14 "National workforce wage rate revised"

Kuensel online ホームページ 2017/6/8 "Wage revision attracts more mask dancers"

第11章

Kuensel online ホームページ 2017/11/20 "The unemployment conundrum"

Kuensel online ホームページ 2017/10/10 "Unemployed youth allege of being deceived in India"

河北新報社２０１５年10月２日「ブータンと仙台の懸け橋に　実習生受け入れ」

ブータン放送局（ＢＢＳ）ホームページ 2013/10/29 "MoLHR to send 30,000 Bhutanese to work abroad"

第12章

Kuensel online ホームページ 2018/6/13 "Bhutan is 47 percent self-sufficient in rice"

Kuensel online ホームページ 2018/6/14 "Bhutan targets 60 percent rice self-sufficiency in three years"

第14章

The Economic Times ホームページ 2017/7/15 "Bhutan doesn't have diplomatic ties with any of the 5 UNSC permanent members"

山崎 恭平「「ＡＳＥＡＮ＋４」協力の可能性と意義：強まるインド・東アジア関係から考察する」（『総合政策論集：東北文化学園大学総合政策学部紀要』２０１６年３月号）

FnBnews.com ホームページ 2012/2/6 "Bhutan happy over Indian exemption of export ban on milk powder, wheat"

日本貿易振興機構ホームページ「ＦＴＡの潮流と日本」最終閲覧日２０１８年８月25日 https://www.jetro.go.jp/theme/wto-fta/basic.html

第15章

真崎克彦「民主主義観の書き換えの展望を探る――ブータンを事例として」（民博通信№１３８、２０１２年）

宮本万里「現在ブータンの民主化プロジェクト――「政治的なもの」からの距離をめぐって」（現在インド研究第５号、２０１５年）
諸橋邦彦「ブータン王国新憲法草案の特徴及び概要」（『レファレンス』２００６年３月）
諸橋邦彦・坪野和子「ブータン王国２００８年憲法〔仮訳〕」（環日本海研究年報、２００９年２月）

第16章

日本国政府外務省政府開発援助ＯＤＡホームページ「ブータン総選挙に対する緊急無償資金協力について」最終閲覧日２０１８年８月25日
諸橋邦彦「ブータン王国２００８年国民議会議員選挙とその制度的特徴」（法制理論第45巻第３号、２０１３年）
EU Election Observation Mission, Bhutan, “Final Report on the National Assembly Elections – 24 March 2008” March 21 2008

第17章

独立行政法人 国際協力機構（ＪＩＣＡ）／株式会社アンジェロセック「ブータン国 電気自動車普及に向けた情報収集・確認調査ファイナルレポート」２０１６年５月
日産自動車ホームページ記事２０１４年２月25日「日産とブータン王国、画期的な国家ＥＶ戦略において協力」
大沢雅彦「ヒマラヤの環境と自然保護」（『ヒマラヤ――人・自然・文化　平成13年度特別展解説書』千葉県立中央博物館、２００１年）
Kuensel online ホームページ 2018/5/29 “When policies contradict”

第24章

Ministry of works and Human settlement, Department of Roads, “Road Classification Systemin Bhutan” June 2017
Ministry of works and Human settlement, Department of Roads, “Upgradation of Northern East West Highway（NEWH）Simtokha to Trashigang (510km)” June 2017

第25章

Kuensel online ホームページ 2015/12/12 "Helicopter makes a modest profit in first month"

Kuensel online ホームページ 2018/7/7 "JDWNRH to start mammography service"

第26章

Ministry of Education, Royal Government of Bhutan, "The state of the nation: Education (2016-2017)" June 2017

ブータン放送局（ＢＢＳ）ホームページ 2014/11/22 "Bhutan's first central school to open next year"

平山雄大「２０００年代前半のブータンにおける近代学校教育政策の特徴『第９次５ヵ年計画』及び『教育セクター戦略』の分析を中心に」（帝京大学総合教育センター論集、２０１６年３月）

第27章

ブータン放送局（ＢＢＳ）ホームページ "Company Profile" 最終閲覧日２０１８年８月25日

Bhutan Broadcasting Service (BBS), Annual Report 2016

第28章

仮屋力「講道館ユース柔道教育キャンプ実施報告」（雑誌「柔道」２０１６年７月）

公益財団法人日本サッカー協会「【海外赴任レポート】ブータン　松山博明さん」２０１０年11月

青木薫「端っこの国の晴れ舞台」（『アジアセンターニュース№24』国際交流基金アジアセンター、２００３年）

第29章

増田耕太郎「インドの電力不足解消への取り組みと地球環境問題」（季刊国際貿易と投資№79、２０１０年春）

Kuensel online ホームページ 2016/11/19 "Two windmills in Wangdue benefit 300 households"

日本国政府外務省「対ブータン王国事業展開計画」２０１１年６月

Embassy of India Thimphu "BHUTAN– FACT SHEET Dec 2015"

第30章

Tourism Council of Bhutan, Bhutan Tourism Monitor Report 2017

第32章

Kuensel online ホームページ 2016/12/16 "Bhutan's Constitution treats men and women equally"

Kuensel online ホームページ 2017/11/27 "The domestic violence epidemic"

Respect, Educate, Nurture and Empower Women (RENEW), Annual Report 2016

World Economic Forum, Global Gender Gap Index 2016

第33章

Kuensel online ホームページ 2018/6/21 "Parliament questions water shortage issue in Thimphu"

第34章

世界保健機構（WHO）『障害に関する世界報告書』２０１７年

UNESCAP "Disability at a Glance 2015"

UNCEF, Knowledge, Attitude and Practices（KAP）on children with disabilitie, 2015

Kuensel online ホームページ 2017/11/6 "Knowledge about disability limited, finds study"

Draktsho Vocational Training Centre for Special Children and Youth ホームページ、最終閲覧日２０１８年8月25日

Disabled Persons' Association of Bhutan "Registration of People with Disabilities in Bhutan-2015"

Schuelka, Matthew John "Constructing disability in Bhutan: schools, structures, policies, and global discourses" 2014

第35章

オルタスニュース（Yahooニュース）「「幸福の国」ブータンで異変　広がる薬物汚染の実態」２０１５年9月28日

毎日新聞「Ｌｉｓｔｅｎｉｎｇ〈地球ＩＮＧ・進行形の現場から〉第24回　若者の薬物・アルコール依存」２０１６年

1月19日
Kuensel online ホームページ 2017/4/17 "A collective responsibility"
The Bhutanese ホームページ 2017/8/4 "BNCA to establish compulsory treatment center"
The Bhutanese ホームページ 2017/7/29 "BNCA to update controlled drugs list immediately"
UNODC "A Rapid Assessment on the Drug Use Situation and Responses in Schools and Communities in Phuentsholing, Bhutan (2008)"2009

第36章
Kuensel online ホームページ 2017/12/14 "PSL will revolutionise economy: PM"
ブータン放送局（ＢＢＳ）ホームページ 2017/12/9 "Bhutan's fertility rate to decline by 2030"

第37章
沖允人「シッキム冬の旅」（『ヒマラヤの桃源郷』日本ヒマラヤ山岳協会、１９７５年）
佐々木高明編『農耕の技術と文化』集英社、１９９３年
高橋勇夫「ラマ教の歴史」（『大谷女子短期大学紀要』１９８２年3月号）
野添憲治『秘境への旅――チベット・ブータン紀行』無明舎出版、１９８５年

第38章
毎日新聞大阪版２０１８年5月15日わたしの母校「住吉高校／6　ブータンの人々と草の根交流半世紀　西岡里子さん夫のまいた「種」　人々の心に」
小暮正夫作／こぐれけんじろう絵『ブータンの朝日に夢をのせて――ヒマラヤの王国で真の国際協力をとげた西岡京治の物語』くもん出版、１９９６年
Tshering Cigay Dorji, Dorji Penjore "Dasho Keiji Nishioka A japanese who lived for Bhutan" 2011

第39章
独立行政法人国際協力機構（ＪＩＣＡ）「【ブータン協力隊30周年】未来の体育教師に日本の体育教育を伝える」２０１８年３月27日

第41章
UNHCR, UNHCR Resettlement Handbook July 2011
The Himarayan Times 2016/2/6 "Where in US, elsewhere Bhutanese refugees from Nepal resettled to"
日本国政府外務省ホームページ「南アジア地域協力連合（ＳＡＡＲＣ）」
SAARC Secretariat, "Agreement on SAARC Preferential Trading Arrangement (SAPTA)"
水野光朗「ＳＡＡＲＣ（南アジア地域協力連合）について――首脳会談を中心に」（愛知国際法小委員会、２０１３年）
深澤光樹「ＳＡＡＲＣ（南アジア地域協力連合）諸国の貿易構造――バングラディシュ衣類製品貿易を中心として」（『明大商学論叢』第97巻第３号、２０１５年２月）
寻賀政幸「書評：塚本武功『インド　第三国の大国へ――〈戦略的自立〉外交の追求』」（南アジア研究第27号、２０１５年）

第45章
Department of Urban Development & Housing Ministry of Communications, Bhutan Building Rules- 2002 (BBR-2002)
Department of Human Settlement Ministry of Works and Human Settlement, Rural Construction Rules 2013
Department of Culture, Ministry of Home and Cultural Affairs, Cultural Heritage Act of Bhutan 2016
Department of Human Settlement Ministry of Works and Human Settlement, The Bhutanese Architecture Guidelines 2014

第55章
Center for International Forestry Research (CIFOR)" Forest ecosystem services and the pillars of Bhutan's Gross National Happiness 2016"

第56章
Bhutan Geo Spatial Portal Location of Flood Warning Stations of Bhutan 2014
Kuensel online ホームページ 2018/6/15 "Flashflood washes away 13 temporary sheds in Lhuentse"
日本国政府環境省「【環境省暫定訳】ブータンのアクセス及び利益の配分に関する政策２０１４案」

第57章
木崎甲子郎編著『上昇するヒマラヤ』築地書館、１９８８年
檜垣大助／茂木睦／イェシドルジ「ブータン南部で２０００年８月に発生した土砂流出災害と流域の斜面変動地形」（『季刊地理学』第54巻第1号、２００２年）

第58章
月原敏博「ブータン・ヒマラヤの有畜農業試論」（大阪市立大学文学部紀要、１９９４年）
沼田眞「ブータンで自然破壊は起こるか」（『地理』古今書院、１９９３年）
王立英国放送局（ＢＢＣ）ホームページ 2015/6/2 "Bhutan breaks Guinness record for tree planting"

第59章
中尾佐助／西岡京治『ブータンの花』朝日新聞社、１９８４年
National Biodiversity Centre, Bhutan 2018/6/11 "National Seminar on the Sharing of Experience on the Implementation of the ABS regime in Bhutan"
Ministry of Agriculture, Access and Benefit Sharing Policy of Bhutan 2014

◇**参考文献**

今枝由郎『ブータン——変貌するヒマラヤの仏教王国』大東出版社、１９９４年
今枝由郎『ブータン仏教から見た日本仏教』ＮＨＫ出版、２００５年
入江啓四郎「ラダク藩王国の政治と宗教」（『中・印紛争と国際法』所収）、成文堂、１９６４年
大内穂「ブータン」（岡野加穂留ほか編『世界の議会8』ぎょうせい、１９８３年）
川喜田二郎編『ヒマラヤ』朝日新聞社、１９７７年
熊谷誠慈編著『ブータン 国民の幸せをめざす王国』創元社、２０１７年
チャールズ・ベル『西蔵・過去と現在』田中一呂訳（アジア内陸叢刊　第5巻）、生活社、１９４０年
ドルジ・ワンモ・ワンチュック著、今枝由郎監修、鈴木佐知子／武田真理子訳『虹と雲　王妃の父が生きたブータン現代史』平河出版社、２００４年
長沢和俊『チベット——極奥アジアの歴史と文化』校倉書房、１９６４年
中島岳志『中村屋のボース』白水社、２００５年
西川潤編『アジアの内発的発展』藤原書店、２００１年
原剛『農から環境を考える——21世紀の地球のために』（集英社新書）集英社、２００１年
本林靖久『ブータンと幸福論　宗教文化と儀礼』法蔵館、２００６年
宮脇檀／猪野忍編『ノスタルジア・ブータン』建築知識、１９９９年
山口瑞鳳『チベット　上』（東洋叢書3）東京大学出版会、１９８７年
和辻哲郎『風土——人間学的考察』（岩波文庫）岩波書店、１９７９年
Ｖ・Ｈ・コエロ『シッキムとブータン』三田幸夫／内山正熊訳、集英社、１９７０年

◇英文参考文献

Andrew Dufe, “SIKKIM Requiem for a Himalayan Kingdom” Random House India, 2013

Asian Development Bank (ADB)

—— “Vulnerability and Resilience: A Conceptual Framework Applied to Three Asian Countries-Bhutan, Maldives, and Nepal” October 2017

—— BHUTAN Gender Equality Diagnostic of Selected Sectors, March 2014

Asian Development Bank, National Statistics Bureau of Bhutan,

—— Bhutan Living Standards Survey 2012

—— Bhutan Living Standards Survey 2017

Aris, Michael, The RAVEN CROWN, Serindia Publications, 1994.

Bhutan Narcotics Control Agency and UNODC,” National Baseline Assessment of Drugs and Controlled Substance Use in Bhutan-2009”

Bhutan Power Cooperation, “Annual Report 2017”

Bhutan Survey Agent & Consultancy (BSAAC),UNDP, “Baseline survey for the Royal Society for Senior Citizens (RSSC)”

Centre for Bhutan Studies and GNH Research, Royal Government of Bhutan, “The Third Gross National Happiness Survey QUESTIONNAIRE, December 2014”

Department of Agriculture, Ministry of Agriculture,” Agriculture Statistics 2016”

Department of Public Accounts Ministry of Finance, ”Annual Financial Statements of the Royal Government of Bhutan for the year ended 30 June 2016”

Department of Revenue & Customs, Ministry of Finance,” Bhutan Trade Statistics (BTS) 2017”

Department of Youth and Sports Ministry of Education Royal Government of Bhutan, “National Youth Policy 2011”

Embassy of Japan in India, “20 years (1986-2006) of Bhutan-Japan Diplomatic Relations, 2006”

Fremantle, Francesca, The Tibetan Book of the Dead, SHAMBHALA, 1987.

Gupta, Bhabani Sen, Bhutan Towards a Grass-root Participatory Polity, Gopsons Papers Pvt Ltd, 1999.

Gross National Happiness Commission, Royal Government of Bhutan,

—— Eleventh Five Year Plan Document 2013-2018. Vol-1

—— 10th Five Year Plan (2008-2013), 9th Five Year Plan (2003-2008), 8th Five Year Plan (1998-2003),7th Five Year Plan (1992-1997), 6th Five Year Plan (1987-1992), 5th Five Year Plan (1981-1986), 4th Five Year Plan (1976-1981), 3rd Five Year Plan (1971-1976), 2nd Five Year Plan (1967-1971), 1st Five Year Plan (1961-1966).

—— "National Intellectual Property Policy (NIPP) 2018"

—— "Economic Development policy 2016"

Hainzl, Chiristian, The southern Bhutan problem, Boltzmann Institute of Human Rights, 1997.

Health Management & Information System Policy & Planning Division, Ministry of Health, Royal Government of Bhutan, "Annual Health Bulletin 2017"

Kharat, Rajesh S., Bhutan in SAARC, South Asian Publishers Pvt Ltd, 1999.

Kinga, Sonam, Changes in Bhutanese social structure, The institute of developing Economies, 2002.

Kinga, Sonam, Gross National Happiness-Discussion Papers, The center for Bhutan Studies, 1999.

Kuensel, "Bhutan-Japan 30 years of partnership March 2016"

Labour Market Information and Research Division, Department of Employment, Ministry of Labour and Human Resources,

—— "Labour Force Survey Report 2015"

—— "Unemployed Youth Perception Survey 2014 Report"

Land use planning project Bhutan, Atlas of Bhutan, Ministry of Agriculture, Thimpu, Bhutan 1997.

Ministry of Agriculture and Forests Department of Forests and Park Services Thimphu: Bhutan, Forest Facts & Figures 2016

Ministry of Labour and Human Resources, "Revised National Work Force Wage Rate 2015"

Ministry of Health and Royal Bhutan Police (RBP), "Situational analysis study on suicide cases in Bhutan 2014"

Ministry of Home and Cultural Affairs, "Immigration Rules & Regulations (Rev. Dec 2015)"

Ministry of Works and Human settlement, Department of Roads, Review of Road Sector Master Plan (2007-2027)

Misra, R.C., “BHUTAN Society and policy, Indus publishing company, 1996”

National Environment Commission,

—— Environmental Clearance of Projects 2016

—— Bhutan State of Environment at Glance 2017

—— Bhutan State of the Environment Report 2016

National Statics Bureau, Royal Government of Bhutan

—— Population and Housing Census in Bhutan 2017

—— Population and Housing Census in Bhutan 2005, 2007, 2012

—— Bhutan Poverty Assessment 2014

—— BHUTAN Multidimensional Poverty Index 2017

—— Bhutan The Poverty Analysis Report (PAR) 2017

—— Statistical Yearbook of Bhutan (SYB) 2017

—— Bhutan at a Glance 2008, 2010, 2012, 2014, 2016, 2017

—— Bhutan Multidimensional Poverty Index 2017

—— NSB 12th Five Year Plan (July, 2018-June, 2023)

National pension & provident Fund, Bhutan, “National pension & provident Fund introducing Member Home ownership programme 2017”

Office of the Chief Justice of Bhutan, Annual Report 2017

Pema Cheizom, National Consultant and Ms. Tshering Choden, SNV Gender, Inclusion and Governance Advisor, “Role of Rural women in sanitation and hygiene, A Gender Study from Bhutan 2014”

Planning Commission Royal Government of Bhutan, Bhutan 2020 A Vision for Peace, Prosperity and Happiness, 2000.

Policy & Planning Division (PPD) Ministry of Agriculture and Forests,” Food security and food self-sufficiency in Bhutan August 2010”

Policy and Planning Division, Ministry of Education, Bhutan “The Annual Education Statistics 2016”

Policy & Planning Division Ministry of Health Royal Government of Bhutan, "Annual Health Bulletin 2018"

Policy and Planning Division Ministry of Information and Communications Royal Government of Bhutan, Annual Info-Comm and Transport Statistical Bulletin (9th Edition, 2018)

Priesner, Stefan, Gross National Happiness; Bhutan's Vision of Development and its Challenges, United Nations Development Programme (UNDP) Thimphu, Bhutan.

Research and Evaluation Division; Gross National Happiness Commission Secretariat Thimphu, Bhutan, Vulnerability Baseline Assessment for Bhutan 2016

Royal Civil Service Commission,

—— The Bhutan Civil Service Rules: BCSR2012

—— The Bhutan Civil Service Rules: BCSR2018

Royal Society for Protection of Nature, "Annual Report 2017"

SAARC Secretariat, "SAARC at a Glance 2018"

Savada, Andrea Matles, Nepal and Bhutan Country studies, Federal Research Division Library of Congress, 1993.

Sonam Kinga "Society, Kingship and Politics: A Study of the Democratization Process in Contemporary Bhutan" Kyoto University, 2010

Tarayana Foundation "Annual Report 2017"

Ugyen Tenzin "Bhutan's Crowning Glory -The journey of a King and His people in the last ten years" 2017

Ura, Karma, Journal of Bhutan Studies; The center for Bhutan Studies, 1999.

World Bank Group, "Country Highlights Bhutan 2015"

World Bank Group and Ministry of Labour and Human Resources , "Bhutan's Labor Market Toward Gainful Quality Employment for All"

World Health Organization, Regional Office for South-East Asia, "The Kingdom of Bhutan health system review. Health systems in transition. Vol-7 Number-2"

◇参考論文

糸永正之「ブータンの建築と文化――その歴史と背景」（文部省科学研究費〔国際学術研究〕報告書『ブータンの歴史的建造物・集落の保存のための基礎研究』２０００年）
沖允人「シッキム王国の終焉」（『ヒマラヤの桃源郷』日本ヒマラヤ山岳協会、１９７５年）
賀戸一郎・田中一彦「ブータンＧＮＨ指数の解説ならびにＧＮＨ調査結果一覧」（『西南学院大学 人間科学論集』第11巻第２号、２０１６年３月）
栗田靖之「ブータンの文化的アイデンティティについて」（『ヒマラヤ学誌』第３号、１９９２年）
坂本龍太「ブータン王国における Village Health Worker」『ヒマラヤ学誌』第13号、２０１２年）
杉本均「ブータン王国における公教育と青年の意識――伝統と近代」（『ヒマラヤ学誌』第７号、２０００年）
杉本雅史「実験国家――ブータン教育調査の課題と概要」（『ヒマラヤ学誌』第７号、２０００年）
平山修一「ブータン王国の新発展型の研究」（早稲田大学大学院アジア太平洋研究科修士論文、２００２年）
平山雄大「１９８０年代前半のブータンにおける近代学校教育政策の特徴――『第５次５ヵ年計画』（１９８１〜１９８７年）の分析を中心に」（早稲田教育評論28（１）、１９９―２１３頁、２０１４年）
藤原　整「ブータンの情報社会――〈情報生態系〉モデルの構築とその実践的検討」（早稲田大学大学院社会科学研究所、博士論文、２０１７年２月）
丸山治美「日本人専門家西岡京治によるブータン王国における村落総合開発」（神戸大学大学院国際協力研究科修士論文、２０００年）
水野光朗「揺籃期（１９８５〜１９９１年）におけるＳＡＡＲＣ首脳会談の研究」（『都留文科大学研究紀要』第79集、２０１４年３月）
本林靖久「ブータンの宗教と生活（下）」（『中部大学女子短期大学紀要　言語文化研究』№.８、１９９７年）
山崎恭平「研究ノート　インドと東南アが相互に接近――「ＡＳＥＡＮ＋４」の可能性と意義」（季刊『国際貿易と投資』№.62、２００５年冬）
山下学「南アジアの王制国家の土地税制と我が国地租改正の税社会学的研究」（『日本法学』第62巻第３号、１９９６年）

◇参考記事・報告書

Ｉ・マラトラ「シッキム――併合でなく連合」（『ヒマラヤの桃源郷』日本ヒマラヤ山岳協会、１９７５年）
糸永正之「特集　ブータン王国」（『地理』古今書院、１９９３年）
井上恭子「ブータン／開発行政の地方化が目指すもの」（『アジ研　ワールド・トレンド』アジア経済研究所、第67号、２００１年4月）
小宮昌平「特集　パロ決議、ブータン環境保全信託基金」（『ブータン通信』No.1、日本ブータン農業環境調査会、１９９６年12月）
独立行政法人国際協力機構（ＪＩＣＡ）
――「ブータン王国貧困プロファイル調査（アジア）最終報告書」２０１０年8月
――「ブータン国 食糧自給・食糧安全保障 情報収集・確認調査 報告書」２０１２年
野田英二郎「野田英二郎日印調査委員会委員長のブータン国王謁見」（『インド季報』第32号、２０００年6月）
「秘境ブータンの名君」（『Newsweek 日本語版』１９９０年6月21日付）
ブータン青年海外協力隊機関誌「ドゥルック」第7号、１９９３年
「ブータンの難民（中）」（『毎日新聞』１９９７年6月4日付夕刊）
「ブータンのワンチュク国王に聞く」（『Newsweek 日本語版』１９９０年11月8日付）

著者紹介

平山修一（ひらやま　しゅういち）
株式会社シーエスジェイ 研究開発部 部長
1966 年生まれ
早稲田大学大学院アジア・太平洋研究科修士課程修了
(国際関係学)
一級建築士、一級土木施工管理技士
日本 GNH 学会 会長
GNH 研究所代表幹事
ホームページ　http://gnh-study.com

エリア・スタディーズ　47
現代ブータンを知るための60章【第２版】

2005年４月15日　初　版第１刷発行
2019年１月10日　第２版第１刷発行

著　者　　平　山　修　一
発行者　　大　江　道　雅
発行所　　株式会社　明石書店

〒101-0021 東京都千代田区外神田 6-9-5
電 話　03（5818）1171
FAX　03（5818）1174
振 替　00100-7-24505
http://www.akashi.co.jp/

組　版　　有限会社秋耕社
装　丁　　明石書店デザイン室
印刷・製本　日経印刷株式会社

（定価カバーに表示してあります）　ISBN978-4-7503-4773-8

エリア・スタディーズ

1 現代アメリカ社会を知るための60章
明石紀雄、川島浩平 編著

2 イタリアを知るための62章【第2版】
村上義和 編著

3 イギリスを旅する35章
辻野功 編著

4 モンゴルを知るための65章【第2版】
金岡秀郎 著

5 パリ・フランスを知るための44章
梅本洋一、大里俊晴、木下長宏 編著

6 現代韓国を知るための60章【第2版】
石坂浩一、福島みのり 編著

7 オーストラリアを知るための58章【第3版】
越智道雄 著

8 現代中国を知るための52章【第6版】
藤野彰 編著

9 ネパールを知るための60章
日本ネパール協会 編

10 アメリカの歴史を知るための63章【第3版】
富田虎男、鵜月裕典、佐藤円 編著

11 現代フィリピンを知るための61章【第2版】
大野拓司、寺田勇文 編著

12 ポルトガルを知るための55章【第2版】
村上義和、池俊介 編著

13 北欧を知るための43章
武田龍夫 著

14 ブラジルを知るための56章【第2版】
アンジェロ・イシ 著

15 ドイツを知るための60章
早川東三、工藤幹巳 編著

16 ポーランドを知るための60章
渡辺克義 編著

17 シンガポールを知るための65章【第4版】
田村慶子 編著

18 現代ドイツを知るための62章【第2版】
浜本隆志、髙橋憲 編著

19 ウィーン・オーストリアを知るための57章【第2版】
広瀬佳一、今井顕 編著

20 ハンガリーを知るための60章【第2版】ドナウの宝石
羽場久美子 編著

21 現代ロシアを知るための60章【第2版】
下斗米伸夫、島田博 編著

22 21世紀アメリカ社会を知るための67章
明石紀雄 監修 赤尾千波、大類久恵、小塩和人、落合明子、川島浩平、高野泰 編

23 スペインを知るための60章
野々山真輝帆 著

24 キューバを知るための52章
後藤政子、樋口聡 編著

25 カナダを知るための60章
綾部恒雄、飯野正子 編著

26 中央アジアを知るための60章【第2版】
宇山智彦 編著

27 チェコとスロヴァキアを知るための56章【第2版】
薩摩秀登 編著

28 現代ドイツの社会・文化を知るための48章
田村光彰、村上和光、岩淵正明 編著

29 インドを知るための50章
重松伸司、三田昌彦 編著

30 タイを知るための72章【第2版】
綾部真雄 編著

31 パキスタンを知るための60章
広瀬崇子、山根聡、小田尚也 編著

32 バングラデシュを知るための66章【第3版】
大橋正明、村山真弓、日下部尚徳、安達淳哉 編著

33 イギリスを知るための65章【第2版】
近藤久雄、細川祐子、阿部美春 編著

34 現代台湾を知るための60章【第2版】
亜洲奈みづほ 著

35 ペルーを知るための66章【第2版】
細谷広美 編著

エリア・スタディーズ

36 マラウィを知るための45章【第2版】
栗田和明 著

37 コスタリカを知るための60章【第2版】
国本伊代 編著

38 チベットを知るための50章
石濱裕美子 編著

39 現代ベトナムを知るための60章【第2版】
今井昭夫、岩井美佐紀 編著

40 インドネシアを知るための50章
村井吉敬、佐伯奈津子 編著

41 エルサルバドル、ホンジュラス、ニカラグアを知るための45章
田中高 編著

42 パナマを知るための70章【第2版】
国本伊代 編著

43 イランを知るための65章
岡田恵美子、北原圭一、鈴木珠里 編著

44 アイルランドを知るための70章【第2版】
海老島均、山下理恵子 編著

45 メキシコを知るための60章
吉田栄人 編著

46 中国の暮らしと文化を知るための40章
東洋文化研究会 編

47 現代ブータンを知るための60章【第2版】
平山修一 著

48 バルカンを知るための66章【第2版】
柴宜弘 編著

49 現代イタリアを知るための44章
村上義和 編著

50 アルゼンチンを知るための54章
アルベルト松本 著

51 ミクロネシアを知るための60章【第2版】
印東道子 編著

52 アメリカのヒスパニック＝ラティーノ社会を知るための55章
大泉光一、牛島万 編著

53 北朝鮮を知るための51章
石坂浩一 編著

54 ボリビアを知るための73章【第2版】
真鍋周三 編著

55 コーカサスを知るための60章
北川誠一、前田弘毅、廣瀬陽子、吉村貴之 編著

56 カンボジアを知るための62章【第2版】
上田広美、岡田知子 編著

57 エクアドルを知るための60章【第2版】
新木秀和 編著

58 タンザニアを知るための60章【第2版】
栗田和明、根本利通 編著

59 リビアを知るための60章
塩尻和子 著

60 東ティモールを知るための50章
山田満 編著

61 グアテマラを知るための67章【第2版】
桜井三枝子 編著

62 オランダを知るための60章
長坂寿久 著

63 モロッコを知るための65章
私市正年、佐藤健太郎 編著

64 サウジアラビアを知るための63章【第2版】
中村覚 編著

65 韓国の歴史を知るための66章
金両基 編著

66 ルーマニアを知るための60章
六鹿茂夫 編著

67 現代インドを知るための60章
広瀬崇子、近藤正規、井上恭子、南埜猛 編著

68 エチオピアを知るための50章
岡倉登志 編著

69 フィンランドを知るための44章
百瀬宏、石野裕子 編著

70 ニュージーランドを知るための63章
青柳まちこ 編著

71 ベルギーを知るための52章
小川秀樹 編著

エリア・スタディーズ

72 ケベックを知るための54章
小畑精和、竹中豊 編著

73 アルジェリアを知るための62章
私市正年 編著

74 アルメニアを知るための65章
中島偉晴、メラニア・バグダサリヤン 編著

75 スウェーデンを知るための60章
村井誠人 編著

76 デンマークを知るための68章
村井誠人 編著

77 最新ドイツ事情を知るための50章
浜本隆志、柳原初樹 著

78 セネガルとカーボベルデを知るための60章
小川了 編著

79 南アフリカを知るための60章
峯陽一 編著

80 エルサルバドルを知るための55章
細野昭雄、田中高 編著

81 チュニジアを知るための60章
鷹木恵子 編著

82 南太平洋を知るための58章 メラネシア ポリネシア
吉岡政德、石森大知 編著

83 現代カナダを知るための57章
飯野正子、竹中豊 編著

84 現代フランス社会を知るための62章
三浦信孝、西山教行 編著

85 ラオスを知るための60章
菊池陽子、鈴木玲子、阿部健一 編著

86 パラグアイを知るための50章
田島久歳、武田和久 編著

87 中国の歴史を知るための60章
並木頼壽、杉山文彦 編著

88 スペインのガリシアを知るための50章
坂東省次、桑原真夫、浅香武和 編著

89 アラブ首長国連邦（UAE）を知るための60章
細井長 編著

90 コロンビアを知るための60章
二村久則 編著

91 現代メキシコを知るための60章
国本伊代 編著

92 ガーナを知るための47章
高根務、山田肖子 編著

93 ウガンダを知るための53章
吉田昌夫、白石壮一郎 編著

94 ケルトを旅する52章 イギリス・アイルランド
永田喜文 著

95 トルコを知るための53章
大村幸弘、永田雄三、内藤正典 編著

96 イタリアを旅する24章
内田俊秀 編著

97 大統領選からアメリカを知るための57章
越智道雄 著

98 現代バスクを知るための50章
萩尾生、吉田浩美 編著

99 ボツワナを知るための52章
池谷和信 編著

100 ロンドンを旅する60章
川成洋、石原孝哉 編著

101 ケニアを知るための55章
松田素二、津田みわ 編著

102 ニューヨークからアメリカを知るための76章
越智道雄 著

103 カリフォルニアからアメリカを知るための54章
越智道雄 著

104 イスラエルを知るための62章【第2版】
立山良司 編著

105 グアム・サイパン・マリアナ諸島を知るための54章
中山京子 編著

106 中国のムスリムを知るための60章
中国ムスリム研究会 編

107 現代エジプトを知るための60章
鈴木恵美 編著

エリア・スタディーズ

108 **カーストから現代インドを知るための30章**
金基淑 編著

109 **カナダを旅する37章**
飯野正子、竹中豊 編著

110 **アンダルシアを知るための53章**
立石博高、塩見千加子 編著

111 **エストニアを知るための59章**
小森宏美 編著

112 **韓国の暮らしと文化を知るための70章**
舘野晳 編著

113 **現代インドネシアを知るための60章**
村井吉敬、佐伯奈津子、間瀬朋子 編著

114 **ハワイを知るための60章**
山本真鳥、山田亨 編著

115 **現代イラクを知るための60章**
酒井啓子、吉岡明子、山尾大 編著

116 **現代スペインを知るための60章**
坂東省次 編著

117 **スリランカを知るための58章**
杉本良男、高桑史子、鈴木晋介 編著

118 **マダガスカルを知るための62章**
飯田卓、深澤秀夫、森山工 編著

119 **新時代アメリカ社会を知るための60章**
明石紀雄 監修　大類久恵、落合明子、赤尾千波 編著

120 **現代アラブを知るための56章**
松本弘 編著

121 **クロアチアを知るための60章**
柴宜弘、石田信一 編著

122 **ドミニカ共和国を知るための60章**
国本伊代 編著

123 **シリア・レバノンを知るための64章**
黒木英充 編著

124 **EU（欧州連合）を知るための63章**
羽場久美子 編著

125 **ミャンマーを知るための60章**
田村克己、松田正彦 編著

126 **カタルーニャを知るための50章**
立石博高、奥野良知 編著

127 **ホンジュラスを知るための60章**
桜井三枝子、中原篤史 編著

128 **スイスを知るための60章**
スイス文学研究会 編

129 **東南アジアを知るための50章**
今井昭夫 編集代表　東京外国語大学東南アジア課程 編

130 **メソアメリカを知るための58章**
井上幸孝 編著

131 **マドリードとカスティーリャを知るための60章**
川成洋、下山静香 編著

132 **ノルウェーを知るための60章**
大島美穂、岡本健志 編著

133 **現代モンゴルを知るための50章**
小長谷有紀、前川愛 編著

134 **カザフスタンを知るための60章**
宇山智彦、藤本透子 編著

135 **内モンゴルを知るための60章**
ボルジギン・ブレンサイン 編著　赤坂恒明 編集協力

136 **スコットランドを知るための65章**
木村正俊 編著

137 **セルビアを知るための60章**
柴宜弘、山崎信一 編著

138 **マリを知るための58章**
竹沢尚一郎 編著

139 **ASEANを知るための50章**
黒柳米司、金子芳樹、吉野文雄 編著

140 **アイスランド・グリーンランド・北極を知るための65章**
小澤実、中丸禎子、高橋美野梨 編著

141 **ナミビアを知るための53章**
水野一晴、永原陽子 編著

142 **香港を知るための60章**
吉川雅之、倉田徹 編著

143 **タスマニアを旅する60章**
宮本忠 著

クトゥルー・ミュトス・ファイルズ
The Cthulhu Mythos Files

戦艦大和VS深海邪神零戦隊

林譲治

創土社

目次

プロローグ

現地時間の一九四二年六月六日の午後、空母ヨークタウンのバックマスター艦長は移動した駆逐艦（くちくかん）の上で、掃海艇（そうかいてい）の作業を眺めていた。また眺めることしかできなかった。

珊瑚海（さんごかい）海戦で傷つき、応急修理で参戦しミッドウェー島を日本軍から守り抜いた空母ヨークタウン。しかし、その代償は決して小さくはなかった。

日本軍空母機の攻撃を受け、バックマスター艦長は転舵（てんだ）を繰り返し、その攻撃を何度かは躱（かわ）すことができた。しかし、ついに二本の魚雷が命中してしまう。

左舷に命中した二本の魚雷により、まず空母ヨークタウンは動力系統が寸断され、それを失った。命中魚雷の間隔はわずか二〇メートルに過ぎなかったため、大量の浸水だけでなく、操舵（そうだ）機構も損傷を受け、艦のコントロールは完全に失われる。

日本軍の雷撃機は一〇機だったが、そのうちの五機を対空火器が撃ち落とし、空母に帰還した残りの五機もそのうちの四機は修理不能であろう。それは大きな戦果ではあった。空母と雷撃機では帳尻（ちょうじり）が合うはずもない。

雷撃による損傷は拡大し、被弾から二〇分後には、空母の傾斜は三〇度近くにも達し、艦内では通路を移動することも困難なほどだった。

バックマスター艦長は、ここで二〇〇名以上の乗員たちに総員退艦を命じねばならなかった。現況では空母を救えるとは思えなかったた

めだ。

周辺の駆逐艦に二〇〇〇名の乗員たちは移乗する。それでもヨークタウンは浮いていた。そこで掃海艇で牽引（けんいん）を試みる。掃海艇は低速だがトルクがあるからだ。

わずか二ノットという鈍足で、空母は一旦は動き出す。しかし、トルクはあっても掃海艇では馬力が不足していた。どうやっても二ノット以上の速力は出ないし、時には波のためにもとの方角に流されかける。

バックマスター艦長は、それでも掃海艇に希望を託していた。総員退艦はしたものの、ヨークタウンはまだ浮いている。傾斜はひどく戦力としては何も期待できない。

しかし、これが沈む前に真珠湾まで曳航（えいこう）できるなら、再び空母として戦力化できる。日本海軍の空母四隻を沈めたいま、ヨークタウンが蘇るか沈むかは、今後の戦局を左右しよう。

そうは言っても曳航作業は遅々として進まない。浮力があるとは言え、浸水で重くなっている空母を掃海艇で曳航するのには限度があった。

「やはり、救えないのか」

そんな悲観的な想いを胸に、バックマスター艦長は、傾斜した空母の姿を眺めるくらいしかできない。

状況が変わったのは、増援の駆逐艦五隻が到着してからだった。それらの駆逐艦から総勢一七〇人に及ぶ救護隊が空母ヨークタウンに乗り移ったのである。

増援の駆逐艦は、当初は、「沈没した」空母ヨークタウンの乗員たちを救う目的で急行してきた。

しかし、空母ヨークタウンは浮いていた。大破しているが沈没はしていない。そこで乗員救出のために編成された救護班が、空母のなかに入った。

空母のなかで自力で脱出できなかった将兵も救助できた。バックマスター艦長は、担架で運び出される将兵たちに安堵すると共に、自分は意図しなかったとはいえ彼らを見殺しにするところだったことに、良心が傷んだ。

しかし、救護班は彼に朗報をもたらした。

「駆逐艦のダメコン機材[*1]を用いれば、隔壁の補強ができます。火災はすでに鎮火しております。機械室も罐も水没し、操舵機も使い物にならず、

＊1　ダメージコントロール用の機材

駆逐艦ハンマン

自力航行は不可能ですが、曳航すれば真珠湾までは移動できます。

　真珠湾まで運んでしまえば、そこで完全修理可能です。数カ月で戦力化できるでしょう」

「彼女が蘇(よみがえ)るのか！」

「現状のままなら。掃海艇ではなく、駆逐艦で曳航するのがよろしいでしょう。そっちの方が馬力があります」

　そのまま駆逐艦ハンマンが横付けし、応急処置に必要な機材を空母ヨークタウンへと運び入れる作業となる。

　空母ヨークタウンで最初に行われたのは、傾斜した艦内で角材により水平な足場をつくり、ディーゼル発電機を作動させたことだ。この電力で、空母内の幾つかの機器に電力を提供しようというのである。

艦内の排水ポンプは水没して使えないものもあったが、甲板部近くのポンプは水没を免れ、稼働することができた。

ポンプが動くことを確認後、艦内と艦の外から、潜水して破孔を確認する。

「破孔はかなり広がってますね。ここでケーソンを作って塞ぐのは無理そうです。隔壁を強化して、浸水分を排水することは可能だと思います」

バックマスター艦長はその報告を受け、すぐに排水作業を依頼する。水中に照明を引き込み、水没した部分の隔壁を閉鎖し、木材で補強する。

困難な作業であったが、救護班の人員はその困難な作業をやり終えた。

「ポンプ作動！」

ディーゼルエンジンの作動音に続いてポンプが動き出す。浸水箇所から着実に海水が抜けてゆく。

「いま傾斜は二七度だが、排水が完了すれば一〇度程度にまでは改善するはずだ」

排水が進む間に、他の発電機とポンプの修理も完了し、排水速度は著しく改善した。その間に空母に搭載していたダメージコントロール用の角材などで、ケーソンが可能ではないかという話が出てきた。

「完璧である必要はありません。ポンプの修理ができて、応急処置のケーソンからの浸水以上の量を排水できるなら、真珠湾までは持つはずです」

排水作業と並行して、牽引作業も始められた。駆逐艦ハンマンにワイヤーが渡され、ゆっくりと駆逐艦と空母が動き出す。その速度は四ノットほどだったが、排水が進めば軽くなり、速力もあがると思われた。

駆逐艦ハンマンに移動していたバックマスター艦長は、指揮権はないので、牽引作業については見ているだけしかできない。

後部甲板から空母ヨークタウンを見ていると、潜水作業をしていた水兵たちの会話が耳に入った。

「いい加減なことを言うんじゃねぇぞ」

「本当だって、水中に空母がいたんだ！」

「どうして水中に空母がいるんだよ」

「俺も見たんだ」

「つまり潜水艦を見かけたってことか？」

「潜水艦じゃない、空母だ、あれは！」

「そんな馬鹿なことがあるか！」

水兵たちは、バックマスター艦長の姿を認めると、気まずいのか、そそくさとその場から離れてゆく。

水中で空母を見たという馬鹿な話をバックマスター艦長も真に受けたりはしなかったが、誰かの言っていた「潜水艦ではないのか？」という指摘には内心穏やかではなかった。

こんなところに敵潜水艦が現れたならば、空母ヨークタウンは射的の的のようなものだ。

彼はそのまま駆逐艦のソナー室に降りる。

「潜水艦の活動はないか？」

指揮系統の異なる相手に不躾（ぶしつけ）とは思ったが、

彼はそれを確認しないではいられない。

「たぶん、潜水艦はいないのではないかと思うのですが」

ソナー手の反応は見るからに曖昧なものであった。それがバックマスター艦長の不安を煽る。反応があるならある、ないならないと、はっきりとした返答を期待していたのに、この曖昧さは何か。

「もっとはっきりとした回答はできないのか！」

声を荒らげるバックマスター大佐に、ソナー手は怒った表情で返答する。

「敵なのかどうか、断言できるなら苦労しません。敵ではないと確信できるまでは、曖昧さは残ります！

近くの海中に何かいるのは確かです。しかし、探信儀には反応がなく、聴音機からはかすかな音しか聞こえない」

「かすかでも音が聞こえるなら、わかるのではないか？」

バックマスター艦長はソナー手への態度を改める。曖昧さは怠慢のためではなかったからだ。

「水中から聞こえるのはタービン音と歯車の機械音です。潜水艦からそんな音が聞こえるはずがないんです。もちろん友軍艦艇の音でもない。友軍艦艇の音ならわかりますから。水中から聞こえてくるのは大型艦の音なんです」

「空母のような……」

バックマスター艦長は自分の言葉に唖然とする。それでは先ほどの水兵たちの会話のままではないか。

「音だけ比較すれば、仰る通り空母や戦艦に該当します。しかし、空母ヨークタウンは曳航中で、戦艦はここにはありません」

「怪現象か」

「怪現象……まあ、そういう言い方もあると思います」

そうした会話をしているなか、彼は足元から突き上げるような衝撃を感じた。

彼はすぐに甲板に出る。そこには雷撃を受け、急激に沈みつつある空母ヨークタウンの姿があった。

一章　伊号第一六八潜水艦

第六艦隊第三潜水戦隊に属していた伊号第一六八潜水艦は、ミッドウェー作戦では潜水艦部隊として戦闘序列に含まれていた。ただし他の潜水艦のように散開線に就くのではなく、隠密裏にミッドウェー島を偵察することを命じられていた。

結果から言えば、ミッドウェー海戦における日本潜水艦部隊の戦果はないに等しかった。理由は散開線の設定が、現実と合っていなかったためだ。

散開線の設定に間に合った潜水艦は一部にとどまり、散開線は実質的に機能していなかった。潜水艦が位置に就く前に、艦隊が移動を終えていたようなことも起きていたのだ。

しかし、そうした僚艦の動きについて、伊号第一六八潜水艦の田辺潜水艦長はもちろん知るはずもない。伊号第一六八潜水艦は海大五型の比較的艦齢の古い潜水艦ではあり、魚雷発射管は艦首四門、艦尾二門という、いまの日本海軍の標準では非力な潜水艦と言えた。

島の偵察という任務に当てられたのにも、多分にそのことも関係していたらしい。大型軍艦と遭遇する可能性が低いと判断されたため、魚雷発射管の少ない潜水艦に偵察任務が委ねられたのだ。

潜水艦は概ね予定通りにミッドウェー島近海に進出できたが、偵察任務は思った以上に難しかった。

「随分と哨戒機が多いじゃないか」

伊号第一六八潜水艦

飛行機の離発着が思っていた以上に多いことは、ミッドウェー島が視界に入る前から感じていたが、それは島を目視できるまで近づいた時に確信に変わった。

日本を出発する前に聞いていたミッドウェー島の状況は、一〇機ばかりの戦闘機があるだけの軍事基地としてはほとんど未整備の小さな島だった。

正直、空母四隻を投入するような大作戦が必要な基地とは到底思えない。グアム攻略だってそこまでしていないし、フィリピン攻略でさえ、今回の作戦の何分の一という戦力でしかないのだ。

だが現実のミッドウェー島は多数の哨戒機が飛行し、警戒が厳重な島であった。哨戒機は飛行艇や四発重爆であり、どう見ても一〇機ばかりの戦闘機があるだけの島ではない。

何より問題は重爆の存在だ。戦闘機では艦艇を撃沈することは不可能だが、重爆なら可能だ。下手をすれば空母の飛行甲板を爆撃し、その戦力を無力化することさえできる。

もちろんそれで第一航空艦隊が壊滅することもなかろうが、すでに鎧袖一触の敵ではない。相応の用心が必要だ。

田辺潜水艦長は、そこで自分の任務に合点がいった。司令部はこうしたことも予想して、自分に偵察を命じたのだ。

こうなると徹底した偵察を行わねばならないと思うのだが、現実はそう簡単ではなかった。

昼間は潜行しての偵察となるが、海面に出ている潜望鏡など一メートルもない。つまり視点の高さで言えば、ボートに座って島を偵察するようなものだ。

そのため島の偵察を行ってはいるものの、水上艦艇の動きはともかく、肝心の飛行場の状況がよくわからない。

石油タンクも整備され、飛行機の離発着も頻繁ではあるのだが、何が何機あるというレベルの偵察は難しかった。たくさんの飛行機があるのかもしれないが、単に少数機の稼働率をあげているだけかもしれない。

航空機が増強されていると結論できない理由は、船舶の数が少ないこともある。巡洋艦などはもとより駆逐艦の姿すらない。少数の哨戒艇の姿が見えるだけだ。

戦力を増強しているにしては、補給のための船舶が少ないのは気になる。小さな島ではあるが、それなりの船舶が入港することは可能であるからだ。

ともかく伊号第一六八潜水艦は、昼間は潜行し、夜は浮上して偵察を続ける。浮上すれば見晴らしは効くが、夜間では島の様子はわからない。さすがに煌々(こうこう)と照明を灯すほど米軍は馬鹿ではない。

正直、田辺潜水艦長は自分が司令部に送った報告内容には満足していなかった。あまりにも不十分に思えたからだ。おなじ伊号潜水艦でも乙型潜水艦あたりなら水偵を発進させて空から偵察も可能だが、海大型*1に飛行機は搭載されていない。

じっさい自分の報告がどの程度評価されているのか、田辺潜水艦長にはまったく知らされていなかった。偵察中止の命令も出ていないので、それなりに評価されているとは思うのだが、反応がなさすぎては、任務にも張り合いがない。

そうしているうちに六月五日になる。現地時間の午前七時過ぎ。伊号潜水艦は島から四〇〇〇メートルほど離れた海上で航行していたが、田辺潜水艦長の視界の中に、ミッドウェー島が激しく空襲されている光景が見えていた。

「始まったぞ！」

潜水艦はこのとき浮上していた。第一航空艦隊の攻撃が成功するなら、浮上していても危険はないはずだ。それに四〇〇〇メートル離れていれば、夜明けでもあるし、そうそう発見はさ

*1　日本独自の設計による艦隊随伴の大型潜水艦

れないだろう。

何より、地形的にミッドウェー島は侵食(しんしょく)された火山の残骸(ざんがい)のような島だから、急速潜航するだけの深度は十分にある。

そして敵襲もないまま、第一航空艦隊の攻撃は始まった。田辺潜水艦長は、可能な限り部下を交代で甲板にあげた。友軍航空隊の活躍を見せるためだ。

すべての乗員を上げるわけにはいかなかったが、上がれない乗員のために幹部たちが司令塔の伝声管から発令所に実況放送する。発令所内では手の空いた将兵が、伝声管に耳を傾ける。

激しい攻撃なのは、四〇〇〇メートル離れているにもかかわらず、雷鳴のような轟音(ごうおん)が潜水艦まで届いてくることからもわかる。

時々聞こえる甲高(かんだか)い音は、島の高射砲と思われた。それらが空中に褐色の煙を打ち上げる。炸裂(さくれつ)した高射砲弾だ。

友軍か敵機かわからない黒鉛をひく航空機が、空を走る。滑走路(かっそうろ)がある辺りは黒煙に覆(おお)われているのは、攻撃が成功した印だろう。

ただ、なぜか敵の飛行艇などが島から発進するのも確認できた。田辺潜水艦長は、状況を報告した後に、一度、潜行に入る。

潜行しても、時々爆発音が聞こえるのは海中で爆弾が炸裂したためか。

そうした激しい戦闘は、一時間ほど続いた後に、急に静かになった。第一次攻撃が終わったのだろう。

潜望鏡からは、ミッドウェー島が炎上している姿しかわからない。ともかく島からは黒煙が昇っている。やはり第一航空艦隊は勝っているのだ。

だがそうした高揚感はすぐに消えた。二次攻撃隊がないのは、島が小規模な基地だからわかるとしても、その小さなはずの航空基地から次々と飛行機が発進するのはなぜなのか？　基地は完全破壊したのではないのか？

逆に第一次攻撃隊により基地の完全破壊が成功していないとすれば、第二次攻撃隊が出てもいいのではないか？

だが数時間が経過しても第二次攻撃隊は来なかった。そして田辺潜水艦長は気がついた。

「あの飛行機はどこに向かっているのか？」

大型機が次々と発進してるのは、何かを攻撃するためのはず。状況から判断して日本艦隊以外に考えられない。

それは第一航空艦隊なのか、上陸部隊なのかはわからない。ともかく敵軍は友軍の位置を発見し、攻撃を仕掛けている。

さすがにあの程度の戦力で、第一航空艦隊がどうなるものとは思わないが、しかし、攻撃を受けるというのは面白くない。

四〇〇〇メートルしか離れていないのに、ミッドウェー島の状況がわからない。もどかしいが司令部に「何が起きてるんですか？」と尋ねるわけにもいかぬ。

状況がどうもうまくいっていないのではないかと田辺潜水艦長が感じたのは、一三時に受けた命令のためだった。

「間違いないのか、通信長？」

「間違いありません」

通信長は自分も確認したことを述べる。

「だとすると、妙な命令だ」

それは六日の午前二時までにミッドウェー島に対して砲撃を仕掛けろというものだった。

海大型潜水艦には一〇センチ砲が装備されており、砲撃は可能だ。しかし、潜水艦の火砲で攻撃を仕掛けるよりも、爆撃機で空襲を仕掛けたほうがずっと効果的だろう。

「上陸部隊の到着は明日未明と聞いています。夜間に敵が防備を備えるのを阻止する意図があるのではないでしょうか？」

副長の意見は理には叶(かな)っていたが、田辺潜水艦長としては、納得できるものではなかった。

なぜならば、敵の反撃を封じるための第一航空艦隊の航空攻撃ではなかったか？ それに攻撃は一度しか行われなかったのに、敵機は何度か出撃している。

それは島の攻撃が完全ではないということではないのか？ ただ田辺潜水艦長は、出動する前に基地で、「第一航空艦隊は米艦隊をおびき寄せ、撃破するのだ」という話も耳にしていた。

この作戦は島の占領だと思っていたが、じっさいは違うのか？ 島を攻撃することで敵部隊を誘出し、そこを攻撃する。

それなら島への攻撃が一回限りで終わったことの説明はつく。しかし、そうだとしてもやはり潜水艦による夜間砲撃の意図は、今ひとつわからない。

しかし、わからないからと言って命令は無視できない。伊号第一六八潜水艦は、日付も変わった六日の深夜一時過ぎ、浮上して十数発の砲弾をミッドウェー島に送り込んだ。

どこを目掛けてということはないが、強いて言うなら滑走路周辺を砲撃する。砲弾とは別に何かが明るく夜空を照らしたのは、敵機のどれかに命中弾が出たのだろう。

しかし、砲撃時間は短い。星弾が打ち上げられ、周囲が明るく照らされる。探照灯も周辺の海域を照らし始めた。

「ほとんど無傷なのか？」

田辺潜水艦長は、ミッドウェー島の反応が予想以上に活発なことに驚いていた。

さらに複数の海岸砲台からも砲撃が始まった。砲台も無傷であるらしい。破壊されたものもあるのだろうが、こうして活動できる砲台も複数残っているのだ。

島との距離は四〇〇〇メートルほどで、敵は潜水艦の位置を正確に把握はしていないが、マズルフラッシュで方位は掴んでいたらしい。

砲弾は最初は明後日の方向に弾着していたが、段々とその照準は正確になってゆく。

「急速潜航！」

田辺潜水艦長は命じる。これ以上の砲撃は危険である。それに司令部とて、潜水艦の一〇センチ砲にそれほどの期待はしていないだろう。期待するほどの火力ではない。これで島一つがどうにかなるなら、ミッドウェー島など、軽巡一隻で降せている。

潜行し、潜水艦は沖合へと移動するが、それで終わったわけではなかった。

「左舷よりディーゼル音！　感度一、哨戒艇と思われます！」

聴音員の報告にも田辺潜水艦長は動じなかった。島に哨戒艇があったからには、反撃はありえる。

「来たか」

ただ、田辺潜水艦長にとって意外だったのは、哨戒艇が活動できたことそのものだ。空襲で沈められていなかったのか？　空襲の時には逃げていたのか、それとも第一航空艦隊が哨戒艇を雑魚（ざこ）と判断して見逃していたのか。

いずれにせよ哨戒艇は自分たちに向かっていた。時々、爆雷音が艦内に聞こえた。敵哨戒艇は伊号潜水艦の正確な位置までは把握していないらしく、爆雷は明後日の方向に投下されていた。

さらに水中探信儀も装備していないのか、探信音は聞こえてこない。ただ水中聴音機だけは装備しているようで、自分たちが移動すると、その方向に接近し、爆雷を投下した。

爆雷はそれでも時に、かなり危険な距離に投下されることもあった。そんな時には損傷はないとは言え、潜水艦全体がひどく揺さぶられた。

哨戒艇の乗員は、船の性能こそそれほどでもなかったものの、練度は高い。だから田辺潜水艦長もなかなか哨戒艇を振り払えなかった。

数時間後に哨戒艇の動きは消えたかに見えた。しかし、聴音員が、水上から金属が触れ合うかすかな音を察知した。敵の哨戒艇は自分たちが動き出すのを待ち構え、無音状態のまま過ぎ去ったように見せかけていたのだ。

「なんて連中だ」

ここでうっかり動き出したり、浮上したりすれば敵の思う壺だ。先日の偵察で見た限りでは、哨戒艇には火砲があった。七〇ミリかせいぜい一〇〇ミリ程度の火砲だ。

軍艦の艦砲としては吹けば飛ぶような火力だが、命中すれば潜水艦には致命傷になる。爆雷で効果が出せない哨戒艇が、火砲で勝負に出るというのは十分ありえることだ。

唯一の敵の失敗は、乗員が音を立てたことだろう。無音でいるためには、すべての乗員が音を立てられない。敵の指揮官は腕のある奴だが、土壇場で運に見放されたか。もっともそれは自分たちが生還してから初めて言える台詞（せりふ）であるが。

勝負の数時間が過ぎ、忍耐の数時間が流れる。そうして聴音員が待ちに待った報告を告げる。

「推進器音、離れていきます！」

喝采を叫ぶものはいなかったが、艦内の空気は明るくなった。病的なまでに執拗な哨戒艇は去っていった。

それでも伊号第一六八潜水艦は潜行しながら沖を目指し、潜望鏡で周囲を確認し、安全と確信できて浮上した時には夕刻になっていた。

周囲には敵艦艇の姿はなかった。田辺潜水艦長はここで自分たちの状況を報告する。ほぼ一日何も報告できていないから、戦没と判断されても文句は言えない。

まず彼は戦隊司令部よりの戦況報告を傍受する。田辺潜水艦長はその比較的短い文面に、いままでの不可解な状況の意味を理解した。

そこには第一航空艦隊の空母四隻が敵に撃破されたという、信じがたい内容が記されていた。信じがたい内容だが、公式な通信文にデタラメが記載されるはずもない。

彼は通信長に、この内容は他言無用(たげんむよう)であることを周知徹底させる。いずれわかることではあるが、作戦中に艦内にこの情報が流れることは、士気に関わる。

だが、通信はそれだけではなかった。ほどなく彼のもとに、第三潜水戦隊司令部経由で連合艦隊司令部より命令が届いた。緊急電である。


「エンタープライズ型空母一隻、ミッドウェー島の北東一五〇海里を大破漂流しつつあり。伊一六八潜はただちにこれを捕捉撃沈すべし」

田辺潜水艦長は、限られた文面の戦況報告とこの命令を頭のなかで突き合わせる。

どうやら第一航空艦隊は空母を一方的に失ったわけではなく、敵部隊にも多大な被害を与えていたようだ。ミッドウェー島に二次攻撃隊がなかったのは、部隊が敵艦隊と交戦中であったためだろう。

ミッドウェー島は敵艦隊をおびき寄せるための囮(おとり)。田辺潜水艦長は基地で聞いたあの話こそが真実だと理解した。第一航空艦隊は、おそらく敵艦隊と刺し違えるような形で戦闘を終えたのではないか?

　そして攻撃を命令された空母は、第一航空艦隊により大破させられた最後の一隻なのだろう。

「これを撃破すれば、米海軍の空母は全滅するのではないか？」

　こちらの四隻の空母を撃破したからには、敵も四隻の空母を投入したのか？　エンタープライズ、サラトガ、ホーネットの三隻が太平洋艦隊にはいたはずだ。

　田辺潜水艦長は日本海軍が沈めたと信じていた空母ヨークタウンが健在であり、作戦に投入されたことを知らなかった。

　だから彼はサラトガとホーネットは撃沈され、エンタープライズが大破したものと考えていた。それさえ撃沈してしまえば米太平洋艦隊に空母はない。

　対して日本には瑞鶴と翔鶴が残っており、他にも数隻の小型空母がある。空母戦力は圧倒的ではないか！

　田辺潜水艦長は浮上したまま第一戦速で目的地に向かう。夜の太平洋で、伊号潜水艦の放つディーゼル音が響く。だが周辺の海は大海戦の後のためか、不思議と静かだ。

　潜水艦は走り続けた。そして午前四時、一番見張りの下士官が海上に黒点を発見する。

「右艦首方向に黒点あり！」

　海面は凪いでいる。波が遠くの景色をかき消すこともない。田辺潜水艦長は報告を受け、司令塔から艦橋へと上がる。一二センチ双眼望遠鏡で問題の黒点を見る。

「空母だ、周辺に駆逐艦が二、三隻いる」

双眼望遠鏡の目盛りから相手との距離を一〇キロ前後と判断する。そのまま伊号第一六八潜水艦は漂流中の空母に向かう。航行中の空母なら潜行しての接近は困難だが、いまの敵空母なら可能だ。

三ノット、時速にして六キロ程度という歩くよりやや速いくらいの速度で空母に向かう。

伊号第一六八潜水艦は直線で向かうわけではなかったが、相手もまた微速ながら移動しているらしい。牽引されているのか、潮に流されているのかはわからない。

一五分おきに潜望鏡を上げて空母の様子を探る。接近するにつれて状況もわかってきた。当然のことながら、空母の周辺には駆逐艦がいた。

駆逐艦の数は七隻であるらしい。どうも牽引作業や修理などをしていると思われた。

牽引速度は推定で二ノットあるかないか、つまり人が歩くほどの速度だ。それでも潜水艦も三ノット程度なので、状況がある程度わかるまで五時間ほど接近を続けねばならなかった。

そして何度か海上を偵察するなかで、田辺潜水艦長は大きく傾斜していた空母が徐々に姿勢を立て直しつつあるのを見て取った。

むろん現時点でも傾きは決して小さくはないが、それでも転覆しそうだった傾斜が戻っているのは間違いなかった。

ある程度接近してからは、潜望鏡を用いずに水中聴音機だけを用いて空母に接近する。駆逐艦は探信音を立てていた。その探信音を頼りに接近する。

「海中に何かいるかも知れません」

聴音員が報告してきた時、田辺潜水艦長は最初それを敵軍の潜水艦かと思った。

なぜならば、この海域で活動している日本軍の潜水艦は自分たちしかいないはずだからだ。他の潜水艦はミッドウェー島とハワイ諸島の中間あたりで配置に就いており、こんな海域にはいない。

「敵潜が近くにいるというのか？」

そう口にしてみたものの、田辺潜水艦長にはそれも不自然であることに気がついた。米海軍の潜水艦が、どうしてこの海域で潜航する必要があるのか？

空母の救難支援に近くにいる潜水艦が参加するのは理解できる。しかし、それは浮上して行うはずであり、潜航していてはほとんど何もできないだろう。

あるいは大破した空母が救えないから雷撃処分をするということも、可能性としてはなくはない。

だが七隻の駆逐艦がいるというのに、潜水艦に雷撃を委ねるとは思えないし、百歩譲って潜水艦に雷撃を任せるとしても、潜航する必要はない。浮上すればいいのだ。

潜航しての雷撃訓練の可能性もあるかもしれないが、友軍将兵の生存者がまだ残っているかもしれない傷ついた軍艦を、雷撃訓練の標的に使うというのも海軍将兵の心情的に考えにくい。

「潜水艦かどうかわかりませんが、その可能性はあります」

聴音員の返答は何とも曖昧なものであった。

それが初年兵とか言うならまだ話もわかるのだが、熟練者だけに田辺潜水艦長も当惑する。

「潜水艦かどうかわからないというのは、どういうことだ？」

「敵駆逐艦の探信音の反射音に感度があるのですが、この辺の深度が三〇〇〇メートルなのに対して、反射音は海面下三〇〇メートル前後から聞こえるのです」

「その三〇〇メートルというのは確かか？」

「敵の探信音の反射波からの計測ですので、誤差はありますが、それでも深度二〇〇メートル以下ということはありません。下手をすれば、水面下四〇〇メートルの可能性もあります」

「クジラではないのか？」

「金属がぶつかる音も聞こえますので、クジラではありえません」

それを聞いては田辺潜水艦長も当惑するよりない。どこの国の潜水艦であったとしても、深度三〇〇メートルも潜航できるはずがないからだ。

仮に聴音員の計測間違いで、じっさいには二〇〇メートルとすれば、必ずしも不可能な数字ではない。しかし、それは短時間なら耐えられる水準の水圧だ。

それに、敵味方いずれにしても、そこまで深く潜航する必要性はない。誰も爆雷など投下していないのだ。襲撃をかけるならば、深度二〇〇メートルではなく、二〇メートルで行動するだろう。

「とりあえず警戒を続けてくれ」

田辺潜水艦長はそう聴音員に命じ、彼も了承した。

結局のところ、この正体不明の何者かは米軍にも日本軍にもプラスにもマイナスにもならない存在だ。戦闘は海面下二〇メートルまでの世界で行われているのだから、それより深い海中世界はいまの自分たちとは無縁の世界だ。

深海の謎の存在は気になるが、田辺潜水艦長は目の前の空母に注意を集中させた。

航海長は敵駆逐艦の探信音を頼りに、海上の敵艦船の配置を図示していた。

田辺潜水艦長は、危険だが一度だけ潜望鏡で周囲を偵察すると、すぐにそれを下ろす。

視界に入った駆逐艦や空母の位置関係を航海長の図と照らし合わせ、調整を加える。

そのまま水中聴音だけを頼りにゆっくりと航行する。

じつは潜望鏡を上げたとき、潮流(ちょうりゅう)の関係なのか牽引の効果があったのか、空母は思ったよりも自分たちの近くにいた。

ただ攻撃には近すぎた。あの距離では雷撃しても魚雷の安全装置が解除される前に、魚雷は空母に命中してしまう。確実な雷撃を行うには、それなりの距離が必要なのだ。

しかし、ここで後進すれば、敵の駆逐艦に接近することになる。それは避けたいところだ。

敵の駆逐艦も馬鹿ではないなら、空母のどこに命中したかで、潜水艦の居場所を推測できよう。

そこで田辺潜水艦長は大胆な策にでる。そのまま前進し、空母の下を通って反対側に抜けるのだ。駆逐艦の配置を見ると、反対舷の駆逐艦数はこちら側より多くない。

ありがたいことに駆逐艦は探信音を出し続けていた。ふと、田辺潜水艦長はあることに気がついた。

空母周辺の駆逐艦が探信音を出し続けることに、田辺潜水艦長も違和感を覚えていたが、おそらくは潜水艦避け程度の意味だろうと思っていた。

如何な空母がいても、警戒が厳重な艦隊に接近する奴はいないからだ。もっとも何にでも例外はある。自分たちのように、その警戒厳重な空母に攻撃を仕掛けようとする馬鹿もいるが。

しかし、あの駆逐艦部隊の意味は違うのかもしれない。聴音員が耳にした深海の何か。米軍駆逐艦はそれに対して警戒し、探信音を放っているのか？

ただ爆雷を投下したりしないのは、そんな深海の相手に爆雷は無意味なのと、そもそもそんなところで活動できる潜水艦が存在しないからだろう。

結果的に、彼らは謎の存在に警戒しているために、日本軍潜水艦への備えがおろそかになってしまった。

それでも伊号第一六八潜水艦も敵空母の下を通過するのは神経を使った。空母の傾斜見積もりが狂っていれば、最悪、潜水艦と空母の接触事故も起きかねないからだ。

しかし、これもまた駆逐艦の探信音のおかげで方位を知ることができたために、無事に通過することができた。反対舷に抜けた後で、潜望鏡深度に戻り、短時間周囲を確認し、安全を確認すると、潜水艦は反転し、魚雷発射管を空母に向ける。

伊号第一六八潜水艦の魚雷発射管は艦首四門。その艦首発射管より相互干渉しないように二秒の時間差で魚雷が次々と放たれる。伊号第一六八潜水艦に装備されているのは、潜水艦用の酸素魚雷である九五式ではなく、空気魚雷の八九式だった。

空気魚雷と酸素魚雷では性能が著しく異なるため、機械式コンピュータである魚雷射撃盤の構造も両者では異なる。魚雷を積み替えれば済むという簡単な話ではないため、比較的型式の古い潜水艦は空気魚雷を装備していた。

性能は劣るといえば劣るが、それは酸素魚雷との比較であって、魚雷としては諸外国の魚雷と比較して性能が劣るわけではない。

昼間である。駆逐艦の少ない領域で雷撃を仕掛けたとはいえ、航跡は明瞭だった。しかも空母には復旧作業のための人間が乗っている。

四本の航跡は最適の射点で放たれたために、まっすぐに空母を目指していた。

魚雷は四本すべてが命中した。しかし、伊号潜水艦は、それを確認するより先に撤退作業に入っている。

当然のことながら、周辺の駆逐艦は激しく爆雷を投下する。だが伊号潜水艦はそれほどの揺れは感じない。

爆雷の衝撃波が伊号潜水艦の船殻[*1]を叩く。しかし、致命傷ではない。

「水中で何か動いてます！　推進器音感度三！」

聴音員が叫ぶように報告する。

「例のアレか？」

「アレです！」

水深三〇〇メートルに潜んでいた何者かが浮上してくる。しかも推進器音がするという。明らかに何者かの船舶だ。しかし、どこの誰のか？

日本ではない、しかし、アメリカでもない。イギリス、ドイツ、ソ連？　どこの国のものとも思えない。三〇〇メートルも潜航できる軍艦など誰に建造できるというのか？

爆雷は激しく投下されるが、深度三〇〇とか二〇〇メートルという相手にはほとんど無力だ。爆発さえも水圧により抑制されてしまうのだ。

そうしている間にも雷撃した空母は沈んでゆく。水中の巨艦は、そのエンタープライズ級空母へと迫っているらしい。

「アレの正体はわかるか？」

「わかりません。ただ撃沈した空母とほぼ同じ大きさと思われます」

「空母と同じ大きさ？」

「探信音の反射が長く続いてますから」

じっさいはもっと複雑な音なのだろうが、聴音員はそう報告する。驚くべきことに水中の巨大な何かはスクリューを回転させ、速度を上げている。

「何軸だ！」

*1　艤装、機関などを除いた船体の外殻

「四軸です！」

田辺潜水艦長は怒鳴り合うようにそれを確認する。四軸推進の軍艦は、潜水艦には存在しない。四軸推進の大型軍艦となれば、巡洋艦、戦艦、空母くらいだ。

その時、エンタープライズ級空母が一気に沈む音がした。自分たちが雷撃したのだから、沈んでも不思議はない。

だがいまの音は沈んだというより、自ら潜航したかのような音である。それを裏付けるように聴音員が報告する。

「敵エンタープライズ型空母より推進器音、四軸です！」

「何だと！」

田辺潜水艦長はあまりのことに聴音員からレシーバーをとり、自らの耳に当てる。

彼は聴音員の専門教育は受けていないが、水中聴音器の扱いはわかっている。確かに水中に音源が二つある。どちらも四軸だ。

それはありえないはずだった。米海軍の駆逐艦は二軸であり、伊号潜水艦も二軸推進だ。この周辺で四軸推進は沈んだ空母しかいない。さらに言えば、深海に潜む謎の軍艦と。

四軸軍艦といえども、四軸推進は最大戦速を出すような特別な状況だ。通常は経済性も考え、二軸推進だ。

だから四軸推進は異常な状況と言える。だがそれ以上におかしいのは謎の軍艦はさておくとしても、どう考えても沈没した空母が四軸で進むはずがないのだ。

機関部は雷撃により水没しているはず。百歩譲って機関部が無事だとしても、蒸気タービンが海中で作動するはずがないではないか。

あるいは艦内に残った空気で稼働するとしても、水中の空母はますます速度を上げている。もはや水中聴音機など用いずとも、その音は伊号潜水艦の船殻を直接叩いている。

「潜艦長、あの深海の軍艦ですが、水没したエンタープライズ型空母と同じ音を出しています！」

「同じ音……」

それはつまりどういうことなのか？　素直に解釈すれば、深海に潜んでいたのは沈没した空母ということになる。ただし四軸で推進できる、沈没船だ。

「幽霊船か……」

自分たちはいま幽霊船に遭遇しているのか？沈没した空母の幽霊船。いや、そんなものがあるわけないではないか。

水上の駆逐艦もその異変を感じたのだろう。最初は激しく爆雷を投下していたが、やがてそれは止まる。エンタープライズ型空母が水中を本当に四軸で進んでいるのなら、それはサルベージ可能ではないか？

そんなことを彼らは考えたのかもしれない。なぜ水中で沈没空母が動いているのかは謎としても、機関部が無事なら修復可能。それはそれでわからないでもない。願望としてならば。

「敵空母部隊、移動してゆきます！　水深一〇〇と思われる」

聴音員の報告に、田辺潜水艦長ははっとした。深海の謎軍艦はともかく、エンタープライズ型空母までもが動いている。信じがたい状況だが、水中を進んでいる。

ならば攻撃は終わっていない。確実に敵空母を仕留めねばならない。深海からは謎軍艦が移動しながらエンタープライズ型空母に接近しようとしているらしい。

田辺潜水艦長は、敵が合流する前に攻撃しなければならない気がした。彼の中でなぜか、すでに謎の軍艦も敵と認識されていた。それは本能のようなものか。

「雷撃戦準備！」

田辺潜水艦長の命令に、部下の半数は驚き、半数はその意図を理解した。

深海から接近しつつある空母らしきものに対して魚雷発射準備が進む。

魚雷は深度調停装置もあるとは言え、三〇〇メートル下の目標には使えない。魚雷の熱機関が排気を行える深度でなければ、推進さえできないからだ。

だから雷撃のチャンスは、謎の空母がエンタープライズ級空母を迎えに来た時を狙うしかない。

探信音を打たずとも推進器音で相手の動きはわかった。深度調停は深めにする。相手が空母なら、浮上の途中でどこかに命中するだろう。

浮上はしない。浮上したところで意味はない。相手は海中にいるのだ。

「浮上してきます！」

空母エンタープライズ

時計員の話は間違いなかった。五秒ずれていれば、標的の数十メートル前で起爆したことになる。

「標的が側面ではなく回頭しているところに命中したのではないか？」

爆発音に間違いなく、だとすると距離の計測に問題があったことになる。

だが時計員の報告を聴音員が裏付ける。

「標的から推進器音！　奴は生きてます！」

「何だと！」

そこで急速潜航を命じたのは、田辺潜水艦長の勘だった。そしてその勘に助けられた。

伊号第一六八潜水艦は急激に深度を下げているが、何故か激しく揺さぶられる。そして通常よりも急速に深度を下げている。

しかも上からではなく、舷側から。

田辺潜水艦長は、それでようやく状況を理解した。水中の巨艦が作り出す下降流に、自分たちの潜水艦は巻き込まれてしまったのだ。

つまり雷撃は失敗だ。命中したのかしないのか、ともかく巨艦は生きている。

そして彼らは激しい衝突音を耳にする。艦と艦が衝突する音。水中の巨艦が水上の駆逐艦に衝突した音だ。

巨艦は駆逐艦の竜骨をへし折るように、海中から衝突してゆく。田辺潜水艦長は、どうして雷撃後に自分たちが攻撃されなかったのかを理解した。

駆逐艦が攻撃していたものを、自分たちが雷撃したためだ。日米の部隊が同じ敵を攻撃していたのか？　ならばこの水中の巨艦はなんなのか？

激しい衝突は三度行われ、そのたびごとに駆逐艦の沈む音がした。伊号潜水艦の中で、声を上げるものはいない。

駆逐艦を一撃で仕留めるような相手が、自分たちのすぐ近くにいるのだ。こいつはいまは自分たちを無視しているが、少しでも気が変われば、自分たちは海の藻屑だ。

だが水中の巨艦は、駆逐艦三隻を沈めると、そのまま再び水中に急速に潜ってゆく。その時の上昇流で伊号潜水艦は、今度は急激に海面に持ち上げられた。

「急速潜航！」

今度は潜航する準備にかからねばならない。しかし、上昇流は強く、伊号潜水艦は瞬間的にその姿を海面に晒す。

田辺潜水艦長は潜望鏡から周囲の状況を見る。そこには巨艦による虐殺の跡が浮かんでいた。そして海面が収まると伊号潜水艦はすぐに海中に姿を隠す。それをあえて追ってくる駆逐艦はない。

そして海中が収まると、聴音員が報告する。

「深海に推進器音。四軸推進が二隻です」

「化け物が仲間を作ったのか」

田辺潜水艦長は、悩んでいた。自分の体験を果たして報告すべきか否かを。

二章　伊号第二〇一計画

昭和一七年初夏。海軍第六艦隊の杉山清秀大佐は、海軍艦政本部第七部の宮本信夫造船大佐を伴い、神戸の川崎造船所を訪れていた。

この時期、新聞は日本軍の連戦連勝を報じ、軍服姿で町中を肩で風切る軍人も珍しくなかったが、二人は背広姿で訪れていた。随員も若干いたが、彼らもまた背広姿である。

彼らが民間人の姿をしている理由は一つ。機密保持のためである。海軍第六艦隊は潜水艦部隊であり、海軍艦政本部第七部は潜水艦設計を担当する部署である。

そして川崎造船所は日本海軍の民間潜水艦建造所の雄である。

潜水艦が各国海軍にとって、最高機密の塊（かたまり）であるとすれば、杉山や宮本が民間人として造船所を訪問するのも必要なことであった。

軍需（ぐんじゅ）工場であり、出入りは厳重だったが、さすがに海軍関係者であることを示すと、そこから先は順調だった。

建造中の伊号潜水艦の脇を抜けると、そこでは他の乙型や丙型とはデザインの異なる一隻の潜水艦の建造工事が行われていた。

潜水艦とは言うが、全長は三〇メートル程度で、潜航艇と呼ぶほうがあるいはふさわしいかもしれない。

ただこれも秘密管理の一環であった。潜水艦の造船所で潜水艦を建造しても怪しまれることはない。特殊潜航艇となると明らかに秘密兵器であり、周囲の警戒を招くのだ。

宮本らはすぐに特殊潜航艇が置かれている船台の下に潜り込み、鉄材と鉄材の継ぎ目を手のひらで撫でたり叩いたりする。

「神戸製鋼所はいい仕事をしたようだ」

宮本造船大佐の表情は明るかった。

「気密は完璧か？」

そう造船所の技師に尋ねる宮本に杉山は言う。

「潜水試験も前なのに、そんなことがわかるのか？」

だが造船所の技師は言う。

「潜水試験はまだですが、予備試験では問題ありません」

「予備試験？」

「各部の隔壁を閉鎖し、圧をかけます。そして船体表面に石鹸(せっけん)液を塗るんです。漏れがあれば泡でわかります」

「ほお」

素人の杉山大佐にはわからないが、専門家の宮本がその話に感心しているというのは意外だった。

その思いを杉山の表情から読み取ったのか、宮本は言う。

「知っての通り、本計画は多くの新基軸を導入しています。だから従来型のやり方では収まらない。新基軸を導入するということは、検査法も変えねばならんのです」

「新基軸が従来の問題をすべて解決してくれるわけではないのか」

「古い問題を解決したことを、新しい手段で確認する必要がある。そういうことです」

「そういうことの積み重ねが必要なのか」

杉山大佐には、それは造船官だけの問題ではないように思われた。画期的な新兵器を開発したとして、それを戦力化するのは用兵側だ。用兵側の頭が新兵器について行けないならば、それを効果的な戦力とすることは難しい。

新兵器を要求するのは基本的に軍令部である。しかし、技術側がそれを実現したとき、戦力化に失敗したとしたら、その責任は自分たち用兵側にある。失敗の責任を技術側に負わせるわけにはいかないのだ。

「しかし、足掛け三年でこれが形にできるとは思いませんでした。溶接可能な高張力鋼の開発だけでも簡単ではなかった。いまは神戸製鋼所で量産できるようになりました」

「新型の甲型駆逐艦もいまは全溶接というような」

「新型空母もです。改葛城型空母は、設計を改め完全に溶接工法です。小さな造船所で空母の艦橋が組み立てられている様は、感動的ですらありますよ」

「すべては新型潜水艦からはじまったのか」

杉山は昭和一四年のことを思い出していた。


昭和一四年一〇月一八日、海軍は海軍潜水艦調査委員会を発足した。海軍大臣の諮問機関で、委員長は艦政本部で潜水艦担当の第七部の部長である。

この委員会が発足した直接の理由は豊後水道での伊号第六三潜水艦の沈没事故にあった。

事故そのものは最初は単純なものかと思われた。訓練時に配備点を間違えた伊号第六三潜水艦に、僚艦の伊号第六〇潜水艦が衝突したことで、伊号第六三潜水艦は沈没した。

伊号第六三潜水艦で生存者は潜水艦長ただ一人だった。彼は艦橋で指揮に当たっていたため、衝突時に海に投げ出され、救助されたのだ。艦内にいた八〇名の乗員は、脱出する機会もないまま、潜水艦と運命を共にした。

伊号第六三潜水艦を漁船と誤認した伊号第六〇潜水艦の確認不足も否めなかったが、衝突はそうした人的ミスによるものとして決着すると思われた。

じっさい一時はそれで問題の解決は付きかけた。生存者の証言をまとめ、報告書をだせば、調査委員会も解散することになっていた。

だが苦心の末に豊後水道から伊号第六三潜水艦がサルベージされたことが、状況を一変させた。

サルベージの段階でわかっていたことだが、伊号第六三潜水艦がサルベージできたのは、水中に完全に着底してはおらず、艦尾だけが海底に接触した状態で、艦首は浮いていたためだ。

海底で斜めになり、艦首に浮力があることは、サルベージ作業を大きく助けることとなった。

艦首部が浮いていたことで、そこには空気が残っていることが明らかだった。だから沈没からしばらくは生存者がそこに残っていることも予想されていた。

「第二の第六潜水艇か？」

関係者の間には、そんな話も流れていた。第六潜水艇とは、佐久間艇長の美談としても知られる。ガソリンエンジンを用いたホランド型潜水艇の試験中に佐久間艇長以下の乗員が事故で殉職(じゅんしょく)し、艇長は潜水艦の問題点などを後世(こうせい)の人間のために冷静に分析し、書き記(しる)し、乗員たちもそれぞれの部署で静かに事切れていた……それが第六潜水艇の遭難である。

ただ伊号第六三潜水艦の場合、潜水艦長だけが生存者であり、表立っては第六潜水艇の話を持ち出しにくい雰囲気はあった。

伊号第六三潜水艦の潜水艦長は「すべては自分の責任」としか語らなかった。また衝突した伊号第六〇潜水艦の潜水艦長もまた、衝突時の状況については多くを語らなかった。

杉山は当時はまだ中佐で、軍令部の人間として調査委員会のメンバーになっていた。その関係で二人の潜水艦長から話を聞いたりもしたが、どちらも「自分の責任」と責任回避をしないにもかかわらず、当時の状況については口が重かった。

確かに貴重な潜水艦一隻が失われたのだから、直接の当事者の口が重くなるのは理解できる。しかし、多くの場合、そうした時には責任のなすり合いになるはずなのに、当事者二人が責任は自分にあると主張する。

責任がはっきりしている分、海軍というお役所の報告書はまとめやすいのだが、杉山自身は事故の真相に納得していなかった。

状況が大きく動き出したのは、伊号第六三潜水艦が工作艦によりサルベージされ、呉のドックに運び込まれてからだった。

海軍としてはサルベージした潜水艦が修理可能なら、修理した後に戦力化したいと考えていた。

その前に艦内の清掃が行われる。清掃とは要するに乗員の遺体の運び出しだ。すべての遺体には家族がいる。ましてそれは海軍の同胞だ。だから作業は慎重に行われた。

しかし、その作業現場は凄惨を極めた。遺体が魚により破損することは予想されていたが、事故から日数も経過しておらず、遺体はそれほど毀損されていないと思われていた。

だが現実は違った。遺体の大半が、人の形を留めていなかった。手足がちぎれ、中にはサメにでも食いちぎられたような跡がある。

それは信じがたいことだった。潜水艦は沈没したが、開口部はハッチだけだ。そこからサメが侵入して出て行けるとは思えない。客船ではないのだ。複雑精緻な機械が詰まった潜水艦なのだ。サメのたぐいが自由に活動できる空間ではない。だいたい豊後水道にそんな大きな人喰い鮫はいない。

さらに不可解なのは、潜水艦内の応急機材が取り出されていることだ。応急機材とは緊急時に艦を支えるための角材の類だが、それを扱うために斧やバールも積み込まれている。

それらがすべて取り外され、遺体のいくつかはそれを握っていた。

「浸水した艦を救うために応急（ダメージコン

トロール）に取り掛かっていたのではないか？」

そうしたもっともらしい意見もあった。しかし、乗員たちは斧やバールは手にしていたが、応急部材の角材には触れていなかった。応急にしては、それはおかしな対応である。

だが決定的だったのは、唯一、浸水を免れ、気密を保っていた艦首部の区画である。

それは魚雷発射管室の後ろ、発令所の前の区画には乗員の居住区画が含まれていた。

そこには確かに生存者がいた形跡があった。第六号艇のように、水平に着底していたわけではないので、遺体は隔壁のハッチに折り重なるようになっていた。

この居住区画への侵入は容易ではなかった。なぜならハッチは閉鎖され、しかもバールを差し込んで外からは開かないように閉鎖されていたためだ。

結果的にハッチを破壊して内部に入るしかなかった。与圧区画の乗員に奇跡はなく、全員が死亡していた。その数、八人。一塊（ひとかたまり）になった遺体は確かに凄惨な状態ではあったが、手足がちぎれるようなこともなく、他の乗員と比較すれば、綺麗な状況だった。

状況が一変したのは、一冊のノートが発見されたことによる。それは水雷士の立川が書き残したものだ。電力を失い、懐中電灯の灯りだけで書いていると記されたそのノートの内容は、委員会のメンバーを少なからず当惑させた。

「私、立川洋一郎他七名は、正常な精神状態にあり、炭酸ガスや酸素欠乏による妄想に冒（おか）されていないことを、まず証言する」

ノートの冒頭はそうした文言で始まっていた。それに続いて生存者の名前が記される。筆跡がそれぞれ異なるため、それは立川以外の生存者たちが自分で記したものだろう。

驚くべきは立川を始め、全員が署名の下に血判を押していることだ。ノートの実物を手にした時、杉山はいささか違和感を覚えていた。

血判というやり方は尋常ではない。それに普通はこういうのは本文を書いてから、内容に誤りがないとして冒頭ではなく、文書の最後になされるのではないのか？

しかし、その理由はすぐにわかった。立川は艦内の灯りがこの懐中電灯であるため、事実であることを証明するために、電池が切れる前に自分たちが正常だと証明したかったのだ。

一人二人なら妄想として処理されようが、八人全員が同じ妄想を抱くことはまずない。だから八人の証言が一致するとなれば、その内容がどれだけ荒唐無稽でも事実と考えなければならなくなる。

とは言え、立川の手記は厳密な点では問題もなくはない。それは手記を書き残すために懐中電灯の電池だけが頼りという状況のため、立川は手記を書く前に他の乗員の了解をとった点にある。

だから立川だけが妄想に囚われている可能性も否定できない。他の乗員は立川が何を書いているかわからないまま、白紙の委任状を渡したようなものだ。

だが立川はその点も考えていたらしい。手記には直接記していないが、立川は自分が書いている内容を、他の乗員にもわかるように声に出していたようだった。

このため記述の中に何箇所か、まったく別人の手になる修正が加筆されていた。筆跡は冒頭の署名の乗員たちと一致しており、立川一人の妄想の可能性は限りなく低い。

しかしながら、その手記の内容は事実として信じがたかった。

「おそらく、最初の兆候は、艦位を喪失(そうしつ)した時にはじまるだろう。我々は演習で定められた位置に就くべく航行していた。しかし、突然、我々は自身の艦位を喪失した。

星は観測できた。問題は空の星の位置がまったく未知の星座であったことだ。北極星もわからないだけでなく、信じがたいのは月が二つもあったことだ。

六分儀(ろくぶんぎ)も役に立たないなかで、我々はジャイロコンパスだけを頼りに航行を続けた。いま思えばジャイロも信頼できなかったのかも知れない」

記述には冒頭からそんな信じがたい体験が記されている。立川だけでなく、航海科の下士官が当時の状況をもう少し詳しく加筆していたが、月が二つ見えたという内容はかわらなかった。

「何かを見間違えたのか?」

それが杉山の最初の感想だ。演習中であり、照明弾か何かを月と誤認したような場合だ。

しかし、彼はその可能性をすぐに否定する。

素人じゃあるまいし、帝国海軍軍人がそんな基本的な間違いを冒すわけがない。

だがそうなると月が二つの意味は何か？　しかし、立川は自分たちが見た月の詳細には触れてはいない。それどころではないことが起きたからだ。

「我々は天測可能な状態になるまで航行を続けた。不可思議な状況に置かれているとは思っていたが、我々はそれをあまり深刻には考えなかった。

航海長は月が二つ出ていることを、空気の屈折による蜃気楼（しんきろう）のような現象ではないかと説明した。

いま思えばそれは明らかに間違いではあったのだが、あの時の我々はそれを信じた。と言うより信じたかったのだ」

手記はそこからさらに不可思議な話になってゆく。

「老川（おいかわ）兵曹長が変異し始めた時、我々はすぐにはそれに気が付かなかった」

杉山は最初にそれを目にした時の違和感を忘れられない。潜水艦は負担の大きな艦艇である。高温多湿で、呼吸が難しい時さえある。

だから艦内で倒れることはあり得る。しかし、急な疾患（しっかん）を変異とは言わないだろう。

じっさいそれ以降の記述はメチャクチャだった。記述は端正な字であり、乱れていない。何カ所かは別の人間が書き足している。だがその端正な文字が示すのは、信じがたい内容だった。

立川水雷士は生存者たちの体験を聞き取り、

その内容を整理し、時系列に沿って書き記していた。そこには冷徹とさえ言える知性の働きが感じられた。

立川や他の人間は狂ってなどいない。しかし、そこに記されている内容は、明らかに狂っている。

最初に起きたのは、老川兵曹長の変異であった。それがどういう変異なのかはじつは手記にはまるで記されていない。ただ後の記述を読む限り、何らかの怪物のようなものになったらしい。

にもかかわらず、具体的な老川の変異について立川が触れない理由について、杉山には察しはついた。

老川の変異がどういう理由によるものにせよ、彼には国に家族がいる。軍人恩給のこともあり、その家族たちの夫や父が怪物になったというようなことを伝えたくはないのだろう。それは立川個人の気持ちだ。

一方で、軍人として伊号潜水艦が失われた理由は伝えねばならぬ。その矛盾する条件のなかで、立川が選んだのが変異という言葉だったのだろう。

老川の変異は後部魚雷発射管室で起きていた。発射管は二本であり、位置に就いている乗員も少ない。基本的に追跡された時に反撃するのが後部魚雷発射管の意味である。

老川が変異したとの報告で、すぐに艦尾に衛生兵が派遣された。演習中であり、潜水艦内には軍医はいない。

この時点では衛生兵は後部魚雷発射管室に入ることが出来たらしい。だがそこはすぐに閉塞された。

「人殺し！」

衛生兵の叫び声が伝声管を通して響き、そして驚くべきことに老川兵曹長は、一人で後部魚雷発射管室より二本の魚雷を発射する。衛生兵の叫びよりも、この雷撃のほうが乗員たちを驚かせた。

自分たちが艦位を失ったというのに、どうして雷撃など行ったのか？　下手をすれば友軍艦艇や商船を撃沈するではないか。

じつは伊号第六三潜水艦に衝突した伊号第六〇潜水艦で、当時、艦橋で哨戒直に就いていた将兵たちがこの航跡を目撃していた。
発射したのが空気魚雷であり、白い航跡は間違いようがなかったということだ。

ただ彼らの航跡を目撃したという発言は、調査の中で、ようやく確認された出来事だった。潜水艦長より箝口令が敷かれていたためだ。なぜならその航跡が、明らかに伊号第六〇潜水艦を狙っていたとしか思えない航跡だったからである。

友軍潜水艦が意図的に攻撃を仕掛けてきた。それは確かに軽々しく口にできることではない。下手をすれば反乱という話にもなりかねない。

結局のところ事件関係者の殉職者に対する「温情・配慮」が、事故の全体像把握を難しくしていたのは一面の真実であった。

艦長は、すぐに後部魚雷発射管室に人を送った。潜水艦といえでも海軍艦艇であり、万が一の臨検任務のために小銃も装備されている。

まず潜水艦で使われる機材ではなかったが、それを持った将兵が艦尾に向かった。

彼らが到着した時点で後部魚雷発射管室の扉は閉鎖されていた。扉の向こうでは何かが動いているような音が聞こえているが、何が行われているのかまではわからない。

小銃の銃口がハッチに向いているなかで、水兵がハッチに手をかける。意外なことにハッチはひらいた。ハンドルを回し、ハッチを引く。

魚雷発射管室の灯りは消えていた。だが濃厚な血の匂いは隠せない。状況はわからないが、何か不穏当なことが行われたのは間違いない。

水兵が中に入ろうとした時、魚雷発射管室から下士官の服装の何かが出てきた。名前は老川だが、彼は変異していた。

だがそれだけではなかった。変異した老川は水兵たちを押しのけて発令所に向かう。そして老川の後からは、明らかに乗員ではない老川そっくりの者たちが一〇人ほど続いていた。

どうやらそれらは後部魚雷発射管から艦内に侵入したらしい。彼らを入れるために、後部魚雷発射管から魚雷を発射し、そこを空にしたのだ。

将兵たちは最初はあっけにとられていた。あまりにも信じがたいことが続け様に起きたことで、感覚が麻痺してしまったのだ。仮に感覚が麻痺していなかったとしても、この状況での適切な対応など思いつくものではない。

「化け物め！」

最初に我に返った水兵が、小銃で異形（いぎょう）の者を撃った。さすがに老川には銃口は向けられなかったのだろう。

異形の者は銃弾を浴びると叫び声をあげて、その場に倒れた。だが他の異形の者が、その水兵に襲いかかり、あろうことか彼を食いちぎった。異形の者の口は鮫（さめ）のように大きかった。

銃声と叫び声と乱闘。発令所の潜水艦長はそこでようやく艦尾の異変を察知した。その頃には、異形の者たちの襲撃は機関部に及んでいた。

機関科の将兵はバールやハンマーを手に異形の者たちと肉弾戦を演じていた。傷ついた異形の者からは生臭い体液が噴出する。

機関長は機関を守るために、稼働中のそれを停止した。そうして部下を発令所へと移動させる。

手記にはここで重要なことが指摘されていた。機関科の将兵がディーゼルエンジンやモーターを破壊しないのは当然として、乗員に対して殺戮（さつりく）の限りを尽くそうとした異形の者たちもまた、潜水艦の機関には手を触れようとしなかった。

「奴らは伊号潜水艦を乗っ取るつもりで乗り込んで来たらしい」

立川と若干の文章の補足をしていた機関兵もそう書き記していた。後部魚雷発射管からは、他にも異形の者たちが乗り込んでいたらしい。彼らの数はどんどん増えていた。

そして機関部から人間を追い出すと、停止していたはずのディーゼル主機が再稼働する。

「奴ら、主機を操作できるのか！」

あの異形の者たちにそんなことができるとは。

機関科の将兵たちには信じられなかった。もちろん潜水艦は機関部を占領しただけでは動かない。トリムと操舵を確保しなければ操艦はままならない。

だからだろう。異形の者たちは発令所に向かう。小銃による銃撃が艦内で行われるが、もともと潜水艦に装備されている小銃は僅かであり、弾丸の備蓄も乏しい。

しかも物品庫は異形の者たちが占領し、銃弾は小銃の弾倉に装填した分しかない。

銃撃で数体の異形の者を射殺できたが、それで銃弾は尽きた。そこから先は肉弾戦となった。烹炊場の包丁や応急のためのバールや斧、それらで乗員たちは異形の者と戦わねばならなかった。

立川水雷士の手記には、「艦長が『深き者どもが来た』とつぶやくのを耳にした」とある。立川にはその意味はわからなかったようだが、艦長はすべての状況を理解していたらしい。

彼は通信長を呼びつけると、信じられない命令を下した。

「この周辺に伊六〇潜がいるはずだ。彼らに我が伊六三潜を撃沈するよう要請してくれ。本艦を奴らに渡すわけにはいかん」

「潜艦長、そんな要請を伊六〇潜が聞き入れてくれるとは思えませんが……」

「深き者どもが出た。それであちらには伝わるはずだ」

通信長は状況を理解できないまま、命令に従う。手記には一連のやり取りが記されていたが、事実関係は確認されていない。

沈没した伊号第六三潜水艦に残されていた通信記録は、インクが滲み判別不能だった。そして通信を受けたはずの伊号第六〇潜水艦の通信記録からは、当日の記録だけが破り取られていた。

状況的に伊号第六〇潜水艦の潜水艦長が破棄したと思われたが、彼はこの件に関しては沈黙を貫いていた。

「責任は通信長ではなく自分にある」

彼はそう主張するが、伊号第六三潜水艦からの通信については完全に沈黙していた。この件に関しては、通信を送った側の伊号第六三潜水艦の艦長も何も言わない。立川の手記だけがこの通信文について触れた唯一の記録だ。

伊号第六三潜水艦の艦長は、立川にこう命じてもいた。

「艦橋の探照灯を真上に向け、本艦の位置を報せるのだ」

「本気で、僚艦に本艦を撃沈させるおつもりですか！　そのために探照灯を！」

だが潜水艦長には立川水雷士の反応は、やや意外なものだったらしい。そして彼は、水雷士が事情に通じていないことに初めて気がついたらしい。

「報せるのは空だ。まぁ、うまく行けば伊六〇潜も気がつくだろう」

立川水雷士には潜水艦長の言ってることもよ

くわからなかったが、それ以前に命令が信じられない。どこの世界に僚艦に自分の艦を攻撃させようとする人間がいるのか？

潜水艦長が答える前に、通信長が青ざめた表情で電文を彼に手渡す。潜水艦長はそれを一瞥し、立川に渡す。

それは伊号第六〇潜水艦からのもので、「了解した。貴官の武運長久を祈る」とだけ記されていた。

立川は目眩がした。伊号第六三潜水艦の潜水艦長だけなら、精神の不調という可能性も考えられる。しかし、僚艦である伊号第六〇潜水艦の艦長までもがこんな返信を送ってくるとはどういうことか？

普通であればあんな通信文を受け取ったら、事実関係を確認するなり、諫めるのが普通ではないか。だが伊号第六〇潜水艦からの返信は、自分たちの状況を肯定するものだ。

確かに異形の者たちの暴虐は深刻だが、艦を撃沈しろと僚艦に要請するのは早計ではないのか？

「見てのとおりだ水雷士。すぐに作業にかかってくれ」

「潜艦長、あの●●（手記では伏せ字になっている）が暴れているくらいで、本艦を沈めようというのですか！」

「本艦は穢されてしまったのだ！　もう、日本には戻れん」

「穢された……日本に戻れない……」

立川は、潜艦長たちだけがあの異形の者の正体を知っているのではないかとの疑念を抱いた。そう考えるなら、すべての辻褄は合う。

「やってくれ！」

立川水雷士は、命令に納得はしなかったが、潜水艦長のただならぬ様子に気圧されるように艦橋へと向かった。

艦橋からの夜空には、やはり月が二つ昇っていた。大きさはいつもの月と同じくらいだが、明らかにどちらも位置がおかしく、さらに月の一つは真っ赤だった。

「どうして航海士ではなく、水雷士の君に頼んだのか意外に思っているかも知れん。だが、天には誰でも通じるわけではないんだよ」

立川はこの時点で、潜水艦長の精神状態をどう解釈すべきか迷っていた。あの異形の者たちや月が二つ出ていなければ、「潜水艦長の職務執行不能」として先任将校の水雷長を代行にして、彼を監禁していただろう。

だが現実は不可解なできごとの連続であり、潜水艦長の不可解な言動も、この状況では当然のようにも思えた。

探照灯が点灯すると、それは一本の光の柱となって天に伸びた。それは立川水雷士が知る探照灯の灯りとは明らかに別物に思えた。

そしてここで潜水艦長は聞いたこともないような祝詞を唱え始めた。立川の手記には、それがどんな祝詞なのかまでは記されていない。内容を聞き取れなかったためだろう。

じっさいは立川は、それを祝詞とは言っていない。強いて表現するとしたら祝詞としか表現できないということらしい。

そして艦長の祝詞が終わると、二つだった月は一つになった。

「潜艦長、これは！」

「祈り天に通ずだよ、君は下に戻り給え。私はここで●●（伏せ字）を待つ」

伏せ字が何を意味するのか、立川はまったく触れていない。二文字分が伏せ字だが、彼の手記のすべての伏せ字が二文字分であることを考えると、文字数には多分意味はない。表現できない単語という意味だろう。

ただ手記を読んだ杉山は、この伏せ字に疑念を覚えた。いままでの手記の内容と事故のことを考えれば、この伏せ字は伊号第六〇潜水艦と記されるべきものだ。

伊号第六〇潜水艦の艦名はここまで何度も言及されており、いまさらここで伏せ字にする意味はない。つまりここでの伏せ字は伊号第六〇潜水艦ではないということになる。ならば潜水艦長は何を待っていたのか？　そしてそれは現れたのか？

月が消えたことで、立川は自分だけが艦内に戻ることに疑問を感じなかった。後から考えるなら、潜水艦長も艦内に戻り、異形の者たちと戦うための指揮を執（と）るべきではなかったか？　しかし、この時は立川も不思議に思わなかったらしい。

それに発令所内の状況はさらに凄惨なものになっていた。異形の者は艦首魚雷発射管からも艦内に侵入していたためだ。

潜水艦はそれでも一〇ノット以上の速力で航行していたのだ。どうやって奴らは潜水艦に追いついたのか？　水雷長の奮闘で、艦首魚雷発射管の異形の者たちは、侵入を阻まれていた。発射管にバールを突っ込んで使用不能とし、一本だけを使えるようにする。

その一本から現れた異形の者を水雷科の人間たちがバールで叩き殺すのだ。各個撃破は成功しているものの、水雷科の人間は発令所の支援に向かえない。

そうしている間に、異形の者たちは甲板に登り始めた。甲板のハッチから異形の者たちは艦内に侵入する。

そこから先の立川の記憶は曖昧だった。襲ってくる異形の者に手斧で応戦するのが精一杯だったためだ。その手斧をいつ手に入れたのか、それさえもわからない。斃（たお）された将兵の手から奪い取った気もする。

その将兵は、海軍軍人の軍服を着用していたが、明らかに異形の者だった。老川以外にも艦内に異形になったものがいたらしい。

軍服に記章はあったはずだが、遺族のことを考えてか、立川はそれが誰なのかは記していない。しかしなぜ、立川は老川のみ、伏字にもせずにあえて名前を記したのか？

曖昧な記憶は激しい衝突の時から鮮明となる。すでに艦首魚雷発射管室は閉鎖されていた。水雷長が異形の者たちの侵入を阻止するため、内側から閉鎖したらしい。

立川は当初その衝撃を、僚艦である伊号第六

〇潜水艦の雷撃と考えた。あの通信文を受け取ったなら、そう考えるのが自然だ。

だが雷撃ではなかった。金属のきしみ音から判断すれば、それは衝突だろう。

潜水艦を雷撃すれば、生存者は望めないが、衝突なら脱出のチャンスがある。伊号第六〇潜水艦の潜水艦長はそう考えたのかもしれない。

しかし、異形の者との死闘により、艦内にはすでに組織だって脱出できる状況はなかった。甲板に通じるハッチは異形の者に占領され、立川は艦首近くの居住区に逃げ込むしかなかった。

異形の者がいない区画に避難し、発令所に通じる通路を閉鎖する。それから彼らは甲板に逃れようとした。とりあえず異形の者たちはこのハッチからはやってこない。脱出成功の可能性はまだ高い。

だがそこに通じるハッチは開かない。通路の外にはまだ異形の者がいる。

そして潜水艦は浸水で傾斜した状態で沈み始める。室内の空気でここの八人が生きられる時間はさほど残されていない。

「おそらく深度一〇〇メートルは超えている。だが異形の者たちは、いまも船体やハッチを叩き、我々のいる場所に入ろうとしている」

立川の手記はここで終わる。酸欠が深刻なのか、端正な字は、ここで大きく乱れていた。

調査委員会の取り調べのなかで、伊号第六〇潜水艦の潜水艦長も伊号第六三潜水艦長も、立川水雷士の手記の存在については教えられていなかった。

しかし、彼らは手記に記された言葉の幾つかに強く反応した。特に伊号第六三潜水艦の潜水艦長は、「深き者ども」という単語を耳にすると狂騒(きょうそう)状態に陥り、薬物投与で大人しくさせることを余儀なくされた。

杉山は手記の内容を検証するという役目を委員会から申し渡されたが、それは暗に「手記が間違いであることを証明せよ」と命じられたにも等しいものだった。

それも当然だろう。海軍首脳にとって手記の内容は到底信じがたいものであったためだ。海軍軍人が異形の者に変異する。それだけでも認めがたい。杉山は命令に対してそうした理解をしていた。

しかし、状況はそれほど単純な話ではないことがわかってきた。一つは立川の手記の原本が紛失したことだ。海軍当局が厳格に管理していた、事故調査のための貴重な資料が紛失したのだ。

だがこれについては杉山が自分の手元に置くために原本とは別に複製を用意していたことで、被害は最少にとどまったかに見えた。

ところが今度は杉山宅が空き巣に入られ、現金などには一切手を触れず、立川手記の複製だけが持ち去られていた。

杉山はそれでも立川手記の重要部分だけは、自分でノートに書き写していたので、調査そのものは継続可能だった。ただ原本の喪失が大きな痛手であるのは間違いない。

そして杉山もノートの存在は隠すことにした。

立川手記の原本の喪失はまだしも、複製まで奪われたとなれば、ただごとではない。

とは言え、何者がどういう目的で手記を奪ったのかは杉山にもわからなかった。それでも色々な手際の良さから、杉山は海軍関係者が背後にいるような気がしていた。

立川手記の存在も複製が杉山宅にあることも、知っている人間はわずかである。海軍の然るべき地位の人間が関わっていなければ、手記が消えることはなかったのだ。

どうしてそんなことをするのか？　それはスキャンダルを恐れてのことだろう。海軍が軍備拡張を行っているなかで、伊号第六三潜水艦の沈没は、そうした動きに水を差すものとなる。ましてて乗員が正気を失っているかの如き記録は残すわけにはいかない。

それでも杉山の調査が継続されるのは、妨害があくまでも一部勢力によるためか、あるいは形だけでも公正さを示そうということだろう。

杉山としては、命じられた作業を進めて行くよりない。

調査の初期段階では、杉山は立川や他の生存者の正気を疑っていた。それというのも伊号第六三潜水艦に老川という乗員がいなかったためだ。

海軍省人事局にも出向いたが、該当者が海軍に存在した記録さえなかった。

杉山はこの時点で、立川手記の内容を根本から見直そうと考えた。立川とその仲間は沈みゆく潜水艦の唯一の生存者だ。本来なら、家族に対して遺書か何かを残すはずだ。しかし、彼らはそれをしていない。

家族には何もなく、荒唐無稽の話だけを残している。それは立川たちに、海軍の人間に伝えたいことがあり、しかし、直接それを書き記すわけにはいかない事情があったのではないか。

言い換えるなら、立川手記は一種の暗号文、もしくは暗号が埋め込まれている。荒唐無稽の話にしたのは、そうすれば海軍の何者かはそれを見逃してくれるから。

そう考えるなら、一応の筋は通る。だが誰から何を隠し、誰に何を伝えたいのか?

鍵は老川にあった。四国にある太平洋岸の漁村で、老川という川が流れている土地があったのだ。しかも、問題の二隻の潜水艦の潜水艦長は、その漁村の出身だった。

二人は中学も海兵も同期ではなかったが、狭い漁村故に知り合いではあったらしい。そして立川はこの漁村の出身ではなかったが、伊号第六三潜水艦には老川の漁村出身者が複数乗っていた。

ただ同郷者が多いことそのものは不思議なことではない。海兵団はその地域の鎮守府で管理されるからだ。

問題は杉山が現地を調査した時だった。現地の人間たちは、名字が三種類くらいしかないのではないかと思えるほど、血が濃かった。住民の八割が三つの家の親戚と言ってよいほどだ。

ただ二人の潜水艦長は、その三家には属していない家のものだった。漁村ではあっても背後には山があり、二人の実家は山側にある。

それ以外の三家の人間ではないものは、警官とか中学校の教師など、行政に関わることで他所から派遣された人間が主であり、一定期間で移動する人間たちだった。

だから昔から住んでいるのはこの三家族だけであり、問題の乗員たちもこの三家族のどれかだった。

こんな土地柄のため、嘘か本当か、「昔は血が濃くなりすぎないように難破船の遭難者を監禁して一族のものにした」「近隣の村から子供を攫(さら)ってくることもあった」という伝承さえあった。

杉山としてはそんな小さな村だから、調査はすぐ終わると高をくくっていた。

しかし、そうはならなかった。村人たちはよそ者に極端なまでに排他的だった。普通は海軍軍人から質問されたなら、相応の対応をするものだ。

だが村人たちは驚くほど無反応だった。日本語が通じないかと思うレベルだ。

じっさいあからさまに言葉がわからないという表情をするものもいたし、返答をするものでも極端な方言で何を言っているのかわからないものもいた。

結局、その漁村の住民から得られた情報は無いに等しかった。役場や警官に尋ねても、村の排他性がわかるだけだった。

杉山は方向性を変えた。鎮守府(ちんじゅふ)や海兵団の人事記録を当たって、その漁村について調べてみたのである。潜水艦の乗員という枠組みよりも範囲を広げたのだ。

するとと不思議な事が明らかになった。この村では海軍に志願する人間が多かった。海軍兵学校への進学は少なく、それに進んだのは三家以外のもので、三家のものは海兵団にしか進んでいない。

その海兵団に進んだ海軍将兵の殉職率が抜きん出て高いのだ。殉職の時期も乗艦も違っていたが、状況は驚くほど似ていた。

殉職者は家族に対しては「任務遂行中に海上に落下し、溺死（できし）」という最小限度の内容しか無い説明を海軍はしていたが、詳細は少し違っていた。

一部の下士官兵については、行方不明であった。ただ航行中の艦艇から消えてしまうなどあり得るはずもなく、また自殺の可能性も低く、消去法で事故で海中に落下したとしか思えなかった。

海軍が遺族に最小限度の状況報告しかしなかったのは、彼らのための配慮故だった。

事故の報告書によると、彼らは精神に異常を来（きた）していたと記されていた。それぞれの報告書は時期も艦も違っていたが、内容は驚くほど酷似していた。

まず彼らは事故ではなく、自分から海中に飛び込んで二度と帰らぬ人となった。それは自殺と言えば自殺だが、むしろ精神の異常が原因で自殺とは言い難いと判断しているようだった。

自殺扱いにしないのは、遺族に軍人恩給が支給されるための判断と思われた。杉山もいまさらそんなことをほじくり返そうとは思わない。それよりも重要なのは、自殺者の言葉に関して、不可解な証言が記録されていたことだ。

「あそこの宮殿に自分は行かねばならない。帰らねばならぬ」

殉職者たちは一様にそうした不可解な言葉を繰り返し、気がつけば海に消えていた。

不気味なのはそうした事件は、ポナペなどを中心とした委任統治領付近か、四国沖に集中していたことだった。伊号潜水艦の事故が豊後水道だったことを考えると、単なる偶然では済ませられない。

ただ、それが意味するところがわからない。風土病的なものを連想するが、特定地域の人間が、特定の海域で入水自殺を遂げる病気というのは考えがたい。

杉山自身がどう解釈すべきか迷う情報もあった。それは老川周辺では記録されず、近隣の都市部に記録されていたものだ。

現地では差し障（さわ）りがありすぎて記録できなかったが、周辺地域なら記録に残せたものらしい。記録時期は平安末期から戦国時代、江戸とバラバラだが、記述内容は概ね同じであった。

平安末期の一つの伝承が戦国、江戸と時代を経て伝えられているとも考えられるが、地域がバラバラであることや、後の時代の伝承が、先の時代の伝承を参照した記述があることから、同様の事件が周期的に起きていると解釈するほうが筋が通っていると杉山には思われた。

それは問題の老川の漁村では、何かの異変の前に海から異形の者が現れ、村の女達と契(ちぎ)り、再び海に戻るという伝承(でんしょう)だ。個別には色々なエピソードがあるのだが、共通のモチーフはこれだ。

異形の者と人の間の子供は、人として成長するが、大人になると海に戻るという。

ただこの部分は伝承により異なり、ある特定の日だけ異形の者になるというパターンもあれば、兄弟で海に戻るものと陸に残るものに分かれ、特定の日に海に帰ったものを迎えるという話もある。

また村の人間は死期を悟ると、自ら海に帰るのだという話もあった。ただこの伝承は日本全国にある姥(うば)捨て話の一種とも解釈できなくはない。

伝承の内容は信じがたかったが、複数の時代にまたがることから、全てではないとしても、伝承のもとになる事実があったことは予想された。

しかも、この伝承が事実とすれば、ある疑問が解決するのも事実であった。つまり立川手記によれば伊号第六三潜水艦は異形の者に乗っ取られたわけだが、それは杉山が一番ありえないと思っていた部分でもあった。

潜水艦の操艦は素人にできるものではない。海軍潜水学校が手間ひまかけて人材を育成しているのは、潜水艦を扱うには高度の専門知識が必要だからだ。

だがあの異形の者たちが、自殺したとされる海軍軍人であったなら？　自殺者の中には潜水艦乗りも少なからずいたのである。

馬鹿げた話と思ったが、杉山はこの仮説が妙に筋が通っていることに驚いていた。

だが決定的な出来事が、彼の疑念を払拭（ふっしょく）する。再び老川で殉職者たちの家族に話を訊こうとした杉山は、四国沖や委任統治領の海で死んだはずの人間が、村に戻っている痕跡（こんせき）を目にした。

表札に名前があったり、当人らしい人間が港で働いている姿を目撃したのである。

杉山はそれを本人に確認しようとしたが、言うまでもなく否定される。杉山とて、その人物が死んだ人間という証拠があるわけではなかった。そもそも生きている人間に「お前は自殺しただろう」と尋ねる人間がいたとしたら、尋ねる人間のほうが不審がられるのは当然だ。

杉山は何も得るところがないまま、その漁村の宿で一泊した。その夜、彼は暴漢に襲われそうになる。

襲ってきた人間の何人かは、彼が自殺を疑った人間たちだった。決定的だったのは、その暴漢の中に異形の者としか表現できない存在がいたことだ。

魚を思わせるような人間。そうとしか表現できない。人間と異形の者たちは親戚らしく、兄貴と呼ばれていた。

杉山はひたすら逃げた。逃げるしかなかった。海の化け物だから、山に逃れれば助かるかもしれないと直感で判断し、山に向かった。

それが良かったのだろう。暴漢たちは松明（たいまつ）を片手に、道路を押さえていた。通常、よそに出入りするなら、海岸から船か、村を横断する道路しかない。

だが杉山はそのまま山道を抜ける。海軍軍人である、天測で方位はわかった。どの方向に向かえば人家のある場所に出るかもわかっている。

こうして彼は難を逃れた。ただこのことで、伊号第六三潜水艦の事故が、単純な衝突事故ではないことも明らかになったのだ。

「この高速潜航艇の最大潜行深度は全溶接により強度を確保したおかげで二〇〇メートル。短時間なら三〇〇メートルまで耐えられます。

ただ理論的にそうであるという数字なので、この高速潜航艇で確認する予定です」

宮本造船大佐は、船台の下から潜航艇を見上げながら言う。

「あと音波カメラの試験ですね」

宮本は、そう言うと潜航艇の船体下部にある円盤状の部分を叩く。音波カメラとは水中探針儀の一種であった。捜索範囲は一〇〇メートルほどだが、微少時間に次々と音波パルスを三六〇度に渡って放つ構造だ。そのための音波素子が、宮本が示した円盤の中に収納されている。

音波素子は発信と受信が行えるため、隣接する音波素子が送信と受信を繰り返す。捜索範囲が短いのは音波パルスの発信間隔が短いためで、反射波から受信までの時間が水中で音波が一〇〇メートルを往復する程度の時間間隔であるからだ。

受信された反射波は、ブラウン管で表示され、潜航艇を中心に三六〇度・半径一〇〇メートルの範囲で、反射波の有無を見ることができた。

音波素子が計測するのはそれぞれの素子が担当する方位の反射波だが、送信波との時間差で相手との距離がわかる。素子一つでわかるのは距離だけとはいえ、それが三六〇度に渡って並べられると、潜航艇周辺の地形や障害物の形状がわかる。これが音波カメラの原理だ。

そして宮本造船大佐らは、音波カメラにさらに改良を加えていた。中央のメインの音波カメラの他に、艦首と艦尾にも音波カメラの素子が並んでいた。

これはメインの音波カメラでは正面の形状しかわからないのに対して、艦首と艦尾の音波カメラも併用することで、対象物の側面の形状も計測できたことだ。

艦首と艦尾の音波素子は棒状になっていて、任意の角度に動かすことができた。これにより細かい形状を知りたい対象物にサブの音波素子を向けることで、その対象物の詳細を計測できた。

「この潜航艇の試験結果により、伊号第二〇一型の設計が固まります」

宮本造船大佐は杉山大佐らに説明する。

「伊二〇一潜はすでに建造が始まっていると聞いたが？」

「はい、建造ははじまっています。現時点では潜航艇の経験で設計が固まるわけですが、変更の可能性は主として音波カメラ関連です。潜水艦としての基本設計に変更はありません」

「艤装としての音波カメラの設計を詰める程度か？」

「そういうことです」

そういう宮本に杉山は声を潜めて尋ねる。

「ミッドウェーでは異形の者たちが沈められた空母を操っていたとの報告がある。

奴らが何を考えているかわからんが、世界の海から沈没軍艦を蘇らせようとしているなら、大戦は国家間の戦争から、人類の生存をかけた戦争になりかねん。それだけは阻止せねばならん」

「伊号第二〇一潜水艦は、そのための切り札となるはずです。それと、じつは気になる噂があります」

「気になる噂？」

「委員会にはまだ上げていませんが、ドイツ海軍が本邦と同様の潜水艦開発計画を進めているようです」

「ほう、同盟国ドイツが……」

大西洋ではドイツのUボートが暴れていると聞いていた。潜水艦部隊が中心のドイツ海軍なら、あの異形の者たちの活動を掴んでいても不思議はない。

日本が把握しているのは太平洋での動きだけだが、海に国境はない以上、あの異形の者たちが大西洋で活動していても何ら不思議はないだろう。

同盟国が同様の目的で同様の兵器を開発しているなら、それは心強い話である。しかし、宮

伊号第二〇一潜水艦

本はそれを朗報とは思っていないらしい。

「同盟国ですが、結局は外国です」

「どういうことだね、造船官？」

「ヒトラーは、あの異形の者たちの力で英米を降そうと考えているようです」

「ドイツが異形の者と組もうとしているというのか？　どこで入手した情報だ？」

「モスクワとベルリンです」

宮本はそれだけを述べたが、杉山にはすぐにわかった。

伊号潜水艦の衝突事故を契機に発足した海軍潜水艦調査委員会は、表面的には当たり障りのない事故報告を提出し、表向きは解散したが、実は再編され、名称を変えて存続していた。

海中事故防止委員会、それが新しい組織の名称で、海軍内部では単に委員会といえばここを意味する。名目上の委員長は杉山大佐だ。だが組織そのものはもっと大きく、将官も含まれている。

委員会は宮本造船大佐が副委員長として入っていることからもわかるように、名前通りに潜水艦の安全に関する研究もしている。音波カメラもそうした活動の一環だ。

　しかし、それは表向きで、じっさいは伊号潜水艦を奪った異形の者たちの調査である。異形の者の一部が海軍の現役将兵の可能性もあり、委員会は秘密組織として活動し、調査内容は海軍大臣に直接報告する組織である。

　調査をするなかで、委員会は短期間だがアメリカ海軍とも共同調査を行っていた。一九二〇年代にアメリカのマサチューセッツ近郊の港町でも異形の者たちの活動があり、海兵隊が投入されたというのだ。

　この事実は日米の関係者を驚かせた。異形の者の活動は、地方の港町に限定されたものではなく、太平洋から大西洋に及ぶ可能性がでてきたからだ。

　じっさいフィリピンやインド洋でも類似の伝承が認められ、不審な船舶の沈没も報告されていた。

　この事実に関する日米協力を模索するなかで、日米関係の悪化から交渉は中断され、ついに開戦となってしまった。

　日米両国の担当者は、問題の重要性に鑑み、ヨーロッパ海軍の参入も呼びかけようとしていた。しかし、それは主としてドイツとソ連両海軍の無視と戦争勃発により頓挫する。

　だが委員会はベルリンとモスクワの大使館に武官を派遣し、情報収集にあたっていた。

　すでにドイツとソ連は敵国だが、日本はその両国から情報を得られる立場にいた。

「独ソ両軍の戦闘は苛烈化してますが、大規模な衝突で互いに大量の捕虜を出しています。その中でソ連軍は大量の文書をドイツ側から入手しています」

「しかし、造船官、独ソ戦に海軍は出てこないだろう？」

「だから厄介（やっかい）なんです。ドイツは中央アジアを侵攻（しんこう）し、そこを拠点（きょてん）にチベットに特殊部隊を送る計画があったようです。チベットに謎の土地があり、それが我々が追っている異形の者と何らかの関連があるらしい。

　どうも異形の者たちには大元（おおもと）があり、我々が目にしているのは枝の一つ。別の枝はユーラシア大陸で活動している。

　ヒトラーが模索しているのは、その大元の超自然的な力を戦争に使うことらしい。

　ソ連側の情報だけでは内容が内容だけに素直に信用できませんが、ベルリンの大使館からも同様の情報が得られたとなると、無視はできません」

「地球規模の話なのか？」

「現時点でそこまではわかりませんが、そうである可能性は否定できません。

　それと、これは井上さんの話なんですが」

「井上さんも関わっているのか？」

　それが井上成美第四艦隊司令長官であることは杉山にもすぐにわかった。

　海軍の空軍化を唱えた異色の海軍軍人で、三国同盟にも強く反対していた。それ故に日本からラバウルの第四艦隊司令部に追いやられたとも言われていた。

「最近、委員会に参加したようです。イタリアでの駐在武官時代から異形の者たちの話を耳にし、独自に調査していたとか」

「そんな昔から！」

しかし、そういう下地がなければ委員会がこうも順調に活動できるはずもない。

「井上さんによれば異形の者たちの間にも何らかの対立があるらしい。また色々な種類があるそうです。井上さん自身はサハラ砂漠で都市の廃墟を目撃していたとか」

「砂漠から海までか」

「しかし、ドイツはそうしたことをあまり重視していない。アーリア人種が最も優れているという彼らのイデオロギーのために、異形の者など自分たちが支配できると信じているらしい。井上さんが三国同盟に反対した理由の一つはそれらしい。ドイツは異形の者で太平洋が焦土と化しても平気だからな」

「本気なのか、ドイツは？」

「まぁ、それもまた井上さんの仮説だが、それを肯定する材料は幾つかある」

「だとすると、問題は本邦がどう動くべきかだな。相手は同盟国だ」

「すでに井上さんは動いているそうだ」

宮本は言った。

三章　駆逐艦ジョン・カーター

駆逐艦ジョン・カーターはフレッチャー級の新造駆逐艦であったが、建造時から曰く因縁に満ちていた。

大戦になり大量の駆逐艦が必要になったため、駆逐艦も民間造船所で建造されるものも珍しくない。だから本艦もアメリカ東海岸の古い造船所で建造された。

軍艦の建造はほとんど経験のない造船所だが、米海軍当局としては大量の駆逐艦が今後必要とされるとの判断から、経験の浅い造船所にも経験を積ませるために建造を依頼したのである。

だがジョン・カーターの建造はトラブル続きだった。深夜にドックに何者かが侵入し、ドック内に海水を流し込まれるようなことが最初のトラブルだった。

このためドックには監視人を起き、ドックのポンプの管理も部外者には出来ないようにされた。

ポンプへの悪戯はそれ以降はなくなったが、それでも未遂に終わった事例が一度あり、その時には監視人が明らかに襲撃された痕跡とともに行方不明となった。

これ以降、監視人は一人ではなく、三人置かれるようになった。

「海の魔物の仕業ではないか？」

造船所周辺ではそんな噂も流れていた。戦争より二〇年近い昔に、周辺部では「化け物の巣」が発見され、海軍が爆雷や魚雷によりそれを一掃するという事件があったのだ。

それがどんな事件かは非公開であり、この造船所は焼き払われた町の跡地に建設された。いまの住民はほとんどが新規の移住者で、町の名前も変えられ、古い名前はすでに知る人もいないと言われていた。

海の魔物の噂の真偽はともかく、災難は続いた。竜骨を組み上げる工事のなかで、足場が崩れて丸太の下敷きで多数の死傷者が出た。

またクレーンのトラブルで落下した鉄板で、作業員が切断される事故も起きていた。

ともかく建造工事のなかで事故が多かった。海軍は造船所の経験不足に原因を求め、海軍工廠から技術者を派遣したが、その技術者自身が溶接作業中に感電死してしまう。

それでも駆逐艦は予定より一カ月遅れで就役（しゅうえき）することができた。本来なら大西洋艦隊所属のはずであったが、戦局の関係で太平洋艦隊の所属となった。

ただ珊瑚海海戦からミッドウェー海戦まで、駆逐艦ジョン・カーターは参戦したものの、いずれの戦いでもこの船は空母の沈没を目撃していた。

珊瑚海海戦では空母レキシントンの警護にあたっていたが、レキシントンは沈められてしまった。

さらにミッドウェー海戦では、空母ヨークタウンの警護にあたっていたが、またしても空母は沈んでしまう。

それ以外でも駆逐艦ジョン・カーターは僚艦の沈没を目撃しており、陰では死神と呼ばれるようになっていた。

このせいで駆逐艦ジョン・カーターは、単独任務に就かされることが増えていた。主にニューギニアからソロモン海にかけての偵察任務だが、それは偵察任務が重要というよりも、本艦をどう扱うべきか艦隊司令部も決めかねているとしか思えなかった。

駆逐艦ジョン・カーターが不吉な船と呼ばれている理由は、僚艦の悲劇のためだけではない。就役から一年も経過していないというのに、本艦はすでに五人の艦長が交代していた。最初の一人は艤装(ぎそう)委員長として、本艦の初代艦長になるはずの男だった。

艤装委員とは駆逐艦の建造に立ち合い、最初の乗員たちの中核となる人間たちだ。その艤装委員の長が艤装委員長であり、通常は彼が初代の艦長となる。

その彼が死亡したのは、建造中だった。補助発電機の試験中に火災が起こり、それはすぐに鎮火されたが、艤装委員長はなぜか消火作業の中で、船倉に閉じ込められ、ガス中毒で死亡していた。

その後も悲劇は続き、珊瑚海海戦やミッドウェー海戦では、銃撃を仕掛けてきた日本軍機の機銃弾により二人の艦長が戦死していた。

他の二人も一人は任務中の事故、もうひとりはソロモン海を航行中に行方不明となった。天気は穏やかで、事故とは思えない。自殺と考えられているが、状況は不明である。

こうして五人の艦長がいなくなり、いまのダニエル艦長で六人目だ。

彼はその時、ソロモン海での作戦任務を命じられていた。ガダルカナル島で、日本軍が何かしているらしいとの情報があり、それを確認するためだ。

それが重要だからというより、他にそういう任務に使える駆逐艦がないことが最大の理由であるようだ。それは駆逐艦ジョン・カーターの問題というより、他の駆逐艦部隊が本艦の編入を断固として拒んでいることもあるようだ。

近代海軍と言えども船乗りは船乗りであり、迷信深いのだ。少なくとも僚艦が次々と沈む艦がいたとしたら、それに近寄っては欲しくないだろう。

「ツラギへの砲撃を敢行しようと思う！」

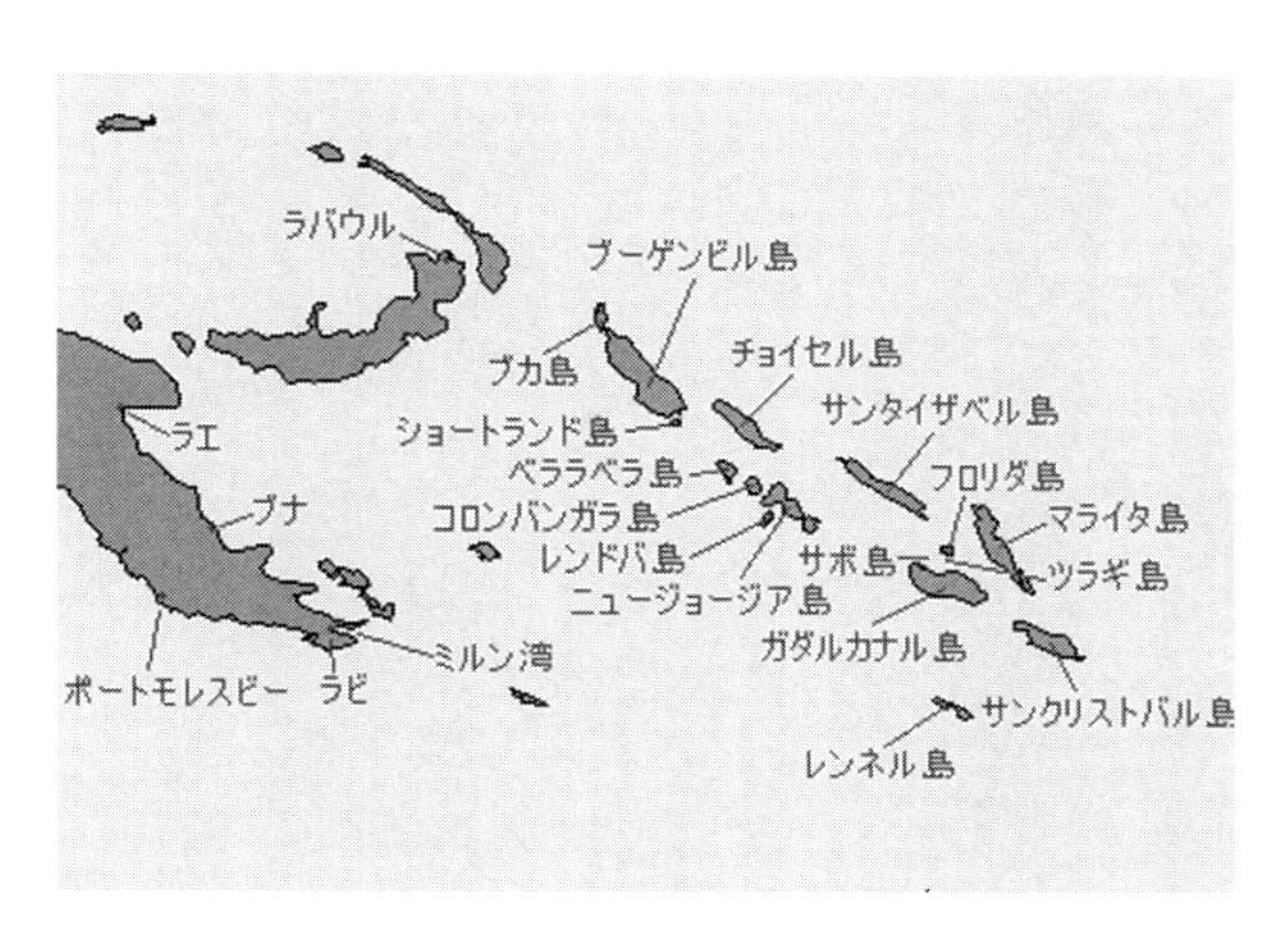

ソロモン海

作戦前にダニエル艦長は駆逐艦の幹部たちの前で、自分の考えを明かす。

「砲撃をかけるのですか？」

ライアン副長には、それは青天の霹靂だった。自分たちの任務はあくまでも偵察であり、攻撃は含まれていない。攻撃されたら反撃するのは当然としても、こちらから仕掛けるとは聞いていない。

だがダニエル艦長にはその辺のことはわかっているらしい。

「副長、現在の我艦の士気をどう思う？」

「士気ですか……残念ながら高いとは言えません」

副長は率直にその事実を認める。事故の多発もさることながら、僚艦から組みたくないと思われている駆逐艦。激戦から生還したが、他人を犠牲に自分たちだけが生還したが如くに思われ、乗員たちのフラストレーションもたまっていた。

別に彼らに落ち度があるわけではない。それなのに呪われた駆逐艦と言われるのだから、士気も下がる。

「そうだろう」

六人目の艦長として、自分はこのジョン・カーターにまつわる迷信を払拭したい。

そのためには我々自身の手による勝利が必要だ。とは言え駆逐艦単独での作戦行動には限度がある。輸送船の類を沈めても士気は上がらない。

となれば適当な基地の攻撃となるが、まさかラバウルには攻撃はかけられまい。ならば、ツラギだ」

ツラギは最初はオーストラリア軍の水上機基地だったが、日本軍に占領され、いまは日本の基地となっている。

ここに水上機基地があれば、南からの連合軍の動きを監視することができる。その点では重要な基地だ。

ただ基地自体は非常に小さなものである。水上機以外の飛行機もなく、駆逐艦一隻での攻撃には確かに向いている。

それがわかってくるに従い、幹部たちの議論も熱を帯びてきた。彼らとて、現状が望ましいとは思っておらず、何かをしなければならないと考えていたのだ。

「まぁ、威力偵察ですな」

ライアン副長はそう言って、作戦を総括する。

もっともそれほど複雑な話ではない。ツラギを通過しながらそこに砲撃を加える、それだけのことだ。飛行機があれば、機銃で破壊し、主砲はあくまでも陣地の攻撃に用いる。

連合軍にとっても、すでにツラギの存在意義は高くない。だが奪われた基地を駆逐艦ジョン・カーター単独で攻撃したならば、世論にとっても明るい材料となろう。

ソロモン海には特に危険はなかった。日本軍が活動しているのもせいぜいツラギまでだろう。ミッドウェー海戦以降、日本軍の攻勢限界が来た印象はあった。

もともとオーストラリア軍の基地であり、周辺の海図もある程度は整備されている。

　そうして作戦実行の夜。月はでていなかった。ツラギの稜線も暗すぎてわからない。天測で位置は確認できるが、座礁には細心の注意が必要だった。

　駆逐艦は灯火管制を行いつつ、最低限度の照明で砲撃準備を行う。五基の主砲は砲塔式なので、砲塔内の照明は影響を受けない。難しいのは機銃の方だったが、それは攻撃が始まってから対処することになっていた。機銃ならそれで間に合う。

「そろそろ砲撃準備にかかるか」

　ダニエル艦長が決断し、電話がなされ、砲塔が旋回し始める。その時だった。

「何だ!?」

　ツラギの基地周辺が明るくなった。基地の照明が点灯したらしい。

「罠か！」

　ダニエル艦長は一瞬そう考えたが、罠のはずはない。ツラギ砲撃は司令部にも報告していない。

　それにツラギが駆逐艦に罠を仕掛けるというのは、どうも信じがたい。いかに日本軍でも駆逐艦一隻のために罠を仕掛けるか？

　海面に向けてサーチライトが灯されることもなく、基地の照明は基地でなにか異変が起きていることを示しているらしい。

「何かトラブルが起きているようだ、我々には好都合だ」

　ダニエル艦長は命じる。

「砲撃開始！」

五門の主砲が一斉に火を吹き、ツラギ基地に弾着する。具体的に何を砲撃するというものではなく、ツラギ基地に命中すればよいというものであったから、砲撃は成功していた。

ツラギ基地のあちこちから火の手が上がり、幾つか爆発も起きていた。

当然、基地からの反撃を覚悟していたが、反撃はなかった。サーチライトを照射する程度のことさえ行われない。

ツラギ基地の炎上で、海岸に引き上げられていたらしい飛行艇も燃えていた。それによりここはすでに水上機基地の機能を失ったのは明らかだ。

「砲撃は大成功ですね！」

ライアン副長が興奮気味にダニエル艦長に話しかける。彼自身もこの砲撃成功で、何か得るものがあったのだろう。

「通信長、司令部へ偵察だ。我、ツラギへの威力偵察を実行せり。偵察目的の砲撃により、敵基地は炎上中！」

ダニエル艦長も通信室への電話もテンションが高くなる。

「本艦に向かって泳いでくるものがいるぞ！」

複数の見張りが報告する。それは暗に救難するかどうかという問いかけだったが、ダニエル艦長は救難指示を出さない。

心情的に日本兵を救いたいとは思わないのもあるが、船が沈んだと言うならまだしも、ツラギ基地は島であって駆逐艦の砲撃程度で沈むわけがない。

基地の外には安全な場所はあるわけで、わざわざ駆逐艦ジョン・カーターに助けを求めるなど理解しがたい行動だ。

「攻撃してくるんでしょうか？」

艦橋の下士官がつぶやく。救援を求めるよりはまだ理解できなくもない。日本軍兵士は好戦的と聞いているから、艦に乗り移って暴れようとしてるのか？

ただ歩兵が泳いできても駆逐艦に追いつけるはずもない。ダニエル艦長は、泳いでくる兵士を無視して、速力を微速から原速に戻すよう命じた。

「艦長、奴らまだついてきます！」

見張員の声には、心なしか恐怖が滲んでいた。一〇ノット以上の速力が出ているのに、どうしてあの日本兵たちは駆逐艦ジョン・カーターとの距離を維持できるのか？

さすがにジリジリと接近するまでには至っていない。むしろ距離は開きつつある。

しかし、本来ならずっと前に姿が見えなくなって然るべきではないか。

「サーチライトで照らしてみろ！」

ダニエル艦長は命じた。じつはあれは日本兵ではなく、ブイか何かを引っ掛けてしまった、そんなことを彼は考えたのだ。

サーチライトに浮かぶそれは、一〇体ほどだった。確かにそれは日本兵ではない。それどころか人間ですらない。

それを何というべきかは難しいが、強（し）いて言うなら人に似た魚だ。

「化け物だ！」

見張員が口々に叫ぶ。ツラギ砲撃の成功で高揚した士気は、この化け物に追跡されたことで、一気に恐怖へと変わる。やはりこの駆逐艦ジョン・カーターは呪われていると。

「発砲用意！」

マイク砲術長が、機銃を異形の者たちに向けるよう命じる。機銃が次々と異形の者たちの周辺に水柱をたてる。サーチライトに照らされたものだけに銃撃を加えるので、命中すればすぐにわかる。

異形の者たちは次々と倒されていった。そして一旦射撃は終わる。

「よくやったぞ！　砲術長」

ダニエル艦長がマイク砲術長を労うが、彼の様子は明らかにおかしかった。

「あれが、やってきたのか……」

マイクは顔面蒼白だった。

「あれ、とはなんだ、砲術長？」

「いや、自分が子供の頃なんですが、近くの港町にあんな化け物が現れたんです。

市民の中には化け物に変異する奴もいて、街一つが化け物に占領されて、海兵隊が退治したと親から聞きました」

「なら砲術長は見てないんだろ？」

「いえ、海兵隊が去った後に、近所の海岸に何体もあんな化け物の死体が打ち上げられていたんですよ。大半がカモメに食われてひどい有様で、悪臭もきついんで、大人たちが集めてガソリンで焼いてました」

「鮫とか何か、そんな大型の魚類じゃなかったのか？」

　ダニエル艦長は自分でもわからなかったが、なぜかそれが異形の者であることを打ち消したかった。しかし、マイク砲術長はそんな艦長の想いには応えない。

「鮫がスーツを着ますか？　死体の幾つかは服を着ていたんですよ。市民が変異したって話は本当だったんです。

　それでもあれは東海岸固有の化け物だって話なのに……ソロモン海にまでいたなんて」

　ダニエル艦長も東海岸の出身であるだけに、その噂は聞いたことがある。もっとも彼の場合は、噂を聞いたというだけで、何かを目撃したわけではない。

　ただマサチューセッツ出身であることで、アナポリスの士官学校に願書を出した時には、面接で妙に出身地や親戚（しんせき）について尋ねられたことは覚えている。

「海軍への共産主義者の浸透（しんとう）を防ぐためだ」と説明されたが、彼とてそれが口実にすぎないくらいはわかった。同時にここで真相を尋ねても満足できる回答は得られないだろうこともわかっていた。

　だがどうやらあのときの面接は、この化け物に関するものだったようだ。ダニエル艦長にはそう思えて仕方がない。確かに軍艦の中で乗員が魚のような化け物に変異したら……それを考えれば海軍当局が東海岸出身者に神経質になるのもわからないではない。

「報告しますか？」

ライアン副長が尋ねる。彼は中西部の出身で、海が見たいから海軍に志願した人間だ。彼にとっては艦長や砲術長の話はまったく信じがたいものだっただろう。

「報告するまでもなかろう。射撃訓練を行った、日誌にはそう記載する」

「わかりました」

それが一番妥当だろうとダニエル艦長も思う。今思えば、ツラギの日本軍基地が深夜に灯りをともしていたのも、あの化け物たちの襲撃を受けていたためではないか。

その場にたまたま自分たちが遭遇し、何も知らないまま砲撃を仕掛けた。そして自分たちを攻撃した駆逐艦ジョン・カーターを敵と考え、追跡してきた。

そう考えると辻褄は合う。化け物たちがツラギを襲撃してきた理由はわからない。そこが奴らにとって重要な場所なのかもしれない。

アメリカ東海岸出身の化け物たちも、合衆国への愛国心を感じ、日本軍基地を襲撃した、その可能性も考えたが、まあ、その確率はほぼゼロだろう。

不可解な事件ではあったが、砲撃はともかく成功した。大事なのはそこだ。

しかし、異変はそのすぐあとに来た。

「艦長！　空が変です！」

通常なら航海長にあるべき報告が艦長になされる。その理由は明らかだった。

「月が……二つ!?」

北半球と南半球で夜空が異なるのは当然としても、月の数は変わらない。月は一つだ。しかし、いま駆逐艦ジョン・カーターの頭上には二個の月が輝いている。

「航海長、これはどういうことだ！」

ダニエル艦長は、それでもまだシャロン航海長から納得できる返答が戻ってくると思っていた。だが違っていた。

「艦長、あれは二つとも月じゃありません。月に似ている別の天体です」

シャロン航海長の顔色が悪いのは、深夜の暗さのせいではなかった。

「我々の月はあんな色で、あんな表面ではありません。下の月はオレンジ色ですが、そんな月はありません。それに上の月、表面に五芒星(ごぼうせい)が描かれています。ありえません、そんなことは」

「だったら、何だ？」

「わかりません」

ダニエル艦長にも空の異変は見えた。月が二つ出ていて見間違えるはずもない。

月がおかしいだけではなく、星座も違う。こんな星座はありえない。つまり自分たちは完全に位置を見失った。

「ジャイロコンパスは正常です。それと速力から位置は推定できます。ただ、精度には限界があります」

ダニエル艦長ももともと航海科の人間なのでシャロンの言っていることはわかる。

ジャイロコンパスは頼りになる航海兵器では

あるが、天測に比べれば精度は落ちる。補助的な計測器としては有効だが、これだけで航行するのは難しい。

それでも太平洋のど真ん中なら問題はない。そうそう暗礁には遭遇しない。だが島嶼（とうしょ）帯のこの海域では話が違う。時にメートル単位の位置の違いで座礁することもあるのだ。

シャロン航海長はジャイロコンパスと速度計から可能な限り綿密な計算を行い、見張りも増強した。

しかし、駆逐艦ジョン・カーターはついに座礁してしまう。幸い航海長が速力を下げていたので、座礁しても艦が乗り上げただけで、艦底が裂けるような最悪の事態には至っていない。

「あと六時間ほどで満潮になります。そうなれば離礁できます」

シャロン航海長の報告は、ダニエル艦長を安堵させた。六時間後には朝を迎えるが、日本軍が反撃を仕掛ける前には移動できるだろう。

朝になること——駆逐艦ジョン・カーターの乗員たちはただそれだけを望んでいた。朝になれば二つの月も消えるだろう。

根拠があるわけではないが、すべてはあの二つの月のせいであり、朝になり月が消えれば、すべてはもとに戻る。乗員たちはダニエル艦長も含め、そう考えていた。

「朝まで待つか」

ダニエル艦長は士気を鼓舞（こぶ）するために、何事もないかのようにそう言い放ったが、内心ではこの状況に怯（おび）えていた。

異形の者や月が二つの空。自分たちはソロモン海を航行しているはずだったが、いまはそれさえも怪しく感じられる。

しかし、ここがソロモン海でないとしたらどこなのか？　地球のどこの海でも、月が二つ見えたりしない。ならばここは地球ではないのか？

「ここは火星なのか？」

火星には月が二つある。そんな話を耳にしたことがダニエルにはあった。ならばここは火星なのか？　しかし、駆逐艦で火星に行くなどありえない。

もっと怖い想定をするなら、駆逐艦で火星に行けるなら、それ以外のどこの星に行ってもおかしくないだろう。

ともかく駆逐艦ジョン・カーターは朝を待つ。朝を待つのは月が消えてくれることを期待してと、ここが地球であることを確認したいためだ。

ここが地球でないならば、夜明けの時間になったとしても夜はさらに続くだろう。

だからこそ彼らは朝を望む。朝になれば、すべてがもとに戻る。根拠はないが、彼らはそう信じていた。

だから乗員たちはほとんどすることもないまま、二つの月を眺めながら、朝を待ち望んでいた。

「おい、誰だ！」

左舷側から見張員の誰何（すいか）する声が聞こえる。誰かが艦から勝手におりて駆逐艦の周囲を歩いているらしい。

だが乗員が海に飛び込む音は聞こえなかった。誰にも知られずに海にはいるには、座礁していないとしても甲板から海面までは距離がある。

誰かが懐中電灯をそこに向けると、悲鳴が上がった。

「化け物だ！」

それが合図だった。海中からおびただしい数の異形の者が現れる。それらは仲間を踏み台にして山を作り、ついに海中から甲板に至る道を作り上げてしまう。

そして異形の者たちは駆逐艦ジョン・カーターになだれ込んできた。

甲板に上がられては駆逐艦も脆い。主砲や機銃では乗り込んできたものとは戦えない。警報ベルとともに砲術担当の乗員たちが、艦内の小銃を手に、異形の者たちに反撃を試みる。

一連の動きは、ダニエル艦長が命じる前に行われた。それは軍事活動ではなく、乗員たちの生き残りだった。本能的に彼らは戦わねばならないと確信できたのだ。

士官の一部は小銃ではなく私物の拳銃を持っていた。ダニエル艦長も艦橋近くの自室からコルトガバメントを持ち出し、魚と人間の融合したような異形の者たちに銃口を向けた。

ガーランド小銃は八連発の自動小銃であった。その強力な弾丸は、異形の者たちを斃してゆく。彼らは反撃を予想していなかったのか、躊躇せずに銃口の前に飛び出し、斃された。

それでも異形の者は、次々と駆逐艦をよじ登ってくる。一人の下士官が、厨房のビール瓶に掃除用の有機溶剤を詰めて、火炎瓶を作った。

彼はそれに火をつけると、海面から駆逐艦に連なる異形の者たちの塊に投げつける。

ビール瓶は異形の者たちのただ中で割れ、火のついた有機溶剤が異形の者たちを炎に包む。

神経を苛むような叫び声とともに、周囲は燃え上がる異形の者たちの炎で照らされる。

その光が映し出す光景に誰もが息を呑む。駆逐艦の周囲の海は、異形の者の頭部で埋め尽くされていた。駆逐艦に乗り移ろうとしているものは、異形の者たちのほんの一部でしかなかった。

「マイク、砲撃だ！」

ダニエル艦長は砲術長に命じた。

「砲撃には近すぎます！」

「最大仰角で撃て！」

マイク砲術長はすぐに艦長の意図を理解した。八五度というほぼ垂直に近い角度と座礁して艦が傾斜している分も加味して、マイク砲術長は最初の一門を発射する。

砲弾はほとんど垂直に打ち上げられ、そして駆逐艦より一〇〇メートルほど離れた海面に落下し、爆発し、多数の異形の者を木っ端微塵とした。

「本射！」

砲術長の命令に従い、駆逐艦の舷側近くに次々と砲弾が弾着する。砲弾は往復で二〇キロ以上を移動するため発射から弾着まで時間がかかり、命中精度はそれほどでもない。

じっさい砲弾の一つは、駆逐艦と一〇メートル程度しか離れていない海面に落下した。

しかし、周囲は異形の者に埋め尽くされている海である。砲弾がどこに弾着しても、そこに異形の者はいた。夜であったため、海面の状況はわからない。

それでも砲撃のマズルフラッシュが海面の惨状を一瞬だけ切り出す。依然として海面に群がる異形の者。そしてその間に間に浮かぶ、異形の者のだった肉片。さらにその肉片を喰らう異形の者たち。

朝になることを待ち望んでいた乗員たちではあったが、今このときだけは、漆黒の闇に感謝した。それでも海から漂う、生臭い血の匂いは消えない。

その匂いは、まさに駆逐艦ジョン・カーターの艦上からも漂っていた。激しい銃撃の結果、甲板のいたるところに異形の者の死体が転がっていた。

それらから流れる血が、甲板に広がり、駆逐艦全体を生臭い匂いで覆い尽くす。その間にも砲撃は続いていた。

異形の者たちは、駆逐艦の主砲をなんとかしようとするが、流石に砲塔式の主砲には手足が出ない。それでも強引に接近するものもいたが、それらは砲弾発射時の砲口圧で吹き飛ばされていた。

状況は駆逐艦に有利に思われた。異形の者たちは駆逐艦の乗員を狙っていると言うよりも、駆逐艦そのものを手に入れようとしているらしい。

ただそのやり方は乗員にとっては悪夢だ。彼らは乗員を殺し、自分たちが殺した乗員に置き換わろうとしているらしい。

じっさい危険な場面はあった。対空機銃座の一つを異形の者たちが奪取し、その銃口を艦の乗員たちに向けようとしたのである。それは機銃座の将兵の奮戦で、多数の犠牲と引き換えに奪還できた。

ただ異形の者たちが、下等な獣ではなく、機銃や照準器を扱える能力を持っていることは明らかになった。他にも水兵の小銃を奪い、それで攻撃を仕掛けてきたものがあった。

異形の者の射撃の腕は驚異的だったが、ガーランド銃は一個八発のクリップを用いて弾丸を装填するため、それを撃ち尽くすと異形の者には何もできなかった。

じっさい異形の者たちを駆逐艦の乗員が撃退できたのは、彼らが艦橋と機関室を集中的に攻撃しようとしていることも大きかった。攻撃目標が絞られているから、乗員たちは守備範囲を絞ることができたのだった。

砲撃は続いているが、異形の者たちの攻勢もようやく収まりつつあるかと思われた。

だが一体の異形の者が状況を変えた。他のものよりも身体が大きいそれは、三番砲塔に向かっていた。力技（ちからわざ）で砲塔のハッチを開けようとしたのである。

だがハッチを外から開けることはできず、砲撃で吹き飛ばされそうになる中で、それは砲身にしがみつく。

どこから異形の者がそんなことを思いついたかは定かではない。ともかくその異形の者は自分の片腕を砲身の中に押し込んだ。

一方で、砲塔内の将兵はそんなことなど知らない。砲身に片腕が押し込まれたままで、砲撃を行い、異形の者は木っ端微塵になったが、砲身は裂け、砲塔内も破壊される。

爆発は砲塔内の火災を引き起こす。砲塔火災の意味を異形の者たちは理解していた。

駆逐艦の上で暴れていた異形の者たちは、一斉に海に飛び込む。さらに駆逐艦を取り巻いていたものたちも、瞬時に海中に消えた。

事態に対して乗員たちの動きのほうがむしろ遅れていた。いままで異形の者と闘っていただけに、火災というものにむしろ現実味がなかった。

それでも彼らは消火活動に当たろうとしたが、やはり遅すぎた。消化班が作業を開始した時、火災から弾薬庫が誘爆した。

三番砲塔を中心に、駆逐艦は爆発で吹き飛んだ。三番砲塔付近は消滅し、駆逐艦は艦首と艦尾に分断された。それでも艦が沈まなかったのは、座礁していたためである。沈没するほどの水深がなかったのだ。

「月が消えたぞ！」

誰かが叫ぶ。夜空に月は出ていたが、その数は一つだけだ。あのオレンジ色の月は消えている。

「帰ってきた……」

ダニエル艦長が思ったのは、その感覚だった。

月が二つあり、異形の者が襲ってくる世界。自分たちはそこからここに戻ってきた。

すべてが駆逐艦乗員全体の共通の悪夢。ダニエル艦長はそんなことを思ったが、それは違っていた。そろそろ夜の帳(とばり)が消えようとする中、爆風で吹き飛ばされながらも異形の者との闘いの後はいまも生々しく残されている。

ダニエル艦長は、駆逐艦を失ったという喪失感よりも、生き残ったという思いのほうが強かった。

砲塔の誘爆で夥(おびただ)しい死傷者も生じていたが、それについては被害を確認し、安全な場所に死傷者を移動させるなど、やることはわかっていた。

それらは常識の範疇(はんちゅう)のことである。悲惨な状況ではあるが、それでも常識世界のことだ。

「マイク砲術長は戦死です。遺体も見当たりません。乗員数から生存者と負傷者を引いた数が戦死者でしょう」

ライアン副長が報告した数字は負傷者合わせて生存者は一〇五名。乗員数三〇〇名以上の駆逐艦の生存者は三分の一にまで減少した。壊滅的な打撃だ。

じっさい状況は最悪だ。満潮になって浮力が戻ってきたために、艦尾は浮き上がったが、そのまま浸水し、潮に流され、ほどなくして海中に没してしまった。

生存者や負傷者は暗礁に乗り上げたままの艦首部に移動できたが、食料も飲料水さえも欠乏している。辛うじてバッテリーの電力があり、それで無線機は可動できた。

ただアンテナの状態が悪く、通信も思うに任せない。ただ時々通信が傍受できるので、無線機は無事であるようだ。砲塔の誘爆で船体が半分になったことを思えば、被害はまだ少ないと言うべきなのかもしれない。

暦通りの時間に朝になり、ダニエル艦長はやっと生きているということを実感できた。昨夜の出来事のためか、この状況でも彼は前向きだった。

無線機は修理すれば済むし、友軍の救援が来ればここから脱出もできる。そうして人間世界に戻ることができる。おそらく彼が再び駆逐艦の艦長になることはないだろう。それとて月が二つの世界で死ぬよりはマシだ。

そうして午後も遅くなる頃、見張員が叫ぶ。

「飛行機だ！」

駆逐艦ジョン・カーターが定時報告をしないことに対して、司令部が偵察機を出したのか？

彼はふと、部下に片付けさせた異形の者の死体のことを思う。果たして司令部は、自分たちの体験を信じてくれるだろうか？　おそらく信じないだろう。

だからこそ、あの異形の者の死体が必要だ。あれこそが数少ない物証なのだから。

艦首の乗員たちは飛行機に向かって手を振る。それは飛行艇らしい。偵察哨戒ならそうなるだろう。

偵察機の登場に、一度は喜んでいた乗員たちも、その飛行艇が四発の大型機であることがわかると、誰もが黙り込む。それは米軍機ではなく、日本軍機であるからだ。

「気が付かないでくれ！」

そう祈る者と、気がついてくれと祈る者の数は拮抗していた。その違いは現状認識の違いである。

現状でも希望を持つものは、米軍が助けに来ることと日本軍に発見されないことを祈り、現状に絶望しているものは誰でもいいから発見してくれることを祈った。

飛行艇は米軍将兵の思惑にかかわらず、自分たちの仕事をした。飛行艇は駆逐艦の残骸を発見した。状況を考えるなら、発見しないはずがない。

しばらくは彼らの上空を旋回していたが、やがて高度を落とし、石を投げれば届くほどの低空まで降りる。

あるいは着水を考えていたのかもしれない。だが数名の将兵が小銃を飛行艇に向けて撃った。

「馬鹿者、やめろ！」

ダニエル艦長が止めるまで、数発の銃弾が放たれたが、命中したのかしないのか、飛行艇は飛び続けてはいたが、そのまま着水することなく再び高度を上げラバウル方面に飛んでいった。

日本軍機に発見されたことで、無線機の修理が急がれたが、通信は依然として成功しない。

そうして夜になり、日本海軍の駆逐艦が二隻、彼らのもとに現れた。

武装した日本兵が舟艇で接近すると、抵抗するものはなかった。

「諸君らは十分に軍人としての本分を尽くした」

日本軍の将校が拡声器を使い英語で話しかけるが、駆逐艦ジョン・カーターの乗員には、その呼びかけは複雑な気持ちを呼び起こす。

結局自分たちがこんな状況にいるのは、異形の者たちとの死闘の結果だ。十分闘ったのは間違いないが、それは海軍軍人の本分かと言われれば疑問は残る。あんな連中との戦闘など、海軍は考えてはいないのだ。

ダニエル艦長は、部下の生存のために捕虜となる道を選んだが、日本海軍の将兵の行動に驚いた。

白衣を着用し、ガスマスクをした数人の日本海軍将兵が、昨夜の異形の者たちの死体を回収し、検分していた。

「おい、それをどうするつもりだ！」

ダニエル艦長が叫ぶが、男たちは彼の言葉など無視し、そして彼は別の日本兵に船へと押し込められる。

そうして駆逐艦ジョン・カーターの将兵は、そのまま駆逐艦でラバウルまで運ばれていった。

「我々はどうなるのか？」

ほとんどの米軍将兵にとって、最大の関心事はそれだった。日本軍は捕虜をとらないと言われていた。捕まれば全員殺される。そんな噂が流れていたからだ。

しかし、ライアン副長はそうした悲観論を一蹴する。

「ラバウルに連れて行って処刑するような面倒なことをするくらいなら、あの暗礁で駆逐艦ごと砲撃しただろう」

　乗員たちの動揺はそれで収まりはしたが、ダニエル艦長は別のことを考えていた。

「どうして日本兵たちは、化け物を前にして、あれほど落ち着いていられたのか？」

　自分たちは到底信じてもらえない体験をしたからこそ、人とも魚とも判別できない化け物の死体を捨てなかった。だが日本兵たちはそれを見て驚くどころか平然としている。

　あまつさえ、それがあることを予期していたのか、ガスマスクまで用意していた。

「日本にも……いるのか？」

　冷静になればそれは予想できたことだった。東海岸の化け物がソロモン海にもいるならば、島国日本にいても不思議はない。あの化け物がいつからいるか知らないが、海中を移動できるなら、世界中の海に生息していると考えられよう。

　そして海軍軍人があのように調査をしているということは、日本でも奴らの研究が進んでいるのか？

　そう考えると、ダニエル艦長も納得できることがあった。ツラギの件だ。

　そもそも日本軍はどうしてツラギのようなさして価値もない基地を占領したのか？　あそこに偵察拠点を置けば米軍とオーストラリア軍の行動を監視できる。

　それは確かにそうではあるが、基地自体が小さいために、偵察拠点としての能力は限定的と思われた。日本から遥かに離れたあんな基地を占領し続ける価値があるのか？　じっさい駆逐艦の砲撃で基地は壊滅してしまった。

だがいまなら別の視点で考えることができる。ツラギの基地にはあの化け物たちがいた。ツラギは奴らにとって重要な土地であり、だから日本軍はそれを占領していた。

それ故にツラギ基地は化け物の襲撃を受けることとなった。偶然にもダニエルの駆逐艦ジョン・カーターがそのタイミングでツラギに砲撃を仕掛け、化け物たちの企図を挫いた。

結果として自分たちは日本海軍の仲間と化け物どもに認識され、襲撃され、駆逐艦は破壊された。

仮にこの想定が正しいなら、自分たちは巻き添えを食ったようなものだ。

ただ、このことで日本軍を非難するつもりにはダニエル艦長もさすがになれない。ジョン・カーターを破壊したのは化け物であるし、奴らと戦うという点では自分たちはむしろ味方同士だろう。

もっとも日本軍が自分たちをどう考えているかはわからない。敵の敵は味方ではなく、敵はあくまでも敵かもしれないのだ。

ラバウルに到着し、ダニエル艦長らは明らかに俄作りの収容所に押し込められた。

樹木を伐採した更地に有刺鉄線でフェンスを作っただけの簡単なもので、宿舎も伐採した樹木で組み上げた丸太小屋だ。隙間が多いが、南方の気候では風通しが良いだろうと日本軍は言いそうだ。なるほど風通しはいいが、虫やら何やらも忍んでくる。

　ただ井上成美第四艦隊司令長官は、捕虜には可能な限り寛大であるべきと考えているようで、飲料水は清潔で、食事についても缶詰が多いが予想よりも良質だ。

　とは言え、これも日本がまだ優勢だからで、いずれ劣勢になれば待遇は悪化するとダニエルらは考えていたが。じっさい缶詰はラベルが外国製のものが多い。

　収容所でダニエル艦長はまず秩序を作り出すことに留意した。就寝と起床は日本軍の時間に合わせねばならないが、他については捕虜の自治に任されていた。

　これは自治に任せざるを得ない事情もあるらしい。第四艦隊も捕虜を扱える人員が少ないようだ。

　ともかくダニエル艦長は日課を定め、作業を決め、そのための機材などを日本軍に要求した。

　ジョン・カーターの将兵は、日本軍が銃口を向けている前で、ジャングルで木を伐採し、丸太にして収容所に運び、数少ない大工道具で加工し、収容所の環境を改善してきた。

　一つ間違えるなら凶器になりかねない大工道具を与えても、捕虜たちは反抗しないことを納得すると、大工道具も増えてくる。日本軍のためにちょっとした家具などを作るようになると、彼らの自由度も増えていた。

　日本軍はその間にも、捕虜たちの尋問を続けていたが、捕虜になった場合の教育を施されているため、ジョン・カーターの乗員たちからは日本軍も世間話以上の情報は得られていないはずだった。

「脱出に志願したのは三八名です」

深夜である。ライアン副長はダニエル艦長の収容されている小屋に現れる。日本軍が用意した掘っ立て小屋は、いまは板張りの安普請(やすぶしん)に置き換わっていた。安普請でも気密性は高い。

だがダニエル艦長らは暇つぶしで大工仕事をしていたわけではない。ラバウルから脱出するための船を密かに建造しようとしていたのだ。

もちろん一〇〇人以上いる部下のすべてがそれを望んでいるわけではなかった。収容所の脱走はそれだけでリスクである。

目的一つとってもそうだ。友軍拠点で、一番近いのがポートモレスビーだが、それにしても直線で八〇〇キロ以上、じっさいにはニューギニアの迂回(うかい)が必要なので、一四〇〇キロ前後にはなる。ならばそのまま北オーストラリアのケアンズに向かう方がよいか。

いずれにせよ最低でも一五〇〇キロは航行できる強度の船を建造しなければならない。さらに収容所内から海まで輸送するという大問題があった。

だから当初はダニエルたちは、ゴム引きの布を集めてゴムボートを作り、それを海岸まで運んで膨(ふく)らませて脱出することを考えていた。

収容所内ではゴムボートを内部で支える梁や桁を造り、海岸で組み立てるという算段だ。

この計画に従い、瓶に飲料水を貯めたり、缶詰を蓄えたりする準備も始まった。さらには瓶に肉や魚を入れて密閉して煮沸するような手製の瓶詰めさえ用意された。

ただ問題は乗員数だった。乗員が一〇人か一〇〇人かで、船の大きさから設計からすべてが変わってくる。

そうした中で、彼は誰が脱走に協力するかをライアン航海長に調査を任せていた。

すでにダニエルは何度か捕虜としての尋問を受けていた。彼が艦長であることはすでに日本側も把握していた。しかし、彼は規則に従い必要な情報しか口にしない。

赤十字に報告する必要から、氏名と住所程度は明らかにするが、作戦に関することは何も話さなかった。

ただ自分がマークされているのは明らかなので、彼は船の建造に関する作業はすべてライアンに委ねていた。

「三八名なら、何とかなりそうだな」

捕虜たちは船舶建造には積極的だったが、自分がそれに乗るかどうかとなると、ほとんどが収容所に残ることを選んだ。

ダニエル艦長はそれも当然と思う。自分たちが俄に建造した船で大洋を一五〇〇キロも移動するなど、正気ではない。

実を言えばダニエル艦長自身、船を建造するなど無理だろうと思っていた。それでも建造計画を進めていたのは、捕虜となった部下たちに目的を与えるためだ。為すべき目的があれば、人間はそれに向かって生きて行ける。

それは彼が自分たちが経験した異形の者との

遭遇を忘れるための行為でもあった。過去を否定しても始まらないという意見はある。しかし、時には忘れるべき過去もあるのだ。

乗員数が固まり、設計も密かに進む。何のことはない筏（いかだ）の高級なやつと考えれば、それほど難しい話ではない。

そうしている間に、ダニエル艦長は再び尋問のために呼び出される。いつもと同じ尋問と思っていたが、その時は違っていた。尋問の場に井上成美第四艦隊司令長官がいたのである。

窓もろくにない小さな部屋だけに、井上の存在感は圧倒的ですらあった。

「船の建造は順調かね？」

井上長官は、英語でダニエル艦長にそう尋ねた。

「知ってたのか？」

知られていたのは意外だったが、収容所の監視体制を考えるなら、驚くべきことではないのかもしれない。

「三〇人くらいかね、乗員は？」

「どうして、そう思う？」

「乗員全員が乗れる船は君らに建造できまい。一〇人程度が乗れる船で太平洋は渡らんだろう」

「常識的にな」

ダニエルはそう平静に答えはしたが、内心では動揺していた。井上の分析は合理的だ。しかし、自分の部下に内通者がいる可能性もある。それとも常識的な数字で自分を揺さぶろうとしているのか。

そもそもこの尋問はおかしかった。一介の駆逐艦の艦長の尋問に、どうして艦隊司令長官のような高官が現れるのか？

　しかし、予想外のことはさらに続く。井上長官は言う。

「じつはパラオで大型漁船を建造していたが、いまは海軍に徴用（ちょうよう）され、哨戒艇となる予定だ。

　まあ、哨戒艇とは言え、ほぼ大型漁船だ。一〇〇人近くは乗れるだろう。

　でだ、ものは相談だが、君らにその哨戒艇を委ねたい」

　ダニエル艦長は、井上長官が何を言っているのかわからなかった。日本人の英語だから文法的な誤りがあるのかとさえ考えてしまった。彼の言葉を額面通りに受け取れば、捕虜である自分たちを哨戒艇に乗せるということになる。

「合衆国海軍の人間に、日本海軍のために働けというのか？」

　そうではない、そういう返答をダニエル艦長は期待していた。と言うよりも、それ以外の返答があるとは信じられないではないか！

　しかし、井上長官はそうであると頷（うなず）く。

「非常識だと君らは言うだろうし、じっさい常識で判断すれば非常識だ。

　ただ一点、君らは誤解している。私は合衆国海軍の人間に、日本海軍のために働けと言っているのではない」

「なら、何なんだ？」

「同じ人類として、人類のために働いて欲しい」

　人類のため、その一言で、ダニエル艦長は井上の意図を察した。

「あの化け物のことを言ってるのか？」

「君を選んだ私の目は間違っていなかったようだ。

　君の言う化け物には、色々な海洋民族から多種多様な呼び名で呼ばれている。ただ文明世界では一般的に〝深き者ども〟として知られている。クトゥルフを崇拝する、眷属のようなものだ」

「何なのだ、そのクトゥルフとか深き者どもというのは？」

「それを正確に述べるのは難しい。詳しく述べたとして、君は私の正気を疑うだろう。

　簡単に言えば、人類より前から地球に存在し、覇権を競い合う邪悪な者共となろう」

「それは悪魔のようなものか？」

「そうだ。悪魔の概念は彼らの存在から太古の人類がインスパイアされたものだろう。

　私はかつてイタリアで駐在武官のときにクトゥルフなどの旧支配者の存在を知った。ヨーロッパはそうした研究が進んでいた。イスラム圏での研究にも接触できたのも幸いだった。

　帰国してアジアでの類似の事例を研究もしてきた。そしてそれが世界規模の現象であることも知った」

　ダニエル艦長は、目の前の日本人に何というべきかわからなかった。率直な感想は気違いだが、どう見ても井上長官は正常な人間としか思えない。

　何よりも、自分たちが遭遇した化け物、つまり深き者どもの存在がある。井上の言う、クトゥルフの存在は信じ難いが、それを言えば深き者どもの存在とて、目撃していない人間にはは理解できまい。

ダニエル艦長は信じがたいが、信じざるを得なかった。

「日本海軍は深き者どもと戦っているのか？」

「何故そう思う、ダニエル艦長？」

「ツラギを我々が砲撃したとき、ツラギはすでに深き者どもに襲撃されていたからだ」

ダニエル艦長ははじめてそのことを口にした。ツラギを深き者どもが襲撃していたというのは、状況証拠にすぎず、彼らが直接見たわけではない。

ただツラギが何者かにすでに襲撃されており、その後、彼らも深き者どもに襲撃された。だからツラギは深き者どもに襲撃されたと考えたのだ。

このためダニエル艦長は、日本軍の捕虜となった時点で「ツラギのことは触れるな」と部下に命令していた。実際問題として、ツラギが砲撃前に何者かに襲撃されていることを目撃した将兵は少なかった。

全員戦闘配置ではあったが、艦内に待機している人間のほうが大半であったためだ。

部下たちは命令を守ったらしい。井上長官はダニエルの言う「ツラギは深き者どもに襲われていた」という証言に明らかに驚いていた。

「ツラギの惨状は君らの砲撃のためと思っていたが、むしろ君らが救ってくれたのか……」

どうやらツラギに人間の生存者はいなかったらしい。生存者がいれば、事実関係を知ることが出来ただろう。救ってくれたの意味はわからないが、化け物に殺されるくらいなら、砲撃により軍人として死んだほうがましという意味か？

「ツラギからは報告を受けていた。

飛行艇がニュージーランド方面を哨戒中に、海中で異変を認めたのだ。夜間哨戒だった。だが、海中で何かが光っていた。

航空写真が何枚も取られ、分析された」

「何が映っていた」

「空母らしいシルエットだ。海中にな。それは複数あった。

そしてそれらの中心に、宮殿と思しき巨大な建築物」

「意味がわからん。海中に宮殿と空母がいたというのか？」

「その解釈でただしい。伝説を信じるなら、その宮殿はルルイエの可能性がある。クトゥルフの居城だ。それが海上に現れれば、人類は滅びるかも知れぬ」

「それを日本軍は発見した」

「そしてツラギは襲撃された。

このことでわかることが二つある。

一つは、ルルイエの浮上はそう遠くない未来に起こる。深き者どもがいま騒ぎ出すというのはそういうことだ。

もう一つ、わかること」

「なんだ、それは？」

「ルルイエの復活を、人類は阻止できる。阻止できるからこそ、深き者どもはツラギを襲撃したのだ。人類が真に無力なら、深き者どもは静観すればよいのだからな」

四章　哨戒艇Ｒ３５

*1 金属製の鐘型の潜水装置

昭和一七年夏。寺田造船少佐は、特設工作艦夕焼にて作業指揮をとっていた。特設工作艦夕焼はシンガポールで接収した貨物船だった。三〇〇〇トンほどの古い船だが、正副二つの大型のクレーンを有していたため特設工作艦とされた。

通常なら三〇〇〇トンクラスの貨物船を工作艦にすることはない。だが南方での絶対的な支援船の不足と大型クレーンの存在が夕焼を工作艦としていた。

もう一つの理由は、この船に工作艦としてだけでなく潜水救難艦としての役割を期待してのことだ。じっさいシンガポールで接収された時点で、この船は潜水鐘(しょう)[*1]を運用する能力を有していた。

どうやらこの船はもともと海中作業の支援も行えるように設計されていたらしい。真珠の採取やら港湾施設の建設など、植民地では色々と重宝(ちょうほう)していたようだ。

実を言えば、工作艦と名乗っているが、夕焼の主たる任務はむしろ潜水救難艦としての機能にあった。インド洋では対イギリス戦を視野に交通破壊戦を潜水艦部隊が行っていた。そうした任務を支援する目的もあったのだ。

救難艦の役割を果たすために、夕焼は三〇〇〇トンクラスの船にもかかわらず複座水偵を搭載していた。

カタパルトを装備する余裕はなく、クレーンで海面に降ろさねばならないが、水偵の搭載は特設工作艦夕焼の活動領域を確実に広げていた。

しかし、シンガポールでのこうした工事の後、工事を指揮した寺田造船少佐に与えられた命令はインド洋方面にではなかった。


「ブイが浮いてます！」

見張員の声に、特設工作艦夕焼の甲板の将兵の目は海面に釘付けになる。

「やはりここか」

寺田造船少佐も興奮が抑えられない。ほどなく日本から連れてきた潜水士が海面に顔を出す。潜水服を着用せず素潜りで五〇メートルは活動できるという強者（つわもの）だ。

「いました、この下の二〇尋（じん）（約三六メートル）です」

「四〇メートル弱か、微妙な深さだな」

そしてさらに重要なことを確認する。

「それでこいつは何だ？」

「四連砲塔です！　戦艦プリンス・オブ・ウェールズです！」

戦艦プリンス・オブ・ウェールズという潜水士の言葉に工作艦では歓声が上がる。

特設工作艦夕焼の任務とは、マレー沖海戦で沈没した巡洋戦艦レパルスもしくは戦艦プリンス・オブ・ウェールズをサルベージすることにあった。

海軍の飛行艇が任務中に、光線の加減で海中に巨艦が沈んでいるのを発見したのだ。位置的にレパルスかプリンス・オブ・ウェールズのいずれかと思われたが、それを確認し、サルベージの可能性を探るのが寺田造船少佐の任務であった。

海中作業であるから、夕焼にこの任務が委ねられたのだ。

「潜水士の準備を進めますか？」

そう寺田に尋ねたのは彼の補佐役である海軍技師の吉本だった。

「潜水士が発見したのはマストのあたりです。そこから艦底まで三、四〇メートルありますから七、八〇メートルは潜らないとなりません」

「上から四連砲塔がわかったというからには、転覆や横転はしていないだろう。幸いにもな」

寺田造船少佐が懸念していたのは、沈没戦艦が横転や転覆している場合だった。

軍艦の砲塔はターレットに砲塔を差し込む構造であるから、転覆や横転すれば、砲塔そのものが船体から抜けてしまう。

戦艦ともなると砲塔一つで駆逐艦一隻程度の重量になるため、それが抜けるとサルベージはありえない。戦艦のサルベージは、当然ながら船体だけ引き揚げてもだめで、抜けた砲塔ももとに戻さねばならない。しかも砲塔が抜けたターレット跡は一〇メートル近い開口部ができるので、サルベージが遥かに困難になるからだ。

ただ寺田にとっては痛し痒しでもある。ほぼ正位置で着底しているなら、サルベージが具体的な計画になってしまう。だとすればかなりの大事だ。

「戦艦プリンス・オブ・ウェールズの重量に耐えられる大型船などはないな」

具体的な作業手順を考えると、寺田造船少佐はいささか途方にくれる。

軍艦のサルベージの方法は比較的単純だ。例えば沈没した伊号第六三潜水艦のサルベージでは、潜水士を用いて潜水艦を横断するように太いワイヤーを何本も通し、工作艦とワイヤーで結ぶ。

潜水艦内の一部には空気を入れて重量を軽くする。そうして満潮を待つと、潜水艦は海底より四メートルほど浮かび上がる。

あとは順次ワイヤーを巻き取って潜水艦を引き揚げ、慎重に排水を進めることになる。ある程度のところまでくれば、曳航だけで済むわけだ。

だがこれも排水量二〇〇〇トンに満たない伊号潜水艦だから可能な方法だ。全長二三〇メートル弱、基準排水量だけで三万七〇〇〇トン以上ある戦艦プリンス・オブ・ウェールズに対して行える方法ではない。

行うとすれば最低でも長門（ながと）クラスの戦艦を用いることになるが、それはどう考えても現実的ではないだろう。

「考えられる方法は二つある。

一つは、大型のポンツーンを用意して、海底から浮上させ、順次、艦内の排水を行い、順序よく浮上させる方法。もう一つはサルベージのためだけに大型の艀を作り、それで引き揚げてゆく、だな」

「しかし、戦艦プリンス・オブ・ウェールズ相手となると、ポンツーンだけで潜水艦並みの大きさになりますね。艀にしても、最低でも駆逐艦並みの建造費が掛かりそうです」

「仕方あるまい。それに潜水艦や駆逐艦の建造費で新鋭戦艦が手に入るなら、安いものだとは思わんか？」

それからは寺田造船少佐はまず潜水士による基礎調査を中心に行った。

艦内を探査するという誘惑は大きかったが、潜水士にさせるには危険すぎた。

船倉から艦橋まで、高さにすればちょっとしたビル程度はある。しかし、その間を移動するだけで数気圧の差になる。

その数気圧の違いで、潜水士は重篤な潜水病になることも珍しくない。沈没船探査は世間が思うほど簡単ではないのだ。

海面からサーチライトで海底を照らすとか、色々なことが行われ、耐圧容器に入れられたカメラにより、海中写真の撮影も行われた。海軍にそんな機材はなかったが、そこは工作船なので作り上げたのである。

ただこうした地道な調査により、戦艦プリンス・オブ・ウェールズの状況はわかってきた。

「左舷後部と中部に魚雷による破孔、右舷側に四カ所におよぶ爆弾孔か。さらに魚雷の影響により推進軸に損傷」

不沈艦とさえ言われていた戦艦プリンス・オブ・ウェールズを沈めただけあって、損傷は小さくなかった。

損傷としては雷撃による破孔は比較的容易だった。ケーソンを用意してそれで対応できそうだからだ。

厄介なのはむしろ爆弾で、上空から上甲板を貫通して艦内で爆発しているため、ケーソンを設置する前に艦内作業が必要になりそうだった。

また推進軸の拡大については、土嚢か何かで応急的に塞ぐことが検討された。

「溶接可能な高張力鋼でポンツーンの筏を作り、それで海底から釣り上げ、ポンツーンを浮上させた状態で、順次、艦内作業を進める。たぶんそれが最善だろう」

寺田造船少佐は、そう結論し、吉本技師らに図面を見せる。そこには長さ三〇〇メートルで直径は一〇メートルの鉄パイプ二本を、幅五〇メートルの間隔で鉄材で連結した□型の構造物が描かれていた。

巨大鉄パイプは継ぎ目のない一本のパイプではなく、三カ所のジョイント部を有していた。このパイプで作った□型の中に工作艦が入り、作業をするわけである。

「艦政本部からは低予算で行うことと、鉄の割当に限界があることを言い渡された。ポンツーンのほとんどはシンガポールで製作することになろう」

「これは最終的に、どこまで運ぶ？」

吉本技師の質問に寺田造船少佐は壁の日本地図を示す。

「引き揚げが成功したならば、呉か横須賀に曳航する事になっているが、現時点では未定だ」

戦艦プリンス・オブ・ウェールズを完全修理するとなれば、ドックの一つはそれでふさがれることになる。それは新造軍艦の工期にも影響するからだ。

「まだ未定だが、戦艦プリンス・オブ・ウェールズは戦艦としては完成させず、空母に改造するという意見も軍令部筋から出ているらしい」

「空母プリンス・オブ・ウェールズですか……」

吉本他の部下たちは驚いて声をあげる。空母改造は別のチームの仕事だろうが、簡単な話ではないだろう。それだけ日本は大型空母を欲しているということだ。

「じっさいには空母紀伊か何かになるだろうがな」

サルベージした戦艦プリンス・オブ・ウェールズを戦艦として修理するか、空母として改造するか、どちらが望ましいかは難しい問題でもある。

寺田としてみれば、スクリュー軸の損傷は想定外だった。軸の作り直しに機械部の交換はかなりの大仕事になる。

軍令部の連中は、戦利品の戦艦で敵軍を攻撃するような景気の良いことを考えているのかも知れないが、戦艦プリンス・オブ・ウェールズのサルベージがこの戦争の間に終わるのかさえ、彼には自信がなかった。

さらに工事のための下準備の段階で、彼らは障害に遭遇する。まず下準備として艦底にワイヤーを通す作業があった。戦艦を浮揚(ふよう)させる前に、海底にこれ以上沈まないように予備浮力をポンツーンで与えておく必要があったためだ。

ポンツーンには工作艦などが潮流で流された

場合に、沈没戦艦の位置を確認するという役割もある。

そのワイヤーの導通作業中に急に事故が多発したのだ。ほとんどが潜水士の事故だった。海底での作業であるから、事故が彼らの周辺で起こるのは、ある意味避けられない。もとより危険な作業なのは承知のことだ。

しかし、それにしても事故が多発した。潜水作業は基本的に二名で行う。理由は一人にトラブルが起きてもバディが対処するためだ。

また海軍の潜水士の場合、潜水服には電話機も組み込まれており、通話もできる。

にもかかわらず潜水士たちは事故死していた。二人一組が二組。四人の潜水士が原因がわからぬまま死亡した。最初は電話線と一緒になった空気ホーズごと切断されていた。潜水士二人共だ。

沈没船であり、金属板などがナイフとなり、ゴムホースを切断する可能性はある。しかし、針金が織り込まれ水圧でも潰れない構造のゴムホースが、金属板に触れて切断されるというのはいささか信じがたいことであった。

しかし、二件目の事故はさらに不可解だった。いつまでたっても音信不通なので引き上げると、潜水服しか上がってこなかった。ヘルメットと潜水服は分かれていた。破れている様子はなく、どう考えても潜水士が水中で潜水服を脱いだとしか思えない。

ヘルメットと潜水服はつながってはいないが、同じ空気ホースに結ばれているので両方を引き上げることが出来たが、そうでなければ原因不明で処理されていただろう。

「四人とも老川の潜水士なんですけどね」

　吉本技師は立て続けの事故に首を捻る。

「老川の潜水士だと違うのかね？」

　寺田の疑問に吉本は「知らないんですか？」という表情を向けた。

「老川の漁村は寒村なんで、漁業では生活できず、海軍に志願するか、海軍関係の仕事に就く人間が多いんです。零細漁業より、やはり海軍という国の仕事のほうが確実ですからね」

「ほぉ」そんな話は寺田も初めて耳にした。

　もっともそういう話は造船官レベルのところにはなかなか届かないのも事実である。

「海軍を退役（たいえき）しても潜水士を続ける人間は多いんですよ。まぁ、あの漁村では仕事にならないので、みんな都会に出てますけど、それでも何人かは細々と働いているはずです」

「そんな寂（さび）れた漁村でか」

「アワビとかウニなどの高級食材をとってる連中です。ただそれだけじゃないという噂もありますよ」

「どんな噂だ？」

　それに対して吉本は声を潜める。

「海軍が老川の潜水士を重宝するのは、実績があるからなんですよ。老川の沖合は昔から船の難所で難破船が多かった。

　あんな交通の悪い寂れた漁村が残っていられたのも難破船のおかげと言われてます。千石船が座礁して、その積荷を村人は分配した。

あの漁村には沖合に岩礁があるんですが、そこに祠があるんですよ。祠と小さな漁師小屋です」

「海洋信仰か？」

「と、言われてますがね。実態はもっとえげつない。嵐が起こりそうな夜、地元の人間が漁師小屋に待機するんです。嵐になったら祠の灯籠に火を灯す。

どこから手に入れたのか江戸時代から西洋式のランプを使ってるんです。嵐で方位を見失った千石船は、その岩礁の灯りを漁村と勘違いして、自ら航路を離れて座礁する。と言うより、村人が座礁させるんですよ。そして座礁した千石船から積荷を奪う。そうやって村人は生きてきた。

だからあの周辺の町村に行くと、老川の漁村の化け物話を聞かされますよ。妖怪が船を襲って沈めるとか、海から怪物が上がってくるとか」

「伝説は、村人の悪行を告発していたわけか」

「西洋船も犠牲になっていたとも言われてますね。江戸時代に西洋式のランプがあったのもそのおかげだと」

寺田造船少佐は吉本技師の話を面白いと思ったが、いまここでの話題とのつながりがわからない。だが吉本は続ける。

「そういう歴史がある村なんですが、明治維新後も変わらなかった」

「千石船はないだろう？」

「もちろん汽船の時代ですし、航路も沖合になった。でも、座礁する船は多かった。

千石船の戦利品は米とか布とか、そんな類（たぐい）でしたけど、外国航路の汽船はもっと金になる積荷を載せている」

「それを回収するための潜水士というのか！」

「そういうことです。詳しいことは知りませんけど、沈没船から外国の重要な情報を手に入れたこともあったようです。その辺から海軍とのつながりも出てきた」

寺田造船少佐は、吉本の話をどう解釈すべきかわからなかった。事実なら潜水士たちの技量は高いと前向きにも解釈できるが、正直、不愉快に近い話だ。

「あの四人はそういう土地の人間です。彼らを人としてどう判断するかはともかく、技量は優秀です」

「だが彼ら四人は遭難した」

「そこが不思議なところです」

吉本が不思議がるほど不思議な事なのか。寺田造船少佐は、そこは疑問に思った。

なぜなら立て続けに事故が起こるのは不自然ではあるが、ホースの切断は船体の金属との接触で起こり得るものだ。潜水服を脱ぎ捨てる行為にしても、異常な行動ではあるが、深度の深い作業で窒素酔（ちっそよ）いになれば、そういう異常行動の説明はつく。

むしろ潜水士たちの遭難は、海中作業の危険性で考えるべきではないかと寺田は感じた。

「とりあえず作業現場の安全を確認する」

寺田の発言に吉本は動揺した。彼自らが潜水すると考えたからだ。

「そうじゃない」

寺田は吉本の誤解を訂正する。

「潜水球があるじゃないか。それで戦艦プリンス・オブ・ウェールズの周辺を観測するんだよ」

特設工作艦夕焼は、寺田造船少佐と吉本技師を載せた潜水球を沈没した戦艦プリンス・オブ・ウェールズの周辺に降ろしていた。

すでに戦艦プリンス・オブ・ウェールズの周辺には目印となるブイが係留されており、作業を支援する雑船が海底に向けてサーチライトを点灯していた。

これで海底への光源を提供するだけでなく、潜水球から見て現在位置を把握するという意図があった。

潜水球は球形だが、バッテリーで駆動する小型スクリューが装備されていた。ある程度の自走能力がないと、空気ホースなどが引っかかった時に外せないからだ。

空気はホースから供給されるのだが、ホース切断事故も起きているため、緊急時用の空気タンクも増設された。

この他にも支援のための動力船も待機していた。動力船とは雑船の一種で曳航船兼救難工作船の役割を担う。ディーゼル電気推進という日本海軍の船としては変わった推進装置を採用していた。

これは雑作業を行う手頃な船舶を求めていたためだ。動力船は交流も直流も外部に供給できる他、コンプレッサーで圧搾（あっさく）空気の供給も可能だった。

船尾はクレーンと広い作業甲板があり、短期的になら水上偵察機の搭載も可能であった。むろん救難者の救援にも使える。潜水球の回収も可能だ。

作業は深夜に行われた。その方がサーチライトの効果が高いのと、海底では昼夜の別はあまり影響しないからだ。

自前の推進装置があるのは、思った以上に快適だった。海底の泥をかき乱さない程度の距離を維持しながら、潜水球の位置や方向を変えられるからだ。

潜水球にも照明装置はついている。位置を知らせるために直上に向けたものと、側面窓の前方を照らせるだけなので、方位を変えたい時には潜水球ごと旋回する必要があったが、推進装置のおかげでこれはさほど問題ではなかった。

「右一五度、微速前進」

電話機を使って吉本が海上の夕焼に進行方向を指示する。微速前進と言っても、じっさいには潮流もその方向にあるので、船の進行は潮流と相殺され、潜水球はほぼ定位置を維持できる。

じつは潜水球にはハッチにも小窓がある。潜水球から排気を行うと気泡が直上照明の光芒の中を進む構造だ。小窓からその気泡を観測すれば、潮流の動きもわかる。

深度一〇〇メートルを超えると海水の流れも安定するが、その上の潮流の動きは無視できない。

潮流を読んで定位置を維持するだけなら、工作艦夕焼の側で行うのが自然ではあるが、定位置では作業にならないので、潜水球側から工作艦の動きを指示するほうが都合がいいのだ。

むろん極端な操船は要求しない。だからこそ潜水球側に自走能力が持たされているのだ。

「足跡がありますね」

戦艦プリンス・オブ・ウェールズのかたわらの海底の砂に確かに足跡があった。それもかなり数が多い。

二人は最初それを潜水士のものと考えた。普通に考えればそれ以外の結論は出ない。

だが、事故以来潜水作業は行われておらず、それなりの潮流もあるなかで、足跡が残っているとは考えにくい。

さらに足跡の数も潜水士数人という規模ではなく、十数人が活動したように見える。しかも信じがたいことに、潜水服なら四角い足跡であるはずなのに、それらは崩れてはいるが裸足の足跡に見えた。

「どういうことだ？」

「造船官、これは魚か何かの巣が足跡のように見えているのでは？」

「自分は海軍に奉職して十数年になるが、あんな魚の巣は見たことがないぞ」

「なら、やはり窒素酔いで潜水服を脱いだ潜水士が苦しさのあまり暴れたのでしょうか？」

そんな馬鹿なことはあるまいと寺田造船少佐は思う。常識的に考えてもわかる。

だがそのありえない想定を考えない限り、自分たちが見つけた十数人の裸足の足跡に対して、よりありえない現実を受け入れなければならなくなる。

　そうであるならば、より常識に近い方を選ばねばならないではないか。一方で、それを魚の巣であると曖昧にすることを拒む自分も寺田は自覚していた。

　つまりいまここで起きていることは、合理性と常識が乖離していることを示しているのではないか？

　そんな時に頭上から音が聞こえた。潜水球に何かがぶつかったのか？　一番近いのは、潜水前の作業中にクレーンの支援要員が潜水球の上に乗った時の足音だが、ここでそれが聞こえるはずもない。

　そして潜水球の照明が消えた。

「どうした！」

「造船官、ホースの切断です！」

　天井から海水が一瞬だけなだれ込んだが、吉本技師はすぐにバルブを閉鎖し、事なきを得た。

「どうしてホースが切断されるのだ？」

　寺田は吉本にではなく、状況の理不尽さに怒っていた。彼は空気タンクの状況に視線を走らせ、潜水球の電源を外部の供給から内部電源に切り替える。

　潜水球内は電力を浪費しない赤ランプに切り替わり、そのかわり、潜水球の外部照明を点灯する。ともかく損傷具合を確認せねばならない。

　寺田造船官は、戦艦のどこかに引っ掛けてホースが切断したものと考えていた。だからホースは何十メートルか先に切断面が見えると考えていた。

だが照明を点灯した時、彼は窓に切れたホースが垂れているのを目にする。それが切断されたホースなら、潜水球の一メートル上くらいで切れたことになる。

切断面は刃物かそれに類するもので切断されたようになめらかだ。しかし、いま自分たちがいるのは舷側であり、少なくとも潜水球の上一メートルの場所に、ホースを切断するような金属片や出っ張りはないのだ。

素直に状況を解釈すれば、何者かが潜水球の直上でホースを切断したということになる。すると先程の音の主が切断したのか？　しかし、潜水士は待機しており、作業をしている人間はいないはず。

だが寺田造船少佐は、すぐにホースを切断した者の正体を知る。

「なんだ、あれは！」

照明を受けた海底には、人間とも魚とも判別できない異形の生き物がいた。奇形の魚の類でないことは、それらが何か作業をしていることでもわかった。

異形の者は十数名いるようだった。先程の足跡は彼らのものだったのだろう。

「造船官、あれが潜水士たちを！」

「たぶんそうだ」

潜水士たちが事故にあった原因はわかった。しかし、奴らが何者で、さらに何をしているのかがわからない。魚に似ているが、知能は人並みにあるらしいのは、彼らが道具を使っていることからもわかる。

金属製と思われる棒のような道具だが、そんなものでも使えるというのは単なる動物ではあり得ない。

「造船官、奴ら、戦艦プリンス・オブ・ウェールズに出入りしてます！」

「何っ！」

技師の言う通りだった。異形の者たちは道具を持って、魚雷で出来た破孔から出入りしている。どうやら戦艦プリンス・オブ・ウェールズの艦内にも奴らの仲間がいるらしい。

「何でしょうか、造船官？」

「これをそのまま解釈するなら、奴らは戦艦プリンス・オブ・ウェールズに巣を作ろうとしているとしか思えんが」

寺田造船官も自分の仮説にあまり信をおけなかった。そもそもあの生物は巣を作るのか？しかし、沈んだ戦艦の使いみちは他に思い浮かばない。

あの魚のような生き物なら、漁礁のように戦艦を使うかもしれないと思ったのだ。

だが異形の者たちは、いつの間にか潜水球を取り囲み、それを押さえ込み始めた。十数体の異形の者たちにより潜水球は揺さぶられる。

推進機で追い払おうとするが、すぐに推進機が動かなくなる。そして異形の者たちは潜水球を叩き始めた。

「造船官、窓が割れそうです！」

「仕方がない！」

寺田造船官は潜水球に下部についているバランスウエイトの鉛の塊を潜水球から分離する。

異形の者たちは、潜水球を引き留めようとしてバランスウエイトに群がったために、潜水球本体は脱出に成功した。急激な加速で潜水球は浮上し、ついに深夜の海に飛び出す。

吉本技師は、すぐさま天井のハッチを開け、新鮮な空気を入れる。懐中電灯を点滅させ、特設工作艦夕焼に自分たちの無事を伝える。すぐに夕焼から返信があり、近くにいる作業用の動力船が潜水球回収に向かう。

事故が起きた時に備えて待機させていたが、それでも本当に動力船の世話になるとは、寺田造船官も思っていなかった。

信号のやり取りで、回収の大まかなやり方も指示できた。動力船のクレーンならバランスウエイトを捨てた潜水球の回収は容易だろう。

しかし、接近する動力船が急に光に包まれる。火災かと思った寺田だったが、すぐに火災ではないことに気がつく。

「海でなにか起きているぞ！」

動力船の下の海中で何かが光っている。動力船は下からの光を浴びて光っているのだ。

「造船官、あの海中は戦艦プリンス・オブ・ウェールズの沈没海域です！」

「何っ！」

よく見れば、海中の光は、舟形をしていた。それが船であるならば、戦艦ほどにはなるだろう。それほどの大きさがある。

「まさか……あの魚の化け物が……」

あの異形の者たちは戦艦プリンス・オブ・ウェールズの艦内で何かをしていた。巣でも作っているのだろうと思っていたが、そうではない。奴らは魚よりも遥かに利口だ。

海中の光は急激に光度を増すとともに、周囲の海面が泡立ち始める。その余勢で潜水球も大きく動揺した。

「造船官！　動力船が沈んでいきます！」

吉本技師の言う通りだった。激しく泡立つ海面には、幾つもの三角波が、海中の光によりピラミッドの連なりのようになっていた。そのピラミッドの中で、動力船は波のために沈みかけていた。

だが動力船に引導を渡したのは、三角波ではなかった。光る海面が盛り上がると、海底から戦艦プリンス・オブ・ウェールズが浮上する。

「蘇ったのか！」

寺田も吉本も同時に声を上げる。巨艦の復活で、動力船はそのまま転覆し、沈没してしまった。

ウォォォォォォーーッ！

なぜか蘇った戦艦から雄叫(おたけ)びが聞こえた。何の雄叫びかはわからない。ただ禍々(まがまが)しい獣の雄叫びとわかるだけだ。

それが超自然的なものであることは、寺田たちにも本能でわかる。じじつ戦艦プリンス・オブ・ウェールズは魚雷や爆弾の破孔を晒している。海上に浮上したというより、浮力など無関係に存在しているのだ。

ウォォォォォォーーッ！

再び戦艦が吠えると、砲塔が動き出す。それは至近距離から工作艦に照準を合わせると一〇門一斉に火を噴いた。試射もなにもないいきなりの斉射だ。しかし、至近距離であるためか、全弾が命中する。そうして工作艦は木っ端微塵に砕け散った。

寺田造船官も吉本技師も、自分たちの身の安全よりも、目の前の現実に心を支配されていた。だが戦艦プリンス・オブ・ウェールズは潜水球など攻撃する価値もないと思っているのか、彼らの脇を通過してゆく。

「造船官、あれを！」

戦艦プリンス・オブ・ウェールズの甲板からは十数人の乗員が自分たちを眺めていた。それはあの異形の者たちだった。

「奴らが戦艦プリンス・オブ・ウェールズを蘇らせたというのか！」

それは造船官である彼にとって、屈辱的な事実だった。これほどの手間暇をかけているというのに、あの化け物どもがこうも安々と戦艦プリンス・オブ・ウェールズをサルベージしてしまうなんて。

「あれは一体なにものなんだ！」

「化け物ですよ、造船官。我々の常識なんぞ通用しない」

吉本が指差す。戦艦プリンス・オブ・ウェールズはゆっくりと海中に姿を消しつつあった。それは沈没しているのではなく、当たり前のように潜航しているのだった。

寺田と吉本は、サルベージ現場の通信が途絶えたことと、動力船が直前に打電した内容から、救助の飛行艇により発見され、救助された。

ただ彼らの証言は荒唐無稽すぎ、さらに唯一の物証である潜水球も救助作業の中で沈んでしまった。

それでも特設工作艦夕焼と動力船が失われたのは事実であり、海底にその残骸も発見された。にもかかわらず、存在したはずの戦艦プリンス・オブ・ウェールズの姿はどこにもなかった。

哨戒艇R35、それがダニエル少佐に井上から与えられた船だった。日本の漁船というから彼は木造帆船を想像していたが、その想像は完全に間違っていた。

船体は木造ではなく鉄製であり、帆走式ではなくディーゼルエンジンを搭載している。ただ日本製ではなく、戦前に輸入されたアメリカ製の船舶用エンジンの使い回しだった。

機関室が搭載エンジンに比して空間に余裕があるのは、数を揃える必要から、どんなエンジンでも搭載できるようにするためだろう。

それが証拠に、哨戒艇R35はディーゼル推進なのに、明らかに煙突を立てるための不自然な開口部があった。鉄板で塞がれてはいるが、必要ならディーゼルではなくボイラーも搭載できよう。

漁船を改造したというが、排水量は五〇〇トンは優にある。七五ミリ砲が艦首と艦尾に一門ずつ、単装機銃が二丁、それに爆雷投射機が一基装備されている。

漁船を改造した哨戒艇とすれば立派な武装だ。井上長官は哨戒艇と呼んでいたが、欧米海軍ならコルベットに分類される艦種だろう。

そしてその哨戒艇Ｒ３５を、井上司令長官はダニエル少佐に渡した。お前たちの船であると――。

ダニエル少佐には、井上の言っている言葉の意味がわからなかった。単語と単語のつながりはわかる。しかし、そこで作られた文章は、ダニエルの理解を超えていた。

司令部で井上から哨戒艇を与えると言われた時、彼が真っ先に考えたのは、日本軍のスパイになれということだ。日本海軍からコルベットを奪ったと言って太平洋艦隊に戻り、機密を盗む。

言葉の意味を理解するなら、これが一番筋が通っている。とは言え、陰謀としては穴だらけだ。

自分たちが米太平洋艦隊に戻ったら、そのまま原隊に復帰しても井上には何も出来ない。それは子供でもわかる理屈だ。当然、井上本人にもわかっているだろう。

ならば、逃げることを見込んで何か罠を仕掛けているのか？　しかし、それも考えにくい。哨戒艇としてＲ３５は水準の性能ではあろうが、哨戒艇は哨戒艇に過ぎない。

よしんば爆弾でも仕込んでいるとしても、ダニエル少佐らに気づかれずに隠せる爆弾の量などしれている。そもそも日本の哨戒艇でやってきた米海軍将兵を、何らの疑問も抱かずに真珠湾に入れてくれるかもわからない。

　罠としても哨戒艇まで用意する手間と経費を考えたなら、得られるであろう戦果はあまりにも乏しい。それ以前に戦果が得られるのかさえわからない。

　当惑しているダニエルに対して、井上はクトゥルフの存在を口にした。そしてダニエルもまた、クトゥルフの眷属である深き者どもについては知っていた。彼らが日本海軍の捕虜となったのも、もとをただせばクトゥルフたちのせいなのだ。

「日本と連合国の戦争は、一国の存亡に関わる大事とは言え、勝っても負けても、人間の争いに過ぎぬ。よしんば敗戦で国が滅んでも民族は生き残る。民族さえ残れば、国は幾らでも再興できる。

　しかし、クトゥルフのような旧支配者と人間の戦いは違う。連中を自由にさせたなら、国や民族はおろか、人類そのものが滅びかねない。

　だからクトゥルフが復活の兆しを見せているいま、太平洋で戦う日米は共にクトゥルフと戦わねばならないのだ」

「だから、我々に仲介(ちゅうかい)役になれというのか、米太平洋艦隊との？」

　なるほどそれなら井上長官の言ってることは理解できる。理解できるし、それに対してダニエル少佐も井上の考えを否定できない自分を見つけていた。

　井上の話が荒唐無稽ではないことを知ってい

るのは、米太平洋艦隊の将兵でも自分たちくらいだろう。

哨戒艇ごと引き渡すというのは、井上が本気であることを米海軍にも印象付けよう。

「気分が良くない話とは思うが、哨戒艇の冷凍庫には、深き者どもの死体が収容されている。本件は物証が少ないだけに、死体は重要な証拠となろう。

もっとも米海軍首脳陣は深き者どもについて、それなりの知識はあるはずだ。インスマスでの事件の当事者だからな」

「我々がこのまま捕虜でいることを選択するとは考えないのか？」

「貴官がそういう人間ではないと小職は信じている。この状況で逃げるような人間が、あそこまで必死に部下のために戦うまい」

井上はそう笑顔でダニエルに向かう。彼もそれに笑顔で返した。そこからは哨戒艇に関する事務手続きだけだ。

航行中の哨戒艇の安全確保。それと必要物資の提供。井上にはダニエルの要求は意外だったらしい。

「小銃に手榴弾、何をするのだね？」

そんな井上にダニエルは説明する。

「クトゥルフとその眷属が言うほどの存在なら、我々を再度襲撃するかもしれない。日本もそうだと思うが、軍艦の陸戦兵器は貧弱だ。まして哨戒艇ならなおさらだろう。

だから小銃や機関銃、手榴弾で武装する。白兵戦に備える必要がある」

ダニエル少佐の説明に、井上長官もハッとした表情を見せた。すぐに武器が用意された。

驚いたことに提供された武器は、それも米英軍の兵器だった。鹵獲兵器を提供してくれたらしい。米国製のガーランド銃もあれば、イギリス製のブレン軽機関銃もある。

全体的にイギリス製の武器が多いようで、トンプソンのサブマシンガンよりもイギリス製のステンサブマシンガンが多数あった。ダニエル少佐も、正直この辺の武器に精通しているわけではないが、哨戒艇での白兵戦なら、サブマシンガンこそ最適とは思う。

それよりも彼が驚いたのは、井上から提供される武器の中に手斧も多数あったことだ。それは日英米と雑多であった。どこの国でも似たようなものだからだろう。

ダニエルは頼んでもいない手斧まで手配されたことの意味を考えた。

――日本軍も奴らと白兵戦を演じたことがあるのか？

そうとしか思えない。どこかでそんな経験があればこそ、手斧が有効という判断ができるのだ。

井上長官の用意したものを部下と確認しながら、ダニエルは思う。日米が手を握りながらクトゥルフと戦い、同時に戦争も遂行する。そんなことが可能なのか？

それはわからない。ただ可能にしようとしている井上のような人間がいるのは事実だ。米太平洋艦隊にそうした高官がいたならば、あるいは事態は動き出すのかもしれない。

ただクトゥルフが蘇るかもしれない時に、どうして我々は戦争などしているのか？　それが人間の愚かさなのか……。

「まさか」

ダニエル少佐は、そこである結論に至る。世界大戦とは、人類の絶滅を意図したクトゥルフが起こしたものではなかったか？

第一次世界大戦では、それまでの戦争にはなかった戦車や飛行機、潜水艦という新兵器が活躍した。

それらは機械としては発展途上で、完成されたものではなかった。だがそうした新兵器の登場もあって、ヨーロッパだけでも数千万人の犠牲者が出た。

そして第二次世界大戦。戦車も飛行機も潜水艦も、先の大戦とは比較にならないほど完成度を上げた。戦車が大陸を蹂躙し、飛行機が都市を廃墟と化し、潜水艦が大船団を屠る。それはすべて現実のことだ。

それだけ強力な兵器を行使する戦争で、勝者は未だいない。無敵のドイツ軍はモスクワ占領に失敗し、日本軍もミッドウェーで虎の子の空母を失った。

連合国も枢軸国もいまは戦線が拮抗しつつある。連合国にとっては、枢軸国の侵攻を阻止できたことになろう。それはダニエル少佐にとっても喜ばしい話だ。

しかし、この戦争の背後にクトゥルフなどの旧支配者がいるとしたらどうなるか？　今起きていることは枢軸国軍を止めたのではなく、戦争の長期化の始まりではないのか？

第一次世界大戦の犠牲者と今日の兵器の進歩を思うなら、戦争が終わった時、億単位の人間が犠牲になっているかもしれない。

そして第一次世界大戦がそうであったように、第二次世界大戦でもそれまでの戦争では存在しなかった兵器が発明されるのではないか？

そうだとすれば、この戦争で人類は知られている兵器で多大な犠牲を出すだけではなく、知られていない兵器でそれ以上の犠牲を出すかもしれない。

通常兵器だけでも億単位なら、知られていない兵器なら、一〇億単位の犠牲者が出てもおかしくない。だがそれはほぼ地球の総人口に匹敵する。

つまりこの戦争が長期化すれば、人類は自らの新兵器のために全滅してしまうかもしれないのだ。

本当に、そんなことが起こるのか？　それは一介の海軍将校である自分にはわからない。しかし、一つ明らかなのは、第一次世界大戦の技術水準でも数千万の犠牲者が出たという事実だ。

まして世界大戦をクトゥルフたちが望んでいるものだとするならなおさらだ。

哨戒艇R３５号がラバウルを出たのは、深夜だった。楽隊の音楽も見送りも、ほとんどない。だが井上長官はわずかの随員で見送ってくれた。

ダニエルはそんな井上に試されているような気がした。いまここでダニエルが部下に命じて井上に銃口を向けるなら、彼を捕虜にできるだろう。

井上を人質にするほうが日本軍の攻撃を受けず、太平洋艦隊に帰還するにも土産になる。

だが、ダニエル少佐はそうした真似はしなかった。いまここで起きていることは、人と人との信頼である。そしてクトゥルフを前にすれば、人間同士の争いをしているときではない。

だからこそ井上長官には、日本海軍の高官として働いてもらわねばならないのだ。

「もしもニミッツ司令長官に会う機会があれば、これを渡して欲しい」

井上は手のひらほどの石版をダニエルに手渡す。石版だが、黒いガラスのように表面はなめらかだ。そしてなぜか程よく温かい。

「イタリアの駐在武官時代に手に入れたものだ。サハラ砂漠で、ある冒険家が何百年も前に手に入れ、回り回って私のところに来た。それも何個もな。文鎮（ぶんちん）として手に入れたが、もちろん文鎮ではない」

確かに文鎮になるほどの重みはあるが、文鎮ならもっと適切な形状があるだろうとも彼は思った。

「何です？」

「正確なところはわからん。強いて言うなら、本の一種だ」

「本？」

「太陽や月の光を受けると表面に文字が浮かび

上がる。角度により浮かび上がる文字が異なる」

ダニエル少佐は、石版を井上が言うように月にかざす。するとたしかに薄く文字らしきものが見えた。ただそれは絵ではないから文字だろうと思うだけのことで、内容はもちろん何文字なのかさえもわからない。

「見えたかね？」

「見えましたが……読めません」

「それでいい」

井上は満足げだった。

「言い忘れたが、その〝本〟は誰でも読めるわけではない。使命を自覚した人間だけが読めるようだ。あるいは運命に導かれたかだ。

君はその使命を持たされた人間のようだ。君は私がその石版を君に託したと思っているかもしれない。だがそれは違う。その石版は自分の意志で、君のもとに移動したのさ」

「この石版に意志などあるというのか？」

「本当のところはわからん。ただ結果において意思があるとしか思えん。まぁ、それは君がこれを持っていればわかる。言っておくが、お守りにはならん。少なくとも普通の意味でのお守りではない。

とは言え、役に立たないわけでもない。現に私は生きている」

ダニエル艦長は、そうして井上長官から石版を受けとり、哨戒艇を出港させる。

「いつかまた、明るいところで会おう」

明るい場所で井上と再開する。ダニエルには一瞬、その情景が見える気がした。

五章　空母赤城

非常に異例のことではあるが、伊号第二〇一潜水艦の潜水艦長は、いままでの中佐・少佐ではなく、杉山大佐が着任した。

これは竣工したばかりの伊号二〇一型の開発計画の一環としてであり、つまり杉山大佐による最終試験中という意味である。じっさい正式には海軍には受領されておらず、就役中の潜水艦にはなっていない。

これは不都合なようでいて、杉山大佐には都合が良かった。なぜなら連合艦隊の指揮系統とは完全に独立した隠密行動をとることができるからだ。

対クトゥルフ（あるいは旧支配者か？）のために活動するのは、現在戦争を遂行している艦隊組織のなかでは難しい。さらに老川の漁村のことを考えると、海軍内に無闇に話を広げて良いとも思えない。

海軍省筋は密かに老川の出身者を移動させ、海のない内勤に充てている。それはそれで必要なことながらも、海軍組織に必要以上に自分たちの情報を流すことが危険であることを意味してもいた。

杉山大佐の疑念は、問題は老川周辺の漁村だけなのかということだ。調べれば海妖に関する伝承は日本各地にある。伝承のどこまでを事実とし、どこまでを虚構とすべきなのか、その判断がつかない。

島国日本には、それこそ日本アルプス周辺を除けば、どこにでも海妖伝説があると言っても過言ではない。

　とは言え、それを疑っては何もできない。いまは信頼できる人間たちだけで、任務を進めるよりないのだ。

「戦艦プリンス・オブ・ウェールズは船舶を沈めながら東進しているようです」

　通信長の報告に、杉山大佐は目を通す。

「どこだ、珊瑚海か？」

　杉山大佐は、発令所の壁に掲げられたアクリル板を見る。アクリルは合成樹脂で、日本では手工業的にしかまだ生産されていない。しかし、軽くて強度もあるので、伊号第二〇一潜水艦には搭載されている。

　海図が描かれたものと、極座標系が表示されたものの二つあり、艦の状況などを発令所の全員で共有する意図があった。これとは別に敵艦の針路や速度から未来位置を予測し、自艦が移動しても、迅速に攻撃位置を割り出す体勢盤も魚雷発射システムの一環として組み込まれた他、敵と自分たちの位置を割り出す装置としても活用された。

「委員会」が集めた資料によると、クトゥルフの配下にダゴンという恐竜の如き巨大な怪物がおり、これがクトゥルフ復活のための司令塔になっているらしい。

　だから、潜水艦が戦うとなると、ダゴンを倒さねばならない。新型の魚雷発射システムはそうした意図で開発された。

　それらは機械式コンピュータとでも言うべきものであるが、非常に精緻な装置であり、量産は難しく、伊号第二〇一型潜水艦にしか装備される予定はなかった。

そうして作戦活動に従事するなかで、彼はマレー沖で沈没した戦艦プリンス・オブ・ウェールズが復活したという情報を得た。現地からの情報を杉田大佐が解釈した内容からすれば、深き者どもが沈没した戦艦プリンス・オブ・ウェールズを復活させ、水中戦艦とでも言うべき武器に仕立てて、船舶を沈めながら移動していると言う。

日本の占領地を移動するので、日本船籍の船舶被害が一番多いが、中立国やオーストラリアの船舶も沈められているという。

もっともそれらの被害は「敵国の潜水艦によるもの」と公式には報告されている。なぜなら船舶は突然の水中からの攻撃で沈められたためだ。

それなのに戦艦プリンス・オブ・ウェールズからの攻撃とわかったのは、生存者の証言による。

「四連砲塔の軍艦が海中にいた」

それはまさに戦艦プリンス・オブ・ウェールズに他ならない。水中から戦艦の主砲で竜骨を粉砕されて無事な船などあるはずがない。襲われた船舶は轟沈し、海に投げ出された乗員が少数、生き残っていた。

だから最初は誰もその証言を信じなかった。信じるはずもなかった。

だが全く関係のない被害船舶で、生存者が同じ証言をするに至って話を無視することは難しくなってきた。何より戦艦プリンス・オブ・

ウェールズのサルベージ現場での事故報告がある。

この状況に伊号第二〇一潜水艦は、戦艦プリンス・オブ・ウェールズの針路を追っていた。これ以上の犠牲を出さないためと、クトゥルフの復活を阻止するためだ。

伊号第二〇一潜水艦には対クトゥルフ兵器として二つの物があった。どちらも魚雷である。

一つは超酸素魚雷あるいは風爆弾とも呼ばれるものだ。古代から伝わる術で四大元素の風の気を封印した魚雷と言われる。化学的に説明すると、特殊条件下で異常なまでに酸素活性を強化された酸素弾頭であるという。

やはり古代の失われた叡智のなかで、今日まで伝えられている伝承を利用したものらしい。信じがたいほどの活性力があるので、この魚雷は流線型の形状とも相まって、水中を七〇ノット（時速一三〇キロ弱）の速度で突っ走ることができた。

そしてそれが相手の体内で爆発すれば、海水をも分解し、水中に強風域を作り出し、いかなる怪物でも溶かしてしまうほどの活性があるという。だからこの魚雷は、通常は特殊な護符で封印されている。

じっさいこの魚雷の製造には風の精を呼び出すような儀式が必要であるという。

ただ古来の儀式を二〇世紀の近代的な工場現場に組み入れるのは、それなりの危険をともなった。じじつ作業にあたった工員の中には、何かが憑依して、苦しみ、骨や筋肉が溶けて、あたかも液体のようになったものも現れていた。彼らは憑依状態は脱したが、肉体はそのままで、大半がその後に亡くなったという。

「クトゥルフがらみの超自然現象は、我々には理不尽に見えたとしても、宇宙の物理法則と矛盾するわけではありません。彼らとて宇宙の摂理で動いている。ただ人間には、より大きな宇宙の条理がまだ知られず、理解されていないだけなんですよ」

宮本造船大佐の言葉は、杉山大佐を驚かせたたが、あるいはそれが超常現象に直面した技術者の矜持だったのかもしれない。

それでも宮本らのグループは超酸素魚雷を完成させている。

もう一つの武器もまた魚雷である。こちらにくらべると、超酸素魚雷のほうがまだ条理が通じるように見えた。

それは井上長官から提供された石版を内蔵したものだ。名刺ほどの大きさの石版で光の当て方で、石版の中に幾つもの文字が読み取れた。

それがどこのどんな文字なのかはわからないが、文字なのは間違いなかった。宮本造船官はそれを「本」と読んでいた。

井上長官がイタリアの武官時代に手に入れたものだという。何枚かあったはずなのに、帰国時になくなっており諦めていたものが、開戦と同時に突然見つかったというか、石版自身が姿を現したのだと言う。

そしてこの石版にはクトゥルフを封印する能力があるらしい。クトゥルフを封じる風の精の何からしいが、詳しいことは井上長官も語らなかった。

「君らは知るべきではあるまい」

井上長官はそう語るだけだ。ともかくその魚雷は、石版を搭載し、どこまでもクトゥルフを追いかけてゆくという。

ただ石版は一つだけであり、つまり攻撃の機会は一度だけだ。いわば石板魚雷である。そうした装備を整え、彼らは航行していたのであった。

「しかし、不思議ですな」

そう首をひねるのは前田副長だった。海軍中佐の彼は、通常なら潜水艦の指揮官であっても不思議はない。ただ杉山が大佐で潜水艦長なので、副長になっているだけだ。

本来なら、潜水艦に副長はいない。軍艦とは異なり、駆逐艦や潜水艦のような艦艇は、その艦艇の長が軍艦の部門の長と同格であった。

だから戦艦や巡洋艦などの軍艦は艦長だが、駆逐艦や潜水艦では艦長ではなく、駆逐艦長であり潜水艦長となる。階級も同様で、軍艦なら航海長や砲術長が少佐・中佐であるように、駆逐艦長や潜水艦長が中佐・少佐である。

したがって軍艦には副長はいるが、潜水艦には副長はいない。副長に相当するのは水雷長や航海長などの先任将校となっていた。

したがって伊号第二〇一潜水艦に海軍中佐の副長がいるのは、かなり異例のことである。しかし、これも特殊任務のためと容認されていた。乗員に高度な技能が要求されるため、役職に対して階級も高いのである。

「何が不思議だ、副長」

杉山大佐には、副長が何を不思議がっているかがわからない。沈んだ戦艦プリンス・オブ・ウェールズが活動しているだけですでに不思議なのであり、それ以前にクトゥルフの存在が不思議である。

自分たちの任務全体が不思議から成り立っているようなものなのだから、いまさら何かを不思議がるというのがわからない。

「いえ、戦艦プリンス・オブ・ウェールズなんですが、どうしてクトゥルフは戦艦を沈めたまま運用するんでしょう？　船なのですから、サルベージして活用するほうが合理的では？

それを潜水艦のように水中で航行させ、水中から砲弾を浴びせるというのはどうもしっくりきません。それならどうして奴らはこういう形で軍艦を復活させたのか？」

その意見に杉山もはっとした。いままで不思議な事が続くから感覚が麻痺していたが、確かに水中戦艦の如き運用は不合理だ。

「それに伊一六八潜の報告では、水中で空母が活動していたとも聞きます。なぜなのか？」

「海中でなければ動けないのか？」

杉山大佐は自分自身の何気ない言葉に驚いた。無意識にそんなことを考えていたのか。

「海妖の配下にあるからは、海から力を得ているということでしょうか？」

「そう考えるのが妥当ではないか。船舶が水中で移動するには恐るべき力が必要だ」

だが杉山は同時にある疑問が浮かぶ。

「古来から数多の軍艦が沈没していると言うのに、どうして戦艦プリンス・オブ・ウェールズと空母なのだ？」

「それは有力軍艦だからでは？」

「それはそうだが、クトゥルフたちは大西洋でも活動している。どうして戦艦プリンス・オブ・ウェールズが復活して、ドイツ海軍の有力戦艦は活動していないのだ？　空母と戦艦プリンス・オブ・ウェールズの共通点はなんだ？」

杉山大佐はいまここで自分たちが交わす議論に、何か大きなヒントが隠されている気がした。それは前田副長も同じなのだろう。そして彼は気がついた。

「あります、空母と戦艦プリンス・オブ・ウェールズの共通点が、そしてドイツ軍艦には当てはまらない条件が！」

「何だ副長？」

「最近になって活動し始めたこととも重なりますが、空母も戦艦プリンス・オブ・ウェールズも作戦活動中に航空機に沈められた主力艦です。ドイツ軍艦は、航空機で深手を負ったビスマルクこそありますが、いずれにせよ砲戦で沈んでいる。風の妖精と飛行機、そこに関連があるのでは」

「海の化け物の鍵は空にあるのか」


「ソナー室です、海中に異音が聞こえると、ソナー手が報告しています」

戦艦ニューメキシコの艦長であるエリス・ザカーリス大佐は、深夜にその報告を電話で受けた。

「日本の潜水艦か？」

彼は艦長室の海図を一瞥する。そろそろ珊瑚海に近い。日本海軍の活動領域だ。

「それがはっきりしません。機械音なのは間違いないのですが、いわゆる推進器音とは違うようです」

ソナー室の責任者の発言は今ひとつ歯切れが悪い。しかし、機械音がして、それが推進器音でないとしたら何なのか？

「機械音には間違いないのか？」

「規則的な振動で自然界にはない音だそうですから、機械音には間違いありません。しかし、スクリュー音ではないそうです。一番腕のいい奴なので、経験不足はないでしょう」

ソナー室の責任者は、付け加えるようにそう言った。

「わかった、監視を続けてくれ」

ザカーリス艦長はそう言うと電話を置く。彼がソナー室からの報告で真っ先に連想したのは外輪船だ。あれなら機械音がして、スクリュー音がない。

とは言え、いかな日本軍とてこの二〇世紀にそんな軍艦は用いることはあるまい。そもそもそんなものがいたならレーダーに反応があるはずだ。

「そうだ、レーダーはどうなっている？」

ザカーリス艦長はレーダー室に電話を入れる。

エリス・ザカーリス

後の世なら戦艦にもＣＩＣ[*1]が用意されるが、この時期にはまだ完成していない。
　意外なことにレーダーには何の反応もなかった。周辺に戦艦ニューメキシコと護衛艦艇六隻以外に船舶はないという。
　ザカーリス艦長はこのことをソナー室に告げようかと受話器をとったが思いとどまる。変な先入観を与えないほうがいいだろう。状況から考えて、おそらくは近くに潜むのは日本海軍の潜水艦だ。異音がするのは整備不良か、損傷でもあるのだろう。
「対戦警戒を厳重にさせるか」

　米太平洋艦隊にとって、駆逐艦ジョン・カーターの戦果は想定外のものだった。米太平洋艦隊は陸軍と日本軍に対する攻勢を計画しており、ツラギ攻略もそこに含まれていたためだ。
　ニミッツ司令長官としては、偵察だけを命じていた「呪われた」駆逐艦の戦果はあまり期待していなかった。じっさい砲撃を行うという報告

＊1　レーダーやソナー、通信などの情報が集まる戦闘指揮所。

を受けてから、ジョン・カーターからの報告は何もない。

一応、偵察機を飛ばしてみると、ツラギ基地は完璧なまでに破壊されていた。

「駆逐艦一隻であれだけ徹底した破壊は不可能でしょう」

偵察機の将兵はそう報告し、航空写真も提出された。確かに写真に映るツラギ基地は、すべてが焼け落ち、残骸しか残っていない。

この戦果からすれば、ある意味当然かも知れないのは、駆逐艦ジョン・カーターの座礁した残骸だった。

駆逐艦は二つに折れ、大半が沈んでいたが、偵察機が干潮時に飛行したため、船体の一部が海面から顔をのぞかせていたのだ。

着水した飛行艇の報告では、艦内に乗員は発見されず、脱出したか日本軍の捕虜になったものと思われた。

赤十字に問い合わせればわかるだろうが、それには数カ月が必要だろう。

駆逐艦ジョン・カーターの件は、とりあえずそれで落着はしたのだが、事態はおかしな方向に向かった。

駆逐艦一隻でツラギ基地が壊滅したという事実を知ったマッカーサー司令部は、日本軍に対する本格的な攻撃を主張し始めた。

ニミッツ司令長官にとっては、ある程度は予想した展開である。マッカーサー司令官は、フィリピンから脱出せざるを得なかったという屈辱から、フィリピン奪還を望んでいた。

チェスター・ニミッツ

彼の構想としては、ニューギニアを確保し、そこから北上してフィリピンを侵攻するというものだった。

しかし、現時点でそれが可能とは思えなかった。上陸作戦に必要な水陸両用部隊もいまだ錬成中だ。さらにマッカーサーの要求が定まらないことも交渉を面倒にしていた。

彼も軍人だから、ニューギニア攻略のためにはラバウルを攻撃することは理解していた。ただそのラバウル攻めは、時に周辺の島嶼帯の確保だったり、ラバウルの直接攻撃だったりするのだ。

だが「駆逐艦がツラギ基地を壊滅」という情報は、ミッドウェー海戦に続いて明るいニュースを求めている本国にとっても重要だった。そうした中で、次の戦果を求めるのもまた不自然な話ではない。

不自然ではないが、軍事的には色々と難しい。いまの米太平洋艦隊でラバウル攻略は犠牲が大きすぎる。そして陸軍は、海軍の支援無しでそ

戦艦ニュー・メキシコ

んな作戦は実行できない。

そうしたことを考えると、候補は絞られる。ガダルカナル島だ。あそこに日本軍が基地を建設していることがツラギの偵察でわかっていた。

日本軍の航空基地をガダルカナル島に建設されることは、連合国軍にとって看過できない事態である。同時に建設中の基地ならば、攻略は難しくない。少なくともラバウルの攻略よりも。

ニミッツ司令長官は、この作戦に関しては海軍と海兵隊のみで行うこととした。マッカーサー司令官の掣肘（せいちゅう）を嫌ってのことだ。

担当領域ではマッカーサー司令官はガダルカナル島とは無関係だが、だからこそ反攻の主軸をこちらに置き、フィリピン奪還などという個人的欲求に振り回されないようにしなければな

らない。

そのためにニミッツはワシントンにかけあって、大西洋艦隊の戦艦ニューメキシコを、太平洋艦隊に編組していた。この戦艦ニューメキシコをガダルカナル島攻略に投入する。

三六センチ砲搭載艦の中では、もっとも高性能の戦艦の一隻であるから十分に働いてくれるだろう。

駆逐艦一隻でツラギが潰せたなら、戦艦一隻でガダルカナル島は屠ることができよう。

もちろんラバウルからの航空攻撃は脅威である。だから戦艦の護衛に空母サラトガを投入する。ただし空母の安全を確保するために、それはガダルカナル島の艦隊とは離れた場所に置く。船団護衛と島の攻略に戦艦が投入され、空母は制空権確保に使われるわけだ。

水中からの怪音は依然として続いていた。最初は潜水艦と考えていたザカーリス艦長だったが、だんだんと不安になってきた。

なぜならば自分たちの部隊は一四ノットで航行中だが、機械音は相変わらず聞こえているからだ。潜航した状態で何時間も一四ノットで航行できる潜水艦などない。

あるいは浮上して追跡しているかとも考えたが、レーダーはそのような艦影を捉えていない。

では、この音は何なのか？

「数時間観測しておりますが、どうも船体の一部が損傷を負っているのは確かのようです。船体の金属が軋む音がします」

ソナー手の報告は、それが間違いなく艦艇であることを示している。示しているが正体は謎だ。それどころか謎はますます深まる。

しかし、ザカーリス艦長が何を言うまでもなく、護衛部隊の指揮官が動いていた。

二隻の駆逐艦が、問題の音源のある方向に移動する。正体は何であれ、爆雷で攻撃するというのだろう。間違っても友軍が現れるはずもなく、敵ならば沈めても構わない。

爆雷が投射され、海中が爆雷により明るく照らされる。だが海中の光は収まらない。爆発の閃光なら瞬時に収まるはずではないのか。

「違うのか!?」

海中の光は爆雷の閃光ではなかった。それはザカーリス艦長の視座からは、真上から見た船のような姿に見えた。

そしてその海中の舟形から、光る何者かが幾つも分離する。分離した光は、舟形が二〇〇メートル以上あるなら、一四、五メートルはあるように見えた。

それらはまず爆雷攻撃を行った二隻の駆逐艦に向かう。駆逐艦の側もそれに気がついたのか、駆逐艦の至近距離に爆雷を投下する。

水中から自分たちに向かってくる相手に対して、駆逐艦側も有効な武器を持っていない。主砲も役には立たず、魚雷も使えず、残るのは爆雷だけだ。

爆雷による水柱が、光る塔として海面に立ち上がる。そしてそれは光る舟形から分離した光の正体を浮かび上がらせる。

「日本軍機⁉」

それは信じがたい光景だった。爆雷攻撃で海中のものが吹き上げられるのはあるとしても、そこから飛行機が飛び出してくるとはザカーリス艦長も予想していなかった。

紫色の燐光(りんこう)に包まれた飛行機は、明らかに日本軍機で、彼の記憶が確かなら、それは零式艦上戦闘機のはずだった。

水柱に吹き上げられた零戦は、水柱とともに海中に消え、そして再び駆逐艦に向かう。数機の水中零戦が駆逐艦の艦底を通過した時、駆逐艦は竜骨を折られたかのように、二つになって沈没した。零戦は駆逐艦に体当たりしたらしい。

舟形はどうやら日本海軍の空母らしい。そこから紫色の燐光に包まれた零戦が次々と発艦している。その方角の先に戦艦ニューメキシコがある。

「攻撃……」

ザカーリス艦長は水中零戦隊に対して攻撃命令を出しかける。しかし、何を使えばいいのか？　三六センチ砲は搭載していても、水中の戦闘機を撃墜できるような武器はない。機雷さえ搭載してはいないのだ。

そもそも戦闘機に対艦戦闘能力などない。艦艇を撃破するのは攻撃機なのだから。

しかし、水中零戦は駆逐艦を撃沈した。六隻の駆逐艦のうち二隻が撃沈された。すぐさま残り四隻が水中の燐光に向けて前進し、戦艦を守ろうと機動する。

水中の燐光と駆逐艦までに距離がある。そこで駆逐艦は水中に向けて砲弾を叩き込んだ。そうした砲弾の中には水中零戦に命中したものもあったのだろう。水中で何かが爆発した。

しかし、もとより照準もまともに付けられない攻撃だ。命中弾はその一発しかない。爆雷を投射しようにも爆雷を前方に投射する機能は駆逐艦にはなかった。

それでも機転の効く艦長が駆逐艦を大きく旋回させ、燐光に対して側面を向け、そこから爆雷を投射した。

先程の爆雷は零戦を吹き上げて終わったが、今回のは当たりどころも良かったのか、零戦は残骸となって吹き上げられた。

しかし、それは他の水中零戦の怒りを買った。

燐光は一つとなって水中から駆逐艦を襲い、駆逐艦は吹き上がった燐光に包まれて四散した。

残る三隻の駆逐艦も、同様だった。水中零戦に砲撃を仕掛けるが命中せず、水中からの攻撃で相次いで撃沈してゆく。

そして戦艦ニューメキシコは四方を、燐光を発する水中零戦に囲まれていた。

「緊急電だ！　我々が水中からの攻撃にさらされていることを伝えろ。飛行機状の潜水兵器による波状攻撃で駆逐隊は全滅した。本艦も危機的状況にあり！」

ザカーリス艦長は、この状況でも冷静だった。自分たちに起きたことは司令部に報告しなければならない。しかし、ありのままを説明しても信じてはもらえまい。現場にいる当事者の自分さえ信じられないのだ。報告だけを受ける太平洋艦隊司令部ならば、なおさら信じられないだろう。

だから彼は、飛行機状の潜水兵器という表現にしたのだ。それならば太平洋艦隊にも信じてもらえるだろう。

ザカーリス艦長自身は飛行機状潜水兵器などとは思っていない。もっと超常現象的ななにかだ。しかし、それを太平洋艦隊に報せるなら、もっと現実的な表現に変えねばならない。

それが現実と違っても。人は受け入れがたい現実より、受け入れやすい虚構を信じるのである。

そうして衝撃が戦艦ニューメキシコを襲う。戦艦の艦底を破壊され、大量の浸水がはじまったことがザカーリス艦長にはなぜかわかった。

戦艦はあまりにも浸水が急激で、かつ大規模であったため、転覆することさえなく、そのまま海中へと沈んでゆく。辛うじて総員退艦命令を出すことはできたが、どれだけの人間に届いたのかはわからない。

ザカーリス艦長自身は艦橋にいた。幕僚らは退艦させ、自分は艦と運命をともにするためだ。それは不合理とはわかっていたが、その時の彼は、そうすべきと考えたのだ。

不思議なことに、なぜか艦橋は浸水せず、不思議と静謐な空間ができていた。戦艦は沈みつつある。その中で、彼は水中に巨大な燐光を見る。

「お前たちは、これを見せたかったのか……」

燐光の中に傷ついた空母の姿があった。そして敵艦隊を壊滅したことに満足したように、水中の空母に零戦隊が帰還してゆく。ミッドウェー海戦で失われる前の日常を再現するかのように、空母に零戦は戻ってゆく。

「赤城だったのか……」

空母赤城は戦艦ニューメキシコの前方の海中を横切る。その姿が燐光とともに消えた時、ザカーリス艦長のいる空間に海水が押し寄せた。


「ここからは私一人で行く」

ニミッツ太平洋艦隊司令長官は公用車の運転手や随員にそう告げて、海軍病院の特別病棟に向かった。

太平洋艦隊司令長官の突然の来訪に、職員たちはもとより患者たちも驚いたように敬礼するが、ニミッツは形だけの返礼で先を急ぐ。

特別病棟の通路の前には、彼が直々に命じた歩哨が立っていた。

「異常はないか？」

「ありません」

「出入りするものは？」

「医者と看護婦、あとは尋問官だけです」

「ありがとう」

ニミッツは特別病棟に入る。収容された患者たちは、全員が個室に収容されていた。患者たちが口裏を合わせないようにだ。

だから全員の収容はできないため、一部は外部の隔離施設に収容している。ここに収容されているのは重要患者だけだ。

「お一人で？」

歩哨はニミッツが一人だけであることを認めると、思わず止めようと前に立つ。それが任務であるから、ニミッツも咎めはしない。

「人払いが必要だからな」

歩哨はそう聞くと、ニミッツの前から移動する。

「部屋のボタンを押せばすぐに向かいます」

「ありがとう。しかし、たぶんその必要はないだろう」

ニミッツはそう言うと病室に向かう。

「ここか」

軍の病棟だから鍵はかかっていない。しかし、構造的に歩哨の前を通過しないと特別病棟から外には出られなかった。

ニミッツはドアをあける。中の患者は、最初はうつろな目で病院職員以外の訪問者の姿を見つめるが、すぐにそれが米太平洋艦隊司令長官とわかると、電気でも流したように直立し敬礼した。そんな彼にニミッツは、言う。

「楽にしてくれたまえ、ダニエル艦長」


チェスター・ニミッツ中将の米海軍内でのキャリアには、新兵器との関係が強かった。

米海軍初の空母ラングレー。その実現と運用に関わったのもニミッツだった。ただ黎明(れいめい)期の空母に期待されていたのは、今日のような打撃戦力としての空母ではなかった。

当時は飛行機そのものが試行錯誤の段階であり、戦闘機も複葉だった。このため、空母に期待されていた役割も今日とは違っていた。

ラングレーに関して言うならば、それはジュットランド沖海戦の影響を受けていた。英独の大艦隊が衝突したジュットランド沖海戦では、旗艦に乗る一人の指揮官では巨大になりすぎた艦隊全体を把握することも、命令を下すことも困難であることが明らかになった。

この大艦隊同士の激突が、艦隊決戦を望みながら決して決戦とならなかった理由は、まさに敵味方ともに全体状況を把握できず、意思の疎通も円滑に行えなかった点にあった。

米海軍はこの問題を解決するために、空母の運用を考えた。上空で艦隊全体の動きを偵察機が把握し、飛行機から的確な指示を現場部隊に送れるならば、指揮部隊の問題は著しく改善されよう。

こうした意図でニミッツは米空母の運用に携わり、大きな成果を得ていた。

しかし、ニミッツの空母との関わりはこの程度であり、彼は潜水艦により多く関わってきていた。

一九二〇年にはパールハーバーの潜水艦基地で、中佐として建設主任に就いた。これが彼の潜水艦との関わり合いの始まりで、魚雷の開発を担当したりして、キャリアを重ねた。

その後、合衆国艦隊先任参謀を経て、一九二九年には大佐として第二〇潜水戦隊司令となった。

だが潜水艦との関わりで忘れられないのが、ある事件だった。それは一九二〇年代の中頃、彼が艦隊先任参謀として、潜水艦戦力の整備を担当していたときのことだ。

この時期には米海軍は対日作戦案のオレンジ計画を作成していた。合衆国の日本に対するオレンジ計画案は時代と共に変化していたが、その大枠は変わっていない。

艦隊戦力により日本列島を封鎖し、日本を飢餓状態におくことで屈服させるというものだ。戦艦を使うとか潜水艦を使うなどという手段の違いはあれ、最終目的の日本列島の海上封鎖、この一点はかわらない。

ただ二〇年代の米海軍の潜水艦は、日本列島の封鎖に使えるような水準にはなく、性能改善が急がれていた。潜水艦への期待は、沿岸警備程度に限られていたのである。

そうした状況で、彼は急な出動を命じられていた。

「マサチューセッツ州のある港町で、海兵隊を投入した大規模な取り締まりが行われる。賊は海上・海中より脱出を図る可能性があり、洋上で待機されたし」

合衆国艦隊の先任参謀でさえ、作戦の全体状況を把握できないというのは、かなり異例の命令だった。軍ないし政府のかなり上の方の決断で動いているものと思われた。

さらに異例なのは、一般の刑事犯罪なら警察が出れば済む話なのに、艦隊が投入される点である。ギャングの密輸阻止なら沿岸警備隊で対処できるはずで、海軍の潜水艦まで投入するとはよほどのことだろう。

ニミッツが漠然と考えていたのは、共産主義者の反政府活動だった。ロシア革命以降、トロツキーなどが世界革命を起こそうと活動しているのは、ニミッツも耳にしていた。

港町は港湾労働者が多く、オルグの活動に最適とも言われる。だが、海軍の兵站を支える港湾労働者がソ連などの影響下に置かれるのは、確かに国家の危機だろう。

ニミッツはそう命令を解釈した。もっとも、それは彼が共産主義者の活動に切迫した危機感を抱いていたという話ではない。今回の命令について、他に思い当たる節がないということだ。何よりも、警察ではなく海軍に出動命令が下るのは、常ならざることが起きている証拠なのだ。

ニミッツは軽巡洋艦に乗り、現場に向かった。その軽巡洋艦は潜水艦部隊の旗艦となるべき船であり、ニミッツはそうした潜水艦部隊の運用を研究していた。

軽巡洋艦とは言うものの、それは後のロンドン軍縮条約で補助艦の定義が必要となる中で誕生したものであり、この二〇年代という時期には、別の呼称で用いられる軍艦も少なくなかった。

ニミッツが乗っていたのもかつては偵察巡洋艦と呼ばれていた予備役の巡洋艦だ。潜水艦部隊の研究目的で、燃料を石炭から全面重油に切り替えるなど近代改装後に現役復帰していた。

ニミッツの潜水艦部隊の運用としては、偵察巡洋艦がいち早く戦域に移動し、敵艦隊もしくは敵潜団を発見する。そしてそれを周辺海域の潜水艦部隊に通報し、潜水艦による波状攻撃を行うというものだった。

この目的にためには強力な無線装備をもち、偵察機を運用できる軍艦が必要だった。こうしたことから偵察巡洋艦が用いられたのだ。

もっとも偵察巡洋艦はすでに旧型の軍艦であり、偵察機などは近代改装で対処した。五〇〇〇トン程度の船体にカタパルトを装備し、水上偵察機を一機備えていた。

後の巡洋艦と比較すると航空兵装は貧弱だが、当時としては強力な武器である。航空機を搭載している船など、世界全体でも数えるほどしかないのだ。

ニミッツはこの軽巡洋艦で現場に向かったが、

だんだんと上層部の考えが見えてきた。潜水艦部隊に命じたと言うより、彼らはニミッツの軽巡洋艦に直行を命じたのだ。

現場の様子を水偵で偵察し、それを強力な無線設備で関係方面に告げる。それがニミッツに期待されている任務だったのだ。

じっさい現場海域に到達したことを告げると、すぐさま航空偵察が命じられた。

「町は警察や州兵により包囲され、閉鎖されています。街道は完全に封鎖されているので、賊が逃げるとしたら海しかありません」

「一部の家屋(かおく)が炎上しています……これは、警察が火を放っています。どういうことでしょう……リンチ……いや、わかりません」

無線電話の報告はだんだんと詳細さを欠いていった。偵察員が口にしたくないような状況が眼下に広がっているのだろう。

良くも悪くも無線電話は遠くまでは届かないので、ニミッツはその報告を客観的な文書にして無電で報告させた。警察による放火やリンチなどは事実関係を精査しない限り、事の重要性から簡単には報告できない。

その時は気が付かなかったが、現地の状況を上層部に報告していたのは彼らだけではなかった。

上層部からは「海に逃げるものを見つけたらためらわず射殺せよ」とあった。

正直、よくわからない命令であった。どういう形で逃亡するにせよ、巡洋艦で射殺とはどういうことか?

考えられるのは船で逃げるものがいて、それを臨検の上、拘束することぐらいだ。ニミッツも射殺命令はわかっていたが、革命家にせよ何にせよ、この合衆国で裁判なしの死刑は行うべきではない。それが彼の考えだった。先程の水偵からのリンチという報告のことを考えても、それは海軍がすべきことではない。

だがニミッツの前に現れたのは、予想外のものだった。

「船が接近してきます！」

見張員が報告する。彼が示す方角には、船というより光るなにかがあった。

よくわからないが、漁船の上に何かが鈴なりになっている。カジキマグロか何か大型の魚を大量に載せているように見えた。それが燐光を放っている。

最初は、漁をしている漁船を装って逃げようとしているのかと思った。だがそうではなかった。

接近してわかった。漁船は確かに漁船だが、船内に林立しているのは、釣り上げた魚ではなく、人に似た生物だった。それらの半数は洋服を着ており、服装から見れば男女半々ではあっただろう。

化け物が服を着ているのではなく、服を着ていた人間が化け物に変容したと言うべきか。なぜなら完全な化け物と人間の中間段階のような者もいたためだ。

上層部が何をどう把握しているのかわからないが、ニミッツも本能的にそれが破壊すべき対象であることがわかった。彼らが元は人間だったのは予想がつく。

しかし、だからこそ、それが化け物に変容していることがニミッツには許せなかった。あれを放置することは、人間の尊厳を毀損することになる。

彼は巡洋艦に発砲を命じる。砲弾は漁船の周囲に水柱を作る。旧式巡洋艦なので射撃指揮装置はいささか照準が甘い。

それでも砲弾は命中し、漁船は炎に包まれる。命中弾が出てもニミッツは砲撃中止を命じなかった。それが木っ端微塵になり、海面から消え去るまで砲撃を続けた。

ただ砲弾が命中する前に、漁船から海に飛び込んだ連中がいた。ニミッツも乗員たちも、最初はそんな連中など気にもとめなかった。溺れて終わりだと思ったからだ。

だが違った。突然艦尾が騒がしくなる。そしてあがる悲鳴。

「化け物だ！」

驚いたことに化け物たちは溺れてなどいなかった。十数体の化け物が漁船から泳いで軽巡にたどり着いたのだ。

ここで一人の水兵の機転が艦を救う。搭載している水偵には防御火器として、軽機関銃が装備されていた。水偵は飛んでいたが、予備の機関銃は残っている。その水兵は整備試験用の銃架に機関銃を設置すると、化け物たちに機銃掃射をかけた。

その威力は絶大で、化け物は全滅し、艦は救われた。そしてニミッツは死体ごと、事実を報告した。

この夜のことは死傷者も出なかったこともあり、海軍内では夜間演習として処理され、実質的になかったこととして処理された。

だがニミッツは、その後も米海軍の潜水艦関連の職を兼任することとなる。理由は、例の化け物にある。

そして彼はワシントンの勤務のなかで、海軍局長より直々に話を聞かされた。メモは一切許されず、書類もなく、すべて記憶せよという命令だ。

「かつてこの地球は、旧支配者という存在により支配されていた」

海軍局長の語る話は信じがたい話だった。巡洋艦でのあの化け物に襲撃される体験がなかったなら、決して信じることはなかっただろう。

そして海軍局長はクトゥルフについて語った。深き者どもという存在がいることをニミッツが知ったのもこのときだった。

「遡れば旧大陸から新大陸への植民も、人類と旧支配者やその眷属との永劫（えいごう）の闘い、という文脈の中で理解できる事業なのだよ」

「ヨーロッパの旧支配者勢力へのカウンターが、新大陸への入植ということですか？」

海軍局長はニミッツの理解力に満足そうだった。

「大きな流れではそう言える。しかし、話はそれほど単純ではない。旧支配者は必ずしも異形の者として現れはしない。我々の心理を操ることで、自分たちの望む社会を作ろうとする。

奴隷制度などそうだ。人が人を奴隷とすることは、長年に渡り認められてきた」

「奴隷制度が旧支配者が作り上げたと？　ですが、自分はテキサスの出身ですが、郷里の地主たちが旧支配者とはとても思えませんが」

「それは矛盾しない。むしろ、それこそが旧支配者の巧みなところだ。人間は制度に従う動物だ。異形の者たちが奴隷制度を作り上げれば、あとはその制度を人間たちが維持してくれる。

逆に奴隷制度の恐ろしさはそこにある。人間が人間を奴隷にする制度が社会に存在するとする。

ならば旧支配者が復活し、それやその眷属が人類を奴隷にすることは容易(たやす)いとは思わんかね？　旧支配者による人類の奴隷化は、まさに人類が作り上げた奴隷制度の上に機能することになるのだからね」

「その理屈で言えば、欧米列強の植民地もですか？」

「それは植民地の状況で異なる。合衆国のような旧支配者へのカウンターのための植民もある。また欧米によるアジア・アフリカの植民もある。

ただ一般論で言えば、植民化もまた体制の産物だ。今日の植民地社会もかつては独立国だった。

その独立国は内政に問題を抱え、政治対立があった。それを解決するために地方領主たちは欧米の人間を雇った。傭兵(ようへい)だよ、つまりは。

領主の敵対勢力は傭兵により駆逐された。しかし、内政の混乱で領主には金が無い。それで領主は傭兵に特権を与えた。所領付与や貿易の権利。最初は小さなものだった。

しかし、それが積み重なると、傭兵が王権を脅(おびや)かすまでになり、ついに彼らが国を支配するに至る。そうした歴史の積み重ねだ。

じじつ欧米列強の植民地には、いまも領主の家族が健在だ。僅かな所領と給与を支払われ、彼らは地方の門閥(もんばつ)となっている。ヨーロッパで教育を受けたものも少なくない。しかしそれでも、彼らは植民地の人間なのだよ。

こうした植民地への歴史の蓄積の要所要所に旧支配者たちは働きかける。あとは人間たちがそれを体制として整備するわけだ」

ニミッツは予想もしていなかった話の流れに言葉もなかったが、その沈黙を肯定と考えたのか、局長は続けた。

「君は先ほど黒人奴隷について触れたが、あれも同様だ。黒人奴隷の貿易が生まれる前に、アフリカでの土豪同士による戦争があり、戦争奴隷がいた。それをヨーロッパ人が貿易の対象とした。

奴隷貿易は、地方領主にとっては富の源泉だった。だから戦争の結果だった奴隷貿易は、いつしか富のために、奴隷を手に入れるための戦争を生んだ。

欧米の多くの国々が奴隷で経済成長を遂げた。しかし、それは同時にそれだけの労働力をアフリカが失ったことを意味する。アフリカという地域は荒廃し、植民地が残ったということだ。

旧支配者は人間の欲望にちょっとした種を撒けば、あとは人間たちが制度を整備する。巧みなものだ」

「ですが、我々は奴隷を解放した」

「そうだよ、つまり神は存在する。旧支配者から人類を守る神は存在するんだよ」

「それが先ほどの永劫の戦いですか……」

ニミッツは局長の話が信じられない。あの港町の沖合の出来事がなければ、席を立って退室したところだ。

そもそも局長は何の話をしたいのか？　歴史の講釈ではあるまい。

「君はここまでの私の話に、何を企んでいるのかと思ったかもしれない。遠回りなのは認めるが、しかし、結論だけを言っても理解してもらえまい」

「まぁ、そうですね」

「合衆国海軍の存在理由の一つは、クトゥルフの脅威から国を守ることだ」

「先ほどの話では、旧支配者はクトゥルフだけではないのでは？」

「もちろんだ。ただ合衆国は海洋国家だ。チベットの山奥やサハラ砂漠の果てにいるような旧支配者は直接の脅威にはならない。

むろんすべてがクトゥルフではないが、国内の異変は陸軍で対処できる。海洋は、つまりは海軍の関心はクトゥルフなのだよ。

君は海軍長官や次官ではなく、どうして私がこんな話を君に説明するかわかるかね？」

「担当者だからでは？」

「ある意味、そのとおりだ。海軍もまた官僚機構だ。しかし、長官や次官は政権交代で異動してしまう。

だがこの問題は一〇年、二〇年と継続して行わねばならない。だから局長クラスの高位の官僚が担当せねばならんのだ。官僚なら継続して仕事ができるからね。言うまでもないことだが、海軍内部には私以外の同志たちもいる」

ニミッツはそこで話の流れが見えてきた。

「私にも加われと？」

「貴官が同志になってくれるのは心強い。だが強制はしない。しかし、貴官は否応（いやおう）なく関わることになる」

ニミッツは直感的に局長の言葉が正しいとわかったものの、それに対する反発もあった。

「どうして、否応なく小職がかかわると？」

「運命だからだ。深き者どもと遭遇し、戦ったことがあるものは、死ぬまで連中と大なり小なり関わることになる。そういう運命だ」

「局長も戦ったことがあるとでも」

ニミッツがそう言うと、局長は腕をまくる。そして右腕に触ると、腕の表皮がめくれ、腕の内部が露出する。そこには筋肉ではなく、何かの機械があった。驚くニミッツを前に局長は再び着衣を整える。

「フィリピンだ。そこで私は航行中に連中に遭遇し、戦い、右腕を失った。

だが我々の同志たちは古来からの知恵も伝承していた。これはその古代の知恵の応用だ。完璧に同じ腕ではないが、局長になれるくらい日常生活には不自由していない。で、どうするね？」

ニミッツの返事は決まっていた。

「断ります」

「だろうな」

局長は意外なことに驚かない。

「断らねば、自分はクトゥルフと関わってゆくことになる。断ったとしても、それが運命なら否応なく関わることになる。ならばせめて拒絶することで、自由意志を行使したい、そういうことか？」

まさにそれがニミッツの考えだった。

「どうしてわかるかって、私も同様の状況で、同じ回答をしたからさ」

それでもニミッツはクトゥルフと関係を持つことは、それ以降なかった。あれは夢だったと思うこともあった。しかし、戦争という事実が、彼を現実に呼び戻す。兆候は幾つもあった。そしていま、ダニエルが現れたのだ。

「哨戒艇R35号の乗員は半分が死亡した。船体も艦首部が辛うじて浮いているだけの状態だった。それを筏にして漂流中のところを諸君らは救助された」

そう切り出すニミッツに、ダニエル少佐は続ける。

「そして精神に異常を来したとして、我々は海軍病院の特別病棟に収容された」

「君らは精神に異常を来しているとは思っていない。そうであるなら精神病棟に収容されよう。

だがここは特別病棟だ」

　ニミッツにそう指摘され、ダニエルの表情が変わる。

「どういうことでしょうか？」

「特別病棟とは君らを守るための場所だ」

「守る？」

「クトゥルフからな」

　その言葉にダニエル少佐がショックを受けていることは明らかだった。つまりやはり彼もクトゥルフの存在を知っているのだ。

「君たちが深き者どもの襲撃を受けたことはわかっている。死体も残されていたからな。

　たぶんかつての私と類似の経験をしたのだろう。航行中に深き者どもに襲撃され、戦闘となり艦を失う」

「長官も……」

「私は幸いにも艦を失うには至らなかったがな。

　それよりも確認したいことがある。君らが乗っていた哨戒艇は日本軍のものと思われる。あれは奪ったものか？」

　ダニエル少佐は、そこでいままでに起きたことのすべてを語った。

「それで井上司令長官との連絡手段などはあるのかね？」

「相互連絡のための回線を指定されました」

　ニミッツはその無線通信のための回線を聞くと、すぐに自らの情報参謀のレイトン大佐に連絡を入れる。

「秘密任務だ。人間を集めて欲しい」

六章　戦艦アイオワ

ジョン・マックレア大佐にはそれは奇跡のように思われた。米海軍の最新鋭戦艦であるアイオワが、予定の竣工時期よりも半年も早く完成したためだ。

すでに戦争が始まっていることももちろん工期前倒しの理由だが、予定の工期はすでに前倒しを命じられていた。じっさいそのために造船所では二四時間のシフトが組まれていた。

だがここまで工事が進んだのには、何か超自然的な力が働いたのではないかとも言われていた。

それはマックレア大佐も建造工事に立ち合う中で、何度も耳にしていた。

「深夜シフトで天使に出会った」

さすがにそういう証言はマックレア大佐も信じなかったが、造船所でアイオワ建造に何か常ならぬ力が作用しているのは彼も感じていた。

じっさい建造に重要な仕事をしている技師の一人が舷側から足を滑らせて転落したにもかかわらず、かすり傷で済んだという現場を大佐自身が目撃していた。

戦艦の上甲板からドックの下まで転落するという事故である。船からの落下ではなく、地上一五階建てのビルから落下するようなものだ。しかも地面は土ではなく、戦艦を支えるために頑強に補強されたドックの基盤だ。

普通なら即死である。なのに技師は無傷だった。

「ドックから舷側に流れる上昇気流のおかげ

だったようです」

　技師は自分を包み込んだ何かの気配をそう表現した。無教養な工員の中には、天使が技師を抱きかかえていたというものもいた。

　とは言え、技師が無傷だったのは、「工期が遅れずに済んだ」理由であり、「予定より早まった」理由ではない。そして早まったことにも不思議な話があった。

「深夜シフトの工員が通常より多いみたいだ」

　そんな噂が流れていた。軍の工事であるから作業員は点呼を取り、人数は確認されている。にもかかわらず、いざ作業がはじまると、どうも現場では人間が増えているという。

「見たことはあるが、名前はでてこない」

　そんな工員がチームを組み、難しい作業を次々とこなしてゆく。証言の中には、「ガントリークレーンが増えていた」というものさえあった。

　クレーンが増えているから、機材の受け渡しが円滑に進み、工事現場で待ち時間なく作業が進められたというのだ。

　そして物品の受け渡し書類を確認すると、確かに予定よりも大量の物品が移動していた。ただ言うまでもなく、造船所のガントリークレーンは増えていない。

「本当に、ここには天使がいるのではないか?」

　そんな噂を信じたくなるのも、マックレア大佐には理解できた。少なくとも神の恩寵がこの戦艦にはあるのではないか?

　もっともそうした神学的な解釈をするものば

かりではない。深夜シフトで「触手を持った肉の塊がリベットを打っていた」という信じがたい証言もある。

　またカナダからやってきた工員や技師の中には、「人の輪郭をした赤い目を持つ巨大な紫色の雲が鉄材を運んでいた」と言う者もいた。しかも彼らの何人かは造船所から行方不明になり、数カ月後にカナダの山中で廃人となって発見されたりした。

　工期が半年も前倒しで進むのも謎なら、造船所の超自然的なものを悪魔と指摘したものが不可解な惨事に見舞われるのもまた謎だった。

　しかし、マックレア大佐はそうした被害者は不信心の報いであり、戦艦アイオワは神に見守られた存在であると信じていた。

　そうして竣工した戦艦アイオワは、当初の大西洋艦隊ではなく太平洋艦隊に配備された。ニミッツ司令長官の強い要望と、海軍中央でも局長クラスが太平洋正面の戦備充実を唱えたためらしい。

　マックレア大佐自身は、合衆国の基本方針が大西洋正面重視であったと説明されていただけに、この采配には意外性を覚えた。

　ただ局長クラスの高官は「大西洋正面で重要なのは海上輸送路の確保であり、その目的のためには戦艦は必ずしも適切な装備とは言えない」と主張しており、それは彼も納得できた。

　それにUボート以外に海軍戦備らしい海軍戦備がないドイツに対して、日本海軍には空母も戦艦も多数ある。アイオワが真価を発揮するなら太平洋正面というのは納得できる話だ。

「僚艦がないこともあり、アイオワは太平洋艦隊直属の独立した任務隊に配備されることになります」

マックレア大佐が驚いたのは、その説明を太平洋艦隊情報参謀のレイトン大佐が直々に行ったことだった。それは戦艦アイオワがハワイに着任した直後だった。

「小職が貴官にこうした話をするのは異例なのはわかっている。だが貴官も理解できると思うが、本艦は米海軍の秘密兵器、切り札だ。だからこそ機密管理が重要になる」

「わかります」

マックレア大佐は、レイトン大佐の話を理解したと思っていた。だがそれは大間違いだった。


「戦艦大和を第四艦隊の指揮下に入れろだと！」

トラック島の連合艦隊司令部は、大和型戦艦の二番艦である武蔵に置かれていた。武蔵は建造中に艦隊旗艦機能を拡張させたために、それまでの大和から移動し、連合艦隊旗艦となっていたのである。

「いけませんか？」

井上成美第四艦隊司令長官は尋ねる。山本五十六連合艦隊司令長官は、この旧友をどう扱うか困惑していた。

ともに日独伊三国同盟には反対した同志だ。井上が国のために命を投げ出す覚悟なのは山本が一番わかっている。白色テロが横行するご時世である。海軍高官が三国同盟に反対するというのは、命にかかわる行為だった。

それでも井上は引かなかった。暴漢に襲われかけたことさえあったと聞く。

その意味で井上は人として信頼できる人間だ。海軍の空軍化という総力戦の文脈のなかで、海軍戦備に新たなビジョンを構築できる知性と胆力もある。

ただ戦略はわかるが、戦術となると疑問に感じることは多かった。ウェーク島の攻略や珊瑚海海戦などの采配は、米海軍を撃滅するという決意に欠けているのではないかと思うこともある。

なんと言うか、彼は米海軍よりも別の何かと闘っているかのごとく中途半端な采配が見えることがある。

しかし、山本がそんな井上を切れないのは、自分と五分に戦略の話ができる人間が他にいないためだ。

教育水準の高い日本であるから、海軍士官たちは、目の前の敵とどう戦うかというような局面では有能ぶりを発揮する。しかし、戦略レベルの話となると、抽象的な空論ばかりになる。

井上が海軍の空軍化を唱えている時に、大勢は強い戦艦の話ばかりしているという塩梅だ。そして真珠湾やマレー沖海戦後は、手のひらを返したように空母や飛行機の話ばかりしている。

ただそこでの飛行機の話も、流行りだからしているという印象は拭えない。なぜなら戦艦大和も武蔵も温存され、基地航空隊だけが激闘を続けている。

　本当に海軍航空を理解しているなら、航空優位時代の戦艦運用という議論が起きて然るべきだ。しかし、そういう議論はない。戦艦の運用はいまだ艦隊決戦だ。

　それを苦々しく思っている山本とすれば、ここは井上の話に乗るのも一興ではある。

　しかし、海軍の空軍化を唱える井上に「軍艦愛」が欠けているのも周知の事実だ。そんな男に、虎の子の戦艦を委ねてもいいのかという疑念はどうしても残る。

「井上さんは戦艦大和で何を攻撃しようというのか？」

　一つの疑問はそこである。第四艦隊のいまの任務は米豪遮断のための作戦遂行だ。ガダルカナル島の空軍基地建設もそのためのものだ。だとするとどこか？

「ポートモレスビーを四六センチ砲で一掃する……という回答をお望みですか？」

　見透かされている。山本は井上の眼力を再確認した。

「ということは、ポートモレスビーではないわけだ。エスピリトゥサント島か？」

　エスピリトゥサント島は連合軍の大規模な拠点があると言われていた。攻撃するなら、ここも重要な候補だ。しかし、敵の航空基地にのこのこ戦艦大和を出すというのは井上らしくない。

「そうではないことは十分ご存知では？」

「まぁ、な」

「長官は、日本と戦艦大和とどちらが大事ですか？」

「馬鹿げた質問を。日本に決まっているだろう」

「ならば、大和を危険に晒しても、そこで日米講和の可能性があれば、大和を投入することは構わないわけですね」

「日米講和だと！　井上さん、あんた……」

井上は、すべてではないが、山本に咀嚼できる範囲で説明する。

「ニミッツ司令長官との極秘交渉ですか。そんなことがバレたら、あんたも私も切腹ものだ」

「自分は、海軍に奉職したときから、その覚悟はできておりますが」

「なるほど、日本と刺し違えて腹を切るのも一興か。わかった、大和を好きに使ってくれ。国のためにな」


こうして戦艦大和は第四艦隊司令長官直卒の戦力となった。


「これが特別暗号か」

杉山大佐は第四艦隊司令部より派遣されてきた飛行艇と洋上で邂逅し、その装置を受け取った。タイプライターのような機械であるが、機械式暗号機であるという。

ただし海軍の正式な暗号機とも違う。ヨーロッパで使われていたクリプテクニークC―36型という商業用の機械式暗号機であるという。

軍用より強度は弱いとは言われているが、それも相対的な話だ。人間が起草する通常の暗号よりは遥かに強い。畢竟、暗号というものは、いつか解読される運命にある。解読不可能の暗号では役に立たない。復号可能[*1]ということは、解読可能ということだ。

問題は解読されるまでの時間である。「五分後に攻撃する」という暗号なら、相手が一〇分で解読できても意味はない。現実はすでに動いている。

逆に解読に半年かかる暗号でも、それが来年の行動計画書の類なら、解読は無駄ではないわけだ。

そして杉山大佐は、第四艦隊より欧米の機械式暗号機が送られてきたことの意味を正確に理解していた。

海軍では一般的にD暗号が用いられている。それはこの商業式暗号機より強いかもしれない。しかし、海軍当局も第四艦隊司令部と伊号第二〇一潜水艦の通信を解読できない。少なくとも即時解読は無理だろう。海軍暗号の体系の中に全く異質な暗号を押し込むというのは、彼らの活動は海軍内部に対しても極秘であることを意味するのだ。

暗号機には他にも紙切れが一枚含まれていた。書類ではなく紙切れなのは、読後、焼却を命じられていたためだ。

潜水艦なら海にでも捨てれば足りるのに、焼却とわざわざ指摘してきたのは、海に対する警戒らしい。相手が海妖の類なら、海に捨てた書類がどうなるかわかったものではない。

紙切れに書かれていたのは、アルファ、ブラボー、チャーリー、デルタの四つの符号だ。そ

＊1　暗号化されたデータを元のデータに復元すること

れに矢印がふられ、ブラボーだけが赤丸で囲まれている。

どうやらそれは命令と通信を図示したもので、ブラボー——つまり伊号第二〇一潜水艦は、アルファ——つまり第四艦隊司令部からのみ命令を受け、アルファとチャーリーにだけ状況を報告するとなっていた。

アルファとブラボーの関係だけはわかったが、チャーリーとデルタが意味するものがわからない。作戦にかかわる部隊らしい。

ともかく、伊号第二〇一潜水艦に対しては、第四艦隊司令部だけが命令を出せる。それ以外の何者も命令は出せない。そして伊号第二〇一潜水艦は、司令部と僚艦と思われるチャーリーにのみ状況報告ができる。

チャーリーとデルタが一つの部隊で、おそらくはチャーリーの命令でデルタが動くので、ブラボーである伊号第二〇一潜水艦はチャーリーにのみ報告するらしい。

「友軍は我々を含めて三隻ですか？」

前田副長もこんな命令ははじめてなのだろう。やや当惑気味だった。

「三隻とは限るまい。チャーリーが艦隊旗艦で、デルタが傘下の戦隊である可能性もある。そうであれば一〇隻近い艦艇が行動することになる。あるいはデルタは航空隊なので、我々が直接通信を行わないとも解釈できる」

「しかし、クトゥルフがらみの作戦とはわかりますが、ここまで神経質に秘密を守る必要があるでしょうか？」

「相手は人間ではないのだ。それに言いたくはないが、海軍のどこにクトゥルフの眷属に連なるものがいるかもわからぬ。本人とて自分が変容する瞬間まで、そのことに気が付かないかもしれないのだ」

「我々も土壇場になれば変容する可能性もあるということでしょうか?」

「甲府と長野の人間である我々にその危険はあるまいよ」

そう副長につげる杉山であったが、本当にそうなのか、彼は内心ぞっとしていた。

「戻ってこい……戻ってこい……」

マイクは生まれ故郷にいた。見慣れた通りに、見慣れた店が並ぶ。朝食のためにパンを買い、家族のために花を頼む、そんな懐かしい子供の頃の郷里だ。

ただすべてが同じ景色でもない。街角のあちこちに、朽ち果てた船舶が横たわっている。

だがマイクはそれすらも懐かしく思う。

「子供の頃は、よくあんな船の中で泳いで遊んだものだ」

彼は、廃船の中を魚のように自由に泳いだ記憶が鮮明に蘇った。

「廃船の中を……泳ぐ⁉」

いくら港町で育ったとは言え、そんな遊びをするはずがない。だが彼にはそうしたはっきりとした記憶がある。

じじつ、いまもそうやって泳いでいるではないか。そう自分は町中を泳いでいるのだ。

彼は混乱した。海の中ならまだしも、どうして町中を泳いでいるのか。しかも町中を泳いでいるのは彼だけではない。顔見知りの、あるいは見覚えのある人達も皆、町中を泳いでいる。そう――生きているはずの人も死んでいたはずの人も。

港に行けば、つまり海に出れば、わかるのではないか。彼はそう思って港に向かって駆け出す。しかし、じっさいにやってるのは泳ぐことだった。

彼は泳ぐ、そして港が見えた。港には明るい海面が広がっている。周囲の人たちは彼が泳いでいることには無関心だったが、海面に飛び込もうとしているとわかると、すぐに止めに掛かった。

だが遅かった。彼は勢いよく海面に飛び込んだ。

「息ができない！」

彼はそのことに気がついた。周囲に水がない。自分は海中から海面に飛び出したのだ。どこまでも、どこまでも、周囲には海水はなく、空気だけだ。だから息ができない！

死ぬ！

死ぬ！

死ぬ！

そう思って彼は叫ぶ。そして目が覚めた。そこはベッドの上だ。病院のベッドに似ているが何か違う気もする。

「病院船か！」

そこで彼は思い出した。自分は駆逐艦ジョン・カーターの乗員だったが、ツラギの日本軍と交戦し、日本軍の捕虜となりラバウルに送られた。だがダニエル艦長が捕虜たちを集め、哨戒艇を奪って脱出したことを。

そこで追撃してきた日本軍と戦闘となり、自分は海に投げ出され、漂流した後、オーストラリア軍に救助された。

二度に渡る戦闘のために、彼の記憶にも曖昧さは残るのだが、とはいえ敵軍との戦闘の記憶を忘れるはずはないのだ。

「大丈夫ですか？」

看護婦が病室に現れる。

「ここは？」

「病院船ハイペリオン号ですよ。忘れました？」

何となくそんな記憶はある。ただ霞（かすみ）がかかったようで、明確には思い出せない。それが表情に出たのか、看護婦は真顔で尋ねる。

「ご自分の名前はわかりますか？」

その質問に彼はハッとした、自分は誰なのか？

「ジェームズ・ピット」

その名前が自然と口をついてでた。看護婦は納得したような、それでいて少し憐れみを含んだ表情で答える。

「それは、あなたのお父様の名前です」

看護婦がなにかの書類で確認する。書類があるからには、自分がどこの誰なのか、彼らは掌握しているということか。

「父の名前？」

「思い出しませんか、マイクさん？　あなたのお父様は地域の有力者だった。漁船も何隻か持っている金持ちでした。ただ、あなたが生まれたばかりの頃に海で亡くなられた」

その時、ピットに見えた光景は看護婦のそれとは微妙に違う。老いたジェームズ・ピットは、海に戻り、新しい肉体を得たのだ。そして成長した。

だから自分はやはりジェームズ・ピットなのだ。遭難したジェームズの息子として別の名前を名乗りはしたが、親子ではなく同一人物だ。

ピットと名乗るのはこの二〇〇年ほどの間でしかないが、名前を何度か変え、数千年は生きている。それは彼らの種族の中でも、彼が指導者的な立場にいることを意味していた。

そして長年の経験から、彼はいま、自分が危険な状況に置かれていることを察した。一言でいえば、自分の能力が発揮できない。頭が働かないのだ。

何か特別な処置が自分に施されたのではないか？

「私に何をした……」

「興奮なさらないでください。あなたは弱っているんです。二週間も太平洋をさまよい、奇跡的に救助された。だから相応の処置を施されたんです」

ピットはそこで思い出す。それはついさっきまで彼が覚えていた記憶とは違っていた。仲間が哨戒艇を襲撃した時、自分も変容した。そうして仲間たちを部下として、哨戒艇を奪うはずだった。

だが、自分が変容し始めると、ダニエル艦長は日本人から受け取った刃物を自分に突き立てた。

若い連中なら即死だっただろう。じじつその刃物で刺された時、彼は同族の血が、自分の体内に混ざる感触を受けたからだ。その刃物は複数の仲間の血を吸っている。

それでも彼は長老格の存在。深手は負ったが死ぬには至らなかった。しかし、変容は完全ではなかった。中途半端な状況で海に逃げたが、仲間にも助けられず、戦友も彼を見失った。

人とも海妖ともつかない存在を、どちらの側も発見できなかった。そして二週間の漂流のうちに彼は一度、人に戻ったのだ。

だがそれは再び人になるということではなかった。海妖に変容する過程が後退しただけで、それはいまも続いているのだ。

「二週間漂流して死ななかっただけでも奇跡なんです。いまだって体温の変動が激しい。海水温と同じ体温になれば、普通は助かりませんよ」

「それで本土の病院に行くのか」

「いえ、米太平洋艦隊司令部のあるハワイです。米軍の病院のほうが精密検査もできますから。ピットさんが二週間も漂流して生存できた理由がわかれば、多くの将兵の命を救えるかもしれません」

それはない。そんな真似は自分の一族でも長老クラスでしかできないことなのだ。それどころか、そんな秘密を人間に知られてしまえば大変なことになる。

「少し一人にしてくれないか」

看護婦はそれを聞くと、部屋の電気を消して出ていった。ありがたい。全てが明らかになったいま、彼は自分が為すべきことを理解した。

そして戻ってこいと夢のなかで言っていた存在も、いまならわかる。長老の一員の帰りを待つ仲間たち。いまそれが近づきつつある。そして彼は暗い船室のなかで、自身の身体が燐光を放ちつつあることを感じていた。


伊号第二〇一潜水艦は、他の伊号潜水艦よりも居住環境が整備されていた。

シュノーケル装備であるため、給排気が可能であり、湿度や艦内の二酸化炭素濃度も一定以下に抑えられている。艦内の熱を海水に逃がすことで、静音を維持したまま艦内気温を下げることもできた。

高度な装置を扱う関係で、一般的な潜水艦よりも下士官以上の比率も高く、このため居住区も個室こそ与えられていないものの、数人の下士官が共有する下士官室が複数あった。

下士官室などが複数あるのは、船体を小区画で区切ることで、浸水時に予備浮力を確保することと、船体強度を高める意味もある。なぜなら伊号第二〇一潜水艦は、水深三〇〇メートル近くまで潜航可能であったためだ。

こうした構造だから、発令所から魚雷発射管室までは、細い廊下を移動することになる。潜水艦の各小部屋のドアは閉めるのが原則なので、通常は通路に人間の姿はない。

聞こえるのはかすかな機械音くらいだ。機関室に行けばディーゼルエンジンの轟音が聞こえるだろうが、防振台などを装備して部屋自体を密閉しているので、艦内には意外に音は聞こえない。

機関室だけは、機関冷却の関係で、室内を強制的に冷却しているが、独立空間なので、外部に対する音の問題はさほどない。ここを独立空間にしているのは、事故が起きた場合にも機関部を浸水させずに動力を確保するためだ。

そうまでして住環境を整備するのは、シュノーケルと高性能電池を搭載したこの潜水艦が、文字通りほぼ潜航状態で常時活動するためだ。

通常の潜水艦は、潜航可能な船というのが正しく、移動中はほぼ浮上している。ハッチを開ければ空気も流れる（それでも結露で高温多湿になってしまう）。

伊号第二〇一潜水艦は、浮上より潜航時間のほうが長いために、予備浮力と居住性に配慮した構造になっているのだ。このときも潜水艦は、潜航状態でディーゼル推進により原速で航行していた。

「水雷長が、石板魚雷が騒いでいると言っています」

「魚雷が騒いでいるだと？」

前田副長の報告に、寺田艦長はともかく魚雷発射管室に向かう。いつもなら静かな艦内なのに寺田も前田も魚雷発射管室からの、なんとも言えない空気のようなものをはっきりと感じた。

悪い空気ではない。ただし清浄な空気でもない。例えるならば、一億ボルトの電気が流れる高圧電線の近くにいるような、大きなエネルギーの流れを感じさせる空気だ。

その威圧するような空気感は、魚雷発射管室でピークを迎える。そして震源地はすぐにわかった。石版魚雷の中央部が燐光を放っている。

魚雷の先端は弾頭と起爆装置だが、制御はその後ろの中央部で行う。だからそこが光るのは、石版の影響と思われた。

「何かに反応しているのでしょうか？」

そんな水雷長に寺田もどう反応すべきかがわからない。そのまましばらくすると、燐光は輝きを減らしてゆく。そこで寺田艦長は閃くものがあった。

「航海長、取舵九〇度！」

伊号潜水艦がその針路に変更すると、燐光は急激に弱まった。不思議がる水雷長らの前で杉山は再度、電話で航海長に命じる。

「よし、こんどは面舵一八〇度！」

伊号潜水艦が艦首を反対方向に向けると、燐光は再び明るくなる。

「艦長……」

「わからないか？　石板はクトゥルフに反応しているんだ。この方角に敵はいる！」

魚雷の燐光の明るさで敵の方位を計測するというのは、言うほど簡単な作業ではなかった。むしろ、燐光が消える方角で取舵、面舵を切り分けて、その中心方向にむかうのが合理的とわかってきた。

中心方向に向かっても、最初は燐光は衰えていったが、それは相手が移動していることを意味した。

そうした中で、機関科の電気回路に詳しい下士官が、艦内の予備部品で計測器を作り上げた。光電管と増幅器と電圧計をつないだもので、人間の目ではわからない燐光の明るさを計測するのだ。一番明るく燐光が輝く方向が、相手の正確な方位とわかるわけだ。面舵取舵で絞ってゆくより、よほど精度が出せる。

こうした作業を一定時間ごとに繰り返しているなかで、杉山艦長は石板が示す相手の位置と針路も概ね把握することに成功していた。

一連の作業は潜航しながら行われた。相手の正体も不明であることと、伊号第二〇一潜水艦は、他の伊号潜水艦と同じく舟形も流線型を基調した形状であるため、水中の方が速力が出るのである。

そうして数時間後、ついに聴音機が相手の推進器音を捕捉する。

「二軸の大型船舶です。駆逐艦ではなく商船と思われます」

聴音員の報告は、杉山大佐を困惑させた。そんな船の何に石板は反応したというのか？　水中の幽霊船に反応したと言うなら話もわかるのだが、相手は普通の商船だ。

接近し、潜望鏡を上げる。すでに周囲は明るくなっていた。だから杉山艦長がそれを見間違えるはずもなかった。

「どういうことだ、病院船だぞ！」

「ブラボーからの情報に該当する船舶がありました」

ザカーリス艦長に通信長が報告する。

「病院船ハイペリオンです。オーストラリア船籍の客船で徴用され、病院船となった船です」

「病院船か」

ザカーリス艦長は、特殊任務で自分たちと共同で動いているブラボーの情報をどう解釈すべきか戸惑っていた。どこから病院船などという存在が登場する余地があるのか？

自分たちの任務はクトゥルフを退治することではなかったのか？　そもそもブラボーとは何なのか？

「仮装巡洋艦の類じゃないでしょうか？」

ブラボーが何なのか、それについて副長の意見がそれである。

「かなり広範囲に標的を追ってますから、水偵くらいは搭載しているでしょう。

浮上した潜水艦が病院船に接近すれば、病院船の側から問い合わせなどがあるはずです。

しかし、我々以外に隠密裏に活動している軍艦はありません。そうなると消去法で商船に偽装した仮装巡洋艦が残ります」

ザカーリス艦長は、仮装巡洋艦説にも必ずしも納得できたわけではないが、一番ありそうな仮説とは思う。

「とりあえずデルタにハイペリオンに関する詳細情報を問い合わせよ。それとチャーリーはこれより、ブラボーの示した海域に向かうと報告せよ」

ザカーリス艦長の指揮する戦艦アイオワは、この作戦ではチャーリーというコードを割り振られていた。ブラボーからの情報を受け、デルタからの命令に従う立場だ。

デルタは米太平洋艦隊の特別チームで、直接の責任者はレイトン情報参謀ではあるが、命令がニミッツ司令長官よりくだされているのは間違いない。

予想よりも早く、返事は届いた。

「病院船ハイペリオンにはマイク・ピットという人物が乗っています」

通信長の話にザカーリス艦長も首を捻る。そんな人物に心当たりはない。大物ではないということだろうが、しかし、そんな人間の乗る病院船をブラボーはなぜ追跡するのか？

「何者だ、そいつは？」

「これは信じがたいのですが、駆逐艦ジョン・カーターの乗員で、日本軍から奪った哨戒艇に乗っていた、下士官です」

「それはそれは……しかし、どうして彼だけがオーストラリア軍に救助されたのだ？　彼らの担当エリアとはかなり離れていたはずだが」

「それが、彼は海上を二週間も漂流し、オーストラリア軍の哨戒機に発見されたのだとか」

「二週間漂流して発見された、だと？」

――マイク・ピットはたぶん人間ではあるまい。

ザカーリス艦長は、そう直感した。深き者どもか、その眷属なのだろう。だから海上を二週間も漂流して生きていられたのだ。

ただ駆逐艦ジョン・カーターが深き者どもに襲われたときも、哨戒艇でも、ピットは人間であった。変容したという報告はない。

また病院船に収容されていることからしても、いまもまだ人間の姿をしているのだろう。

どうやら人から深き者どもに変容を遂げる人間には何種類かあるらしい。すぐに変異するもの、遅れて変異するもの、あるいは生涯人間のままで終わるもの。

この違いが何に由来するかはわからないが、おそらくは彼らの生存戦略に関わるものではあるまいか。

変異の時期が一定なら、太古の人間たちにより、深き者どもは根絶やしにされていただろう。その時期に人と深き者どもを峻別すればいいのだから。

しかし、人から変異する時期や条件がばらばらなら、彼らが人間社会から駆逐される可能性は小さくなる。

問題はブラボーがそれを追跡しているという事実だ。ブラボーが何者なのかはいまだわからない。しかし、どうやら追跡すべき相手を正確に捉えているのは間違いないようだ。

「それで、艦長、どうしますか？」

副長が不安そうな面持ちで尋ねる。

クトゥルフを粉砕するための新鋭戦艦ではあるが、病院船ハイペリオンを撃沈するのはさすがにザカーリス艦長も考えてはいない。

「停船させて、ピットを我々が収容する。米海軍の軍艦が米海軍の将兵を受け取るのだ、問題はあるまい」

「危険ではないでしょうか？」

副長のその言葉にザカーリス艦長は、彼の不安の理由にやっと合点がいった。彼は病院船への攻撃ではなく、ピットを艦内に収容することを危惧しているのだ。

「心配するな。深き者どもといえども、刃物で切られれば血を流す、銃で撃たれれば死亡する、窓のない船室に軟禁すれば危険はない。必要以上に奴らを恐れることこそが危険というものだ」

「なるほど」

それはザカーリス艦長がニミッツ司令長官やレイトン情報参謀から説明を受けたときから抱いていた考えだ。素手では人間より強いのかもしれないが、いまどき素手での戦いにどれほどの意味があろう？

ブラボーは依然として病院船を追跡しているようだった。やがて戦艦アイオワのレーダーに病院船の船影が捉えられたが、ブラボーの姿はない。

そしてブラボーより、さらなる通信が入る。

「水中に敵影あり。病院船に接近中」

作戦では伊号第二〇一潜水艦は偵察と情報収集が主任務であった。つまり攻撃はチャーリーの担当ということだ。それもあり、杉山潜水艦長はチャーリーの接近まで、病院船を追跡していた。

すでに明るいので、病院船がハイペリオン号であることやオーストラリアの船であることがわかっていた。

それはアルファである第四艦隊司令部とどこかにいるチャーリーに報告済みだ。ほどなくデルタから報告が届いた。

どうやらデルタとアルファは、他のチームに情報を通知することができるようだった。

「アルファのようにデルタもどこかの司令部か？」

杉山はそう考えた。迅速な情報分析は陸上の司令部施設でなければ無理だろう。知るべき規模の通信施設が必要だからだ。

じっさいラバウルの艦隊司令部も、いまは重巡鳥海からラバウル市内に居を移している。

チャーリーは航空隊ではないかと杉山は漠然と考えていたが、だとすると、デルタはどこかの航空隊基地司令部の可能性も捨てきれない。

海軍の空軍化を唱えていた井上司令長官なら、潜水艦と航空隊の組み合わせは、それほど不自然ではないだろう。

しかし、すぐに続報が届く。病院船にはマイク・ピットなる人物が乗船しており、それが問題の人物らしい。

一兵卒に過ぎない男に対して、石板があそこまで反応するのは不思議だったが、そこには人間にはわからない深い理由があるのだろう。あるいは何かが人間に化けてでもいるのか？

しかし、病院船に接近するにつれて石板は意外な反応を示し始めた。燐光の明るさを計測するメーターが示している方位と、病院船の方角がずれ始めたからだ。

機械で読み取らせた分、人間の勘より精度は高いとは言え、航海機器ではないから、誤差はあるだろうと最初は考えていた。だがメーターの動きをプロットしてゆくと、あることがわかってきた。

どうやら自分たちは病院船を追いかけていたと思っていたが、それは間違いであったらしい。病院船が何かの鍵を握るのは確からしい。しかし、石板が示すのは病院船ではなかった。

伊号第二〇一潜水艦と病院船を挟んで反対側にも、病院船を目指して接近するものがいたようだ。石板が示していたのは病院船ではなく、そちらなのだ。

ただそれもまた病院船を目指していたために、反対方向から接近する形となり、潜望鏡で姿を捉えられるほど接近した時点で、病院船と誤認してしまったのだ。

ただ相手は病院船に接近を果たしてから、動きを変えたために、自分たちが追ってきたものが病院船そのものではないことがわかったのである。

「聴音員が機械音を捕捉しました。四軸です」

発令所には聴音室からの報告が上がってくる。

「軍艦が接近しているのか？」

杉山には意外だった。四軸推進となれば、大型軍艦だ。しかし、潜望鏡には大型軍艦の姿はない。少なくとも巡洋艦程度の軍艦があれば、潜望鏡からも見える位置関係だ。

「音波カメラの出番かもしれん」

杉山は聴音員に音波カメラの使用を命じた。それを使えば敵にこちらの居場所を気取られる恐れはあった。しかし、相手の正体を知るには他に手段はない。

とりあえず杉山はこの事実を暗号で報告する。敵の正体を割り出す前に水中に何かいることだけは伝えねばならない。

「最小限度の時間だけ、作動させよ」

杉山の命令で音波カメラが動き出す。強力な超音波が放たれているためか、コップの中の水の表面が何本もの針のように浮き上がり、そして消える。

「目標は、水深一〇〇メートルにあり。砲塔三基の戦艦。形状より戦艦プリンス・オブ・ウェールズと思われる」

その報告に、発令所内は騒然となる。敵味方なく船舶を沈めていたあの戦艦プリンス・オブ・ウェールズが、こんな場所にいたとは。

「病院船を沈めるつもりでしょうか？」

副長の意見に、杉山はそれは違うような印象を持った。病院船を沈めるなら、とうの昔に沈めているだろう。しかし、戦艦プリンス・オブ・ウェールズの動きは、いままでのように行き掛けの駄賃で船舶を撃沈するのではなく、明らかに病院船を意識したものだ。

「マイク・ピットという男を狙っているのかもしれんな」

「病院船のあの男ですか?」

「海上を二週間漂流して生きていた。どう考えてもまともな人間じゃない。そいつを迎えに来たのかもしれん」

「だとすると、深き者どものなかでは、かなり重要人物なのでしょうか?」

前田副長の意見は、状況を考えると妥当なものに思われた。だとすると、戦艦プリンス・オブ・ウェールズと病院船の邂逅は阻止すべきではないのか?

だがどうやって阻止するのか？　病院船の雷撃が一番簡単ではあるが、国際法でも禁じられていることを命令はできない。戦艦プリンス・オブ・ウェールズを攻撃するよりなさそうです」

前田副長が厳しい表情で言う。チャーリーが航空隊であったなら、水中の戦艦プリンス・オブ・ウェールズを攻撃するのは困難だろう。そうなれば、自分たちが攻撃するよりない。

だがチャーリーをはじめとして関係方面に報告を行うと、アルファから命令が届く。

「チャーリーが戦艦プリンス・オブ・ウェールズを攻撃するので退避しろとのことです」

「チャーリーがやるのか」

通信長の報告は、杉山には意外だったが、戦艦と対峙せずにすむことへの安堵感もあった。

伊号第二〇一潜水艦は、命令に従い後方に下がる。ただそれは退避するだけではなく、チャーリーの戦果確認の意味もあった。

音波カメラは病院船と並走する戦艦プリンス・オブ・ウェールズの姿を捉えていた。

そして聴音員が第三の船舶の接近を告げる。

「いよいよ、チャーリーのおでましか」

杉山大佐は潜望鏡でその方角を確認する。

「そんな馬鹿な……チャーリーは米海軍の戦艦なのか！」

「ブラボーによれば、戦艦プリンス・オブ・ウェールズは水中を病院船と並走しています」

通信長の報告に、ザカーリス艦長は頷く。病院船の姿はすでにレーダーが捉えている。ブラボーからの報告で、戦艦プリンス・オブ・ウェールズの位置関係は割り出せた。ただしブラボーの姿はない。

「ブラボーは何者なんだ？」

レーダーに船影がないのは、潜水艦の可能性が考えられるが、潜航中の潜水艦が病院船をここまで追跡できるはずがない。

しかし、いまはブラボーの詮索は後だ。

「弱装薬で最大仰角の砲撃を仕掛ける」

ザカーリス艦長は、水中の艦影が戦艦プリンス・オブ・ウェールズの幽霊船であるとわかったときから、攻撃方法を考えていた。爆雷などの通用する相手ではない。

主砲の威力ならアイオワが勝るはず。そして最大仰角でなおかつ弱装薬で撃つのは、最終弾道が放物線ではなく、ほぼ垂直に落下するような弾道を描くためだ。

　つまり砲弾は上から、言い換えるなら空から降ってくる。空からの攻撃にクトゥルフの眷属は弱いはずだ。

　戦艦アイオワの三基九門の一六インチ砲が空を睨む。試射は行わずに、ブラボーからの情報を計算に照準を定めた。

　戦艦を中心に海面に衝撃波の波紋が広がる。そして九発の砲弾は、数十キロの高度まで上昇すると、そこでほぼ垂直に海面から海中に弾着した。

「迎えが来る」


　ピットはそれをずっと感じていた。ぼんやりとした感覚は病院船に乗ったときから感じていたが、それは時間とともに強まっていた。

　何かが自分を迎えに接近すると言う感覚は、だんだんと具体化していった。

　――病院船が沈めば覚醒するものたちが増える。

　ピットは、それが接近するに連れて、自分の為すべきことが見えていた。

「この船を沈める」

　病院船にはオーストラリア軍やアメリカ軍、オランダ軍の海軍将兵が収容されていた。連合国海軍の海軍将兵だ。

　彼らは運命の導きで、この病院船ハイペリオン号に乗っている。そうしてアメリカに向かっている。西海岸ではなく真珠湾に。

国際法違反だが、どこの国でも苦しい時にはやっていること。それは病院船で負傷者以外に部隊や物資を運ぶことだ。

ハイペリオン号も例外ではない。部隊こそ運んでいないが、船倉にはオーストラリアから積み込んだ物資がある。真珠湾の復旧のための物資である。

その中には大量の爆薬も含まれている。軍用ではなく、建設用のダイナマイトのたぐいだが、爆発物に違いはない。物資の多くが建設資材なので、ダイナマイトもそれほどの量ではなかった。しかし、それでいい。

それらを起爆させれば、病院船は木っ端微塵にこそならないが、船底に大穴が空き、すぐに沈んでしまうだろう。

そうなればいまは海軍将兵となっている自分の同族たちも、命の危険のために、真の姿を覚醒させる。

この病院船だけでも二〇〇〇名はそんな人間がいるはずだ。我が種族は、空母や戦艦をクトゥルフの力で戦力としている。

だが幽霊軍艦の艦隊は、有力軍艦こそ揃いつつあるが、それを動かせる同族があまりにも少ない。深き者どもと呼ばれる自分たちも、漁船やボートならいざしらず、海軍の専門教育を受けた者が少ないため、軍艦を自由に動かすことができない。

だからこそ病院船を沈め、軍艦を操れる仲間を増やさねばならない。それまでは本格的な攻勢には出られないだろう。

　ピットは病室を抜け出し、船倉へと向かう。何かに守られているのだろう。廊下にもどこにも自分以外の人間はいない。

　そして船倉へと向かうに連れ、ピットの身体が熱くなってゆく。見れば手の甲が鱗状（うろこ）になりつつある。同時に病院船と並走する仲間の姿がわかった。

　見えるわけではないが、姿がわかったのだ。それは戦艦であったが、ピットにはそのことに対する違和感はない。

「あの戦艦は自分たちを迎えに来た」

　そうなのだ。あの戦艦に自分たちを沈める意図はない。戦艦の砲弾で同族を切り刻むつもりは彼らにはない。

　あくまでもピットが自沈させた病院船の仲間を迎えに来ているだけだ。あの戦艦を動かすのも最低限度の人数でやっている。だから船舶の襲撃も限られた範囲でしかできないのだ。

　船倉へは問題なく接近できた。建前では軍需品を積んでいないためか、船倉には見張りさえいない。

　彼は船倉の中で、ダイナマイトの箱を見つけた。だが彼はそこで跪いた。身体の動きがおかしい。見れば指と指の間に水かきができている。爪も異様に長い。

　彼は立ち上がりざまに、着衣を爪で切り裂いて脱ぎ捨てる。もうこんなものは不要だ。

　すでに彼の姿は人間から異形の者に変わり果てていたが、海軍軍人としての知識は残っている。身体の変異も、かつての身体の記憶が甦ると、もはや躓くこともなかった。

その時、病院船が揺れた。そして足元から衝撃波が走る。海軍軍人だった彼は、それが近くに砲弾が落下したためだとわかった。

「何者だ？」

病院船を沈めるような軍艦があるとも思えない。自分たちの戦艦プリンス・オブ・ウェールズが砲撃をしかけないのは言うまでもない。いまの衝撃は戦艦クラスの砲撃と思うが、さすがにそれが病院船を直撃すれば、乗員の多くが、つまりは同族の多くが傷つくだろう。

しかし、それが戦艦として、何を狙うのか？

状況から考えれば戦艦プリンス・オブ・ウェールズを狙っているのだろうが、水上の戦艦からどうして水中の戦艦プリンス・オブ・ウェールズがわかるというのか？

しかし、砲弾は降り注ぐ。そしてついに、明らかに命中弾が出たのであろう、水中爆発の音を聞く。

砲弾の初速は水中では減衰されるが、大口径砲なら砲弾重量のおかげで、相応の距離は運動エネルギーを維持できる。水中爆発の砲弾のエネルギーは、むしろ水中弾のほうが高い。

そして戦艦プリンス・オブ・ウェールズからの反撃の音がする。だが、水中からはるか彼方の戦艦を砲撃するのは無理だった。どこにいるのかさえわからないのだ。

商船相手なら、水中からの砲撃も効果的だった。しかし、敵の位置さえもわからない中では、どうにもならない。

そして二度目の弾着で、戦艦プリンス・オブ・ウェールズは船体を切り刻まれる。多数の命中弾が出たためだ。

「どうしてだ！」

ピットにはわからない。戦艦プリンス・オブ・ウェールズの同胞たちもそうだろう。水中の戦艦プリンス・オブ・ウェールズへの弾着観測を、どうして海上の戦艦が可能というのか？

そして戦艦プリンス・オブ・ウェールズは戦闘艦として沈黙する。同胞たちの多くが戦艦プリンス・オブ・ウェールズの中で傷つき、総員退艦が命じられたことがピットにはわかった。

「こうしてはおられん！」

彼はダイナマイトの箱から中の物を取り出すと、すばやくそれを組み立て、船倉に仕掛ける。

しかし、時限装置のようなものはない。起爆のためのケーブルも見当たらない。導火線に火をつけるしかないが、導火線の長さは二〇センチもなかった。

ピットはその事実を理解したとき、不思議な多幸感に包まれる。自分は個体としては死んでも、種族の中で永遠に生きられる。現実にそんなことなどあるはずもない。

しかし、ピットにとっては、それが信仰だった。だからためらわずに彼は短い導火線にマッチで点火する。

瞬時にダイナマイトは起爆し、ピットの肉体は四散し、病院船ハイペリオン号は着実に沈んでいった。

「病院船が自沈したと、ブラボーより報告です」

ザカーリスには信じがたい報告だった。

「我々の砲弾の影響ではないのだな？」

「状況は不明ですが、戦艦プリンス・オブ・ウェールズが撃沈されてから、病院船ハイペリオンの中で爆発音が確認されたそうです」

「すると、戦艦プリンス・オブ・ウェールズにより撃沈が失敗したので、船内のスパイか何かが自沈させたというのか？」

「そこまではわかりません」

通信長の言うとおりで、ザカーリス艦長も、そこは部下に陳謝する。

しかし、すぐに通信長はブラボーからの緊急電を告げる。

「病院船より多数の人員が水中に逃げ出している模様。病院船の乗員の多くが深き者どもと思われる」

ブラボーがどうやってそんなことを観測しているのか、それはザカーリス艦長にはわからない。しかし、今の説明で状況は見えてきた気がする。

戦艦プリンス・オブ・ウェールズが病院船をなかなか沈めようとしなかったのは、乗員たちの多くが深き者どもだったためだ。

適当なタイミングで、彼らは邂逅し、乗員たちは戦艦プリンス・オブ・ウェールズに移動するはずだったのだろう。

しかし、それは頓挫した。そして自分たちの病院船が臨検なり撃沈される前に船を自沈させ、逃走を企てた。おそらくはそれが真相なのではないか。

「しかし、そうであるなら、逃げた深き者どもこそ、攻撃しなければならんではないか」

だがその思いはブラボーも一緒であったらしい。さらに報告が届く。

「水中の病院船乗員たちに雷撃を敢行せり。戦果大なるを認む」

それを読んでザカーリス艦長は知った。

「ブラボーは潜水艦だったのか」

七章　戦艦大和

滝川丸は海軍と傭船契約を結んだ貨客船だった。主に南方へ、部隊や物資を移動するのが役目だ。海軍に徴用されなかったのは、戦局が日本優位であるためと、船が比較的老朽化しているためだった。何しろ大正時代に建造された船である。

罐にしても、以前よりは積み下ろしが機械化されたとはいえ、石炭焚きである。それでも後方支援の船としては役に立っていた。石炭が燃料でも、送風機の改善もあって、燃費は昔よりも上がっている。

いま滝川丸には二〇〇〇人近い海軍将兵が乗り込んでいた。航空隊の搭乗員を中心として、ラバウルに人員を輸送するためだ。むろんラバウルから日本や他の戦域に移動する人間もいるので、帰路はそうした人員を運ぶことになる。

滝川丸の船長は、任務について神経をすり減らしていた。何しろ護衛の船舶は漁船を改良したという哨戒艇一隻だ。一六ノットの最高速力で機銃二丁に七五ミリ砲が二門、あとは爆雷投射機一基、それが兵装のすべてだ。

潜水艦相手なら多少は戦えるかもしれないが、それ以外の相手ではまず勝負にはなるまい。それでも無いよりはましではあろう。なにしろ滝川丸は非武装なのだ。

老朽船なので、武装するのが難しいということらしい。機関銃程度なら装備できるそうだが、機関銃を装備しても意味はあるまい。

それでも航海自体は順調だった。敵潜と遭遇することもなく、航路は概ね日本軍が優勢な領域にある。

そんな時だった。滝川丸に哨戒艇が信号を送ってきた。

「潜水艦が接近中の兆候あり」

船長は、その報告に暗鬱(あんうつ)たる気持ちになった。敵潜と戦うとすれば、あの哨戒艇しかない。哨戒艇一隻で戦えるのか？

だが船長のそんな気持ちは、哨戒艇の動きを見て消える。いざ戦闘となれば、潜水艦の攻撃の矢面に立たされるのはあの哨戒艇なのだ。そして哨戒艇は敵潜と戦うべく、必死で動いていた。盛んに爆雷を投下し、潜水艦への果敢(かかん)な攻撃を続けた。

哨戒艇としては潜航中の潜水艦をなんとしてでも仕留めねばならない。浮上して砲戦に持ち込まれれば、火力では潜水艦が勝るからだ。相手は一〇センチクラス、こちらは七センチ半では勝負にならない。

滝川丸の船長も、可能な限り戦場から貨客船を引き離そうとする。哨戒艇が潜水艦を撃沈できなかったとしても、戦場から滝川丸が離れていれば、潜水艦が追撃するのは難しくなる。

だが船長はここで意外な報告を受ける。

「船長、大変です。船室で問題が起きています！」

それは航海士からの報告だった。

「問題とは何だ！」

「反乱です、船室の将兵……」

伝声管からの声はそれで途絶える。確かに何か問題が起きているのは確からしい。

しかし、状況はまるでわからない。反乱と言うが、滝川丸の船員が反乱を起こすことだってまずありえないのに、どうして海軍将兵が船室で反乱を起こすのか?

反乱を起こす意図がわからない。戦争が嫌になって日本に戻りたいとでも言うのだろうか?

だが事態はますます切迫していった。船倉から爆発音が聞こえたためだ。貨客船なので、軍需物資で火薬も運んでいる。それを爆発させたのか?

しかし、滝川丸は老朽船。爆破などしては、すぐに沈んでしまうではないか。海軍将兵がその程度の事がわからないのか?

だが爆発はなおも続き、滝川丸は確実に傾斜している。船倉から浸水しているのだ。

そのタイミングで、哨戒艇も爆発した。水中に幾つもの光が見えたが、それが哨戒艇と接触し、沈んだのだ。雷撃ではない、もっと別の何かだ。

「退船せよ!」

それを命じるのが船長には精一杯だった。しかし、船は急激に横倒しになり、脱出などできない。

気がつけば、船橋は海中に没している。奇跡的に船橋に浸水はない。そこだけ水が入ってこない。

そして船長は見た。船員や海軍将兵の着衣をした魚とも人ともわからない存在が、集団で海中を移動する様を。彼らの向かう先には、水中を疾駆する零戦の姿と、さらにその先には沈んでいる空母赤城の姿があった。

「あそこに自分も向かうのか」

船長は瞬時にそのことを理解した。自分が向かうべき先を。

「服はもういらぬな」

着衣を脱いだとき、彼の全身は鱗に覆われていた。そしてその瞬間、船橋に海水が殺到する。窓が割れ、海水が逆流する。その流れに乗って、かつて船長だったものは、空母赤城へと向かっていた。

戦艦大和は、山本五十六連合艦隊司令長官の英断により、臨時に第四艦隊旗艦となった。米豪遮断作戦を支援するためというのが表向きの理由だが、主たる目的はクトゥルフとの決戦に備えたものだった。

「まず大西洋だが、幽霊船となっていた戦艦ビスマルクはイギリス海軍により再度撃沈された」

「ビスマルクは幽霊船になっていたのですか！」

委員会メンバーから驚きの声が上がる。

「ビスマルクはイギリス海軍との砲戦で沈んだのでは？」

「そこが興味深いところだ。確かにビスマルクは砲戦で沈められた。しかし、そのビスマルクに重大な損傷を与えたのは、イギリス軍のソードフィッシュ雷撃機だった。その意味で命取りになったのは航空攻撃のためだ。

クトゥルフの行動原理がどこまで人間に理解

可能なのかはわからないが、幽霊船となるためには航空機に直接沈められるというより、局面で重要な意味を持つことが重要らしい。やはり霊性も関わるのかもしれん。

駐在武官によると、イタリアのタラントの軍艦は、航空攻撃で大破着底したが、サルベージ可能なため幽霊軍艦にはなっていないようだ。一度沈没することも重要な要素であるらしいな」

「それでビスマルクは、どのようにして沈められたのでしょう？」

「詳細は不明だが、軍艦ではなく、航空隊によって始末されたらしい」

井上司令長官は、作戦室に「委員会」のメンバーだけを集めて説明する。

「ドイツ海軍は政権の命令に従うことを誓って

いるが、ナチのような狂信的カルト集団ではない。それに、クトゥルフや旧支配者について、ナチよりも研究し、闘っている組織もドイツにはある。

　彼らも我々同様、戦争とは別に、イギリス海軍と連絡を取り合い、作戦を実行したらしい」

「なぜ航空隊なのですか？」

　そう尋ねたのは杉山大佐だった。潜水艦を担当する彼としてはUボートが投入されなかった理由を知りたいらしい。

「現時点での仮設だが、どうしてビスマルクや戦艦プリンス・オブ・ウェールズなど限られた軍艦だけを、クトゥルフたちが操るのか？　軍艦なら先の大戦で大量に沈んでいるというのに。

　その理由は、ビスマルクも戦艦プリンス・オブ・ウェールズも、空からの攻撃が致命傷だったことだ。ビスマルク自体は砲戦で沈められたが、その前のソードフィッシュによる空からの雷撃が彼女の沈没に決定的な影響を及ぼしている。戦艦プリンス・オブ・ウェールズに至っては説明は不要だろう。世界初の活動中の戦艦が航空機により撃沈された事例だ。

ドイツの駐在武官経由の話によれば、旧支配者も一枚岩ではないらしい。それらの中にも対立構造がある。人類が今日まで旧支配者により絶滅することがなかったのも、この対立構造があったためだという。

それ故に人類を滅ぼそうとする旧支配者に対して、それを阻止しようとする勢力が動く。むろんそうした旧支配者はあくまでも自分の敵と戦うのが目的で、人類を支援しているわけではない。だから対立がなければ、そうした旧支配者が人類に害を為すことになる」

「それが航空隊とどうつながるのですか？」

「なぜと尋ねられても正確なことは人間にはわからぬ。ただクトゥルフはハスターという空を司る旧支配者と対立関係にある。海に属する軍艦が、空に属する航空機に撃沈されたことで、クトゥルフはハスターに対する復讐というか意趣返しの意味で、そうした軍艦を怪物として蘇らせているらしい。

ただ、これは人間に理解できる事実関係を、人間に納得できる形で仮説にしたに過ぎない。欧米の専門家は、旧支配者たちの宇宙の認識でなら、これはもっと合理的に説明できるはずと言っている」

「つまり我々が人間である限り、航空機で沈んだ軍艦だけをクトゥルフが操る真の理由は理解できない、そういうことですか？」

「そうなるだろう。あちらでは、軍艦の霊性も影響しているという説もある。霊性の高い軍艦故にハスターは攻撃し、クトゥルフは蘇らせるというわけだ。この観点にたてば、人間の戦争に人間の主体性は反映されず、あるのは旧支配者の争いの見立てだけとなる」

井上の説明を杉山もすべて理解できたわけではなかった。わかったのは、旧支配者の考えなど人間には理解できないという当たり前の結論だ。

ただそれでも何をすれば敵を倒せるのか、それがわかることこそ重要だと彼は考える。

「米海軍の戦艦が戦艦プリンス・オブ・ウェールズを撃沈できたのも、空からの砲撃ということが大きかったようだ。落角が水平ではなく垂直であること、それが重要であるらしい。むろん何度から空からの攻撃と解釈するかはわからん。米軍の計算では七〇度以上あればよいのではないかとのことだ」

「それで大和を？」

「そうなる。相手が旧支配者なら、我々は最強の兵器を投入する必要があるからな」

杉山もそういう理屈は理解できた。しかし、どうしていま、この会議が開かれているのかが気になった。何か切迫した事情があるのか。

「先日、貨客船滝川丸が襲撃された。増員と交代要員である海軍将兵ばかりを載せた船だ。

その二〇〇〇名ほどの将兵の船が襲われた。杉山潜水艦長もハイペリオン号のことは知っているな？」

「はい、現場におりましたから」

「あの病院船の米軍将兵は港町の出身者ばかりだそうだ。そう、日本で言うなら老川の魚村周辺に相当するような港町だ。そして遭難者の死体は、一つも見つかっていない」

「それは……」

「戦艦の攻撃ではなく自沈したという話や、音波カメラの記録から推測して、乗員たちの大半は深き者どもに変異したと考えられる。

じつは滝川丸でも同様のことが起きていると考えられる。船内で反乱が起きたとの無線報告があった」

杉山はその話に胸騒ぎがした。深き者どもが人間社会に紛れ込んでいるだろうとは予てから指摘されていたが、日本も連合国も共に軍人だけが狙われているのはどういうことか？

「じつは米海軍でも、海軍将兵を輸送中の船舶が自沈した。それもまた反乱という報告があったという。そう、遺体は見つかっていない」

「何が起きているのでしょう？」

「幽霊船になった水中軍艦は、確認されているもので日米合わせて空母が四隻だ。加賀、赤城、レキシントン、ヨークタウン。この四隻の活動は非常に不活発だった。なぜか？」

「軍艦を動かすための知識を持った者が深き者どもには少ない？」

杉山が思い出したのは伊号第六三潜水艦に残された手記のことだ。あそこにも潜水艦を動かせる異形の者について記載があった。

つまりクトゥルフの超常的な力で軍艦が甦ったとしても、それを動かすためには、海軍軍人の知識が必要なのだ。

むろん海軍で幽霊船の動かし方など教えはしない。だが、海軍軍人が深き者どもに変容するということは、軍艦が幽霊船として甦ることと対応しているのだろう。

軍艦が甦るのは霊性の問題という説もあったが、軍人教育もそうした霊性を引き上げるような行為と解釈できるのかもしれない。つまり人間の営みは、人間にとって合理的であるばかりでなく、旧支配者の視点でも原理は全く異なるにせよ、やはり合理的なものとして解釈できるのだ。

なぜか？　それは人間にせよ、旧支配者にせよ、より大きな宇宙の法則の中で生きているためだ。人間からは絶対に見える旧支配者も、かつて旧神に刃向かい敗北したと聞く。

それこそが旧支配者と言えども宇宙の法則からは自由ではないということの証だろう。そして絶対者ではないからこそ、軍艦を幽霊船として蘇らせ、海軍将兵を変異させる必要があったのだ。

「そう、杉山潜艦長の言うとおりだ。クトゥルフは有力軍艦を蘇らせはしたものの、自由に動かせるだけの乗員を持っていない。軍艦は素人では動かない。

特に滝川丸は航空機搭乗員を中心とした人員輸送にあたっていた。これにより幽霊空母は水中戦力において、おかしな表現だが航空戦力を確保したことになる。

クトゥルフの動きが活発化したのは大西洋での幽霊船ビスマルク撃沈と一致する。奴らも焦っているということだ」

「つまり、それは大攻勢が近いと?」

杉山はそう解釈した。幽霊ビスマルクが撃沈されたことは、クトゥルフに人類が対抗策を発見したことを知らせることとなっただろう。だとすれば人類が有効な対策を打ち出す前に、幽霊艦隊を戦力化し、大攻勢に出なければならない。

「クトゥルフの目標がどこかはわからん。東京でもサンフランシスコでも、太平洋岸のすべての大都市が攻撃目標になり得る。

ただし、滝川丸や病院船ハイペリオン、さらに米海軍の輸送船の襲撃場所は、いずれも珊瑚海からソロモン海の周辺だ。敵はまだその海域にいる」

「我々もまたその海域に……つまり大和は囮（おとり）?」

「戦艦アイオワも向かっている。日米最新鋭戦艦が集結するとき、奴らはこれを戦力化するために集結しよう。我らも危険、されど敵も一網打尽にされる」

「最終決戦ですか」

杉山の問いに井上は言う。

「いや、最終決戦にせねばならんのだ」

「日本軍と同盟を組んでいたとはな」

ザカーリス艦長には、それは意外な真実ではあった。しかし、不思議と不合理とも思わなかった。相手が相手なら、人類が共闘しなければならないというのも理解できる話だ。

むしろこの状況で世界が戦争をしていることが不合理だ。その戦争が旧支配者のシナリオで引き起こされた可能性があるとなれば、なおさらだ。

とは言え、極秘作戦故に日米ともに投入戦力の質は高いが、数は少ない。それがいま自分たちに実現可能なすべてなのだ。

「周辺海域に異常なし」

聴音員から定時報告がなされる。水中に幽霊軍艦の姿はないらしい。

「敵も我々がどこに向かっているのか知っているのか」

第三三海軍設営隊の岡村少佐は、第四艦隊司令部からの度重なる要求になんとか応えられる状況に安堵していた。

「ルンガ飛行場は第一期工事を期日までに完工せり」

彼はその報告をラバウルの第四艦隊司令部に報告できることが誇らしかった。

ガダルカナル島に航空基地を建設する。その重要性も戦略的意義も岡村少佐はわかっていたが、わかっているのと実現できるとではまるで違う。

日本には馴染みのない密林での建設作業である。作業員の多くがマラリアや赤痢に悩まされた。

それでも岡村は井上司令長官の基地建設への本気度は認めざるを得なかった。必要な機材は日本から遠く離れているにもかかわらず、ほぼ要求どおりに送られていた。

マラリアの治療薬のキニーネはまだしも、蚊を退治するための蚊取り線香や蚊帳も山のように送られてきた。

野戦炊事車や浄水器が運ばれ、作業員の健康には最大限の注意が図られた。

驚くべきは、占領地から確保したというブルドーザーやスクレーパーまで運ばれてきたことだ。それはどちらも一台だけだったが、基地建設には縦横無尽の働きをしてくれた。

こうして昭和一七年七月の時点で、ガダルカナル島のルンガ飛行場は工期の第一段階を完工することができた。

第一段階とは、戦闘機や艦攻は運用可能だが、大型の陸攻までは運用できない段階だ。陸攻の運用可能な第二段階には、まだ一カ月が必要だった。

一カ月も必要なのは陸攻の運用ともなると、滑走路の延長だけではなく、大型機の運用のための支援施設も必要となるためだ。陸攻一機だけで七から一〇人の搭乗員が必要となるが、艦攻なら三人だ。そうした面でも陸攻を運用するには、相応の準備が必要だ。

正直なことを言えば、ルンガ飛行場は航空隊の運用に関して万全な態勢とまでは言い難い。

燃料一つとっても、燃料タンクの工事は未了で、現場はドラム缶を並べて対応している。また、港湾施設も完成していない（そこは岡村少佐の担当でもないのだが）ため、タンカーから石油タンクまでのパイプラインもできていない。

運用面に関しては、補給面の弱さは残る。海岸から基地までの道路もやっと一車線なのだ。

しかし、それでも現場の頑張りで航空隊の運用が可能なのは間違いない。

岡村少佐が驚いたことに、完工したことを打電すると、二時間後には艦攻隊がやって来たことだ。零戦隊は来ないという。単発機の収容数が三〇機のなかで、三〇機の艦攻がやってきたのだから、零戦を収容する余地は確かにない。

しかし、岡村が驚いたのは、艦攻がどれも爆装して着陸したことだ。よほどのことがない限り、爆装したままの着陸はない。

そうだろう——着陸に失敗して、爆弾が誘爆したらどうするのか？　空母などでは、高価な魚雷をつけたままで着艦した名人の話は耳にしたことがあるが、それは名人芸の逸話であって、常態ではないからこそ伝説となるのだ。

そうした危険性は第四艦隊司令部も十分認識しているはずだったが、彼らは三〇機すべてが爆装してやってきた。

確かに輸送船で爆弾を運ぶよりは迅速に戦力を展開できるのは確かだが——。しかし、そこまでして戦力化しなければならないほど戦局が切迫しているとは、岡村には思えなかった。

「それとも艦隊司令部は、何か重要な情報を得ているのか？」


伊号第二〇一潜水艦を建造するために試作された潜航艇は、機密保持のためにK金物と呼ばれていた。クジラのようなその形状から、水中輸送用の石油タンクと説明されていたためだ。

タンカーが不足している日本の実情を考えるなら、水中抵抗の少ないそうしたタンクを曳航して石油輸送に当たるという説明も、それなりに説得力をもってはいた。

そういう潜航艇であるから、艦艇類別標準には記載されておらず、兵器として海軍に受領もされていない。あくまでも艦政本部の実験機材の扱いだ。

このため潜航艇の運用は、海軍の常識をある部分で外れていた。なぜなら艇長は宮本造船大佐であるからだ。造船官とて基本的な戦術は学んでいる。

それに新基軸を幾つも取り入れているのと、実験機なので、新機材を開発しては装備して試験することの連続である。だから完成してから今日まで、形状が変わらなかった日は一カ月もない。なにかかにか新機材が取り付けられたり、取り払われたりしていた。

そうして日本近海で試験を行っていたが、委員会の命令で、彼らもついに実戦参加の日が来ていた。大型船に曳航され、ラバウルまで運ばれ、ラバウルからは姉妹船である伊号第二〇一潜水艦に曳航され、そしていま作戦地で切り離され、独立行動に当たっていた。

「最悪の場合には、これが頼りですか」

潜航艇には外から見ればコブのようなものが見えた。それは金属製の潜水球だ。いざとなれば、乗員はこれで海上に脱出する。

潜水球を担当したのは、寺田造船官だった。マレー沖で戦艦プリンス・オブ・ウェールズが復活する有様を目の当たりにした男だ。その縁で、彼は委員会に参加し、宮本造船大佐と働いていた。

「そうなる。臆病という連中もいるが、忘れるな、我々は死ぬわけにはいかんのだ」

潜航艇に潜水球を取り付けるというのは、通常は考えられない。それがK金物では装備されているのは、任務の特殊性に他ならない。自分たちは死ぬかもしれない。そう思わせるだけの危険な任務に彼らは赴くのだ。なぜなら潜航艇は水中戦闘機に改造されていたためだ。

「今回の作戦がうまくゆけば、本当の水中戦闘機の試作機が制作される。潜航艇の改造よりも洗練され、一回り小型化できるはずだ。しかし、その作業は我々抜きでは不可能だ。だからこそ生還せねばならんのだ」

「しかし、自分は海軍に奉職したとき、どこよりも高性能な軍艦で日本を守ることを夢見ていました。よもや化け物退治に関わることになるとは思ってても見ませんでしたよ」

そんな寺田に宮本は言う。

「海の脅威から日本を守る。まさに海軍の仕事だろう」

このときラバウルとエスピリトゥサント島のそれぞれから、飛行艇や巡洋艦などの艦載機が海洋の異変を求めて飛び立っていた。

現場の将兵は、どうして自分たちは出撃し、何を発見すべきなのか、そうしたことについて何等の説明も受けていなかった。

「異変を発見したら詳細に報告せよ」

日米双方ともに受けた命令はそうしたものであった。さらに敵の偵察機と接触しても交戦するなと言う命令も追加された。敵と戦う隙があるなら、本来の任務を全うせよということらしい。

日米双方の現場将兵は、敵軍も自分たちと同じ命令を受けていることを知らなかった。

新鋭の二式飛行艇も、そうした偵察機の一つであった。ただ彼らは他の将兵よりも自分たちの任務について思い当たるところがあった。

それは彼らの飛行艇だけは、磁気探知機を装備しているためだった。

地磁気の中を金属の塊である潜水艦が移動すれば地場の変異が起こる。それを検知して増幅すれば、潜水艦が探知できるという原理である。

対潜兵器であり、技研が開発したものだが、安定性などにいまだ問題があった。それを占領地で鹵獲したイギリス軍の真空管などを転用して組み上げたのが、その二式飛行艇に搭載されている装置であった。

鹵獲真空管を用いると言うのは技術者としては悲しい思いもあるのだが、海軍はニッケルなどの軍用品を真空管用にはなかなか回してくれないのと、電子部品には代用品を用いることが奨励されていることもあり、結果として鹵獲品が一番高品質という現象が生じていた。

技研としては、まず信頼性の高い装置を開発し、それを原型に代用材料で作動する装置を量産する計画だった。

そんな彼らであるから、司令部の命令は友軍船舶を沈めている潜水艦の発見と考えていたのだ。

飛行艇は海域を枡で区切って、その線上を飛行する。雲量が多いため、海面を直接確認できない。通常なら雲の下の低空を飛行することになるが、今回は磁気探知機の試験も兼ねているので、高度一〇〇メートル以下を維持する。

地磁気の変化を感知する機械なので、低空からでいいという単純な話ではないのだ。

そして反応があった。記録紙の針が大きく振れる。

「この海域か！」

反応はかなり明瞭だ。

「しかし、潜水艦にしては反応が強すぎないか？　長さで倍以上あるようだが」

潜水艦より長い金属物体が地磁気を切断しているため、地場の変異が大きいらしい。

「戦艦でも沈んでいるのかもな」

誰かが冗談を言うが、探知機の担当者は笑わない。

「珊瑚海海戦がこの辺でなかったか？」

その一言に航法員が自機の位置を確認する。

「何とも言えんな。空母レキシントンが撃沈されたのがこの近くなのは確かだが」

飛行艇は何度も周辺を往復する。反応は確実にあるので、機械の故障ではなく、下に何かいるのは間違いない。

「うーん、おかしいな」

時計を睨みながら磁気探知機を扱う下士官は言う。

「何がおかしい？」

「反応のある海域の位置が微妙にずれてる。一二ノット前後で南下しているかのように、反応点が移動してるんだ」

「何かの誤差の蓄積ではないのか？」

機長はそう言うと、飛行艇を一度その場から移動させ、大きく円を描かせる。それで磁気探知機の感度をリセットさせようとしたのだ。だがその思惑は外れた。

「感度あります！」

「何だと、先ほどより二キロは離れているぞ！」

「失感しました……再び感度あり！」

「何なんだ、二キロずつ感度にずれがあるのか？　よし、こんど感度があったら、そこを起点に周辺の反応を探る。感度のあった位置関係をまとめれば何が原因かわかるだろう。おそらく飛行艇の速度と機器の何らかの周期性が干渉しているのではないか」

飛行艇はときに速度を変化させながら飛行す

る。それでも何度か反応があった。それはしかも移動しているとしか思えない。

「どうします？」

「異変があれば報告しろとの命令だ。司令部はこのことを知っているのかもしれん。水中に巨艦四隻と思われる反応、そう報告しろ」

「ついに餌に食いついてきたか」

杉山大佐は、そうは言いつつも、これが自分たちの最期かもしれないという思いは消えなかった。

一方で、悠久の昔からいる旧支配者たちに、人間たる自分が一矢報いるのだと思うと、一人の人間として生を全うできたのではないかという気もする。

この海戦でクトゥルフの活動を一〇〇年遅らせたとしても、クトゥルフから見れば一瞬かもしれない。しかし、一〇〇年は人間にとっては長い。

一〇〇年前の日本は戦艦はおろか、蒸気船さえ建造できなかったのだ。それを思えば、旧神が旧支配者を封じ込めたように、一〇〇年後の人類が彼らの活動を完全に封じることも可能だろう。

十分に危険を犯す価値はある。

「水雷長です。石板魚雷が騒いでいます」

その報告も杉山大佐には当然のことと思えた。

「我々より先に潜航艇が遭遇するか。無線通信の窓は開けておけ！」

潜航艇はシュノーケル航行で進んでいた。試作艦ということもあり、形状も改善してあるので、実は長時間は無理だが、伊号第二〇一潜水艦よりも高速で、最大で水中を二〇ノットで航行できた。

艦の大きさが小さい割に馬力があるので、造波抵抗はなく、表面積も小さいために速度が出るのだ。

船体表面も可能な限りなめらかに磨（みが）かれているため、水中雑音も少なく、聴音機の感度も維持できた。これは音波カメラの使用には重要な点だ。

「どうやら戦艦大和とアイオワの邂逅地点に向かっているようです」

航海士が宮本に報告する。

「おかしいですね」

「なんだね、寺田君？」

「いままで聞いた話では、深き者どもが戦力化するのは、航空機に沈められた軍艦だけです。空母とは言え幽霊船では、空からの攻撃は無理なのでは？」

「そこはわからん。水中で飛行機の攻撃を受けたという数は少ないが、証言はある。それに空母艦載機なら幽霊船でも飛行可能かもしれん。

あるいは、戦艦二隻を沈めたならば、海軍の知識を持った仲間を増やせるという計算の可能性もある。

何にせよ、敵は二大戦艦を狙っている、それは確かだ」

音波カメラの射程圏に入る前に幽霊艦隊の動きはわかった。連中は太鼓でも叩くように音を撒き散らしながら進んでいる。

速力が遅くなったのは、大和とアイオワの接近のためだろうか。

潜航艇はすぐに状況を報告する。伊号第二〇一潜水艦もじきに到着するらしい。

だがその前に敵が動き出す。

「何者かが接近してきます。空母ではありません！」

聴音員はすぐに音波カメラを作動させる。

「対空戦闘準備！」

宮本造船官が命じる。対空戦闘と言うが、それは比喩(ひゆ)的な意味で、いま接近しつつある水中の幽霊戦闘機などを撃墜するための武器だ。本来は寺田造船官の経験から、潜航艇にしがみつこうとする深き者どもを撃つための兵器だったが、幽霊戦闘機などとの対空戦闘に使えるのはこれしかない。

それは高速で飛ばす矢のようなものだった。矢の先端化学反応により、ガスと酸素を発生させる。矢は爆発的燃焼で飛び出すだけでなく、矢の先端部分からも酸素を放出し、抵抗を軽減させることで威力を維持するものだ。

ただ銃火器よりも射程は短いが、深き者ども相手なら一〇〇メートルも届けば十分だ。

しかし、音波カメラによれば接近するのは水中零戦の類であるらしい。

「敵戦闘機接近中！　密集し始めました！」

それに合わせて宮本は言う。

「全速前進！」

潜航艇は水中戦闘機として、敵編隊の中に突っ込んでゆく。

「敵水中編隊前方より接近中！」

「戦闘準備！」

宮本の命令と共に、水中戦闘機の機銃が準備されてゆく。連続発射を可能とするため、銃身に気圧をかけるコンプレッサーも作動する。

「敵編隊、射程圏に入りました！」

「戦闘開始！」

命令と共に水中戦闘機の機銃から、次々と矢が放たれる。照準はわからない。ただ音波カメラの映像だけが頼りだ。

矢は表面から微細な気泡を出し続けるため、水中抵抗で速度が衰えることはない。水圧で潰されようとも、海水とミクロ単位の隙間があれば抵抗は受けないのだ。機銃弾の矢は、標的をめがけて飛んでゆく。

「弾着……いま！」

時計員の声が、機銃弾の矢が敵に命中する予想時間になったことを告げる。

ドーンという爆発音が続けざまに響き、水中戦闘機が揺れる。敵が密集していたことが幸いしたのだろう。

命中した敵機は少なかったとしても、それらの爆発に巻き込まれるもの、それを回避しようとして僚機に接触し、爆発するものが続出した。

深き者どもの搭乗員たちも、変貌前は空中での操縦経験しかなく、水中での機動は勝手が違う。だが彼らには、その違いに習熟するだけの時間がなかった。

　そして音波カメラは敵編隊が激減していることを告げている。どうやら反撃されるなどと予想もしていないなかで、矢が命中し、誘爆を起こしてしまったらしい。散開行動を取るには遅すぎたのだ。

「すごい威力ですね。矢の火薬などそんなにないのに」

「活性酸素のせいだろう。水中にはほぼ存在しない。海妖である深き者どもは、活性酸素には弱い。奴らが操る戦闘機もそうなのだろう」

　宮本は敵の攻撃が収まったタイミングで浮上すると、この発見を打電し、再び潜航する。戦闘はまだ終わっていない。

「よし、主機停止、無音推進！」

　宮本の命令と共に、水中戦闘機はディーゼルエンジンを停止し、モーターとバッテリーによる航行に移る。特殊電池により、二〇ノットで三〇分は活動できる。さすがに常に全速力は出さないが、いざという時には速度が頼りだ。

「第一陣が壊滅的な打撃を受けた。奴らもこのままでは引っ込みがつくまい。第二波が来るぞ！」

　宮本が部下たちを叱咤する。

　果たして、第二波が来る。さすがに第一波の失敗に懲りたのか、編隊は密集ではなく散開している。それでもやはり水中航空隊の第二波は再び水中戦闘機を襲ってくるのだ。

「おや？」

「どうした？」

音波カメラの担当者は宮本にブラウン管を示す。音波カメラの敵機の数は少なかった。せいぜい二〇機程度か。

「なぜ二〇機なのでしょう？」

「奴らが軍人だからさ」

宮本は言う。

「本艦が小型で一隻だからだよ。本艦を仕留めるのに一〇〇機出しても戦力の無駄だ。八、九〇機は何も手出しできまい。夜店の射的は鉄砲がちょうどいい。戦艦は過剰だろ。それと同じだ」

宮本はそう言うと、こちらから敵機に向かってゆくことを決心する。

「もらうぞ」

宮本が舵手にそう告げると、舵手は席を宮本に譲る。水中戦闘機の操縦桿は彼が握っていた。潜航艇は水中戦闘機に改造するに当たり、船体に翼を付けていた。それは運動補助のためのものだったが、十分に試験を行っていることと、翼端にもスクリューが装備されているので、潜航艇としては驚異的な運動性能を持っていた。

深き者どもの戦闘機隊は、さきほどに懲りて分散して襲撃してきた。しかし、先ほどの戦闘では、水中戦闘機の運動性能までは見えていない。

宮本は敵編隊の外縁の敵水中零戦に向かっていく。機銃が放たれ、水中零戦は爆散した。その僚機が側面へ突進してきた。

だが宮本は水中戦闘機が主翼のスクリューを

反転させて船体の向きを瞬時に転換すると、敵の水中零戦に真正面から機銃を浴びせる。それは再び爆発し、四散した。

宮本が操縦桿を操り、水中機動を繰り返したことで、水中零戦隊は各個撃破されてしまう。

「どうして矢があたるだけで、奴らが爆発するかがわかったぞ。あれは魚雷なんだ。エネルギーを蓄えた幽霊戦闘機が軍艦に衝突することで、それを撃沈する。そういう兵器なんだ」

しかし、幽霊戦闘機隊は水中戦闘機に一指も触れることができない。ついに敵は引き揚げる。

「宮本さん、間一髪です。矢の残りは三発だけです」

「あと少しで我々は木っ端微塵だったのか」

矢によって幽霊航空隊を追い払うことができたが、あれが命中していたら潜航艇など轟沈していたことだろう。

「なぜ我々の攻撃を止めたのでしょう？」

「簡単なことだよ、寺田君。一機、二機で撃沈できるなら、奴らも幽霊戦闘機を出しただろう。だが潜航艇一隻のために多数の幽霊戦闘機を失ってしまった。これ以上の幽霊戦闘機投入は効率が悪すぎる。やるなら戦艦だ」

「小物過ぎて攻撃の価値もないということですか」

「現実に我々には自衛の武器はあっても攻撃のための武器はない。魚雷さえないんだ。敵からすれば攻撃する理由がない」

「癪ですな」

「なに、奴らにそれが大間違いだったことを教

戦艦アイオワ

えてやるまでだ」

ザカーリス艦長は、日本軍の偵察用の潜航艇の情報に感銘を受けていた。敵軍ということを割り引いたとしても、彼らは危険の只中で、同胞のために任務に邁進（まいしん）していた。

それは十分に尊敬の念を持って然るべきだ。日本軍の潜航艇はすでにクトゥルフと一戦交えているらしい。幸い身を守ることはできているが、反撃する力まではないようだ。だが反撃ならば、自分たちが可能だ。

すでに決戦の時は近い。ザカーリス艦長は命じる。

「戦闘準備！」

戦艦アイオワの三基の砲塔が旋回し、主砲の仰角を設定する。その間に砲塔内では、砲弾と炸薬が装填された。

「砲塔長、本当に特殊砲弾を使うんですか？」

「いま使う。今回の作戦のために製造された砲弾だぞ」

彼らが言うのは通常の鋼鉄製の砲弾ではなく、タングステン合金の特殊砲弾だった。硬度と重量が尋常ではないため、これが命中して無事な戦艦は地上に存在しないとさえ言われていた。ただ米といえども製造が難しいのと、砲身を著しく腐食するので、特殊兵器とされていた。

主砲の尾栓が閉鎖され、発砲準備は整った。

「発砲中止ってことはないんですかね？」

「ここまできたら、もう後戻りはない！」

戦艦大和

「四隻すべてが集結し、艦載機は標的に体当りする魚雷となっている」

戦艦大和の井上司令長官は、潜航艇からの報告に対して、「感状を手配せよ」と部下に命じた。

「長官、すでに敵は射程圏内ですが？」

参謀長に対して井上は言う。

「直上からの攻撃を意図するなら、まだ引きつける必要がある。攻撃はそれからだ。アイオワと同時に行う」

そして戦艦大和の主砲も動き出す。

大和の艦橋では幕僚らが海図に彼我の位置関係を記載する。

「四六センチ水中弾をこんな場面で使うことに

なるとは思いもよりませんでしたね」

参謀長の言葉に、井上長官は頷く。

四六センチ砲は、いずれ建造されるであろう米海軍の新鋭戦艦を凌駕する目的で採用された。その水中弾は敵艦の手前で弾着後に、なお水中を進み、敵艦の水線下を直撃することが期待されていた。

そう、まさにいま、ともに戦うべく対峙している戦艦アイオワこそ、本来なら大和と戦うべき敵であった。

しかし、現実は、そのライバルが人類の敵と戦おうとしている。

「これこそが海軍本来の役目ではないか」

井上長官は改めてそのことを思った。

「もしもこれで戦争が早期終結したならば、

我々はクトゥルフに感謝せねばならんな」

「魚雷戦用意！」

杉山大佐は超酸素魚雷の準備を命じた。水上艦艇の砲戦が始まる前に水雷戦を仕掛ける。それが杉山大佐の作戦だった。井上やザカーリスはそれを知らないが、潜水艦という特性から、杉山には伊号第二〇一潜水艦について、攻撃の判断についてはかなりの裁量を与えられていた。

「標的は空母ヨークタウン！」

音波カメラの反応から、杉山大佐はまずもっとも損傷の大きいと思われる空母ヨークタウンに照準を定めた。

航空機により大破し、満身創痍の状態でミッドウェー海戦に投入され、伊号第一六八潜水艦により撃沈されたこの空母なら、四隻のなかでもっとも脆弱ではないか。

それは勘であった。幽霊船相手にそんな条理が通用するかどうかも定かではない。しかし、杉山には薄弱でも根拠が欲しかったのである。

「魚雷装填完了！」

「発射準備よし！」

伊号第二〇一潜水艦の艦首魚雷発射管は四門。それらに超酸素魚雷が装填され、そして水雷長の命令と共に、順次発射されてゆく。

音波カメラにも魚雷が進むさまが描かれる。空母は魚雷に対して何もしない。針路変更さえ行わない。魚雷くらいで沈まないと思っているのだろう。

だが四本の超酸素魚雷がすべて命中すると、大音響が水中に響き渡る。弾頭の起爆で生じた「風」が風の精を招いたのか、空母ヨークタウンにかけられたクトゥルフの力を遮断したのだ。

その瞬間、幽霊空母ヨークタウンは、沈没船という現実に戻ってきた。金属が水圧で潰される音とともに、空母ヨークタウンは海底に消えた。

「目標、空母レキシントン！」

杉山は次の標的をヨークタウンの隣にいる空母レキシントンに切り替える。

超酸素魚雷の威力は劇的だった。戦艦二隻をこの作戦に投入したが、この調子なら伊号第二〇一潜水艦ですべての幽霊船を片付けられそうだ。

だがそうはならなかった。伊号第二〇一潜水艦より、第二波の魚雷が放たれると、空母レキシントンから二〇機あまりの幽霊艦載機が迫ってきた。

それらは伊号潜水艦を攻撃するよりも先に、魚雷に向かっていた。大音響が四発立て続けに起こる。幽霊艦載機が魚雷に体当りし、爆破させたのだ。

超酸素魚雷の威力は幽霊艦載機に対して凄まじく、体当りしなかった機体も爆発に巻き込まれ、ほとんどの機体が巻き込まれる。

それでも五機が無事だった。

「次弾、装填急げ！」

発射管に魚雷が装填され、放たれる。

「面舵（おもかじ）いっぱい、反転！」

杉山大佐は敵の意図を見抜き、潜水艦を反転させ、退避にかかる。四発の魚雷は、やはり艦載機の直撃で爆破される。

だが五機の幽霊艦載機の中の一機が、伊号第二〇一潜水艦に迫る。あれが自爆すれば、本艦とて無事では済まない。

だが杉山は艦を反転させて退避するだけでなく、艦尾魚雷発射管でこの一機を撃沈するつもりだったのだ。

二本の魚雷が放たれる。これが艦尾魚雷発射管からの魚雷のすべてだ。

一本の魚雷は、幽霊艦載機に命中したというより、艦載機の側が魚雷に体当りしたのだった。

しかし、それはあまりにも伊号潜水艦に近すぎた。魚雷と艦載機の爆発で、直撃は免れたとは言え、伊号潜水艦は船体が歪み浸水が起きた。

「機関室、浸水です！」

「応急（ダメージコントロール）急げ！」

居住区などは小区画に分割し、予備浮力を確保する設計の伊号第二〇一潜水艦ではあったが、機関部は分割できないため、ここだけは浸水に弱かった。

「駄目です！　浸水止まりません！」

機関長の悲鳴にも似た報告に、杉山は決断する。

「後部魚雷発射管室、退避の上、閉鎖。発射管室の閉鎖を確認後、機関部ともども撤収し、機関部閉鎖！」

「了解です！」

杉山の計算では、艦尾魚雷発射管室が水没せず、水没区画が機関室だけなら、艦尾にも浮力は働くので、バラストタンクの調整で艦の水平は維持できる。

「主機が停止したので、蓄電池の電力だけが頼りです。モーターも動きません」

機関長が報告する。

「さらに排水ポンプも故障しています。それを修理しなければ、タンクを完全にブローしても浮上できません。空気タンクも損傷を受けているので」

「空気はどれだけ持つ？」

「爆発で空気タンクもかなり損傷を負っています。現状のままだと、もって一時間です」

そして大爆発が起こる。

「艦尾発射管の超酸素魚雷、空母レキシントンに命中しました！　レキシントン、沈没していきます！」

寺田大佐は思った。

「潜水艦一隻で、空母二隻なら冥土の土産には十分だ」


「あそこか」

海面に巨大な水柱が一つ昇り、それから程なくしてもう一つが昇る。

攻撃前の伊号第二〇一潜水艦の最終報告から推測すれば、それは空母ヨークタウンであり、レキシントンだろう。

伊号第二〇一潜水艦からの音信は途絶えた。

この程度の戦力しか割けなかったことが、彼らの犠牲となったようなものだ。その点に井上は胸が痛む。しかし、感傷に浸る余裕はない。残る幽霊船は空母加賀と赤城のみ。

「何かが接近してきます！」

「砲撃開始！」

敵が水中艦載機を展開したタイミングで、井上は連続した砲撃を命じた。

それはアイオワも同じだった。アイオワの砲弾が大和の近くに落下し、大和の砲弾がアイオワの近くに落下する。

その方が距離の調整をしやすいためだが、タイミングを合わせる意味もある。標的の位置関係と聴音機の感度は、先に伊号第二〇一潜水艦の協力で調整済みだ。

巨大な水柱が二隻の巨艦の舷側に立ち上ると、水中で大規模な連鎖爆発が起きた。幽霊艦載機の編隊は、戦艦主砲の弾着点近くを通過したため、軒並み誘爆する結果となった。

それでも一機だけが、戦艦大和に接近して命中し、自爆した。だが一部の将兵を除き、その衝突や爆発を知るものはなかった。

「戦艦アイオワより入電。貴殿の砲撃、正確なり、以上です」

「こちらも同じと伝えてやれ」

井上司令長官はいう。彼は大和に幽霊艦載機が命中したことをまだ知らない。

艦載機編隊を一掃した時点で、二隻の戦艦は空母そのものに照準を定める。

空母の現在位置は潜航艇が掌握していた。その情報に基づき、主砲が火を噴いた。

二隻の戦艦は、まず空母加賀に照準を定める。九発の四六センチ砲弾と九発の四〇センチ砲弾が、加賀の直上から降り注ぐ。

幽霊空母は何が起きているか全くわからなかっただろう。気配を消すために静止していたことも災いした。

旧神の加護があったのか、一八発の砲弾は、クトゥルフが支配する空母加賀から、その影響力を吹き飛ばし、現実世界にそれを引き戻す。

そうして空母も乗員も、やっと安息の時を迎えることができた。

「潜航艇より入電。我、赤城を撃破す」

井上には信じられなかった。

「潜航艇に武器などあるまい」

「君らが来なければ我々は死ぬところだった」

杉山大佐は潜航艇の宮本造船官との意外な再会を喜びあった。もともと水中戦闘機たる潜航艇と伊号第二〇一潜水艦は姉妹のような存在であった。

そして改造の過程で、潜航艇の下部ハッチは伊号潜水艦と接合できるようになっていた。

救難というより、人員の移動が主たる用途だ。しかし、いまそれは救難のために使われている。

「接続した時点で、潜航艇から電力と空気は提供できます。伊二〇一潜は救えますよ」

「その前に片付けたいものがある」

「わかってます。石板の出番でしょう」

それに杉山も依存はない。すぐに虎の子の石板魚雷が発射管に装填される。それはすでに運命を悟ったかのように赤く光を放っていた。対決する運命を。

「発射！」

石板魚雷は深海へと逃れようとする幽霊空母赤城を追ってゆく。最後の防衛のために空母から出撃する幽霊零戦を自らの意志で避けながら、魚雷はついに幽霊空母赤城を捉え、その力を開放した。

爆発音は聞こえなかった。ただ潜水艦や戦艦の将兵は、海中より響き渡る、獣の咆哮（ほうこう）を聞いた。

エピローグ

一九四三年六月。エリス・ザカーリス大佐は、戦艦アイオワの艦橋で、エスコートにあたる日本海軍駆逐艦の姿を見ていた。

「本当に、年内に戦争は終わるのでしょうか？」

ザカーリス大佐にはそれがなかなか信じられない。

「君もあの現場にいただろう。人間が争っている場合ではないのだよ」

傍らでニミッツ太平洋艦隊司令長官が言う。

クトゥルフの野望をくじいた後、井上・ニミッツのラインを中心に、日米間の停戦交渉は始まった。

最大の懸念は大陸の日本軍と満州の権益問題だったが、それは日本陸軍があっさりと権益を手放すことに理解を示した。

日本陸軍は陸軍で、満州や中国、さらに南方の占領地で何度となく旧支配者の問題に直面し、おびただしい犠牲者を出していたのだ。

とりあえずシドニーで井上・ニミッツの両指揮官による停戦条約が結ばれ、そこから政府間交渉に入る段取りだった。

すでに北アフリカでの旧支配者の猛威に直面し、イタリアも停戦交渉が進んでいるという。枢軸国で日伊が抜けるなら、世界大戦そのものも早晩終結を迎えるだろう。

「旧支配者による騒乱はこれからも続くのでしょうか」

そんなザカーリスにニミッツは言う。

「旧支配者は人間の心のすきを利用する。ならば、結局それは人間の問題なのだよ」

戦艦大和VS深海邪神零戦隊

2019年5月1日　第1刷

著　者

林 譲治

発行人

酒井 武史

カバーイラスト　高荷 義之
本文中のイラスト　R・ピックマン
帯デザイン　山田 剛毅

発行所　株式会社　創土社
〒165-0031　東京都中野区上鷺宮5-18-3
電話 03-3970-2669　FAX 03-3825-8714
http://www.soudosha.jp

印刷　株式会社シナノ
ISBN978-4-7988-3050-6　C0293
定価はカバーに印刷してあります。